中国汽车工程学会汽车材料分会第21届学术年会会议文集

THE 21ST BIENNIAL ACADEMIC CONFERENCE SYMPOSIUM ON MATERIALS COMMITTEE OF SAE-CHINA

中国汽车工程学会汽车材料分会 汇编

北京理工大学出版社
BEIJING INSTITUTE OF TECHNOLOGY PRESS

版权专有　侵权必究

图书在版编目（CIP）数据

中国汽车工程学会汽车材料分会第21届学术年会会议文集/中国汽车工程学会汽车材料分会汇编．—北京：北京理工大学出版社，2018.9
 ISBN 978－7－5682－6352－8

Ⅰ.①中…　Ⅱ.①中…　Ⅲ.①汽车－工程材料－中国－学术会议－文集　Ⅳ.①U465－53

中国版本图书馆 CIP 数据核字（2018）第 216249 号

出版发行 / 北京理工大学出版社有限责任公司
社　　址 / 北京市海淀区中关村南大街 5 号
邮　　编 / 100081
电　　话 /（010）68914775（总编室）
　　　　　（010）82562903（教材售后服务热线）
　　　　　（010）68948351（其他图书服务热线）
网　　址 / http：//www.bitpress.com.cn
经　　销 / 全国各地新华书店
印　　刷 / 北京地大彩印有限公司
开　　本 / 710 毫米 × 1000 毫米　1/16
印　　张 / 24.5
彩　　插 / 10
字　　数 / 450 千字
版　　次 / 2018 年 9 月第 1 版　2018 年 9 月第 1 次印刷
定　　价 / 148.00 元

责任编辑 / 孟雯雯
文案编辑 / 孟雯雯
责任校对 / 周瑞红
责任印制 / 王美丽

图书出现印装质量问题，请拨打售后服务热线，本社负责调换

《中国汽车工程学会汽车材料分会第 21 届学术年会会议文集》编 委 会

主　任：康　明
副主任：马鸣图　周　湛
主　审：王　勇
编　委（按姓氏字母排名）：

包耀宗　陈功彬　董仕节
郭爱民　李飞鹏　李满良
刘继杰　陆匠心　路洪洲
邵　亮　王智文　王文军
杨如松　张　勇　张　伟
张瑞萍　郑　虹

中国汽车工程学会汽车材料分会
第21届学术年会
组委会

大会顾问：敖炳秋　褚东宁　柏建仁　冯美斌
　　　　　　曹　正　蔡燮鳌　程世长　付俊岩
　　　　　　陈一龙
大会主席：康　明
大会副主席：马鸣图　周　湛
学术委员会（按姓氏字母排名）：

包耀宗　陈云霞　程兴德　曹红福
陈思杰　陈连峰　陈湘茹　董仕节
费　劲　郭爱民　高惠菊　韩星会
韩志勇　郝彦英　衡俐琼　胡树兵
黄泽民　蒋　青　蒋百灵　姜传海
金庆生　康　明　李飞鹏　李文博
李满良　李建平　李立军　李仁胜
李晓刚　李　平　刘柯军　刘匠东
刘　正　刘永刚　刘波红　陆济心
路贵民　马鸣图　刘蒙秋　牛文泰
彭冬华　齐建军　单长伟　史万方
孙　华　唐新民　唐玉刚　王海华
王智文　王　勇　王育田　王利龙
王全礼　王文浩　王熊旭　王海梅
魏元生　熊惟沛　王熊飞　严雁勇
杨如松　杨维新　于笋　俞张虹
曾建民　曾大海　翟启奎　郑
张继魁　张　海　张志伟
周　湛

中国汽车工程学会汽车材料分会第 21 届学术年会组织机构

主办单位：

中国汽车工程学会

中国汽车工程学会汽车材料分会

江苏省汽车工程学会

承办单位：

江苏沙钢集团淮钢特钢股份有限公司

协办单位：

中信金属股份有限公司

支持单位：

淮安市科技局

汽车工艺与材料

中国汽车材料网

前　言

中国汽车工程学会汽车材料分会学术年会是汽车行业较有影响力的学术年会，每两年举办一次，已经连续举办了 20 次。为促进汽车材料技术的进步、发展做出了积极贡献。

本次年会的征文主题为"结构零件轻量化及可靠性"。大会还特别邀请国内知名专家参会，同时开设专家特邀报告和生产、应用和研究领域专题报告。

本论文集共收录论文 44 篇，涉及钢板、特殊钢、有色金属和理化检验与失效分析等专业领域，反映了近两年来汽车材料领域的最新发展、应用情况，对行业工程师具有一定的借鉴意义。

本论文集的成功出版，得到了江苏沙钢集团淮钢特钢股份有限公司的大力支持，中信金属股份有限公司、汽车工艺与材料编辑部、中国汽车材料网以及中国汽车工程学会汽车材料分会委员单位及委员的支持，为此特代表主办单位表示感谢！

由于时间较紧，疏漏之处在所难免，恳请读者批评指正。

目 录

1. 汽车用钢的研究进展及相关问题的思考 …………… 马鸣图（1）
2. 980 MPa 级冷轧双相钢高温变形行为研究
   ………………… 肖洋洋　詹　华　邹　英　景宏亮（8）
3. 5182-O 铝合金 VPTIG 焊接接头组织与性能分析
   ………………………………… 张　伟　杨上陆　王艳俊（15）
4. 熔融制样-X 射线荧光光谱法同时测定硅铁中硅、铝、锰、钙和钛 ………………………………………………… 李　京（23）
5. 铋盐—抗坏血酸光度法测定铸铁中磷的研究
   ………………………………… 马　红　向　洋　吴　莉（28）
6. 20CrMoH 钢环形锻件毛坯等温正火工艺试验探讨
   ………………… 陈　郧　皇百红　杨亮波　张　宇　孙晓睆（34）
7. 车轮钢材料高周疲劳特性研究
   ………………………… 杨　荣　胡　飞　袁　飞　廖放心（41）
8. 低碳齿轮钢带状组织影响因素研究
   ………………… 冯桂萍　李　刚　郭晓俊　赵　敏　刘金鑫（49）
9. 第三代先进高强钢 QP980 电阻点焊工艺性能研究 ……… 方友震（57）
10. 二苯基碳酰二肼光度法测定油漆中六价铬的研究 ……… 马　红（73）
11. 关于金属材料室温拉伸试验速率的综述
    ………………………………… 洪语哲　王砚民　陈东涛（81）
12. 轨道压簧早期断裂原因分析 ………… 钱志涛　何　杰　朱延律（85）
13. 无损检测及金相检验在淮钢汽车用钢质检中的应用
    ………………………………… 王树远　周振伟　顾永明（93）
14. 轧制比和 Nb 对 V-Ti 车削用非调质钢组织及性能的影响
    ………………… 谭　利　吉　光　肖　波　郑力宁　周　湛　陈少慧（102）
15. 冷变形对 5A06 铝合金组织转变的影响
    ………………………………… 张鑫明　冯继军　卢柳林（109）

16 两种钢厂 CR780DP 钢表面耐腐蚀性能对比分析研究
………………………………………… 张 杰 缪 苗 张 勇（119）
17 渗硫技术在变速器垫片的应用研究
…… 邵 亮 杨 林 赫建勇 赵润东 张昕辉 张弋飞 刘 华（125）
18 变速器中间轴常啮合齿轮断裂分析
………………………… 刘 胜 汪秀秀 皇百红 高 勇（131）
19 汽车发动机单缸和双缸缸体疲劳试验方法对比研究
………………………………… 陈学罡 吴 鹏 夏广明（138）
20 汽车钢淬透性检验稳定性分析 ………………… 瞿晓刚（150）
21 汽车排气系统用铁素体不锈钢的研究进展
………………………………… 尚成嘉 张 伟 王学林（158）
22 汽车金属材料表面涂镀层六价铬含量快速定量方法
………………………… 姜伟男 孙 硕 薛雅芳 赵 君（177）
23 汽车金属材料的回收再利用研究 ……… 胡 曼 柳立志（184）
24 汽车铝合金铸造零部件的晶粒细化研究
…… 路洪洲 张振栋 王 巍 王立生 郭爱民 刘春海 陈湘茹（188）
25 某轿车稳定杆连杆失效分析 ……………… 王子齐 栗 丽（198）
26 汽油机挺柱磨损失效分析 ………… 张 薇 刘柯军 柳 超（207）
27 轻量化金属材料在重型商用车上的应用趋势
…… 王琼霜 高亮庆 刘成虎 欧阳可居 王德财 刘 欢 占 炜（215）
28 曲轴开裂拉瓦失效分析
…… 颜 婧 冯继军 余政宏 卢柳林 陈雷磊 高 勇 洪语哲（224）
29 热冲压成型门环技术研究 ………… 张建芬 刘海文 于海波（233）
30 设计夹具应用直读光谱法分析细丝样品中的元素 ……… 张金娥（244）
31 水泵叶轮疲劳开裂力学模型分析
………………………… 刘 瑶 常淑彤 常连霞 董笑飞（250）
32 浅谈汽车轻量化技术和应用 ………………………… 李 俭（259）
33 新型胀断连杆材料 46MnVS5 研究探讨 ……… 王连海 马 群（270）
34 一汽乘用车冷轧薄板应用进展 ………………………… 柏建仁（276）
35 一种热冲压成型铝硅镀层钢板涂装性能研究及热处理工艺评价 ………………………………………………… 陈 明（285）

36 一种商用车铝合金储气筒鼓包变形失效分析
　　……………………………………………… 郑远宝　王德财　张　梅（298）
37 用好喷丸强化提高车用齿轮弯曲疲劳强度 …………… 白　涛（305）
38 高强钢 DP980 电阻点焊焊接性能研究
　　………………………… 付　参　张永强　伊日贵　鞠建斌　杨建炜（315）
39 变速器铝合金后悬置支架断裂原因分析
　　…………………………………… 张　聪　刘佳宁　季　枫　王善鹏（324）
40 预变形对 TWIP880 拉伸性能的影响
　　………………………………… 马鸣图　Kim Dongun　王光耀　张筠萍（333）
41 超高强度热冲压成形钢的发展 ……… 马鸣图　赵　岩　方　刚（339）
42 汽车用高强韧球墨铸铁的发展 ……… 曾大新　何汉军　张元好（349）
43 超纯铁素体不锈钢在汽车排气系统的研究及认证
　　…………………………………………… 张　浩　周巧妹　叶盛薇（363）
44 铸造镁合金发电机支架断裂原因分析
　　……………………………………………… 曹　鑫　王本满　王道勇（371）

汽车用钢的研究进展及相关问题的思考

马鸣图

中国汽车工程研究院股份有限公司，重庆 401122

【摘　要】本文对汽车用钢的新近研究进展进行了概述，提出了在汽车用钢的研发领域内需要深入认识的相关问题，建议了近期内对汽车用钢进行研发的重点内容。

【关键词】汽车用钢；材料性能；零件的功能；轻量化；强韧性匹配

1　汽车用钢的研究进展概述

2000 年以来，中国汽车工业驶入了快车道，每年都以两位数的速度增长。2009 年产销达 1 300 多万辆，此后，产销量一直居世界首位。2017 年，产销量达到 2 908 万辆，其中新能源汽车近 80 万辆。汽车工业的发展对汽车用钢提出了更高的需求，从而带动了汽车用钢同步发展。特别是钢铁材料，它是既保证轻量化，又提升汽车安全性的性价比高的一种材料，是其他材料难以替代的。随着汽车工业的发展，我国从开发满足汽车需要的普通高强度钢发展到改进成型性、提高强度和延性匹配的第一代先进高强度钢，其强塑积在 15 000~20 000 MPa·%，包括 DP 钢、CP 钢、马氏体级钢、热冲压成型钢、TRIP 钢，目前这类高强度钢的生产已经形成了系列，其中应用较多的为双相钢，包括 DP450、DP500、DP590、DP780、DP980、DP1180，宝钢等单位已可以稳定生产。第二代高强度钢为孪晶诱发塑性钢，强塑积为 60 000 MPa·%。第三代先进高强度钢基本上为马氏体基的相变诱发塑性钢，强塑积为 30 000~40 000 MPa·%，其中 Q&P 钢已可批量供货。其余钢种尚处于研发和试用阶段。在白车身上面，高强度钢和先进高强钢的用量已经迅速增长，如国产白车身中的软钢用量为 26%，双相钢或复相钢用量为 34%，高强度低合金钢用量为 24%，烘烤硬化钢用量为 9%，热成型钢和马氏体基钢用量 7%。钢铁材料的发展为我国自主品牌白车身的轻量化和安全性的提升做出了贡献，但白车身用高强度钢的性能稳定性和一致性尚需提升，我国自主品牌的白车身用高强度钢的强度水平也需要提升。

在汽车轻量化用钢中，还包括悬架系统的轻量化，主要用弹簧钢。弹簧的设计应力远低于国外，弹簧钢的疲劳性能和夹杂物的粗细与国外有差距，影响弹簧设计应力的提升。在动力传动系统中，发动机曲轴用的非调质钢钢硫化物形态与国外有差距，不同炉次成分一致性的控制与国外有差距，国外不同炉次的非调质钢成分几乎相同，国内硫化物的长径比与国外有较大差距，影响曲轴的弯曲疲劳性能。胀断连杆用的非调质钢相关标准缺失，影响性能的控制和构件的疲劳性能。在后桥齿轮用的齿轮钢中，接触疲劳寿命和后桥齿轮的疲劳寿命与国外有较大差距，如国外 SUV 车后桥齿轮寿命超过 60 万 km，国内一般为 30 万 km。我国某车型后桥从动齿轮直径为 ϕ240 mm，而国外某车型后桥从动齿轮直径为 ϕ205 mm，重量降低了约 15 kg。齿轮钢性能的一致性不如国外，从而影响了齿轮变形的差异，进而影响传动系统的噪声和振动。

2 汽车用钢有待进一步深入认识的问题

2.1 强度和轻量化的关系问题

按照拇指法则，强度提升就可减薄结构件用钢板的厚度，实现轻量化。厚度和强度的关系为

$$1 - \frac{t_2}{t_1} = 1 - \left(\frac{\sigma_1}{\sigma_2}\right)^n$$

式中，t 为不同强度级别的板材厚度；n 为由变形形式所决定的常数，当零件承受弯曲力矩变形时，$n=1/2$；σ_1、σ_2 分别为材料更替前后的流变应力，该应力可以是材料冲压变形时材料冲压变形量下的流变应力，也可是材料的屈服或抗拉强度。

减少材料厚度和实现轻量化必须考虑所制零件的压溃吸能，压溃吸能与材料抗拉强度、厚度的关系可用下式表示：

$$A_E = kt^2 \sigma_b^{2n} \ (n = 1/2 \sim 2/7)$$

式中，A_E 为压溃吸能；t 为厚度；σ_b 为抗拉强度；n 为常数，当材料承受纵向弯曲时，n 可取 2/7。

在汽车强度提升、厚度减薄进行轻量化时，还应考虑一个因素，即零件的刚度。对承受弯曲载荷的零件，刚度可用下式表示：

$$S_N^b = \frac{E_n}{E_0} \times \frac{t_n}{t_0} \times S_0^b$$

式中，E 为弹性模量；t 为厚度；S 为刚度。

厚度减薄还应考虑零件局部鼓胀失稳（bulking）抗力，该抗力正比于零件厚度的立方。

$$\frac{L_n}{L_0} = \frac{E_n}{E_0} \times \frac{1-\mu^2}{1-\mu_n^2} \times \left(\frac{t_n}{t_0}\right)^3$$

式中，E 为弹性模量；t 为厚度；μ 为泊松比。

因此，在强度提升、零件厚度减薄和轻量化时，必须综合考虑零件的各种功能，才能达到零件预期的轻量化效果，使零件性能达到提升和满足。

2.2 超高强度钢的成型和工艺问题

目前国际上超高强度钢制件的成型有两种趋势，一种成型方法是提高冷轧板或镀层板强度和延性的匹配，以使材料在冷冲压成型时也可得到形状较为复杂的零件。日本一些汽车厂已经做了这方面的工作，采用冲压成型时最高强度级别为 980 MPa，辊压成型时可以到 1 180 MPa 或 1 500 MPa，如门的防撞杆和保险杠等，但需解决零件成型时的回弹、剪切时的边裂、冲压时局部变形量大的地方的开裂、超高耐磨性模具的设计加工等问题。另一种成型方法是超高强度钢的热冲压成型，但这种成型方法需要零件的二次加热，成型淬火模具设计结构复杂，需要成型力学性能高的模具材料，融成型工艺、相变、金相、流体力学、传热学等多学科为一体的模具设计技术。这种成型方法可使零部件获得抗拉强度 1 500 MPa 以上的超高强度性能，根据不同的钢种，目前已经做到 1 500 MPa、1 800 MPa 和 2 000 MPa 的超高强度热冲压成型零件，并可保证零件的成型精度，可以有效取得轻量化效果和提升安全性。

上述两种工艺各有千秋，客观全面地评价这两种工艺的实用性，涉及两种工艺所制的零件的最高强度要求，如要求零件强度超过 1 500 MPa，则只能应用热冲压成型技术；1 300 ~ 1 500 MPa 的简单形状的零件，可以选用热成型或冷冲压成型。其经济性还涉及板材的制作工艺和随后的零件连接工艺等因素。还需进行 LCA 评估，即全寿命周期、能耗和 CO_2 排放的评估。目前，虽然大家都认识到这一评估的重要性，但除蒂森、浦项等国际上知名公司对某些工艺进行了系统评估外，迄今还缺少相关的评估结果，这正是决定一种技术发展方向的基本的重要依据。

2.3 正确认识材料性能和零部件功能之间的关系

材料性能是指冶金厂出厂时所检测的冶金产品的性能，英文为"property"，将合适的材料经过各种加工，如冲压成型、焊接等，使其组合成有用的零件，该零件所具备的性能称为零件功能。在某些工艺条件下，通过材料性能可预报零件的功能，有些工艺条件下，零件的功能远低于材料的性能；在另一些工艺条件下，零件的功能会高于由材料性能预报的零件功能，我们最终追求的是零件的功能，所以有必要建立材料性能和零件功能的数据库。

2.4 建立材料性能和零部件功能的数据库

材料性能是制造汽车零部件选材的基础，近年来国外不少公司已经十分重视材料性能的测试和评价，并将各种试验结果编成手册，供用户选材和计算模拟时应用。如何评价不同材料的性能，包括测试方法和评价参量，均需进行规范；同时，在材料的性能数据库中，应有全数字化的或用本构方程所描述的材料不同状态下的流变曲线，而不只是简单测试的离散的力学性能。对用于碰撞的构件，还应有高应变速率下材料的流变曲线及相关的本构方程；对承受疲劳的构件，应有脉动疲劳、拉压疲劳等不同应力状态下疲劳的本构方程或曲线。将这些相关的数据一起编入材料的性能数据库，然后在数据库中加上该材料推荐应用的典型零部件和相关零部件的功能。这样的数据库再融入国际上的一些著名软件中，供设计和分析选用相关的材料，并通过相关的材料性能进行成型模拟和零件功能预测等。完成这类数据库的企业，国内外均屈指可数，这类数据库对材料的推广应用、正确选材和 EVI 服务都是十分重要的。

2.5 汽车用材的强度与延性的匹配

汽车零件多是动荷零件，其制造工艺都是经过冲压成型、焊接、热处理等复杂工艺组合而成，如何确定强度与延性的匹配，保证高强度下高的成型性和韧性，以保证零件撞击时不发生断裂，具有高的吸能；不同构件如何确定合理的强度和延性的匹配、强度和韧性的匹配，都是需要深入研究的。另外，提高强度和延性匹配的手段及工艺方法也需要深入研究，如目前的第三代钢有不同的工艺路线，包括中锰钢、Q&P 钢、Q&PT 钢，其中合金成分的设计和优化，残留奥氏体的稳定性、成分和数量、分布形态的控制方法，残留奥氏体的转变对相变诱发塑性和零件最终功能的影响等都是需要深入研究的课题。

2.6 超高强度钢的应用、氢脆和延迟断裂

超高强度钢基本上是马氏体基钢，马氏体分为两类：一类是形态为板条的精细结构为位错的马氏体，在板条间有残留奥氏体薄膜，这类马氏体具有良好的强韧性，一方面位错的变形能力较强，另一方面薄膜间的残留奥氏体可以使扩展的裂纹尖端发生钝化，从而阻碍裂纹的扩展；另一类为孪晶马氏

体，精细结构为孪晶，这类马氏体硬而脆，孪晶变形能力差。一般孪晶马氏体的含碳量较高，板条马氏体含碳量在0.3%以下。板条马氏体由于位错和残留奥氏体薄膜均可作为氢陷阱，具有较高的抗氢脆和延迟断裂能力。冷冲压成型的超高强度钢，通常是通过相变诱发塑性来改善成型性，要产生相变诱发塑性，钢中的残余奥氏体必须很稳定，Ms点应该在室温以下，在塑性变形诱发马氏体转变时也应该具有稳定性，即Md点较高。因此这类残留奥氏体具有较高的碳含量或合金元素含量，这类残留奥氏体一旦转变为马氏体，钢的脆性就增加，对氢脆和延迟断裂的敏感性增加。因此，如何控制超高强度钢的强度和延性的匹配，也就是如何控制钢中残留奥氏体量、残留奥氏体的稳定性、残留奥氏体中碳和合金元素的含量、残留奥氏体的转变量，由此控制这类钢的氢脆和延迟断裂也是重要的课题。

2.7 超高强度钢韧性的评价方法

目前超高强度钢韧性的评价有叠片冲击和极限尖冷弯的评价方法，需要规范试验方法、评价参量、试验装备、工夹具等，即制定统一的评价规则和方法，以使表征参量更具有可比性。

2.8 传动系统，特别是后桥齿轮轻量化和高性能齿轮钢，电动车减速箱用的高转速、高性能、高阻尼性能的齿轮钢的开发和应用

普通燃油车后桥齿轮接触疲劳性能与国外有较大差距，如何评价汽车齿轮用钢的接触疲劳性能，研究其影响因素，提高接触疲劳抗力，是汽车行业和冶金行业共同关注的课题。新能源汽车，其减速箱的工况和使用环境与传统燃油车不同，传统燃油车的发动机转速通常为3 000~4 000 r/min，最高不超过6 000 r/min，新能源汽车的电机转速超过1万 r/min，最高已达到1.8万 r/min，为二级减速，减速比大。高转速是为了减轻电机的重量，通过减速箱提高扭矩，改善新能源汽车的加速性能，这对齿轮钢提出了更高的要求，需要开发高强韧性、高耐磨性、高接触疲劳性能和高阻尼性能的齿轮钢，以保证高的齿轮寿命和低的齿轮箱噪声。

2.9 悬架系统轻量化

汽车中的悬架系统有板簧悬架、扭杆悬架、螺旋弹簧悬架。为减轻重量，板簧悬架在国外的发展趋势是广泛推广应用少片半截面板簧。国外变截面板簧的设计应力为600~700 MPa，国内为450~500 MPa。提高设计应力，就可以降低板簧的重量，但需保证板簧的高疲劳寿命和使用的可靠性，因此需要提高弹簧钢的冶金质量，既提高纯净度，又减少夹杂物的数量，细化夹杂物

的大小。轿车悬架用的螺旋弹簧，设计应力和使用应力更高，剪应力高达 800 MPa 以上，需要高强韧性、高疲劳寿命的弹簧钢圆条，目前多用 55SiCr，希望开发铌钒复合强化或细化的弹簧钢，同时研究各类不同弹簧制件的喷丸强化工艺，以提升其疲劳寿命。

按以上所提典型构件用钢的要求，建议开展汽车轻量化用钢的材料基因的研究，为高性能轻量化汽车用钢的设计和冶金零件制造工艺的制定直至材料性能的预报、零件功能的预报奠定先进的物理和力学冶金基础。

3 对汽车用钢重点研发内容的建议

（1）汽车轻量化用高强度钢和先进高强度钢的成分、组织设计及冶金工艺的研究，目的是提高这类钢的强韧性、性能和质量的一致性及稳定性。

（2）对各类先进高强度钢应用的强度水平、零件功能进行系统的不同路径的比较研究，以求得高性价比的汽车轻量化零件。

（3）对各类汽车用钢和成型工艺进行系统的 LCA 评估，为汽车用钢的发展和用户的选材提供基础依据。

（4）开展各类汽车用钢的性能和功能评价的试验方法研究，并参照美国 ASTM 标准制定中国汽车用钢的专用的特殊标准。

（5）开展汽车用钢（先进高强度钢、高性能弹簧钢、高性能齿轮钢和新能源汽车专用齿轮钢等）性能的基因研究，为汽车轻量化用钢的成分、组织设计、性能预报和零部件功能的预报提供基础的物理力学冶金依据。

4 总结

本文基于近年来汽车用钢及应用方面的研究进展，研发和应用中出现的问题以及作者多年从事汽车用钢研发、评价检测、失效分析与延寿等多方面的经验，在概述汽车用钢研究的基础上，深入分析了汽车用钢有待深入认识的相关问题，提出了需要重点研发的内容，对有关问题的深入认识和应用研究中相关问题的解决，这将有助于确定汽车用钢进一步的发展方向和合理的扩大应用，提升汽车轻量化水平和性价比。

参考文献

[1] 马鸣图，吴宝榕. 双相钢—物理和力学冶金 [M]. 2 版. 北京：冶金工业出版社，2009.

[2] 崔崑. 钢的成分、组织与性能（上、下册）[M]. 北京：科学出版

社，2013.
[3] 中信微合金化技术中心. 汽车用铌微合金化钢板 [M]. 北京：冶金工业出版社，2006.
[4] 马鸣图. 先进汽车用钢 [M]. 北京：化学工业出版社，2008.
[5] 中国汽车工程学会，中国汽车轻量化技术创新战略联盟，中国第一汽车股份有限公司技术中心. 中国汽车轻量化发展战略与路径 [M]. 北京：北京理工大学出版社，2015.
[6] 中国汽车工程学会. 汽车先进制造技术跟踪研究2016 [M]. 北京：北京理工大学出版社，2016.
[7] Kasper A S, Swenson W E, Dinda S, et al. Kinetic Modulus of Steel：A New Automotive Design Parameter [J]. SAE790003，1978：Feb. 26-March 2.
[8] Yisheng Zhang, Mingtu Ma. Advanced high strength steel and press hardening [C]//Proceedings of the 3rd international Conference on Advanced High Strength Steel and Press Hardening (ICHSU 2016)，World Scientific，2017.
[9] Yisheng Zhang, Mingtu Ma. Advanced high strength steel and press hardening [C]//Proceedings of the 2nd International Conference on Advanced High Strength Steel and Press Hardening (ICHSU 2015)，World Scientific，2016.

980 MPa 级冷轧双相钢高温变形行为研究

肖洋洋[1]　詹　华[1]　邹　英[2]　景宏亮[1]

1. 马鞍山钢铁股份有限公司，安徽马鞍山　243003
2. 东北大学，轧制技术及连轧自动化国家重点实验室，辽宁沈阳　110819

【摘　要】 随着汽车轻量化技术的推动与发展，高强钢、超高强钢在汽车上的应用越来越广泛。而随着材料强度的不断提高，不可避免地添加了多种合金元素，因此导致高强钢在工业化生产中存在热轧及冷轧压下困难等问题。而热轧工艺稳定性也决定了冷轧基料强度和板形，进而影响冷轧稳定性。因此，如何保证高强钢产品热轧轧制稳定性至关重要。本文以 980 MPa 级冷轧双相钢为研究对象，利用单道次压缩试验对试验钢的高温变形行为进行研究，研究了变形温度和应变速率对试验钢流变应力的影响。结果表明：变形温度越高、应变速率越低，动态再结晶越容易发生；当应变速率为 $0.1\ \mathrm{s}^{-1}$，温度为 1 100 ℃时，动态再结晶比较容易发生。因此，在热轧生产时，可控范围内宜采用高温区低速轧制，以降低轧机负荷，提高热轧轧制稳定性。

【关键词】 热变形；流变应力；动态再结晶

1　引言

双相钢以相变强化为基础，具有低屈强比、高初始加工硬化速率、良好的强度和延性配合等特点，已发展成为一种汽车用新型高强度冲压用钢[1]，实现了在不增加成本的前提下明显降低车身自重，具有广阔的应用前景[2,3]。目前，国内批量应用的最高强度级别双相钢强度为 980 MPa，宝钢、鞍钢、首钢等钢企均已具备批量生产能力，但该类钢普遍存在微合金成本高、冷热轧衔接困难以及成材率低等瓶颈问题，因此，开发低成本、易焊接成型和适用于现有热冷轧流程的 980 MPa 级冷轧双相钢（DP980）产品，仍然是冶金工作者不断努力的目标[3~5]。

金属材料在高温变形时通常会发生两种软化行为：动态回复和动态再结晶。动态回复和动态再结晶不仅影响其变形抗力，同时对其后的相变过程及相变产物的组织和性能都有重要影响[6]。与动态回复相比,发生动态再结晶时可以完全消除加工硬化所积聚的位错和产生的微裂纹,能够极大地提高金属材料的热塑性[7]。

本工作利用高温单道次压缩试验,绘制出高温变形过程中真应力 – 真应变曲线,对 980 MPa 级冷轧双相钢高温变形行为进行了研究,研究内容对 DP980 实际生产中热加工工艺的制定和优化具有指导意义。

2 试验方案

2.1 试验材料及化学成分

试验材料取自工业生产的连铸板坯,试验用钢的具体化学成分见表1。

表 1 试验用钢的具体化学成分

成分	C	Si	Mn	Al	Cr	Nb	Ti	Fe
含量/wt%	0.07~0.13	0.3~0.5	2.0~2.8	0.03~0.06	0.2~0.5	0.02~0.05	0.02~0.04	其余

2.2 单道次压缩试验

利用锯床、车床和线切割制备尺寸为 $\phi 8$ mm × 15 mm 的圆柱形热模拟试样。利用单道次压缩试验测出需要的应力 – 应变曲线。

热模拟试验方案:将试样以 20 ℃/s 的速度加热到 1 200 ℃,保温 3 min 后以 10 ℃/s 的速度冷却到不同变形温度,保温 30 s 以消除温度梯度,然后以不同的应变速率进行压缩变形。变形温度设为 900 ℃、950 ℃、1 000 ℃、1 050 ℃、1 100 ℃和 1 150 ℃,应变速率分别为 0.01 s^{-1}、0.1 s^{-1}、0.5 s^{-1}、1 s^{-1}和 5 s^{-1},应变量为 0.8。具体试验工艺如图 1 所示。

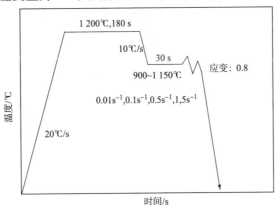

图 1 单道次压缩试验图

3 试验结果与分析

3.1 变形温度对流变应力的影响

图 2 为应变速率分别为 0.01 s^{-1}、0.1 s^{-1}、0.5 s^{-1}、1 s^{-1} 和 5 s^{-1} 时,试验钢在不同温度下的应力 - 应变曲线。流变应力受多个因素影响,如变形温度、应变速率和变形量等,其中变形温度是最直接和最强烈的影响因素。从图 2 可以看出,在相同的应变速率和变形量条件下,随着变形温度的升高,流变应力值下降,试验钢动态再结晶越易发生。其主要原因是金属原子的热振动程度会随着变形温度的升高而加剧,剧烈的热振动为塑性变形创造了有利条件,提高了材料的变形能力,减少了材料的变形阻力。当变形温度为 1 150 ℃时,试验钢在本试验的应变速率范围内均可发生动态再结晶。

从图 2 还可发现,随着变形温度的降低,应力峰值向应变增大的方向移

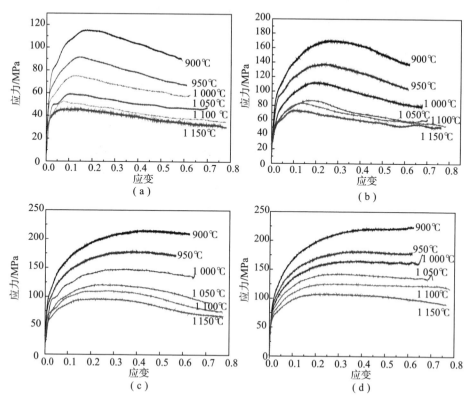

图 2　不同温度下的应力 - 应变曲线
(a) 0.01 s^{-1}; (b) 0.1 s^{-1}; (c) 0.5 s^{-1}; (d) 1 s^{-1}

2 980 MPa 级冷轧双相钢高温变形行为研究

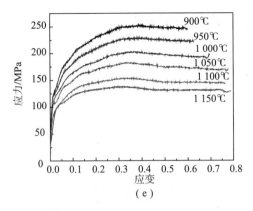

图 2 不同温度下的应力 – 应变曲线（续）
(e) 5 s^{-1}

动，材料的峰值应力越大，对应的临界变形量也越大，加工硬化现象严重，回复软化困难，材料较难发生动态再结晶；当变形温度升高时，应力峰值向应变减小的方向移动，峰值应变小，比较容易发生动态再结晶。

图 3 是不同应变速率条件下变形温度与流变应力对数的关系曲线。从图 3 可以看出，流变应力对数与变形温度的关系近似呈直线关系，进一步证明了流变应力随温度的升高而递减的结论。流变应力值与温度二者基本呈幂函数关系。

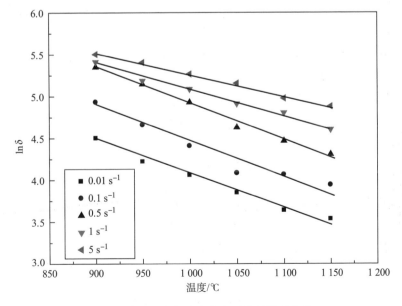

图 3 变形温度与流变应力对数的关系曲线

3.2 应变速率对流变应力的影响

图 4 为变形温度分别为 900 ℃、950 ℃、1 000 ℃、1 050 ℃、1 100 ℃ 和 1 150 ℃ 时，试验钢在不同应变速率条件下的应力-应变曲线。从图中可以看

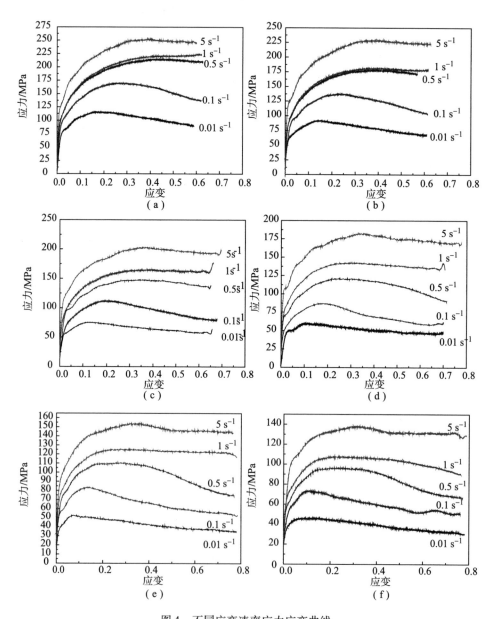

图 4　不同应变速率应力应变曲线

(a) 900 ℃；(b) 950 ℃；(c) 1 000 ℃；(d) 1 050 ℃；(e) 1 100 ℃；(f) 1 150 ℃

出,在相同变形温度和变形量条件下,流变应力随着应变速率的增加而增加。由于应变速率的增加,发生动态回复和动态再结晶的时间变少,材料变形中所产生的加工硬化现象来不及完全消除,随之保留下来的加工硬化部分使流变应力增加。由图4可以发现,当应变速率≤0.1 s^{-1}时,变形温度在900~1 150 ℃时都易发生动态再结晶;而当应变速率≥0.5 s^{-1}时,动态再结晶难以发生。随着应变速率的提高,材料的应力峰值向应变增大的方向移动,说明应变速率越大越不容易发生动态再结晶,轧制过程宜采用低应变速率工艺。变形温度大于1 100 ℃时各应变速率下的曲线基本都有明显的峰值,都呈现典型的动态再结晶特征。

图5是不同变形温度下应变速率与流变应力的双对数关系曲线。从图5可以看出,在不同的变形温度下,应变速率增加对流变应力的影响不同:低温变形时的斜率小,高温变形时的斜率大;随着温度的降低,应变速率对某一固定温度下流变应力的影响减弱。这是由于在塑性变形过程中会同时存在硬化和软化过程,在高温区变形时减少了应变的加工硬化效应,在应变速率较低的情况下,硬化过程较慢,使软化过程可以充分进行,变形所能达到的峰值应力较低;而在低温区变形时,软化过程不如在高温区进行得充分,故较低应变速率下变形时所达到的峰值应力也会较高。

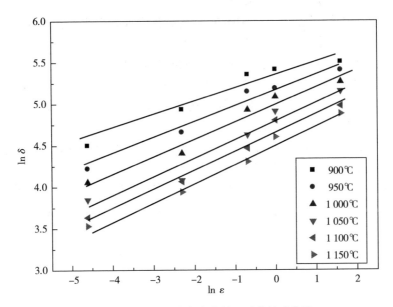

图5 应变速率与流变应力的双对数关系曲线

4 总结

(1) 在相同的应变速率和变形量条件下,随着变形温度的升高,流变应力值下降,试验钢动态再结晶越易发生,当温度高于 1 100 ℃时,动态再结晶易发生。

(2) 在相同变形温度和变形量条件下,流变应力随着应变速率的增加而增加。由于应变速率的增加,发生动态回复和动态再结晶的时间变短,当应变速率≤0.1 s^{-1}时,动态再结晶比较容易发生。

(3) 本钢种应用于热轧加工时,建议在高温区进行低速轧制,以降低轧机负荷,控制成本。

参考文献

[1] 马鸣图,吴宝榕. 双相钢 - 物理和力学冶金 [M]. 2 版. 北京:冶金工业出版社,2009.

[2] Nayak S S, Hernandezv H B, Zhou Y. Effect of chemistry on non-isothermal tempering and softening of dual-phase steels [J]. Metall Mater Trans A, 2011, 42 (11): 3242 - 3248.

[3] 詹华,邹英,周凯,等. DP980 冷轧高强钢连续退火工艺及强韧性行为研究 [J]. 轧钢, 2017, 3 (34): 69 - 73.

[4] Sun S J, Martin P. Manganese partitioning in dual phase steel during annealing [J]. Mater Sci. Eng. A, 2000, 276: 167.

[5] 朱晓东. 连续退火工艺对冷轧马氏体钢板力学性能的影响 [J]. 钢铁, 2012, 47 (4): 84 - 88.

[6] 孙彬斌,贾志伟. 变形温度对 C-Si-Mn 系热轧双相钢热变形行为的影响 [J]. 上海金属, 2013, 3 (35): 36 - 39.

[7] 曹金荣,刘正东,程世长,等. 应变速率和变形温度对 T122 耐热钢流变应力和临界动态再结晶行为的影响 [J]. 金属学报, 2007, 1 (43): 35 - 40.

5182-O 铝合金 VPTIG 焊接接头组织与性能分析

张 伟[1,2] 杨上陆[3]* 王艳俊[3]

1. 中国科学院长春光学精密机械与物理研究所，吉林长春 130033
2. 中国科学院大学，北京 100049
3. 中国科学院上海光学精密机械研究所，上海 201800

【摘 要】采用 VPTIG 变极性氩弧焊方法对 2 mm 厚 5182-O 铝合金对接接头焊接。通过对其接头组织与力学性能进行测试，分析了不同焊接工艺参数对焊接接头力学性能的影响结果表明：电流及焊接速度对焊缝熔宽、熔深、力学性能影响较大，而气流量及钨极距表面距离影响较小。随着电流的增大、焊接速度的减小，焊缝从未焊透达到焊透，熔深及力学性能明显增大。从端口形貌观察发现，由于热影响区软化，性能较好的拉伸试样均在热影响区断裂，而未焊透的拉伸试样均在熔化区断裂。在电流为 140 A、速度为 0.8 m/min、气流量为 20 L/min、钨极距表面距离为 2 mm 时接头的性能最佳，达到母材力学性能的 86.52%。

【关键词】变极性氩弧焊；铝合金；焊缝成型；接头性能

1 引言

铝合金因具有密度小、塑性好、价格低、耐腐蚀、强度高、易于加工成型和无低温脆性等优点[1]，成为汽车、高速列车轻量化设计的首选结构材料。但由于铝合金存在常温下极易在表面生成一层附着力强且难熔的氧化膜、线膨胀系数大、热导率和比热容大、焊接易产生气孔等难点，所以实际工业中铝合金的焊接存在着很大的挑战。变极性钨极惰性气体保护电弧焊（VPTIG）是一种正负极性电流、占空比、频率均可调节的焊接技术，尤其适用于焊接铝合金。焊接铝合金时，交流成分在电弧中所占的份额被减至最小，钨针产生的热量大幅减少、钨针的端面形态得以很好地保持，为焊接过程中保证电弧形态以及穿透力提供了前提条件。在焊接铝及其合金时采用交流电，可以达到焊接过程中，在工件为阴极的半周去除工件表面氧化膜，在钨极为阴极的半周钨极可以得到冷却，并能发射足够的电子以利于电弧稳定[2]，从而提高焊接质量。

本文采用 VPTIG 焊接方法对 5182-O 铝合金进行对接焊接试验，讨论了电流、焊接速度、气流量、钨极距表面距离等工艺参数对焊缝性能的影响。

2 试验

2.1 试验材料

5182-O 铝合金是 Al-Mg 合金，以 Mg 为主要强化元素，通过 Mg 固溶于 Al 基体中，形成固溶强化的效果，是一种不可热处理强化合金[3,4]。表 1 为 5182 铝合金化学成分表，该合金具有良好的强度及耐腐蚀性、加工性能、焊接性能，被广泛应用于汽车车身材料中。表 2 为试验所用 2 mm 厚 5182 铝合金的拉伸力学性能。

表 1 5182-O 铝合金的化学成分

成分	Mg	Mn	Fe	Si	Cu	Cr	Zn	Ti	Al
质量分数/%	4.71	0.32	0.2	0.1	0.1	0.01	0.01	0.02	余量

表 2 5182 铝合金的拉伸力学性能

极限抗拉力值/kN	抗拉强度/MPa	屈服强度/MPa
2.67	223	130

2.2 试验方法

焊接设备采用新威 VPTIG600 变极性氩弧焊机，焊机工作时，占空比、平衡调节、电流频率是随焊接电流大小的变化自动调整的，不再需要人为进行任何调整，在充分去除氧化膜的同时保证了焊缝的最大熔深，从而实现焊接工艺的一致性。采用单一变量法进行对比试验，试验数据如表 3 所示，焊接所用保护气体为 99.999% 纯度的氩气。

试验采用变极性 TIG 焊机（VPTIG 600）对 5182 铝合金进行对焊焊接，母材不开坡口。为避免母材表面油污和氧化物对后续焊接质量的影响，焊接之前用钢丝刷打磨材料表面，直至露出金属光泽，打磨后用酒精仔细擦拭、清洗打磨区域，然后充分干燥。焊接时，焊枪固定在 KUKA KR60ha 机器人上，通过控制机器人实现焊接过程。

3 5182-O 铝合金 VPTIG 焊接接头组织与性能分析

表3 试验工艺参数表

电流/A	焊接速度/(m·min^{-1})	气流量/(L·min^{-1})	钨极距表面距离/mm
100	0.8	20	2
120			
140			
160			
180			
140	0.4	20	2
	0.6		
	1.0		
	1.2		
140	0.8	10	2
		15	
		25	
		30	
140	0.8	20	1
			1.5
			2.5
			3

拉伸试验根据 GB/T 228.1—2010《金属材料拉伸试验 第一部分：室温试验方法》进行。图1为拉伸试样尺寸图，采用 MTS 单向拉伸试验机获得对接接头的抗拉强度，每组3个试样，取平均值。焊后沿垂直焊缝方向截取抛光试样，经400目、800目、1 500目、2 500目纸粗磨、精磨，6 μm、3 μm、1 μm 金刚石抛光液抛光后，采用 Keller 试剂（1% HF + 1.5% HCl + 2.5% HNO$_3$）腐蚀，利用 KEYENCE 体式显微镜对焊缝区域进行观察并测量熔宽 d、熔深 h，测量方式如图2所示。

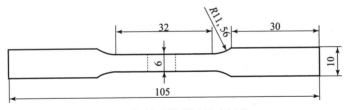

图1 拉伸试样所用尺寸标准

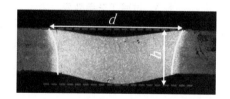

图 2　金相熔宽 d、熔深 h 示意

3　试验结果与分析

3.1　电流对焊缝的影响

图 3 所示为焊接电流对焊缝成型的影响。由图 3 可知,随着电流的增大,熔宽 d 逐渐增大,而熔深 h 和接头抗拉力先增大后基本趋于稳定。这主要是因为,随着电流的增大,作用在工件上的电弧力增大,电弧对焊件的热输入增大,有利于热量向熔池深度方向传导,熔宽明显增大,熔深逐渐增大,从未焊透到焊透。同时焊缝的力学性能加强,但焊接电流达到一定值后,由于焊缝已完全熔透,并且由于热输入的增大使得焊缝晶粒粗大,所以熔深和接头强度已趋于稳定。结果表明,当焊接电流为 140 A 时,最大抗拉力为 2.31 kN,达到母材的 86.52%,焊缝性能最佳,其截面成型如图 4 所示。

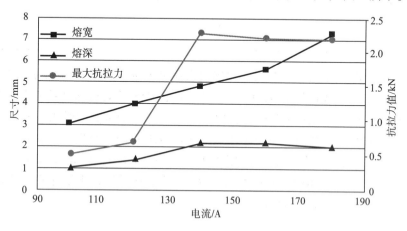

图 3　焊接电流对焊缝成型的影响

3.2　焊接速度对焊缝的影响

图 5 所示为焊接速度对焊缝成型的影响。由图 5 可知,随着焊接速度的增大,熔宽 d 和熔深 h 都相应减小,当焊接速度为 0.8 m/min 时,最大抗拉

图 4　电流为 140 A 时的焊缝截面

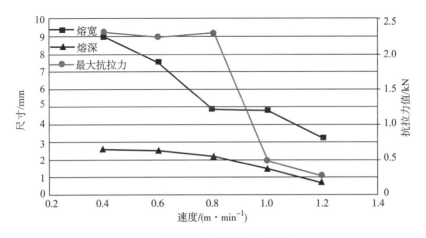

图 5　焊接速度对焊缝性能的影响

力为 2.31 kN，达到母材的 86.52%。当焊接速度为 1.0 m/min 时，力学性能迅速下降，最大抗拉力为 0.47 kN，仅达到母材的 17.60%。提高焊接速度会导致焊接热输入的减少，从而焊缝熔宽和熔深都减小。焊速是评价焊接生产率的一项重要指标，为了提高焊接生产率，应该提高焊接速度[4]，但焊接速度过快有可能在形成熔池及熔池凝固过程中产生焊接缺陷。

3.3　气流量对焊缝的影响

在铝合金表面氧化膜焊前充分处理之后，通过改变气流量大小研究其对焊接质量的影响。图 6 所示为保护气体流量对焊缝成型的影响。由图 6 可知，气流量在 10～30 L/min 变化过程中，焊缝的熔宽、熔深未产生较大波动，力学性能变化较小。焊接过程中气体除了保护作用，对焊缝熔池的形貌和传热均有影响，由于气流量变化而力学性能变化较小的原因有待进一步研究。

3.4　钨极距表面距离对焊缝的影响

图 7 所示为钨极距材料表面距离对焊缝成型的影响。由图 7 可知，钨极

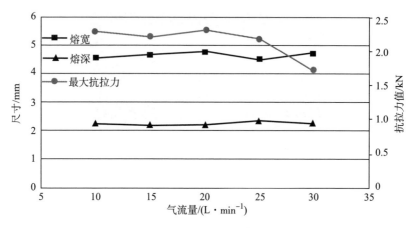

图 6 气流量对焊缝性能的影响

距表面距离以 0.5 mm 的间距从 1 mm 变到 3 mm 时,拉伸强度先增大,后减小,焊缝熔深、熔宽变化较小。引起这些变化的主要原因在于钨极距材料表面距离影响焊接保护效果及弧长的大小,从而影响热输入的大小。由图 7 可知,当钨极距材料表面距离为 2 mm 时,抗拉力最大,为 2.31 kN,达到母材的 86.52%。总体来说,钨极距材料表面距离变化范围为 1~3 mm 时,力学性能变化较小。

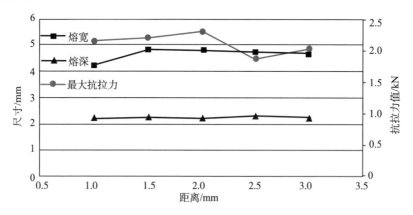

图 7 钨极距材料表面距离对焊缝性能的影响

3.5 工艺参数影响焊缝性能的机理分析

焊缝形状合理与否对焊接质量能产生很大的影响。例如,焊缝熔深 h 是焊缝接头很重要的尺寸,它直接影响接头的承载能力。焊缝熔宽及熔深的大小影响熔池中气体逸出的难易程度、熔池金属的结晶方向、焊缝中心偏析程度等,因而对焊缝产生裂纹和气孔的敏感性、熔池的冶金条件等均产生影响[5]。在 VPTIG 对接未焊透的情况下，如电流过小或焊接速度过快，焊缝熔深均小于母材厚度，如图 8 所示，断裂发生在熔融区，力学性能仅达到母材的 20% 左右。在焊透且未发生下塌情况下，熔深越大，焊接接头力学性能越好。由图 9 可知，焊缝焊透情况下，由于热影响区软化，断裂均发生在热影响区。在未焊透状态下，断裂位置为熔融区，在拉伸载荷作用下，应力集中在焊缝下端从而断裂在焊缝处。而焊透之后，断裂发生在热影响区。电流过小，热输入相应减小，焊缝会出现未焊透；电流过大，焊缝表面会出现严重下塌，容易出现指状熔深，导致焊接接头力学性能相应下降。

图 8 焊缝未焊透及断面金相图

图 9 焊缝焊透及断面金相图

5　总结

使用国产 VPTIG 焊机焊接 2 mm 厚 5182-O 铝合金板，当采用电流 140 A、焊接速度 0.8 m/min、气流量 20 L/min、钨极距材料表面距离 2 mm 等工艺参数时，焊接接头力学性能达到母材的 86.52%，可以获得优良的焊接效果，减小焊接缺陷，从而满足使用要求。

在焊接工艺参数中，对焊缝质量影响最大的工艺参数是焊接电流，随着电流的增大，焊接速度的减小，热输入相应增大，焊缝熔深、熔宽增大，焊接接头力学性能增强，但电流过大或焊接速度过小会导致热输入过大，引起下塌等缺陷，导致接头力学性能急剧下降。气流量及钨极距材料表面距离对熔深熔宽影响较小，但气流量大于 30 L/min，钨极距材料表面距离大于

2.5 mm 时会导致焊接接头力学性能略有下降。

参考文献

［1］ 刘静安，盛春磊. 铝及铝合金加工材料的研制与开发趋向［J］. 铝加工，2015，4：37-40.

［2］ 王宗杰. 熔焊方法及设备［M］. 北京：机械工业出版社，2012.

［3］ 王艳俊. 轻量化汽车车身铝合金的电阻点焊研究［D］. 南昌：南昌大学，2017.

［4］ 闫洪华，张凯峰，吴云. Al-Mg 合金的激光焊接接头组织及力学性能分析［J］. 焊接学报，2011，32（1）：97-100.

［5］ 岳红杰，赵海燕，蔡志鹏，等. 薄壁铝合金结构焊接应力变形数值模拟［J］. 机械工程学报，2005，41（2）：223-227.

［6］ 陈玉喜，朱锦洪，石红信，等. 基于 ANSYS 的铝合金薄板焊接温度场三维有限元模拟［J］. 热加工工艺，2009，9：88-90.

［7］ 金成. 焊接过程的数值模拟［M］. 北京：科学出版社，2017.

［8］ 高延峰. 共熔池串列双丝旋转电弧焊焊缝成型及其电信号分析［D］. 南昌：南昌航空大学，2015.

4

熔融制样-X 射线荧光光谱法同时测定硅铁中硅、铝、锰、钙和钛

李 京

江苏沙钢集团淮钢特钢股份有限公司理化检测中心，
江苏 淮安 223002

【摘　要】 本文研究了硅铁试样的熔融制片方法，确定了在铂-黄金坩埚中以四硼酸锂挂壁、氢氧化锂预熔试样的方法，避免损伤铂-黄金坩埚，碘化铵为脱模剂制备熔片。将此硅铁熔片应用于 X 射线荧光分析，可同时测定硅铁中硅、铝、锰、钙和钛。用该方法对不同生产单位的标准样品进行测定，测定值与标准值相吻合，各元素测定结果的相对标准偏差（$n=11$）为 0.15% ~ 9.46%。

【关键词】 X 射线荧光光谱法；熔融；硅铁

1　引言

硅铁是钢铁行业最常用的脱氧剂和合金元素添加剂之一，传统上常采用化学法对其进行元素分析[1]，存在各元素单独测定、耗时长、检验效率低、分析成本高的缺点。

铁合金试样的 X 射线荧光光谱测定，由于其一方面在高温下易与铂-黄金坩埚合金化，另一方面难以被常用制片熔剂（如：$Li_2B_4O_7$）所熔解，一般采用压片法。本文研究了硅铁试样的熔融制片的方法，在预先在铂-黄坩埚内壁制作一层熔剂（$Li_2B_4O_7$）保护层的前提下，以 LiOH 于 600 ℃预熔试样，然后再于 1 050 ℃熔融制作玻璃熔片，应用 X 射线荧光光谱法同时测定硅铁中多种元素，对铂-黄金坩埚无损伤，具有分析成本低、操作简单、准确度和精密度好以及分析效率高的特点，可广泛应用于硅铁生产和使用单位硅铁的检测。

2　试验部分

2.1　试验仪器

试验仪器包括 ARL9800XP X 射线荧光光谱仪（美国）、Claisse 熔融炉

（加拿大）、马弗炉、铂 – 黄金坩埚。

2.2 主要试剂

主要试剂包括四硼酸锂（固体、高纯）、氢氧化锂（固体）、碘化铵溶液（300 g/L）。

所用试剂如未注明者均为分析纯，水为蒸馏水。

2.3 仪器工作条件

各元素测量条件见表1。

表1 硅铁中各元素测量条件

元素及分析线	晶体	管电压/kV	管电流/mA	准直器/mm	计数时间/s
Si Kα1, 2	PET	50	50	0.15	30
Al Kα1, 2	PET	50	50	0.15	30
MnKα1, 2	LiF200	50	50	0.15	30
Ca Kα1, 2	LiF200	50	50	0.15	30
Ti Kα1, 2	LiF200	50	50	0.15	30

2.4 样片制备

先称取4.000 g四硼酸锂置于铂 – 黄金坩埚中，于熔融炉上熔融，待四硼酸锂完全熔为液态后，关闭气源，继续旋转冷却，使铂 – 黄金坩埚内壁形成四硼酸锂熔剂保护层。称取1.500 g氢氧化锂、0.100 0 g试样置于此坩埚内，搅匀，再覆盖4.000 g四硼酸锂，移至600 ℃马弗炉中熔融5 min，取出冷却后，加10滴碘化铵溶液，于熔融炉上熔融制片，待测。熔融程序工作条件见表2。

表2 熔融程序工作条件

步序	F0	F1	F2	F3	F4	F5	F6	F7	F8	F9
旋转速度	—	15	10	15	30	45	15	—	—	—
丙烷气体流量	15	10	20	30	35	40	45	45	—	—
时间	0005	0015	0015	0030	0100	0500	0020	0001	0130	0230

F0 – F2，点火并烘干坩埚内混合物，低气流、低转速，可防止坩埚内物料溅出；F3 – F4 混合物逐渐熔融，体积缩小；F5 高气流、高转速，强热使熔融物流动性好，高旋转利于反应充分，混合均匀；F6 – F7 强热保温，准备倒模；F8 – F9 熔融物在模具中冷却为玻璃片的过程。

2.5 工作曲线的建立

选取不同系列标准样品以考察基体效应，同时根据实际分析情况取建线点密度，按样片制备制片，测强度，以 MVR 功能进行曲线回归，建立硅铁中硅、铝、锰、钙和钛的工作曲线，一次线性良好。

3 结果与讨论

3.1 熔剂及称样量的选择

碱金属氢氧化物对于含硅样品有极强的熔解力且所需熔融温度低，适合在熔剂坩埚中使用，但氢氧化钾、氢氧化钠等在空气中因吸水性过强而无法定量称取，易造成制片比例变化。水合氢氧化锂在空气中相对稳定得多，同时与试样反应较温和，因此选用氢氧化锂为预熔融熔剂。

待测元素谱线强度足够的前提下，应尽量少称样为宜。称样量过多，熔样困难且试样烧损（铁合金试样一般为灼烧增量，本文不加区分，定义烧损可正可负）的影响增大，不利于测量的精密度和准确性。经选取典型样品制片后进行能量描迹，发现对于硅铁中硅、铝、锰、钙和钛的测定，称样量 0.100 0 g 即可获得足够的谱线强度。

3.2 试样烧损的影响[3]

熔融法制备样片时需考虑试样烧损的影响。试样烧损会造成试样制片比例的变化，也就是试样中待测元素在样片中质量分数的变化，从而影响试样的分析。熔剂用量不变的情况下，减少称样量可以显著减小烧损对分析结果的影响。本试验中，熔剂为 9.500 g，当称样量为 0.100 0 g 时，假设烧损为 100%，则引入相对误差为 -1.04%。但由于本试验工作曲线用标准样品与试样为同类型样品，烧损大致相当（相差不会超过 10%），误差亦大部分抵消，由烧损引入的相对误差小于 ±0.1%。

3.3 铂-黄金坩埚损伤试验

任选本法熔融所制样片，以 X 射线荧光光谱仪软件所带 QuantAS 功能进行扫描，未发现铂或金元素，检查铂-黄金坩埚无异样，说明本法熔融未对坩埚造成损伤。

4 样品分析

称取试样，按 2.4 节样片制备操作，于 X 射线荧光光谱仪上选择相应分析程序进行分析。分析了不同含量、不同研制单位的硅铁标准样品（非工作曲线所选标样），各标准样品均平行分析11次，计算各组分的相对标准偏差，结果（表3）表明：应用本法制备硅铁熔片，以X射线荧光光谱同时测定硅铁中硅、铝、锰、钙和钛，准确性和精密度满足分析要求。

表3 标准样品分析结果

样品	元素	标准值/%	测定平均值/%	相对标准偏差RSD/%
硅铁 YSBS15601-2006 （太钢钢研所）	Si	75.90	75.82	0.15
	Al	0.011	0.012	9.46
	Mn	0.149	0.147	2.17
	Ca	0.001 3*	—	—
	Ti	0.027	0.028	6.70
硅铁 YSBC28608a-2013 （山东冶金科研院）	Si	73.70	73.81	0.18
	Al	1.38	1.39	2.67
	Mn	0.278	0.279	1.19
	Ca	0.952	0.947	0.938
	Ti	0.134	0.133	2.36
硅铁 GBW01433-2001 （武钢钢研所）	Si	55.73	55.59	0.28
	Al	0.78	0.79	2.85
	Mn	0.22	0.21	1.56
	Ca	0.14	0.15	3.26
	Ti	0.119	0.115	2.46

注：*其中硅铁 YSBC15601-2006 中 Ca 含量过低，无法得出满意结果。

任取2个日常分析试样，分别以 GB/T 4333《硅铁化学分析方法》和本法进行分析，结果（表4）具有一致性。

表4 样品分析结果

样品	元素	化学法测定值/%	本法测定值/%
硅铁 1#	Si	73.29	73.39
	Al	1.12	1.10
	Mn	0.50	0.51
	Ca	1.13	1.20
	Ti	0.052	0.053

续表

样品	元素	化学法测定值/%	本法测定值/%
硅铁 2#	Si	74.13	73.89
	Al	1.77	1.68
	Mn	0.31	0.29
	Ca	1.19	1.20
	Ti	0.24	0.24

4 总结

本法以熔融法代替压片法进行硅铁试样的 X 射线荧光分析，消除了试样的矿物效应、粒度效应和不均匀性的影响，减轻了基体效应，对试样的适应性好，有效提高了分析的准确度和精密度。

参考文献

[1] GB/T 4333 硅铁化学分析方法 [S].
[2] 桂立丰, 吴诚, 等. 机械工程材料测试手册 化学卷 [M]. 沈阳: 辽宁科学技术出版社, 1996.
[3] 鞍钢钢铁研究所, 沈阳钢铁研究所. 实用冶金分析 [M]. 沈阳: 辽宁科学技术出版社, 1990.
[4] 滕广清, 鲍希伯. X 射线荧光光谱法测定冰晶石中成分 [J]. 理化检验 - 化学分册, 2009, 45 (9): 1106 - 1108.
[5] 李京. X-射线荧光光谱熔片法同时测定锰铁中锰、硅、磷 [J]. 冶金分析, 2011, 31 (6): 51 - 53.

铋盐—抗坏血酸光度法测定铸铁中磷的研究

马红 向洋 吴莉

东风商用车有限公司东风商用车技术中心工艺研究所，
湖北十堰 442000

【摘　要】 本文基于一定酸度下，钼酸铵与磷酸生成黄色的磷钼络离子，利用硝酸铋对还原反应进行催化，以抗坏血酸将磷钼络离子还原为磷钼蓝稳定络合物，建立了铋盐—抗坏血酸光度法测定铸铁中磷的检测方法，并研究了相应的显色反应条件。结果表明，络合物的最大吸收峰位于680 nm处，磷含量在0.01%~0.8%范围内符合比尔定律。该方法灵敏度高、简单、准确、易于掌握，用于铸铁中磷的测定，相对标准偏差小于3%，回收率在97%~102%。

【关键词】 铋盐—抗坏血酸；光度法；铸铁；磷

1 引言

磷是铸铁五大元素之一，通常由冶炼原料、燃料带入。由于磷具有强烈正偏析，含磷量仅为0.05%时，已经有可能在铸铁中形成磷共晶，所以磷在铸铁中一般以磷共晶的形式存在，磷共晶以断续或连续网状分布于晶界，对于大多数用作结构材料的铸铁，磷共晶会增加其脆性，因此被认为是铸铁中的有害组成物。而在某些耐磨铸铁中，则往往有意识地加入磷，其目的是利用磷共晶的耐磨性。由于磷对铸铁性能有显著的影响，所以一直为人们所关注[1,2]。

对于铸铁中的磷含量，一直使用的是磷钒钼黄光度法进行测定，该方法的优点是稳定性好，操作相对比较简单；但最大的问题就是灵敏度不高，对于含量较低的磷测定比较困难。为了提高分析的灵敏度，我们借鉴钢中磷的分析方法[3]，开展必要的条件试验，寻找到一种灵敏度高、操作易于掌握、稳定性好的铸铁中磷含量的分析方法。

2 试验部分

2.1 主要仪器与试剂

主要仪器 721 分光光度计（上海第三分析仪器厂）。

试剂：硝酸（1+3）①；高锰酸钾溶液（5%）；钼酸铵溶液（1%）；硝酸—硝酸铋溶液：5 g 硝酸铋溶于 1 L 硝酸（1+2）② 中；抗坏血酸—乙醇溶液：称取 15 g 抗坏血酸溶于 500 mL 水中，加入乙醇 500 mL，混匀，需当天配制；钼酸铵—酒石酸钾钠溶液：移取钼酸铵溶液 100 mL，加酒石酸钾钠 1 g，混匀，当天配制；硫代硫酸钠—亚硫酸钠溶液：硫代硫酸钠（20 g/L）与亚硫酸钠（20 g/L）等体积混合。

试验所用试剂均为分析纯，水为蒸馏水。

2.2 分析步骤

按表 1 称取试料置于 100 mL 钢铁量瓶中，加入 20 mL 硝酸，低温溶解试样，待试样溶解完全，取下冷却，稀释至刻度，摇匀，干过滤。

表 1 不同磷含量测定分析条件

磷含量/%	称样量/g	吸取量/mL	比色皿/cm
0.010~0.100	0.200 0	10	2
0.100~0.8	0.100 0	5	1

按表 1 吸取试液置于 50 mL 钢铁量瓶中。加入 5 mL 硝酸—硝酸铋溶液，加热煮沸，滴加高锰酸钾溶液 2~3 滴，继续加热煮沸 10 s，流水冷却 5 s。加 4 mL 硫代硫酸钠—亚硫酸钠溶液，摇匀，同时加入 15 mL 抗坏血酸—乙醇溶液、10 mL 钼酸铵—酒石酸钾钠溶液，摇匀，以水稀释至刻度，放置 5 min，于 20 min 内比色完毕。

按表 1 选择合适比色皿，以水为参比，于分光光度计波长 680 nm 处测量吸光度值。

称取与试料质量相同的 5 个已知磷含量的铸铁，置于数个 100 mL 钢铁量瓶中，按分析步骤操作，以蒸馏水为参比，测量其吸光度。以含磷量为横坐

---

① 硝酸（H3）：1 份 HNO_3 +3 份 H_2O
② 硝酸（H2）：1 份 HNO_3 +3 份 H_2O

标,测得的吸光度为纵坐标,绘制工作曲线。

3 结果与讨论

3.1 最大吸收峰选择试验

按分析结果绘制磷形成磷钼蓝络合物的吸收光谱,如图1所示。由图1可知,形成的有色络合物最大吸收波长为680~740 nm,本试验确定测定波长为680 nm。

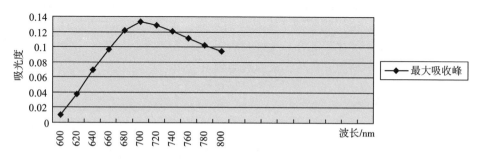

图1 最大吸收峰试验结果

3.2 铸铁样品溶解试验

铸铁样品溶解方法有很多,为了找到适合铸铁中磷分析的溶样方法,制定了以下两种试样溶解方案:
(1)用20 mL 硝酸(1+3)溶解试样。
(2)用10 mL 硝酸(1+3)溶解试样,加5 mL 高氯酸冒烟。

经两种溶样方法处理一组分析曲线试样,试样均可以溶解完全,按拟定分析方法显色后吸光度见表2。

表2 不同溶样方法试验结果

溶样方法	标样含量	吸光度	线性相关系数
第一种	0.014 4 0.021 9 0.036 0.055 0.069 0.082	0.120 0.189 0.283 0.406 0.517 0.619	0.999 09

续表

溶样方法	标样含量	吸光度	线性相关系数
第二种	0.014 4 0.021 9 0.036 0.055 0.069 0.082	0.100 0.066 0.097 0.193 0.430 0.545	0.919 0

从以上结果可见，采用高氯酸冒烟处理后样品发生不完全，并且曲线线性非常差，不适合铸铁样品的处理，因此我们选择用 20 mL 硝酸（1+3）处理铸铁样品。

3.3 线性范围试验

按选定的试验条件下，对不同磷含量的铸铁标准样品系列进行分析，测定吸光度；以磷浓度为横坐标，吸光度为纵坐标，绘制工作曲线，见图 2、图 3。

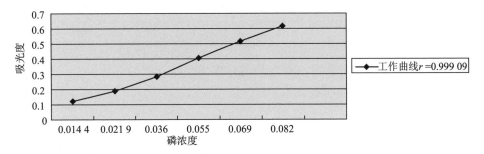

图 2 线性范围试验结果（一）

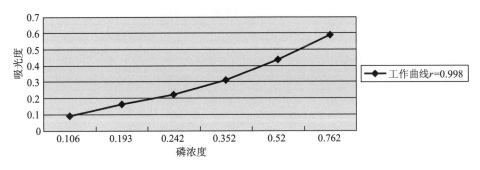

图 3 线性范围试验结果（二）

试验表明，选择合适的称样量及比色皿情况下，在 0.01%~0.8% 范围内磷含量与吸光度差值 ΔA（光度法都有参比溶液，因此所得吸光度都是显色液的参比液之间的差值）呈良好的线性关系。

4 分析方法验证

4.1 准确度试验

按分析步骤对铸铁样品中不同含量的磷进行了分析测定，分析结果见表 3。

表 3　铸铁材料中 P 分析结果　　　　　　　　%

样品号	P 推荐值/%	Ni 测定值/%
D65（钒钛稀土球墨铸铁）	0.015 1	0.014 9
D134（生铁）	0.044	0.044
D56（生铁）	0.109	0.117
D38（生铁）	0.342	0.353
D9（铸铁）	0.446	0.459
D35（高磷铸铁）	0.55	0.567

从试验结果看，分析方法测定值与标准样品推荐值的分析误差，基本符合化学标准分析方法允许差要求。

4.2 精密度试验

按分析方法对 D65、D9 样品中的磷进行精密度试验，结果见表 4。从分析结果看，采用该方法分析铸铁中磷测定精密度小于 3%。

表 4　铸铁中磷精密度分析结果

样品号	P 精密度/%	平均值/%	RSD/%
D65（钒钛稀土球墨铸铁）	0.015 0　0.014 7　0.014 2　0.014 4　0.014 8　0.014 6	0.014 6	1.96
D9（生铁）	0.458　0.459　0.452　0.456　0.458　0.449	0.457	0.59

4.3 加标回收试验

按分析步骤对铸铁中磷进行加标回收试验，以验证选定分析方法的准确性，结果见表 5。从分析结果看，采用该方法分析铸铁样品中磷测定加标回收率在 97%～102%，说明该方法是准确可靠的。

表 5　铸铁材料中 P 加标回收试验结果

样品号	推荐值/%	加标量/%	测定值/%	回收率/%
D66（钒钛稀土球墨铸铁）	0.014 4	0.005	0.018 9	97
		0.010	0.024 7	101
		0.05	0.066	102
		0.1	0.114	100

5　总结

本文通过试验，借鉴钢中磷的测定，建立了铸铁中磷的磷钼蓝检测方法，通过准确度试验、回收率和精密度试验，验证新建立的分析方法准确、可靠，适合于日常检验，能够更好地服务于科研和生产。

参考文献

[1] 陆文华. 铸铁及其熔炼 [M]. 北京：机械工业出版社，1981.
[2] 南夸桓. 铸造手册（铸铁）[M]. 北京：机械工业出版社，1994.
[3] EQY-177-2001　铋盐—抗坏血酸光度法测定钢中磷

20CrMoH 钢环形锻件毛坯等温正火工艺试验探讨

陈郧[1]　皇百红[1]　杨亮波[1]　张　宇[1]　孙晓晓[2]

1. 东风商用车有限公司东风商用车技术中心工艺研究所，
十堰　442001
2. 东风锻造有限公司，十堰　442012

【摘　要】 采用 20CrMoH 钢的一种厚壁环形锻件经等温正火处理后，在锻造连皮位置出现马氏体或贝氏体异常组织，引起拉刀损坏。分析认为，现有锻造方式导致材料偏析恰好出现在锻件冲孔连皮部位，提高了该部位奥氏体稳定性；另外，零件内孔适于所用拉刀加工的锻件硬度范围为 165 ~ 195 HB，从而导致锻件处理工艺调整难度较大。本文通过不同等温温度和保温时间的等温正火工艺试验，最终确定等温工艺参数为 620 ℃ × 4 h，后续加工过程没有拉刀损坏现象。

【关键词】 20CrMoH 钢；厚壁环形锻件；等温正火；工艺试验

1 引言

目前，变速箱轴齿类零件采用锻造余热等温正火工艺或等温正火工艺[1]。由于等温正火是将零件加热到奥氏体化温度保温一段时间后，通过中冷区风冷等手段迅速冷却至 A1 以下的珠光体相变温度等温，使相变在等温温度下进行[2]，避免了马氏体或贝氏体等非平衡组织的出现，保证组织及硬度的均匀性，以改善切削性能，减小热处理变形，提高加工精度[3~5]。在生产过程中，有一种采用 20CrMoH 钢的厚壁环形锻件，内孔拉削工序中出现拉刀损坏现象，导致生产过程停滞，亟待解决。

2 原因分析与解决方案

2.1 原因分析

环形锻件实物照片如图 1(a) 所示，对应的环形锻件纵截面取样如图 1(b)

所示。拉内花键过程中发现拉刀损坏,金相组织及硬度检测结果表明,距冲孔连皮表面 4~5 mm 位置(见图 1(b)中椭圆图形标记区域),发现有贝氏体或马氏体等异常组织,显微硬度为 476.4 HV0.1(约为 48 HRC),远大于平衡态的显微组织硬度,如图 2(a)所示。分别对图 2(a)金相组织中异常组织和正常组织区域的化学成分进行 EDS 元素分析,如图 2(b)所示,EDS 能谱图中 1 区为异常组织区域,2 区为正常组织区域,图 2(b)中右下表为 1 区和 2 区的 EDS 元素分析结果。结果表明:异常组织区域的 S、Cr、Mn 等元素发生明显偏聚,对应的元素含量分别为 0.38%、1.73% 和 1.57%,远高于锻件的正常组织区域。

(a)　　　　　　　　　　　　(b)

图 1　厚壁环形锻件毛坯及成品零件实物照片
(a)锻件毛坯;(b)纵截面试样

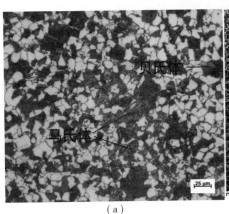
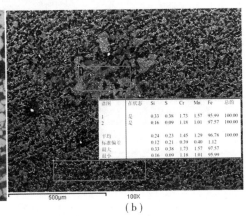

(a)　　　　　　　　　　　　(b)

图 2　锻件冲孔连皮部位的异常组织照片及 EDS 元素分析结果
(a)异常组织;(b)EDS 分析

据锻件的锻造工艺:圆钢下料→坯料加热(1 150~1 250 ℃)→模锻、

冲孔→切边→磨毛边。目前锻造方式刚好将材料偏析保留到冲孔连皮部位，随后采用的等温正火工艺为：加热至奥氏体化温度，930 ℃ ×100 min 保温，经由上述 EDS 元素分析结果可知，中冷区风冷后转移至等温炉，进行 580 ℃ × 60 min 的等温处理后出炉空冷。材料偏析使锻件冲孔连皮位置 Cr、Mn 等合金元素含量较高，引起 20CrMoH 钢 C 曲线右移，增强了 20CrMoH 钢的奥氏体稳定性，因此，局部的奥氏体等温转变较其他部位需要更长的等温时间。当前采用的 580 ℃ ×60 min 的等温工艺，材料偏析部位的奥氏体无法充分转变，出炉随即转变为硬度较高的贝氏体或马氏体组织，导致锻件冲孔连皮部位有明显硬质点存在，刚好出现在花键加工部位。

锻件成品零件的实物照片如图 3(a) 所示，内孔较大，内花键形状复杂，现场使用的拉刀较长，长度达 2.5 m［图 3(b)］。通过试验验证，适用该拉刀加工的锻件硬度范围为 165～195 HB。当锻件冲孔连皮部位有异常组织存在时，会导致锻件在拉削过程中出现刀具损坏现象。

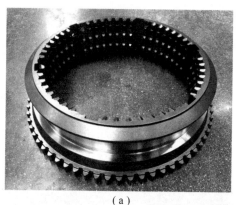

(a)

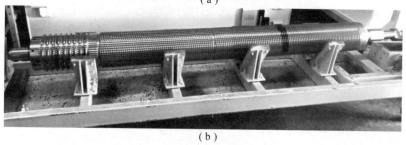

(b)

图 3　环形锻件加工的成品零件及现场所用拉刀的实物照片
(a) 成品零件；(b) 拉刀

2.2　技术解决方案

从上述原因分析可以看出，可采用两个途径进行改善：①由模锻冲孔锻造方式变更为辗扩方式，可有效避免原材料偏析出现在连皮位置；②调整现有工艺，提高等温温度以及延长等温时间，使冲孔连皮部位的奥氏体充分转变后再出炉冷却。由于锻造方式无法变更，应通过等温正火工艺优化来探索解决方案，故进行下列工艺试验。

3 工艺试验

3.1 试验材料

试验件用钢与问题锻件毛坯的材料一致，为常用低碳合金渗碳钢20CrMoH，其实测化学成分如表1所示。

表1 20CrMoH的实测化学成分（质量分数）　　　%

元素	C	S	Si	Mn	P	Cr	Ni	Mo	Cu	Al	N
含量	0.20	0.017	0.25	0.85	0.008	1.22	0.11	0.16	0.14	0.023	0.012

3.2 试验方法

根据问题锻件的原因分析，确定20CrMoH钢环形锻件毛坯等温正火工艺的调整优化方案为延长等温时间，提高等温温度，使锻件冲孔连皮部位的奥氏体得以完全转变。经相应热处理后，每个试验锻件毛坯切取3个试样，检测各试样的显微组织及布氏硬度。等温正火试验的热处理工艺及参数见表2。

表2 20CrMoH钢环形锻件毛坯等温正火工艺优化试验方案

试验方案	奥氏体化工艺参数	中冷区	等温温度/℃	等温时间/h
方案1	930 ℃×100 min	风冷	580	1
方案2				2
方案3			600	2
方案4				3
方案5			610	2
方案6			620	2
方案7				3
方案8				4

3.3 试验结果

用布氏硬度计逐一检测各试验锻件的硬度，用4%的硝酸酒精溶液腐蚀各锻件的金相试样，在金相显微镜下观测其显微组织。20CrMoH 钢环形锻件经等温正火试验后的显微组织及硬度如表3所示。

表3 20CrMoH 钢环形锻件经等温正火试验后的显微组织及硬度

工艺试验方案	检验方式	显微组织	硬度（HBW10/3 000）
方案1	逐一检验	F+P+少量M+少量B	175~185
方案2		F+P+少量M	175~185
方案3		F+P+极少量M	170~175
方案4		F+P+极少量M	170~175
方案5		F+P+极少量M	170~175
方案6		10%~15%的锻件组织为F+P+极少量M，其余锻件为F+P	170~175
方案7		4%的锻件组织为F+P+极少量M，其余锻件为F+P	165~175
方案8		F+P	165~170

4 结果分析与讨论

试验结果表明：20CrMoH 钢厚壁环形锻件毛坯试验件经 930 ℃×100 min 奥氏体化后，随着等温温度的升高以及等温时间的延长，锻件毛坯的硬度呈逐渐降低趋势，这与锻件显微组织中贝氏体或马氏体量逐渐减少有关。当等温温度为 580 ℃时，随着等温时间从 1 h 延长至 2 h，环形锻件中的奥氏体未转变量随之减少；当等温时间为 2 h 时，环形锻件显微组织中已无贝氏体出现，但 2 h 的等温时间未能使奥氏体完全转变，显微组织中仍存在有少量的马氏体。当等温温度升高至 600 ℃，等温时间从 2 h 延长至 3 h 时，环形锻件显微组织中马氏体量进一步减少，锻件硬度也由 175~185 HB 下降至 170~175 HB。当等温温度逐步提升到 620 ℃，等温时间为 2 h 时，85%~90%环形锻件毛坯显微组织中已无马氏体等异常组织的出现，均为块状铁素体和片状珠光体的平衡态组织；当等温时间为 3 h 时，仅有 4%的环形锻件毛坯中会出现极少量的马氏体等异常组织；当等温时间延长至 4 h 时，各环形锻件毛坯的显微组织全部为块状铁素体和片状珠光体，未见其他异常组织出现。

20CrMoH 钢的过冷奥氏体等温转变曲线如图 4 所示。从等温转变曲线可以看出，其固态相变特点为：①先共析铁素体转变线位于贝氏体开始转变线上方，珠光体转变比较滞后；②在 580 ℃ ~ A1 温度范围内都可以发生 F + P 转变；③700 ℃为珠光体转变曲线的鼻尖温度，在该温度进行等温处理，完成 F + P 全部转变所需的等温时间最短，约为 0.5 h，但其转变后的组织硬度较低，仅为 156 HB；④当等温温度为 580 ℃时，过冷奥氏体完全转变为 F + P 所需的时间最长，约为 7 h。

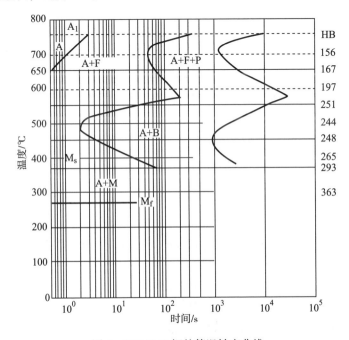

图 4　20CrMoH 钢的等温转变曲线

结合上述工艺试验分析，采用 580 ℃的等温温度，等温时间过短（仅为 1 ~ 2 h）时，环形锻件冲孔连皮部位的过冷奥氏体未能完全转变为 F + P，从而导致出炉转变为贝氏体或马氏体组织。现生产中环形锻件毛坯的硬度技术要求为 165 ~ 195 HB，当环形锻件硬度小于 165 HB 时，切削加工易出现粘刀、断屑困难、加工毛刺大而多等问题；当环形锻件硬度大于 195 HB 时，切削加工易出现打刀、机床振动大、表面粗糙度超差等问题。从图 4 可以得出：当等温温度设定为 600 ~ 650 ℃时，过冷奥氏体完全转变为 F + P 后的硬度才能满足现生产技术要求。当等温温度为 600 ℃时，过冷奥氏体完全转变为 F + P 所需的时间至少为 4 h，完全转变后的锻件硬度理论值为 197 HB，而等温温度为 620 ℃时，过冷奥氏体完全转变为 F + P 所需时间的门槛值为 3 h，为确保现生产中的全部锻件的过冷奥氏体均能完全转变为均匀一致的 F + P，需要将其等温时间延长至 4 h，完全转变后的锻件硬度理论值为 167～197 HB，这与上述工艺试验结果相符。

经上述工艺试验及理论论证，最终确定 20CrMoH 钢厚壁环形锻件毛坯的等温工艺为 620 ℃ ×4 h，彻底解决了此类锻件的现生产问题，确保了该类零件的正常生产进度。

5　总结

（1）环形锻件冲孔连皮位置出现异常组织的原因为：采用现有锻造方式，原材料偏析出现在冲孔连皮位置，后续等温正火过程中，由于等温温度和保温时间不充分，导致在等温过程中奥氏体未能充分转变，出炉冷却后产生贝氏体、马氏体等异常组织，导致后续加工出现拉刀损坏现象。

（2）采用 20CrMoH 钢的厚壁环形零件，等温正火工艺中等温温度应不低于 620 ℃，保温时间应不少于 3 h。

（3）由于原材料严重偏析导致锻件毛坯热处理工艺时间大幅延长，降低了生产效率，增加了生产成本，根本的解决措施是改变材料成分的一致性、均匀性。

参考文献

[1] 刘云旭. 合金渗碳钢件预先热处理的研究 [J]. 汽车工艺与材料，1997，(8)：12 – 15.

[2] 刘云旭，朱启惠. Cr-Mn 合金渗碳钢锻件正火处理后的显微组织和性能 [J]. 吉林工学院学报，1995，16 (3)：29 – 35.

[3] 王敏，郭淑兰，徐学东. 热处理工艺对合金渗碳钢件加工表面的影响 [J]. 机械工程与自动化，2015，(1)：118 – 119.

[4] 张金娟，张辉. 等温正火提高 20CrMo 钢切削加工性能的试验研究 [J]. 材料热处理技术，2012，41 (22)：221 – 226.

[5] 李佐锋. 渗碳齿轮毛坯锻造余热等温正火工艺可行性 [J]. 热处理技术与装备，2007，28 (2)：47 – 49.

7

车轮钢材料高周疲劳特性研究

杨 荣[1] 胡 飞[1] 袁 飞[2] 廖放心[1]

1. 东风汽车车轮有限公司，湖北十堰 442042
2. 东风汽车车轮有限公司，湖北随州 441300

【摘 要】 本文对SAPH370、500CL、530CL和590CL这4种常用车轮钢进行高周疲劳试验，并把相关的试验数据拟合成$S-N$曲线，对曲线进行了分析研究。结果表明：在相关系数R值检验下4种材料的疲劳寿命与应力呈显著性线性相关性；当材料之间的抗拉强度相差较大时，在相同应力下拥有较高抗拉强度的材料，其疲劳寿命也较高；而当材料之间的抗拉强度相差不大时，在相同应力下拥有较高抗拉强度的材料，其疲劳寿命也可能较低。因此，不能单纯以抗拉强度来评估材料疲劳性能的优劣。由于疲劳试验数据标准偏差的大小对预测高存活率95%下的疲劳寿命有较大的影响，所以分析材料疲劳性能时需对标准偏差给予高度重视。

【关键词】 $S-N$曲线；线性相关性；抗拉强度；标准偏差

1 引言

车轮的疲劳寿命取决于车轮的结构设计、制造工艺和车轮材料[1]。在批量化生产中，车轮结构设计和制造工艺是比较稳定的。因此，在实际应用中，车轮原材料的疲劳性能就成为影响车轮疲劳寿命的主要原因。近年来以材料的疲劳性能研究为出发点预测车轮疲劳寿命的名义应力法取得了一定的成果。如崔胜民等[2]利用名义应力法以08AL的$S-N$曲线为出发点，预测车轮疲劳寿命获得较为准确的结果。蔡敢为等[3]利用原材料SAPH440车轮钢的$S-N$曲线预测车轮的疲劳寿命也与试验寿命基本吻合。因此，对车轮材料疲劳特性的研究，尤其是对可以直观反映材料疲劳性能的$S-N$曲线的研究具有十分重要的意义。

目前，各车轮生产厂商也加大了对车轮钢原材料$S-N$曲线的研究。如孟宪堂[4]等对3种工艺制度下研制的微合金轮辐用钢S590D进行了高周疲劳寿命测试、绘制$S-N$曲线，并对3种工艺条件下材料$S-N$曲线进行了分析对比。徐浩浩[5]也对510L与DP600车轮钢的$S-N$曲线进行了测定与分析，但上述研究主要集中在分析材料冶炼工艺对 $S-N$ 曲线的影响,而对 $S-N$ 曲线进行分析的研究还鲜有报道。如对车轮钢 $S-N$ 曲线数据分析处理中标准偏差对各存活率下寿命的影响,以及不同强度等级车轮钢寿命间关系的分析研究还少有报道。因此,为保证给产品预测疲劳寿命提供的材料 $S-N$ 曲线数据准确度以及后期指导产品设计合理用材,本文拟对常用的 4 种车轮钢进行高周疲劳试验,完成各材料 $S-N$ 曲线的绘制,重点研究车轮钢 $S-N$ 曲线数据分析处理中标准偏差对各存活率下寿命的影响,以及不同强度等级车轮钢寿命间的关系。

2 试验

2.1 试验材料

4 种常用车轮钢,状态为热轧钢板,组织为铁素体 + 珠光体,力学性能见表 1。

表 1　车轮钢力学性能

材料牌号	屈服强度/MPa	抗拉强度/MPa
SAPH370	275	385
500CL	450	530
530CL	480	550
590CL	500	595

2.2 试验设备及方法

试验采用 MTS（322 ± 250）kN 电液伺服疲劳试验系统,在室温和大气中进行。根据 GB/T 3075—2008《金属材料 疲劳试验 轴向力控制方法》对板材高周疲劳试样的要求进行加工。试样沿着材料的轧制方向进行取样,考虑材料在实际应用时的表面情况,试样取矩形横截面,并使试样两面仍保持未加工状态。

用成组法测 $S-N$ 曲线,试验采用载荷控制、加载模式为拉 - 压加载对称循环,试验载荷循环比 $R = -1$,取 4～5 级应力水平,每级应力水平试验 5～7 根试样。试验以发现疲劳裂纹或疲劳断裂时的循环次数作为疲劳失效的终止寿命(疲劳失效判据)。本文中疲劳数据的数理统计处理方法按 GB/T 24176—2009《金属材料 疲劳试验 数据统计方案与分析方法》中规定的数理统计分析原理方法进行。

2.3 试验结果

按照上述试验方法得到材料各应力值与疲劳寿命的试验结果，如表 2 所示。

表 2　成组法高周疲劳试验结果

材料	最大应力水平/MPa	循环次数 $N/\times10^5$ 周	对数疲劳寿命平均值 $\lg N$	标准偏差
SAPH370	218	1.825, 2.519, 2.389, 1.958, 2.321, 2.154, 2.016	5.333 7	0.050 69
	207	5.935, 4.959, 3.954, 5.165, 4.235, 6.045, 6.854	5.717 6	0.086 10
	196	12.462, 9.826, 8.009, 13.024, 11.264, 9.975, 13.548	6.041 3	0.081 46
	185	32.608, 20.344, 23.546, 28.453, 22.644, 31.098, 36.54	6.436 9	0.093 58
500CL	350	3.283, 2.874, 2.757, 2.479, 2.331	5.435 4	0.057 87
	320	4.832, 4.533, 4.67, 4.219, 5.309	5.672 0	0.036 73
	295	7.832, 8.374, 7.732, 8.473, 8.094	5.908 3	0.017 41
	275	21.92, 18.328, 16.309, 15.233, 13.202	6.224 0	0.083 21
	260	30.287, 38.725, 32.019, 39.493, 34.253	6.541 2	0.050 41
530CL	320	1.503, 2.489, 2.624, 1.716, 2.581, 1.824, 2.408	5.315 8	0.095 91
	300	4.51, 4.514, 5.675, 6.924, 5.023, 7.103, 4.756	5.733 2	0.084 16
	280	9.7423, 11.544, 9.458, 12.224, 10.315, 13.124, 9.025	6.028 7	0.061 29
	265	18.166, 25.245, 20.37, 22.672, 29.345, 24.562, 19.023	6.351 9	0.074 25
590CL	395	2.453, 2.807, 2.426, 2.783, 2.54	5.417 6	0.027 60
	365	4.638, 4.729, 4.658, 4.098, 4.277	5.650 6	0.027 23
	340	7.503, 7.742, 8.032, 8.297, 7.639	5.894 2	0.017 58
	315	13.053, 18.923, 20.013, 16.273, 15.216	6.217 6	0.074 50
	295	31.256, 35.847, 37.664, 43.081, 34.452	6.559 4	0.051 37

3 结果分析

3.1 应力与疲劳寿命的线性相关性

根据表 2 的结果利用最小二乘法拟合出应力与寿命的曲线,即存活率为 50% 的 $S-N$ 曲线,又称中值 $S-N$ 曲线,如图 1 所示。

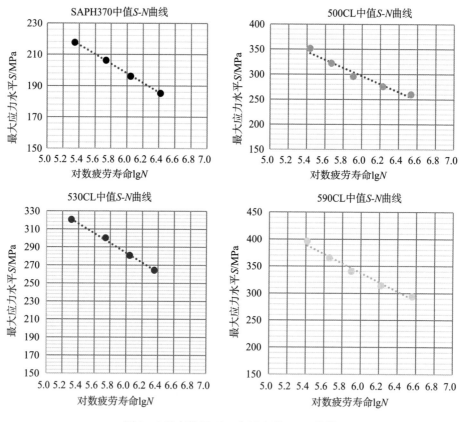

图 1　4 种车轮钢 50% 存活率的 $S-N$ 曲线

由图 1 可知,4 种车轮钢材料应力与寿命两者表现出良好的线性相关性。为了保证原材料疲劳特性作为产品设计依据的可靠性,本文对 4 种材料线性回归方程进行置信度为 95% 相关系数 $r_{0.05}$ 检验。当相关系数满足 $|r| \geqslant r_{0.05}$ 时,表示疲劳寿命与应力值呈显著相关,具体结果见表 3。由表 3 可知,4 种材料的疲劳寿命与应力均呈显著线性相关。

表3 50%存活率 $S-N$ 曲线拟合方程

材料	$S = A \times \lg N + B$	决定系数 R^2	相关系数 $\lvert r \rvert$	$r_{0.05}$ $(n-2)$	判定结果
SAPH370	$S = -30.23 \times \lg N + 379.35$	0.998 6	0.999 3	0.95	显著相关
500CL	$S = -80.159 \times \lg N + 777.44$	0.958 4	0.926	0.878	显著相关
530CL	$S = -54.178 \times \lg N + 608.59$	0.995	0.975	0.95	显著相关
590CL	$S = -86.502 \times \lg N + 856.5$	0.976	0.988	0.878	显著相关

3.2 抗拉强度对材料疲劳寿命的影响

结合表1与图2可知，SAPH370、500CL、590CL 三种材料抗拉强度相差较大，随着材料抗拉强度的提升，在相同的应力水平下材料的疲劳寿命也会显著提升。由上述可知，材料强度等级越高，同等应力水平下寿命也会提高，这是利用高强材料来轻量化车轮，同时保证车轮疲劳寿命要求的基础。

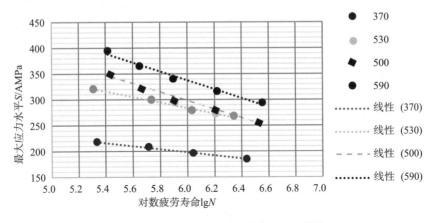

图2 4种车轮钢50%存活率的 $S-N$ 曲线

对比500CL、530CL两种材料的力学性能，500CL的抗拉强度为530 MPa，530CL的抗拉强度为550 MPa，两者抗拉强度相差不大。虽然500CL的抗拉强度比530CL略小（20 MPa），对比两者 $S-N$ 曲线发现，在高应力水平下，500CL疲劳寿命比530CL高。如在320 MPa应力下，500CL材料的中值疲劳寿命为469 894 次，530CL材料的中值疲劳寿命为206 918 次，两者寿命相差达55.96%。随着应力水平的逐渐降低，两条线逐渐靠近，疲劳寿命差距越来越小，最后两者的疲劳寿命值相当。

因此，当材料抗拉强度相差较大时，常以抗拉强度指标来区分材料疲劳性能优劣。而在材料抗拉强度相差不大的情况下，不能简单地以抗拉强度来区分材料疲劳性能的优劣,这一点对于产品设计合理选材具有重要的参考意义。

3.3 标准偏差对材料疲劳寿命的影响

疲劳试验中首先得到的是材料在不同应力水平下的中值疲劳寿命,即存活率为 50% 的疲劳寿命。50% 的存活率意味着有一半的产品在未达到预期寿命时就已经发生了破坏,以这样的曲线作为产品寿命的估算依据往往比较危险,不符合产品设计的要求[6]。因此在进行产品设计时,从安全可靠的角度出发比较关心的是高存活率下的疲劳寿命,故需要利用疲劳数据统计方法获得存活率为 95% 下的 $S-N$ 曲线。

按 GB/T 24176—2009《金属材料 疲劳试验 数据统计方案与分析方法》中规定的数理统计分析原理,假定对数疲劳寿命符合正态分布的规律,其在一定的置信度、失效概率 P 下的疲劳寿命下极限值按式(1)估计:

$$\hat{x}_{(p,1-\alpha)} = \hat{\mu}_x - k_{(p,1-\alpha,\nu)} \hat{\sigma}_x \tag{1}$$

式中,$\hat{x}_{(p,1-\alpha)}$ 为置信度 $1-\alpha$,不同存活率 p 下的疲劳寿命下限;$\hat{\sigma}_x$ 为平均疲劳寿命;$k_{(p,1-\alpha,\nu)}$ 为正态分布的单侧误差限系数;ν 为自由度(取值与试样个数有关);$\hat{\sigma}_x$ 为标准偏差。

因疲劳试验结果具有很大的分散性,同一载荷条件下获得的疲劳寿命的最高值与最低值可能相差百倍,而分散性间接反映了材料性能与工艺的稳定性[7]。材料分散性的大小以标准偏差 $\hat{\sigma}_x$ 来体现,$\hat{\sigma}_x$ 越大表示数据的分散性越大,$\hat{\sigma}_x$ 越小表示数据的分散性越小。

根据式(1)换算得出置信度 95%、存活率 95% 的疲劳寿命下限,见表 4;根据表 4 绘制 95% 存活率下材料 $S-N$ 曲线,如图 3 所示。

表 4　95% 存活率下的疲劳寿命下限

材料	最大应力水平	对数疲劳寿命平均值 lg$N$	标准偏差 $\hat{\sigma}_x$	95%存活率疲劳寿命下限 lg$N$
SAPH370	218	5.333 7	0.050 69	5.161 40
	207	5.717 6	0.086 10	5.424 95
	196	6.041 3	0.081 46	5.764 38
	185	6.436 9	0.093 58	6.118 83
500CL	350	5.435 4	0.057 87	5.192 2
	320	5.672 0	0.036 73	5.517 6
	295	5.908 3	0.017 41	5.835 2

续表

材料	最大应力水平	对数疲劳寿命平均值 lgN	标准偏差 $\hat{\sigma}_x$	95%存活率疲劳寿命下限 lgN
500CL	275	6.224 0	0.083 21	5.874 3
	260	6.541 2	0.050 41	6.329 4
530CL	320	5.315 8	0.095 91	4.989 8
	300	5.733 2	0.084 16	5.447 1
	280	6.028 7	0.061 29	5.820 4
	265	6.351 9	0.074 25	6.099 5
590CL	395	5.417 6	0.027 60	5.301 6
	365	5.650 6	0.027 23	5.536 2
	340	5.894 2	0.017 58	5.820 3
	315	6.217 6	0.074 50	5.904 5
	295	6.559 4	0.051 37	6.343 5

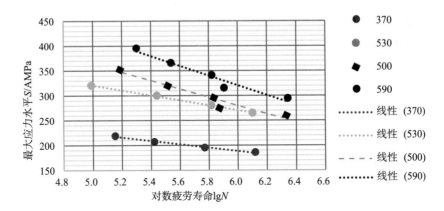

图3　4种材料95%存活率的 $S-N$ 曲线

由表4可知，试验数据总体分布体现为高应力水平分散度小，低应力水平分散度大的特征。4种材料整体的标准偏差均比较小（在0.1以内），从统计学上说明材料疲劳寿命值波动比较小，材料的工艺与性能比较稳定。

疲劳试验数据的分散性大小对高存活率下疲劳寿命值有较大影响，如500CL在275 MPa应力下疲劳寿命的标准偏差为0.083 21，比其他应力水平下寿命的标准偏差大，由式（1）知，换算出95%存活率疲劳寿命下限值就会较低，体现为在该应力下95%存活率的疲劳寿命值处于 $S-N$ 曲线的下方。

对比 500CL 与 530CL 两种材料，在 320 MPa 应力下，500CL 材料的中值疲劳寿命为 469 894 次，530CL 材料的中值疲劳寿命为 206 918 次，500CL 的疲劳寿命是 530CL 的 2.27 倍；500CL 材料的标准偏差为 0.036 73，95% 的存活率下疲劳寿命的下限为 329 306 次，530CL 材料的标准偏差为 0.095 91，95% 疲劳寿命为 97 678 次，500CL 的疲劳寿命变成 530CL 的 3.37 倍。因此，对于材料的高周疲劳试验，不能只关注材料的疲劳寿命，还需要对标准偏差给予特别的关注，它是评价材料疲劳性能优劣的一个重要参数。

4 总结

（1）对 4 种常用车轮钢进行了中值 $S-N$ 曲线测定，材料疲劳寿命与应力间呈显著线性相关，可以保证以此作为车轮产品设计依据的可靠性。

（2）当材料抗拉强度相差较大时，随着材料抗拉强度的增加，疲劳性能也会增加，但是当抗拉强度相差不大时，不能单纯以抗拉强度来评估材料疲劳性能的优劣。

（3）疲劳寿命的标准差反映了疲劳寿命的分散程度，是材料性能和工艺稳定性的体现，在评估材料的疲劳性能时，需要对这一指标给予高度重视。

参考文献

[1] 郑万东，谭善锟. 轿车车轮疲劳寿命的探讨 [J]. 汽车技术，1993，3：36 – 38.

[2] 崔胜民，杨占春. 汽车车轮疲劳寿命预测方法的研究 [J]. 机械强度，2002，24（4）：617 – 619.

[3] 蔡敢为，任延举，张磊，等. 基于 ANSYS 的车轮强度分析与寿命预测 [J]. 机械设计与制造，2010，3（3）：186 – 187.

[4] 孟宪堂，郭子锋，李飞，等. 首钢 590 MPa 级高疲劳寿命轮辐用钢的研究 [J]. 锻压技术，2015，40（4）：121 – 125.

[5] 徐浩浩. 510L 和 DP600 车轮钢中夹杂物分析及其对疲劳性能的影响 [D]. 长沙：中南大学，2014.

[6] 高镇同. 疲劳性能测试 [M]. 北京：国防工业出版社，1980.

[7] 胡本润，郭洪全，宋钧，等. 标准差 S 在材料疲劳寿命分析中的作用. 失效分析与预防 [J]. 2007，2（3）：28 – 31.

低碳齿轮钢带状组织影响因素研究

冯桂萍 李 刚 郭晓俊 赵 敏 刘金鑫

抚顺特殊钢股份有限公司技术中心，辽宁抚顺 113001

【摘 要】 本文介绍了低碳齿轮钢带状形成原因及危害，从枝晶偏析、热加工、热处理方面对带状影响因素进行试验分析，并得出结论：钢坯进行适当高温扩散，即CrNiMo系列和CrMnTi系列控制铸坯均热温度1 180~1 220 ℃，扩散时间≥1 h，终轧温度为900~950 ℃，带状组织得到明显改善。对原材和齿轮毛坯件采用等温正火可获得平衡组织和良好带状组织。

【关键词】 带状组织；枝晶偏析；扩散温度；终轧温度；等温正火

国家课题名称：汽车齿轮用钢质量稳定性提升关键技术开发及应用

课题编号：2016YFB0300102

1 引言

钢液凝固过程中，由于选择结晶作用会产生成分分布不均匀的枝晶组织，在轧制后沿钢材轧制方向会形成以先共析铁素体为主和珠光体交替分布的带状组织。带状组织是影响齿轮钢内在质量的主要因素之一，它造成钢的各向异性，降低钢的横向塑性、韧性，影响切削加工。严重的带状组织会导致淬火后硬度不均，增大齿轮渗碳淬火变形量，导致齿轮啮合困难，运行振荡、噪声大，从而导致齿轮的提前失效。齿轮钢带状组织的严重程度与枝晶偏析、热加工工艺和热处理有关。

2 带状组织影响因素研究分析

2.1 枝晶偏析的影响

根据金属的凝固理论[1]，连铸坯在凝固过程中形成的初生坯壳，组织致密成分均匀，偏析较小。随着结晶的进行，从边部到中心产生较大的温度梯度，形成了柱状晶，在枝晶间富集了杂质，并加大了元素的偏析。在最后凝固部分由于液相穴固液交界面的树枝晶被液体的对流运动而折断，形成粗大等轴晶，富集有大量的合金元素及杂质。连铸坯宏观低倍组织见图1。

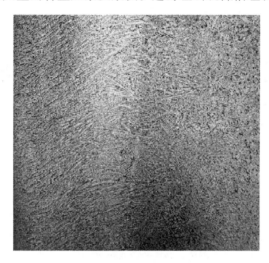

图1　20CrMnTiH 连铸坯低倍组织

连铸坯轧制后，热轧材的带状组织从表面至中心逐渐加重，见图2。

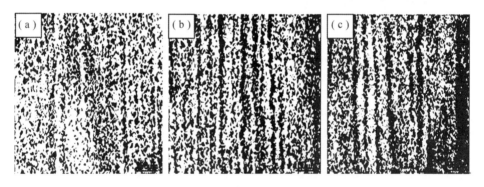

图2　热轧材带状组织（100×）
（a）钢材近表面；（b）钢材半径1/2处；（c）钢材中心

枝晶偏析是由于钢锭在结晶过程中的选分结晶造成的。目前通常用铸坯的二次枝晶间距大小来表征元素偏析状况，二次枝晶间距越小表明元素分布越均匀，进而形成带状组织的级别越低。国外很多研究表明[2-4]，即便钢中存在合金元素偏聚的情况下，若二次枝晶间距相对于奥氏体晶粒尺寸较小时，带状组织也不会形成。目前国内从提高连铸坯凝固组织方面进行相关研究，如优化过热度、拉速及二冷系统参数等进行工艺试验；其次从连铸冷却设备方面进行改进，在连铸坯冷却过程中采用振荡装置，有利于枝晶破碎，均取得一定成效。

2.2 热加工工艺的影响

2.2.1 高温扩散

目前钢厂齿轮钢生产流程基本均采用连铸连轧生产,铸坯保温时间短,枝晶偏析来不及进行扩散,从而导致带状组织严重。采用合适的温度和保温时间,对改善带状组织尤为重要。

选用齿轮钢代表品种 20CrMnTiH,规格为 ϕ80 mm,在一支棒料上截 20 mm × 12 片,分别在不同加热温度和保温时间下进行处理,高温扩散温度分别为 1 150 ℃、1 180 ℃、1 200 ℃、1 230 ℃,分别保温 1~3 h,然后制备带状组织试样,磨制,采用4%硝酸酒精腐蚀后观察其带状组织的变化,组织形貌见表1。

表1 加热温度和保温时间对带状组织的影响

加热温度/℃	保温 1 h	保温 2 h	保温 3 h
1 150			
1 180			
1 200			
1 230			

从表 1 组织图片对比可知，试样经过 1 150 ℃保温 1~3 h 扩散后，带状组织没有得到改善，带状组织级别 3~4 级；试样经过 1 180 ℃以上温度保温 1~2 h 扩散后，带状组织改善明显，带状级别达到 2 级以下；保温 3 h 以上，带状组织为 1 级。此试验表明，铸坯的加热温度只有达到 1 180 ℃以上，枝晶偏析才能得到改善；随着保温时间的延长，带状组织趋于均匀。根据相关理论和经验，铸坯加热温度过高或在高温保温时间过长易造成脱碳严重、晶粒粗大等质量问题，严重时会产生过热、过烧组织。因此，在改善带状的前提下，保温段温度按 1 180~1 220 ℃控制，保温时间 1 h。

根据试验结论，大生产中铸坯加热温度由原来的 1 150 ℃左右调整为 1 180~1 220 ℃，将铸坯加热、保温时间由原来的 30 min 调整为 60 min。CrNiMo 系列和 CrMnTi 系列带状组织可满足≤3 级水平。

2.2.2　合适的轧制参数

文献 [5] 认为，合适的终轧温度及较大的道次变形量易于破碎枝晶，轧后形成均匀的奥氏体组织；随着终轧温度降低，轧后逐渐形成未再结晶奥氏体组织，轧后快冷可抑制碳的不均匀性分布，使之形成较均匀的先共析铁素体和珠光体，从而能有效控制带状组织形成。

终轧温度对带状组织的影响主要是通过改变相对晶粒 δ 的大小来影响的，即

$$\delta = (d-s)/s$$

式中，d 为过冷奥氏体转变后的铁素体平均晶粒直径（μm）；s 为富锰带带间距（μm）。这主要分三种情况[2]：

(1) 当 $d=s$ 时，铁素体最易在两个富锰带中间形核，然后逐渐长大，在即将转变结束时，过饱和析出的碳原子恰好扩散至富锰带，形成该处较大程度的碳原子富集。

(2) 当 $d \leqslant s$ 时，铁素体最易在中间位置形核。若由于终轧温度低，形变储存能高引起形核率较高，则在中间晶粒未长大前，在贫锰带中心附近也会形成新晶核。这样在相变后由于晶间吸附了一定量的碳原子，会降低富锰带碳原子的富集，最终减轻了对富锰带发生铁素体转变的抑制作用。

(3) 当 $d>s$ 时，铁素体形核也处于中间位置，但由于终轧温度高而形核率较低，当中间晶粒长大至富锰带时，在此富锰带外侧还存在未转变的奥氏体。若此时富锰带还未达转变温度 Ar1，中间晶粒就会超过富锰带继续长大，而将碳原子向富锰带外侧扩散。这样就在富锰带位置出现了铁素体，减轻了富锰带形成连续珠光体的趋势。所以，d 越偏离 s，带状组织级别越轻。

据文献 [6] 试验总结，终轧温度为 1 050 ℃和 1 000 ℃时所得到的铁素体晶粒尺寸与富锰带带间距 s 相差不大，所以带状组织明显；而终轧温度为

950 ℃和900 ℃时，d 和 s 相差较大，所以带状组织较轻。合适的终轧温度应控制在900~950 ℃，轧后采用风冷，达到正火效果，可有效改善二次相变产生的带状组织。

2.3 热处理工艺的影响

低碳齿轮钢常用钢种系列主要为 CrMnTi 系列、MnCr 系列、CrMo 系列、CrNiMo 系列、CrNi2Mo 系列。针对 CrMnTi 系列、MnCr 系列热轧态可获得平衡组织；而 CrMo 系列、CrNiMo 系列、CrNi2Mo 系列，热轧空冷后易得到贝氏体组织，这给带状组织评级带来困扰。为有效地评定带状组织，将非平衡组织处理成平衡组织后再评定带状组织是必需的，选择合适的热处理工艺对带状组织严重程度有直接影响。

选取钢种 FAS3420H，规格为 ϕ80 mm，在同一根钢材切取厚度 20 mm×5 片，分别在热轧态等温正火、等温退火、完全退火等状态下检验带状组织，试验结果如表2所示。

表2 试样在不同检验状态下的带状组织

代号	检验状态	带状组织级别
1	热轧态	贝氏体（图3）
2	930 ℃×30 min 转炉到650 ℃×1 h	1.5级（图4）
3	930 ℃×30 min 炉冷到650 ℃×1 h	3.0级（图5）
4	930 ℃×30 min 炉冷到500 ℃出炉	3.5级（图6）

图3 热轧材带状组织

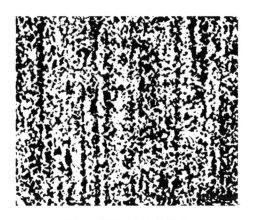

图 4　等温正火带状组织

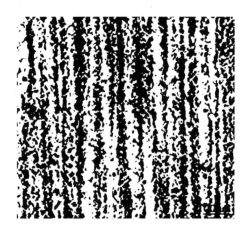

图 5　等温退火带状组织

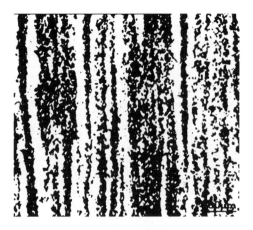

图 6　完全退火带状组织

从以上试验得出，热轧态组织为贝氏体组织，采用等温正火、等温退火和完全退火均可获得 F+P 平衡组织。采用 930 ℃×30 min 转炉到 650 ℃×1 h，组织较为均匀，带状组织级别为 1.5 级，此种热处理工艺接近齿轮毛坯的等温正火工艺，即将齿轮毛坯加热奥氏体化后，快速冷却到等温转变温度，使过冷奥氏体在等温温度下进行等温转变，同时对一些风冷易产生贝氏体的钢种，如 CrMo、CrNiMo 系列，能有效防止产生粒状贝氏体，以获得等轴的均匀铁素体+珠光体混合组织，大大改善锻坯的加工性能，并提高热处理变形的规律性。采用等温正火工艺，可抑制先共析铁素体的析出，铁素体带状不明显，所以其评级也较低。采用等温退火 930 ℃×30 min 炉冷到 650 ℃×1 h 和完全退火 930 ℃×30 min 炉冷到 500 ℃×1 h 处理的试样，带状组织级别为 3.0~3.5 级，带状组织严重，其弊端在于冷却速度过慢，会使奥氏体分解温度升高，使铁素体充分析出，形成网状铁素体，加重带状组织的形成。大量试验证明，即便采用高温扩散消除了一次带状，但如果锻件重新进行完全退火，缓慢冷却，其二次带状组织仍会很严重，所以对于原始钢材或是齿轮毛坯热处理工艺的选择，综合考虑，既能获得平衡组织又能改善带状组织，等温正火工艺是最佳的选择。

3 总结

（1）低碳齿轮钢 CrNiMo 系列和 CrMnTi 系列，铸坯加热温度为 1 180~1 220 ℃，保温时间≥1 h，带状组织可满足≤3.0 级。

（2）终轧温度应控制在 900~950 ℃，轧后采用风冷，达到正火效果，可有效改善二次相变产生的带状组织。

（3）采用等温正火工艺，是钢材和零件获得良好带状组织的有效保证，带状组织可满足≤2 级。

参考文献

[1] 蔡开科，程上富. 连续铸钢原理与工艺 [M]. 北京：冶金工业出版社，1994.

[2] Jatczak C F, Girardt D J, Rowland E. On banding in steel [J]. Transactions of the ASM, 1956, 48：279.

[3] Thompson S W, Howell P R. Factors influencing ferrite/pearlite banding and origin of large pearlite nodules in a hypoeutectoid plate steel [J]. Master Sci technol, 1992, 8：777.

[4] Grobterlinden R, Kawalla R, Lotter U, et al. Formation of pearlitic banded

structures in ferritic pearlitic steels [J]. Steel Res, 1992, 63 (8): 331.
[5] 林大为, 沈黎晨, 戴一一, 等. 终轧温度对 16Mn 钢板带状组织的影响 [J]. 轧钢, 1999, (4): 21 - 24.
[6] 陈涛, 时彦林, 20CrMo 棒材带状组织的控制研究. 热加工工艺, 2007, 36 (2).

第三代先进高强钢 QP980
电阻点焊工艺性能研究

方友震

奇瑞汽车股份有限公司，汽车工程技术研发总院，
安徽芜湖　241009

【摘　要】本研究采用逆变一体化悬挂点焊机对第三代先进高强钢材料 QP980 进行点焊操作，研究其接头性能，并对焊接接头的力学性能、显微硬度、微观组织、疲劳性能进行分析，获得了该材料的优化点焊工艺以及剪切接头的载荷—寿命疲劳曲线。分析结果表明，QP980 的点焊性能良好，通过工艺优化能获得良好的接头性能。接头熔核区组织为板条马氏体，拉伸时失效模式呈现熔核剥离失效。

【关键词】第三代先进高强钢；疲劳性能；马氏体；熔核剥离

1　引言

近年来，我国汽车市场迅速扩张，已经成为全球第一大汽车市场。汽车的大量使用，带来了环境污染和能源消耗等问题，为了缓解日益严重的能源危机和改善地球日益严重的温室效应，世界各国越来越关注能源和环境问题，纷纷采取各种措施进行严格的控制。降低油耗、减少污染和改进安全性已经成为汽车工业发展的三大主题。汽车轻量化是汽车节能减排的主要途径，在确保汽车综合性能指标的前提下，尽可能地减轻汽车产品自身的重量，从而有效提高汽车的动力性，减少燃油消耗，降低污染排放。研究表明，在其他条件不变的前提下，汽车每减重10%可节省燃油3%～7%[1]。汽车轻量化的主要途径有结构优化减重和使用轻质材料减重。高强钢板的使用，可以在保证在满足汽车车身刚度和强度要求的前提下减小钢板厚度，从而实现车身轻量化的要求。有研究表明，使用高强钢板，可将原厚度为1.0～1.2 mm的车身钢板减薄至0.7～0.8 mm，车身减重15%～20%，燃油节省8%～15%[2]。

先进高强钢经历了三代的发展，如图1所示。由于前两代先进高强钢自身有着一定的不足（第一代强度级别高但是塑性不足；第二代强度级别和塑

性尚可，但生产成本不易控制），以 Q&P 钢为代表的第三代先进高强钢应运而生。Q&P 钢兼有前两代先进高强钢的显微组织特点，充分利用细晶强化、固溶强化等强化手段提高钢的强度，通过应变诱发塑性等机制增加钢的塑性，是汽车结构件尤其是安全结构件的极佳选择。作为新型汽车材料，针对其加工制造中的性能研究尤为迫切。本文针对 Q&P980 点焊性能开展研究。

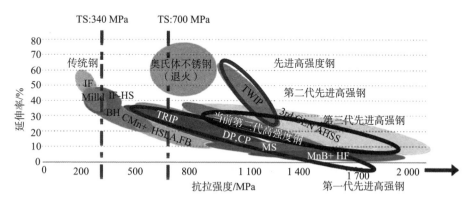

图 1　先进高强钢的发展（见彩插）

IF—无间隙原子钢；IF‑HS—高强 IF 钢；Mild—软钢；BH—烘烤硬化钢；CMn—碳锰钢；HSLA—高强低合金钢；FB—铁素体‑贝氏体钢；TRIP—相变诱导发塑性钢；DP—双相钢；CP—复相钢；MS—马氏体钢；Mn‑B+HF—锰硼钢+热成型；MART—马氏体钢；TWIP—孪晶诱发塑性钢

2　试验材料及方法

2.1　试验材料

试验采用宝钢提供的第三代先进高强钢淬火延性钢 QP980/1.2 mm 为研究对象。淬火延性钢是采用淬火—配分工艺生产的一类高成型性超高强钢。钢的显微组织为马氏体 + 铁素体 + 残余奥氏体等多相复合组成，利用马氏体带来的超高强度和残余奥氏体的相变诱导塑性效应，可获得比传统超高强钢更优越的成型性能，具有中等屈强比和较高的加工硬化性能，适合用于外形相对复杂、强度要求高的车身骨架件和安全件。

焊接工艺为电阻点焊，利用逆变一体化悬挂点焊机进行焊接，通过对原材料化学、力学性能以及点焊接头的静态/动态力学性能和金相组织进行综合分析，深入探索第三代高强钢淬火延性钢的点焊性能，优化其点焊工艺。表 1、表 2 列出了材料的化学成分和力学性能。

表1 QP980 化学成分（质量分数）   %

主要元素成分质量分数		C	Si	Mn	P	S	Alt
技术要求		≤0.2	≤2.0	≤2.5	≤0.03	≤0.01	≤2.0
实测值	拉伸样件	0.19	1.33	2.12	0.008	0.002	0.039
	B-3-4	0.17	1.61	2.06	0.013	0.002	0.059
	J-11-1	0.16	1.60	2.07	0.013	0.002	0.058
	B-11-3	0.17	1.63	2.08	0.013	0.002	0.059

表2 QP980 力学性能

性能指标		屈服强度/MPa	抗拉强度/MPa	断后伸长率 $A_{50\,mm}$/%	加工硬化指数 n	塑性应变比 r
技术要求		550~800	≥980	≥20	—	—
实测值	0°	733/709/732	1 091/1 075/1 083	24.0/23.0/23.5	0.17/0.17/0.17	0.95/1.00/1.05
	45°	743/758/742	1 104/1 125/1 081	22.0/24.0/23.5	0.17/0.17/0.17	1.15/0.95/1.00
	90°	779/786/774	1 138/1 119/1 122	21.5/21.0/21.0	0.14/0.15/0.15	1.25/1.10/1.10

2.2　试验方法及试样要求

试验所用样条尺寸要求、测试项目和测试要求均参考 ISO 14270~14273 和 ISO14324 相关标准执行。

试验方案主要是针对电极压力、预热/焊接电流、预热/焊接/回火时间这些主要焊接参数取3个水平，另外预压时间、加压时间、回火电流、维持时间、预热冷却时间、焊接冷却时间等焊接参数不作为变量因素考察，利用"4因素3水平"正交试验来设计此次试验，这样就能通过代表性很强的少数试验，找到各个影响因素对试验指标的影响情况，确定因素的主次顺序，找出较好的生产条件或最优参数组合。

3　研究过程

3.1　点焊接头静态力学性能——剪切拉伸

接头剪切拉伸试验结果如表3所示。根据正交试验设计要求，列举并分析计算了一系列分析结果：各个因素水平对试验指标的影响主次关系、各影

表 3 剪切拉伸试验数据分析

试板编号	电极压力 F/kgf	焊接电流 I/kA	焊接时间 t/周波	最大剪切力 Q/kN
J-1	F_1	I_1	t_1	13.376
J-2	F_1	I_2	t_2	18.195
J-3	F_1	I_3	t_3	20.380
J-4	F_2	I_1	t_2	11.720
J-5	F_2	I_2	t_3	17.714
J-6	F_2	I_3	t_1	16.189
J-7	F_3	I_1	t_3	15.787
J-8	F_3	I_2	t_1	16.320
J-9	F_3	I_3	t_2	18.823

最大剪切力		F	I	t
	k_1	51.951	40.883	45.885
	k_2	45.623	52.229	48.738
	k_3	50.930	55.392	53.881
	k_1	17.317	13.628	15.295
	k_2	15.208	17.410	16.246
	k_3	16.977	18.464	17.960
	极差	2.109	4.836	2.665
	优方案	F_1	I_3	—

因素主次关系：$I > t > F$

影响因素显著性分析

最大剪切力			
k_1^2	2 698.906	1 671.420	2 105.433
k_2^2	2 081.458	2 727.868	2 375.393
k_3^2	2 593.865	3 068.274	2 903.162
T		148.504	
T^2		22 053.438	
CT	2 458.076	2 450.382	
Q_j	7.694	2 489.187	2 461.329
S_j	7.694	38.805	10.947
Q_T		2 508.425	
S_T		58.043	
S_e		0.596	

方差来源	偏差平方和 S	自由度 f	方差 V	F 值	显著性（*）
F	7.694	2	3.847	12.9	因素较显著
I	38.805	2	19.403	65.1	*因素显著
t	10.947	2	5.474	18.4	（*）因素较显著
误差 e	0.596	2	0.298	—	—
总和 T	148.504	8	—	—	—

响因素的显著水平、因素的影响显著性分析等。

结合表3用各因素的水平作为横坐标，各因素对应的考核指标平均值作为纵坐标，画出指标与因素的关系图（图2）。

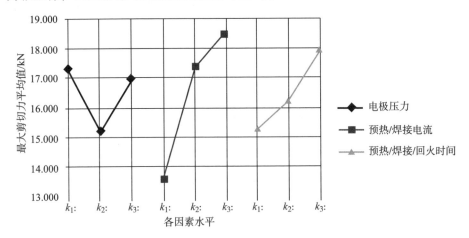

图2　各因素对最大剪切力的影响（见彩插）

综合观察表3和图2可以看出，针对接头最大剪切力这一考核指标，影响因素的主次关系是 $I > t > F$，参数优化组合是 $F1I3t3$。

观察表3各因素极差可知，各因素对最大剪切力 Q 的影响如下：

（1）电极压力 F 的影响：观察表3发现 F 的极差是最小的，表示此次试验 F 的变化影响最小；同时观察因素 F 的3个水平所对应的 k 值可知，F 的第1个水平对应的数值较大，故电极压力取第1个水平较好。

（2）焊接电流 I 的影响：观察表3发现 I 的极差最大，表示此次试验 I 的变化影响最大；同时观察因素 I 的3个水平所对应 k 值可知，I 的第3个水平对应的数值较大，故焊接电流取第3个水平较好。

（3）焊接时间 t 的影响：观察表3发现 t 的极差介于焊接电流和电极压力之间，表示此次试验 t 的变化影响居中；同时观察因素 t 的3个水平所对应 k 值可知，t 的第3个水平对应的数值较大，故取焊接时间的第3个水平较好。

综上所述各影响因素（焊接参数）的主次关系为：

针对最大剪切力 Q：焊接电流 I > 焊接时间 t > 电极压力 F。

此次试验的最佳参数组合为：电极压力 F 取1水平（430 kgf），预热/焊接电流 I 取3水平（8.5 kA），预热/焊接/回火时间 t 取3水平（120 ms）。

3.2　点焊接头静态力学性能——十字正拉伸

结合表4用各因素的水平作为横坐标，各因素对应的考核指标平均值作为纵坐标，画出指标与因素的关系图（图3）。

表 4 十字正拉伸试验数据分析

试板编号	电极压力 F/kgf	焊接电流 I/kA	焊接时间 $t/$周波	最大正拉力 Q/kN			因素主次关系分析			
						最大正拉力	F	I	t	
Z-1	F_1	I_1	t_1	4.734		k_1	16.528	13.683	15.672	
Z-2	F_1	I_2	t_2	6.146		k_2	15.329	18.493	14.470	
Z-3	F_1	I_3	t_3	5.648		k_3	15.143	14.824	16.858	
Z-4	F_2	I_1	t_2	4.072		k_1	5.509	4.561	5.224	
Z-5	F_2	I_2	t_3	6.333		k_2	5.110	6.164	4.823	
Z-6	F_2	I_3	t_1	4.924		k_3	5.048	4.941	5.619	
Z-7	F_3	I_1	t_3	4.877		极差	0.462	1.603	0.796	
Z-8	F_3	I_2	t_1	6.014		优方案	F_1	I_2	t_3	
Z-9	F_3	I_3	t_2	4.252		因素主次关系：$I > t > F$				

影响因素显著性分析

最大正拉力	k_1^2	273.175	187.224	245.612	方差来源	偏差平方和 S	自由度 f	方差 V	F 值	显著性
	k_2^2	234.978	341.991	209.381	F	0.377	2	0.188	5.5	[*]该因素不显著但有影响
	k_3^2	229.310	219.751	284.192	I	4.211	2	2.106	61.9	*因素显著
	T		47.000		t	0.950	2	0.475	14.0	(*)因素较显著
	T^2		2 209.000		误差 e	0.068	2	0.034	—	—
	CT		245.444		总和 T	47.000	8	—	—	—
	Q_j	245.821	249.656	246.395						
	S_j	0.377	4.211	0.950						
	Q_T		251.051							
	S_T		5.606							
	S_e		0.068							

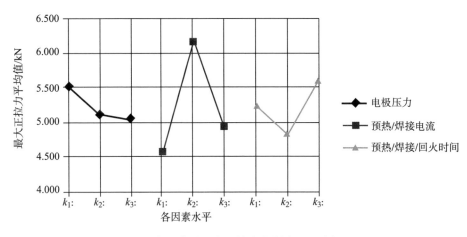

图 3　各因素对最大正拉力的影响（见彩插）

同理，参考以上分析方法可得：

针对最大正拉力 Q：焊接电流 I > 焊接时间 t > 电极压力 F。

此次试验的最佳参数组合为：电极压力 F 取 1 水平（430 kgf），预热/焊接电流 I 取 2 水平（7.5 kA），预热/焊接/回火时间 t 取 3 水平（120 ms）。

3.3　点焊接头静态力学性能——剥离拉伸

结合表 5 用各因素的水平作为横坐标，各因素对应的考核指标平均值作为纵坐标，画出指标与因素的关系图（图 4）。

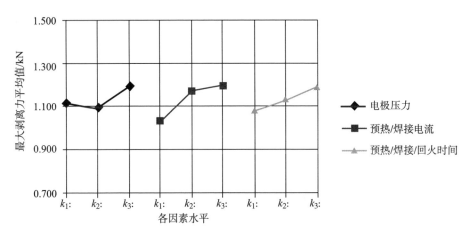

图 4　各因素对最大剥离力的影响（见彩插）

同理，参考以上分析方法可得：

针对最大剥离力 Q：焊接电流 I > 焊接时间 t > 电极压力 F。

表 5 剥离拉伸试验数据分析

试板编号	电极压力 F/kgf	焊接电流 I/kA	焊接时间 t/周波	最大剥离力 Q/kN
B-1	F_1	I_1	t_1	0.997
B-2	F_1	I_2	t_2	1.190
B-3	F_1	I_3	t_3	1.149
B-4	F_2	I_1	t_2	0.905
B-5	F_2	I_2	t_3	1.218
B-6	F_2	I_3	t_1	1.151
B-7	F_3	I_1	t_3	1.194
B-8	F_3	I_2	t_1	1.101
B-9	F_3	I_3	t_2	1.284

最大剥离力:

	电极压力 F	焊接电流 I	焊接时间 t
k_1^2	11.129	9.585	10.556
k_2^2	10.719	12.313	11.418
k_3^2	12.809	12.845	12.681
T	10.189		
T^2	103.816		
CT	11.535		
Q_j	11.552	11.581	11.551
S_j	0.017	0.046	0.016
Q_T	11.644		
S_T	0.109		
S_e	0.029		

因素主次关系分析:

	F	I	t
k_1	3.336	3.096	3.249
k_2	3.274	3.509	3.379
k_3	3.579	3.584	3.561
k_1	1.112	1.032	1.083
k_2	1.091	1.170	1.126
k_3	1.193	1.195	1.187
极差	0.102	0.163	0.104
优方案	F_3	I_3	t_3

因素主次关系: $I > t > F$

影响因素显著性分析:

方差来源	偏差平方和 S	自由度 f	方差 V	F 值	显著性
F	0.017	2	0.009	0.6	该因素无影响
I	0.046	2	0.023	1.6	该因素无影响
t	0.016	2	0.008	0.6	该因素无影响
误差 e	0.029	2	0.015	—	—
总和 T	10.189	8	—	—	—

此次试验的最佳参数组合为：电极压力 F 取 3 水平（362 kgf），预热/焊接电流 I 取 3 水平（8.5 kA），预热/焊接/回火时间 t 取 3 水平（120 ms）。

3.4 点焊接头熔核直径

结合表 6 用各因素的水平作为横坐标，各因素对应的考核指标平均值作为纵坐标，画出指标与因素的关系图（图 5）。

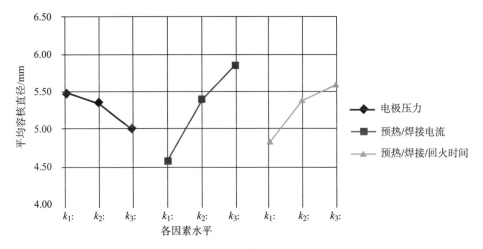

图 5　各因素对平均熔核直径的影响（见彩插）

同理，参考以上分析方法可得：

针对熔核直径 ϕ：焊接电流 I > 焊接时间 t > 电极压力 F。

此次试验的最佳参数组合为：电极压力 F 取 1 水平（430 kgf），预热/焊接电流 I 取 3 水平（8.5 kA），预热/焊接/回火时间 t 取 3 水平（120 ms）。

综上所述，综合对比分析以上结果（表 6）：

剪切性能较优焊接工艺：$I_3 > t_3 > F_1$

正拉性能较优焊接工艺：$I_2 > t_3 > F_1$

剥离性能较优焊接工艺：$I_3 > t_3 > F_3$

熔核直径较优焊接工艺：$I_3 > t_3 > F_1$

得出最优焊接工艺组合为：I_3(8.5 kA)，t_3(120 ms)，F_1(430 kgf)。

3.5　工艺优化

分析表 7 数据可得较优焊接工艺组合：I_4(9.5 kA)，t_4(140 ms)，F_{max}(496 kgf)。

表6 接头熔核直径数据分析

试板编号	电极压力 F/kgf	焊接电流 I/kA	焊接时间 t/周波	熔核直径 ϕ/mm		因素主次关系分析				
							F	I	t	
1	F_1/430	I_1/6.5	t_1/80	4.320	最大拉伸力	k_1	16.420	13.655	14.500	
2	F_1/430	I_2/7.5	t_2/100	5.675		k_2	15.990	16.235	16.160	
3	F_1/430	I_3/8.5	t_3/120	6.425		k_3	14.995	17.515	16.745	
4	F_2/411	I_1/6.5	t_2/100	4.800		k_1	5.473	4.552	4.833	
5	F_2/411	I_2/7.5	t_3/120	5.785		k_2	5.330	5.412	5.387	
6	F_2/411	I_3/8.5	t_1/80	5.405		k_3	4.998	5.838	5.582	
7	F_3/362	I_1/6.5	t_3/120	4.535		极差	0.475	1.287	0.748	
8	F_3/362	I_2/7.5	t_1/80	4.775		优方案	F_1	I_3	t_3	
9	F_3/362	I_3/8.5	t_2/100	5.685		因素主次关系：$I > t > F$				

影响因素显著性分析

	方差来源	偏差平方和 S	自由度 f	方差 V	F 值	显著性
最大拉伸力	F	0.356	2	0.178	14.4	（＊）因素较显著
	I	2.577	2	1.289	104.04	＊＊该因素高度显著
	t	0.904	2	0.452	36.54	＊因素显著
	误差 e	0.025	2	0.012	—	—
	总和 T	47.405	8	—	—	—

	k_1^2	269.616	186.459	210.250
	k_2^2	255.680	263.575	261.146
	k_3^2	224.850	306.775	280.395
	T		47.405	
	T^2		2 247.234	
	CT		249.693	
	Q_j	250.049	252.270	250.597
	S_j	0.356	2.577	0.904
	Q_T		253.555	
	S_T		3.862	
	S_e		0.025	

表7 补充试验——接头最大载荷/熔核直径

接头形式	工艺组合	最大载荷均值/kN	熔核直径/mm	工艺组合	最大载荷/kN	熔核直径/mm	工艺组合	最大载荷/kN	熔核直径/mm
剪切	$F_1I_3t_3$	20.233	6.17	$F_3I_3t_3$	19.373	6.01	$F_{max}=496$ kgf $I_4=9.3$ kA $t_4=140$ ms	21.917	6.53
正拉		5.410			4.637			6.719	
剥离		1.144			1.250			1.345	

3.6 点焊接头疲劳性能

图6所示是经过剪切拉伸疲劳试验断裂后的Q&P钢焊点外观/横截面形貌。可以看出，在板厚方向贯通的疲劳裂纹导致了焊点试样的断裂。在循环载荷作用下，两板搭接面熔合边缘应力集中最严重，疲劳裂纹首先在此处萌生，然后沿板厚和板宽两个方向同时扩展，裂纹扩展直至贯穿板厚，接着板宽方向裂纹迅速扩展断裂。

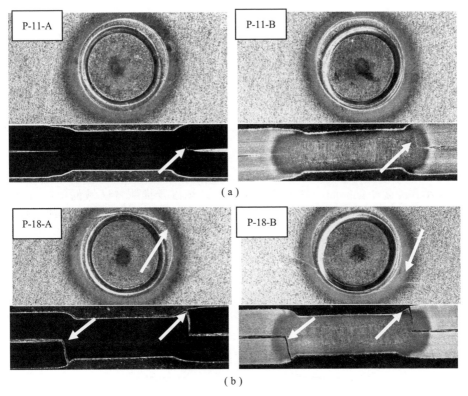

图6 剪切拉伸疲劳样件焊点外观/断面形貌
(a) P-11；(b) P-18

图 7 所示是经过剪切拉伸疲劳试验得到的 Q&P 钢点焊接头的疲劳性能曲线，为该新钢种的后续应用提供了仿真技术支持。

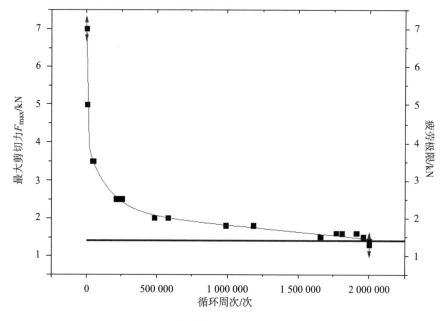

图 7　点焊接头剪切疲劳性能曲线

3.7　点焊接头显微硬度分布

在研究焊接接头的力学性能时，接头的硬度值是评判接头质量的一个重要因素，接头的硬度值大小直接决定其抵抗变形和抵抗破坏的能力。通过对熔核区、热影响区和母材区等区域进行硬度的测试，可以得到各个区域的硬度大小和硬度变化区间，判定接头质量的好坏以及推测各区域的组织成分。图 8 给出了点焊接头硬度分布的几个轨迹示意。观察图 9 所示硬度曲线可见：

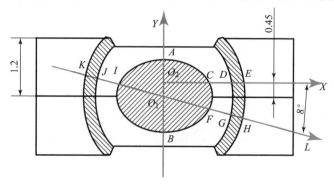

图 8　点焊接头硬度轨迹分布示意

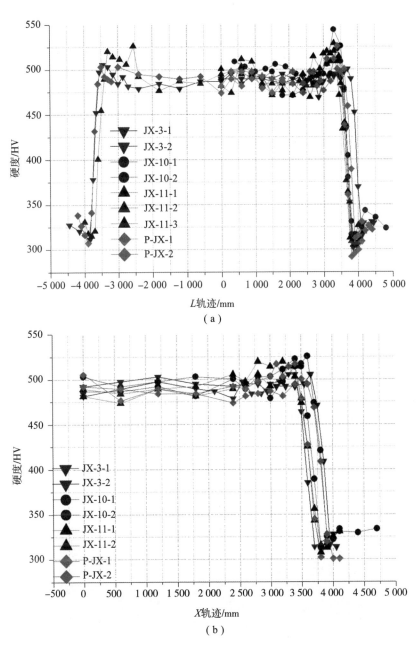

图 9 点焊接头硬度分布
(a) L 轨迹;(b) X 轨迹

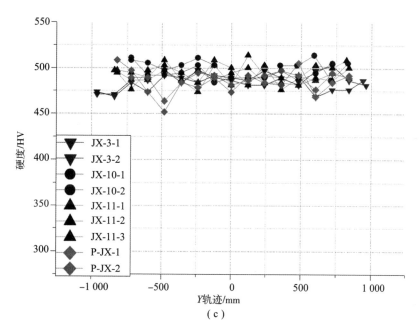

图 9 点焊接头硬度分布（续）

（c）Y 轨迹

（1）接头熔核区、过热区和细晶区的显微硬度最高，约为 500 HV，远大于母材硬度 320 HV。不完全淬火区的硬度变化梯度很大，随着与熔核中心的距离增加，M 含量增加，F 含量增加，硬度迅速降低（X/L 轨迹）。

（2）熔核中心线的硬度（Y 轨迹）维持在 500 HV 左右，无明显的波动。

（3）点焊接头的热影响区出现轻微软化现象。

3.8 点焊接头金相组织

各区域金相组织图片如图 10 所示。

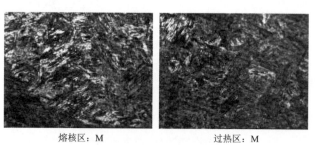

图 10 点焊接头各区域金相组织

9　第三代先进高强钢 QP980 电阻点焊工艺性能研究 | 71

细晶区：M　　　　　　不完全淬火区：M+F　　　　　　母材区：M+F+残奥

图 10　点焊接头各区域金相组织（续）

图 11 所示为接头各焊点断面的几何尺寸。观察图 11（a）发现，该种材料的点焊接头表面质量等级以 3 级、4 级为主，不宜应用于表面质量要求较高的位置。

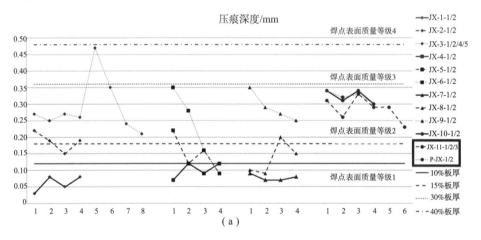

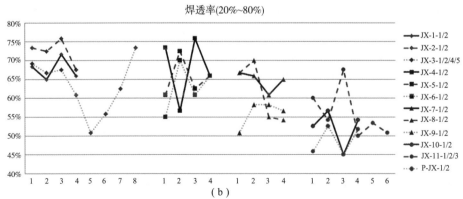

图 11　点焊接头断面几何尺寸（见彩插）
（a）压痕深度；（b）焊透率

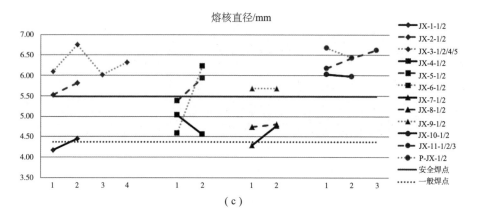

图 11 点焊接头断面几何尺寸（见彩插）（续）
（c）熔核直径

观察图 11（b）(c）发现，点焊接头的焊透率均能满足要求；大部分焊点的熔核直径都能满足一般焊点要求，较优焊接参数焊接所得的焊点熔核直径大小均能达到安全焊点要求。

4 总结

（1）根据本次试验所采用的焊接参数组合可以得出：淬火延性钢 Q&P980-1.2 mm 与 Q&P980-1.2 mm 进行电阻点焊焊接，此次试验所采用的最佳焊接参数组合为：电极压力 F 取 4 水平 F_{max}（496 kgf），焊接电流 I 取 4 水平（9.5 kA），焊接时间 t 取 4 水平（140 ms）。

（2）接头各区域显微硬度主要取决于各区域中马氏体的含量，不完全淬火区由于铁素体的不断生成导致马氏体含量不断减小，最终引起接头显微硬度不断递减；熔核区、过热区和细晶区硬度远大于母材硬度。

（3）点焊接头的热影响区出现轻微软化现象。

（4）获得了点焊接头的动态疲劳性能曲线，为仿真分析提供数据支持。

（5）淬火延性钢点焊接头的表面质量等级以 3 级、4 级为主，可以应用在表面等级要求不高的车身位置。

参考文献

[1] 王利，朱晓东，张丕军，等. 汽车轻量化与先进的高强度钢板 [J]. 宝钢技术，2003，5：53 – 59.

[2] 许君. 双相钢点焊接头疲劳特性及寿命预测研究 [D]. 上海：上海交通大学，2008.

二苯基碳酰二肼光度法测定油漆中六价铬的研究

马 红

东风商用车有限公司东风商用车技术中心工艺研究所，
湖北十堰 442000

【摘 要】 本研究基于酸性介质中，六价铬与二苯基碳酰二肼形成橙红色稳定络合物，建立了二苯基碳酰二肼光度法测定汽车用油漆中六价铬的检测方法，并研究了相应的显色反应条件。结果表明，在硫酸介质中络合物的最大吸收峰位于540 nm 处，表观摩尔吸光系数为 $\varepsilon = 3.1 \times 10^4$，六价 Cr 在 $0 \sim 2$ μg/mL 范围内符合比尔定律。该方法选择性良好，用于油漆中六价铬的测定，相对标准偏差小于15%，回收率为 90%~105%。

【关键词】 二苯基碳酰二肼；光度法；油漆；六价铬

1 引言

基于安全环保的要求，欧盟制定了报废汽车指令（End-of Life Vehicles，ELV），这是全球对汽车材料中所含的重金属，包括六价铬首次进行规范，其目的是通过减少重金属的使用降低报废汽车重金属废物的排放，从根本上减少或消除重金属对环境的潜在威胁。ELV 指令的内容之一就是在汽车零部件中禁用铅、镉、汞和六价铬等有害物，目前 ELV 指令对有害物的限量要求为：各均质材料中的重金属铅、六价铬、汞低于 1 000 mg/kg；镉低于 100 mg/kg；多溴联苯和多溴联苯醚等阻燃剂低于 1 000 mg/kg。

2006 年我国发布了《汽车产品回收利用技术政策》（China-ELV）。2008 年全国汽车标准化技术委员回收利用工作组开始着手制定强制性国家标准《汽车禁用物质要求》，该标准规定禁止使用铅或其化合物、镉或其化合物、汞或其化合物、六价铬、多溴联苯和多溴联苯醚六种物质，限量要求与欧盟 RoHS 指令的要求一致。

六价铬的检测受其价态的限制，不能使用酸进行消解处理，以防止六价铬还原为三价铬或三价铬氧化成六价铬。常用的六价铬分析方法有 X 射线荧光光谱法、点滴试验法（定性）、沸水萃取法等（定性）。这些方法各有优缺点，X 射线荧光光谱法分析速度快，分析起来相对简便，但是设备投入比较大；点滴试验法和沸水萃取法都是定性分析，分析速度快，但不能定量测定六价铬含量。本文在借鉴国内外相关资料[1-4]的基础上，根据我公司使用的汽车油漆的特点，通过试验研究建立了利用碱溶液对油漆样品中六价铬进行萃取，用二苯基碳酰二肼作为显色剂，定量测定六价铬含量的方法。试验证明，本方法分析速度较快，而且显色后体系十分稳定。本方法已用于油漆样品六价铬的测定，结果令人满意。

2 试验部分

2.1 主要仪器和试剂

721 型分光光度计（上海菁华科技仪器有限公司）。

JB-3 磁力搅拌器（上海雷磁创益仪器仪表有限公司）。

碱性萃取液：20 g 氢氧化钠，30 g 碳酸钠溶于 700 mL 水中，稀释至 1 000 mL。

磷酸盐缓冲溶液：87 g 磷酸氢二钾加 68 g 磷酸二氢钾溶于 700 mL 水中，稀释至 1 000 mL。

磷酸（1 + 10）。

二苯碳酰二肼：0.25 g/L。

六价铬标准储备溶液：称取于 110 ℃ 干燥 2 h 的重铬酸钾（优级纯）0.282 9 g，用水溶解后，移入 1 000 mL 容量瓶中，用水稀释至标线，摇匀。此溶液 1 ml 含 0.10 mg 六价铬。

以上试剂除重铬酸钾为优级纯外，其他试剂均为分析纯，水为蒸馏水。

2.2 试验方法

2.2.1 样品制备

将要分析的油漆样品倒入铺有锡纸的玻璃表面皿上，放入可控温烘箱内，将温度先升至 100 ℃ 保温 1 h，再升至 150 ℃ 保温 1 h，最后升至 200 ℃ 保温 1 h（如果油漆样品还没有烘干，可继续升温至 250 ~ 300 ℃ 保温 1 h），待样品冷却后，将干燥的油漆样品从锡纸上剥离下来用剪刀剪碎。

将剪碎后的油漆样品放入带把的瓷蒸发皿中，放在电热板上进行烘烤，边烘烤边摇动，使油漆中残存的有机试剂进一步挥发，待样品干燥后取下冷却，放入玛瑙碾钵里进行碾磨。

2.2.2 样品分析

称取 1.000 0 g 碾磨后的油漆样品,加入 100 mL 碱性萃取液,0.5 mL 磷酸盐缓冲溶液,放到加热搅拌装置上,边搅拌边加热 3 h(温度控制在 90 ℃左右),取下冷却试液,将试液转入 100 mL 钢铁量瓶中,并用水稀至刻度,摇匀,用慢速滤纸过滤试液。

准确移取 5.00 mL 试液于 50 mL 钢铁量瓶中,加入 15 mL 磷酸(1+10)(如有沉淀,再次用慢速滤纸过滤,过滤后用蒸馏水清洗沉淀以及玻璃量瓶各 3 次),5.00 mL 二苯碳酰二肼(0.25 g/L)用蒸馏水稀释至刻度,摇匀,放置 5 min 后选择合适的比色皿测定吸光度,在工作曲线上查找样品六价铬含量。

2.2.3 工作曲线绘制

分别吸取 0、2.50 mL、5.00 mL Cr^{6+} 标准溶液(1 μg/mL),1.00 mL、3.00 mL、5.00 mL、7.00 mL、9.00 mL Cr^{6+} 标准溶液(10 μg/mL)置于一组 50 mL 钢铁量瓶中,加入 15 mL 磷酸(1+10),5 mL 二苯碳酰二肼(0.25 g/L),用蒸馏水稀释至刻度,摇匀,放置 5 min 后测定吸光度,选择不同大小的比色皿测定上述标准溶液的吸光度,以 Cr^{6+} 浓度为横坐标,吸光度为纵坐标,绘制工作曲线。

3 结果与讨论

3.1 分析条件选择试验研究

3.1.1 吸收曲线

依据分析结果绘制六价铬与二苯碳酰二肼形成的络合物的吸收曲线,如图 1 所示。由图 1 可知,六价铬与二苯碳酰二肼形成的络合物最大吸收波长为 540 nm。本试验选择测定波长为 540 nm。

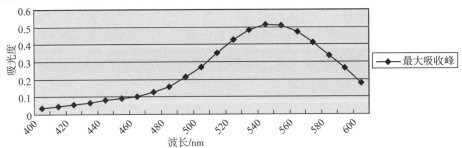

图 1 吸收曲线试验结果

3.1.2 显色液放置时间试验

吸取 5.00 mL Cr^{6+} 标准溶液（1 μg/mL）置于 50 mL 钢铁量瓶中，加入 15 mL 磷酸（1+10），5 mL 二苯碳酰二肼（0.25 g/L），放置 0 min、5 min、10 min、20 min、30 min、40 min、50 min、60 min 测定吸光度。该试验主要考察六价铬与二苯碳酰二肼形成的络合物的稳定性。分析结果表明，所形成的络合物在 5 min 后显色完全，显色完全后显色液在 1 h 内不褪色。

3.1.3 显色介质酸度试验

吸取 5.00 mL Cr^{6+} 标准溶液（1 μg/mL）10 份分别置于 50 mL 钢铁量瓶中，分别加入磷酸（1+10）0 mL、5 mL、10 mL、15 mL、20 mL、25 mL，二苯碳酰二肼（0.25 g/L）5 mL，放置 5 min 后测定吸光度。该试验主要考察不同的酸度对显色反应的影响。分析表明，在不同酸度的情况下，显色结果变化较大，在磷酸（1+10）加入量为 15~20 mL 时，吸光度基本保持一致。本试验选择了加入 15 mL 磷酸（1+10）。

3.1.4 显色剂用量试验

吸取 5.00 mL Cr^{6+} 标准溶液（1 μg/mL）6 份分别置于 50 mL 钢铁量瓶中，加入磷酸（1+10）15 mL，分别加入二苯碳酰二肼（0.25 g/L）1 mL、2 mL、3 mL、4 mL、5 mL、6 mL、7 mL、8 mL、9 mL、10 mL，放置 5 min 后测定吸光度。该试验主要考察显色剂用量对显色反应的影响。分析结果表明，在显色剂用量为 5~10 mL 时，六价铬与二苯碳酰二肼形成的络合物很稳定。本试验选择了显色剂的用量为 5 毫升。

3.2 线性范围试验

分别吸取 0 mL、2.5 mL、5.0 mL Cr^{6+} 标准溶液（1 μg/mL），1.0 mL、2.0 mL、3.0 mL、4.0 mL、5.0 mL、6.0 mL、7.0 mL、8.0 mL、9.0 mL Cr^{6+} 标准溶液（10 μg/mL）置于一组 50 mL 钢铁量瓶中，加入磷酸（1+10）15 mL，二苯碳酰二肼（0.25 g/L）5 mL，放置 5 min 后测定吸光度，选择不同大小的比色皿测定上述标准溶液的吸光度，以 Cr^{6+} 浓度为横坐标，吸光度为纵坐标，绘制工作曲线。试验结果表明，选择合适的比色皿，Cr^{6+} 含量在 0.05~2 μg/mL 范围内与吸光度差值 ΔA 呈良好的线性关系。

3.3 共存离子干扰及消除

3.3.1 共存离子干扰试验

本试验分别考察了铅、镉、汞、锡、锌、铜、铋共存元素对 Cr^{6+} 测定的影响，吸取 10 μg/mL Cr^{6+} 标准溶液 2.0 mL 若干份分别置于 50 mL 钢铁量瓶中，其中一瓶不加任何干扰元素，其余按表 1 分别加入不同量的干扰元素，加入 15 mL 磷酸 (1+10)，5 mL 二苯碳酰二肼 (0.25 g/L)，放置 5 min 后在 540 nm 处用 1 cm 比色皿测定吸光度。从分析结果看，2 μg/mL 以下的 Pb、Hg、Cd、Sn、Zn 对 Cr^{6+} 的显色测定不产生干扰；1 μg/mL 以下的铋对 Cr^{6+} 的显色测定不产生干扰；铜对 Cr^{6+} 的显色测定产生干扰。

表 1 共存离子干扰试验

Pb		Hg		Cd		Sn		Zn		Cu		Bi	
加入量	吸光度	加入量	吸光度	加入量	吸光度	加入量	吸光度	加入量	吸光度	加入量	吸光度	加入量	吸光度
0	0.240	0	0.240	0	0.240	0	0.240	0	0.240	0	0.240	0	0.240
2.5 μg	0.245	2.5 μg	0.247	2.5 μg	0.240	2.5 μg	0.245	2.5 μg	0.244	2.5 μg	0.229	2.5 μg	0.241
5 μg	0.245	5 μg	0.237	5 μg	0.243	5 μg	0.244	5 μg	0.246	5 μg	0.226	5 μg	0.243
10 μg	0.236	10 μg	0.245	10 μg	0.247	10 μg	0.249	10 μg	0.244	10 μg	0.222	10 μg	0.244
30 μg	0.240	30 μg	0.245	30 μg	0.246	30 μg	0.248	30 μg	0.245	30 μg	0.216	30 μg	0.248
50 μg	0.244	50 μg	0.247	50 μg	0.244	50 μg	0.248	50 μg	0.240	50 μg	0.218	50 μg	0.253
70 μg	0.248	70 μg	0.247	70 μg	0.248	70 μg	0.248	70 μg	0.247	70 μg	0.218	70 μg	0.254
90 μg	0.248	90 μg	0.243	90 μg	0.246	90 μg	0.251	90 μg	0.250	90 μg	0.217	90 μg	0.260
100 μg	0.247	100 μg	0.247	100 μg	0.244	100 μg	0.248	100 μg	0.246	100 μg	0.217	100 μg	0.263

为了进一步研究共存离子的干扰，我们又加大了共存离子含量，吸取 10 μg/mL Cr^{6+} 标准溶液 2.0 mL 若干份分别置于 50 mL 钢铁量瓶中，其中一瓶不加任何干扰元素，其余按表 2 分别加入不同量的干扰元素，加入 15 mL 磷酸 (1+10)，5 mL 二苯碳酰二肼 (0.25 g/L)，放置 5 min 后在 540 nm 处用 1 cm 比色皿测定吸光度。从分析结果看，溶液中共存 1 mg 的 Pb、Hg、Zn 对 Cr^{6+} 的显色测定不产生干扰；溶液中 Cd、Sn 共存量加大时对 Cr^{6+} 的显色测定产生干扰；Bi、Cu 对 Cr^{6+} 的显色测定产生很大干扰。

表 2 共存离子干扰试验

Pb		Hg		Cd		Sn		Zn		Cu		Bi	
加入量	吸光度	加入量	吸光度	加入量	吸光度	加入量	吸光度	加入量	吸光度	加入量	吸光度	加入量	吸光度
0	0.240	0	0.240	0	0.240	0	0.240	0	0.240	0	0.240	0	0.240
1 mg	0.241	1 mg	0.251	1 mg	0.470	1 mg	0.217	1 mg	0.238	1 mg	0.104	1 mg	0.411

3.3.2 共存离子干扰消除

查明干扰后,设计了三种方案进行干扰消除试验:吸取 10 μg/mL Cr^{6+} 标准溶液 2.0 mL 若干份分别置于 50 mL 钢铁量瓶中,其中一瓶不加任何干扰元素,其余按表 3 分别加入不同量的干扰元素,①显色前加入 5 mL 尿素(20%);②显色前加入 5 mL Na_2CO_3(10%);③显色前加入 1 mL EDTA(1%),加入 15 mL 磷酸(1+10),5 mL 二苯碳酰二肼(0.25 g/L),放置 5 min 后在 540 nm 处用 2 cm 比色皿测定吸光度,结果见表 2。结果表明,显色前加入 5 mL Na_2CO_3(10%)可以消除 Cd、Sn 对 Cr^{6+} 的显色测定产生的干扰;显色前加入 1 mL EDTA(1%)可基本消除 Bi 对 Cr^{6+} 的显色测定产生的干扰;显色前加入 1 mL EDTA(1%)可部分消除 Cu 对 Cr^{6+} 的显色测定产生的干扰,建议样品含铜量很高时先分离大部分的铜后再进行 Cr^{6+} 的测定。

表 3 干扰消除试验

10 μg/mL Cr^{6+} 标准溶液 2.0mL,吸光度 0.240			
	5 毫升尿素(20%)	5 毫升 Na_2CO_3(10%)	1 毫升 EDTA(1%)
	吸光度	吸光度	吸光度
Cu(20 μg/mL)	0.202	0.154	0.221
Bi(20 μg/mL)	有沉淀	有沉淀	0.243
Cd(20 μg/mL)	0.215	0.239	
Sn(20 μg/mL)	0.198	0.244	

3.4 试样溶解试验

参考相关文献我们制定了两套溶样方法:①称取 1 g 干燥后的油漆样品,加入 100 mL 蒸馏水,放到恒温加热搅拌装置上,边搅拌便加热,加热至 90 ℃,并保温 3 h。②称取 1 g 干燥后的油漆样品,加入 100 mL 碱性萃取液(20 g 氢氧化钠,30 g 碳酸钠溶于 700 mL 水中,稀释至 1 000 mL),0.5 mL 磷酸盐缓冲溶液(87 g 磷酸氢二钾加 68 g 磷酸二氢钾溶于 700 mL 水中,稀释至 1 000 mL),放到恒温加热搅拌装置上,边搅拌便加热,加热至 90 ℃,并保温 3 h。

按第一种溶样方法对油漆样品进行处理,处理后加入显色剂试液不显色,说明这种方法没有将样品中的 Cr^{6+} 溶解出来;按第二种溶样方法对油漆样品进行处理,加入显色剂后溶液显色,说明这种溶样方式可以溶解出 Cr^{6+}。因此本试验选用第二种方式进行油漆样品的溶解。

4 分析方法验证

4.1 分析方法准确度试验

按分析步骤对溶剂型涂料样品中 Cr^{6+} 进行了分析测定,分析结果见表4。

表4 水性涂料中 Cr^{6+} 浓度分析结果

样品号	Cr^{6+} 浓度/(mg·g^{-1})		
	本试验方法测定值	武汉大学测定值	奇瑞测定值
1#	无	<0.005 0	3
2#	0.97	0.91±0.02	1 108
3#	2.17	2.99±0.16	1 653
4#	4.0	3.98±0.11	12
5#	无	<0.005 0	—
6#	无	<0.005 0	—
7#	无	<0.005 0	—
8#	无	<0.005 0	—

采用本试验进行油漆分析的分析结果与武汉大学(使用 ICP-OES 分析法)分析结果比对相符;与奇瑞(能量色散型 X 荧光光谱仪分析法)的结果比对误差较大,这可能是由于油漆样品本身存在均匀性较差,能量色散型 X 荧光光谱仪分析法属于干式分析法,分析时由于取点较小,分析误差会很大。

4.2 精密度试验

由于溶剂型涂料样品均匀性较差,对于溶剂型涂料分析结果相对标准偏差在15%以内,我们认为分析方法的精密度就比较好。按分析步骤对3#样品中的 Cr^{6+} 进行了精密度试验,结果见表5。从分析结果看,采用该方法分析相同粒度的水性涂料中 Cr^{6+} 测定精密度小于15%。

表5 电泳漆用品中 Cr^{6+} 精密度分析结果

样品号	Cr^{6+} 浓度/(mg·g^{-1})	平均值/(mg·g^{-1})	RSD/%
3#	3.69 4.44 3.35 4.00 4.79 3.21	3.91	

4.3 分析方法验证试验

按分析步骤对 5#样品中的 Cr^{6+} 进行了加标回收试验,以验证选定分析方法的准确性,结果见表6。从分析结果看,采用该方法分析溶剂型涂料中 Cr^{6+} 测定加标回收率为 90%~105%。从我们的加标回收试验结果看,加入的 Cr^{6+} 均可以 100% 检测回收,说明了该方法是准确可靠的。

表6 阴极电泳漆颜料浆中 Cr^{6+} 加标回收试验结果

样品号	推荐值/%	加标量/μg	测定值/μg	回收率/%
5#	0	5	5.13	102
		10	9.27	93
		15	14.50	97
		20	20.32	102

5 总结

本试验建立了油漆中 Cr^{6+} 检测方法,研究了共存元素的干扰,提出了关于干扰的消除方法;通过试验选择了测定的最佳条件和线性范围,通过准确度试验、回收率和精密度试验表明新建立的分析方法准确、可靠,适合日常检验,能够更好地服务于科研和生产。

参考文献

[1] GB/T 1839—2008 钢产品镀锌层质量试验方法
[2] GB/Z 21275—2007 电子电气产品中限用物质六价铬检测方法
[3] 陈桂淋,等. 钢板镀层中六价铬含量的测定方法比较 [J]. 电镀与涂饰,2009,28 (2):28-30.
[4] 张家琪,等. 钢板涂镀层的剥离及六价铬的定量方法比较 [J]. 冶金分析,2008,28 (2):59-62.

11

关于金属材料室温拉伸试验速率的综述

洪语哲 王砚民 陈东涛

东风商用车有限公司东风商用车技术中心工艺研究所，
湖北武汉 430056

【摘 要】本文主要讲述速率对拉伸试验结果的影响，介绍了两种速率控制方式：应变控制和应力控制。其中应变控制又分为根据引伸计测得的标距变化和试样平行长度伸长量变化两种控制模式。不同的试验阶段应选择不同的速率和控制方式。

【关键词】拉伸速率；应变控制；应力控制

1 引言

拉伸试验是金属材料物理性能的重要检测方法之一，因其试验过程简单、数据可信，大部分企事业单位将其作为材料及零部件性能的主要检测手段之一[1]。

影响拉伸试验的因素很多，通常可以分为以下两类：

（1）环境因素：环境温湿度，试验机及夹辅具的刚度、偏心度，拉伸速率等。

（2）试样因素：试样的加工精度、表面粗糙度、试样是否存在缺陷等。

室温状态下，在实验室同一台拉伸机上进行某一批次试样的拉伸试验时，上面所提及的影响因素（除拉伸速率外）均可控制在相同条件下。因此，拉伸速率的选择会对试验结果产生较大影响。

通过查阅文献可知拉伸速率越大，测得试样的屈服强度越高，而抗拉强度变化不大。屈服是材料抵抗外力的宏观表现，而在微观上屈服主要表现为位错的运动。因此，拉伸速率对材料屈服强度的影响主要源于以下三个方面[2]：

（1）位错的运动主要以沿滑移面进行滑移的方式进行。当受到外加载荷时，滑移面会向外加载荷施加的方向移动，而滑移面的移动需要经历一个过程。当拉伸速率过快时，滑移面来不及向外加载荷的方向移动，导致位错滑移受影响。宏观表现为变形抗力增加,即屈服强度增加。

(2) 在一定温度下,塑性变形会以一定的速率在金属内部传播。如果拉伸速率过快,塑性变形来不及进行传播,同样不利于某些滑移面向外加载荷方向移动。宏观变形为屈服强度增加。

(3) 金属材料的塑性变形总是伴随着形变硬化。拉伸速率较低时,回复过程可降低形变硬化。若拉伸速率过快,金属材料的回复过程来不及进行,塑性变形的阻力增大。宏观表现为屈服强度增加。

2 拉伸速率的选择

过快的拉伸速率会影响金属材料的试验结果;拉伸速率过慢虽然保证了试验结果,但会严重影响试验进度,这在企业是不允许的。所以,在不影响试验结果的前提下选择尽可能快的拉伸速率就显得尤为重要。

GB/T228.1—2010 给出了两种拉伸速率的控制方法[3]:

(1) 方法 A——应变速率控制:单位时间应变增量一定。

(2) 方法 B——应力速率控制:单位时间应力增量一定。

方法 A 采用应变控制是为了减小进行应变敏感性能测定时由于横梁位移导致的应变不均匀变化增加的误差。应变速率控制有两种:根据引伸计反馈的试样标距控制、根据试样平行长度变化控制[4]。

横梁位移与应变速率的关系如式(1)所示[3]:

$$v = e \times L \tag{1}$$

式中,e 为引伸计控制的应变速率;L 为引伸计标距。

在采用引伸计反馈的试样标距控制条件下,横梁能够根据引伸计反馈的试样标距变化随时调控横梁位移速率。

而在采用试样平行长度控制应变的条件下,试样平行长度的变化量与试验机上下夹具之间的距离变化量相同。其应变速率与横梁位移关系如式(2)所示[2]:

$$v_C = e_{L_C} \times L_C \tag{2}$$

式中,e_{L_C} 为平行长度估计的应变速率;L_C 为平行长度。

对于连续屈服材料以及不连续屈服材料的弹性阶段,选择任意一种应变控制方式都可行;而在塑性变形阶段应尽量选择根据平行长度估计的应变速率,因为试样的塑性变形发生的位置无法预测,如果局部塑性变形发生在引伸计标距之外,引伸计控制的应变速率会产生较大误差。

方法 B 只规定了测定上屈服强度时的应力速率,见表1。

在弹性阶段的60%之前,可以任意选择采用应变或者应力速率进行控制。

若采用应力速率控制测量上屈服强度，试验速率需按照表1规定的范围进行，测量下屈服强度、抗拉强度、其他强度指标、延伸率时应尽量保证应变速率不超过0.002 5/s。测定屈服强度或塑性延伸强度后，试验速率可以增加到不大于0.008/s的应变速率。若只测量材料的抗拉强度，在整个试验过程中可选取不大于0.008/s的试验速率[3]。

表1 上屈服强度应力测量速率

材料弹性模量 E/MPa	应力速率 R/(MPa·s^{-1})	
	最小	最大
< 150 000	2	20
≤ 150 000	6	60

通过对比方法A和方法B发现，不论在弹性阶段采用的是应力速率控制还是应变速率控制，在塑性阶段都应采用应变控制。因为在塑性阶段，试样单位时间内的伸长量（应变量）并不成线性增长，此时若采用应力测量，相同的应力增量所需的试样应变量更大。相应的，试样的伸长速率也会变大，即表现为横梁位移速率变大。横梁位移速率变大，会导致试样屈服强度升高，对试验结果会产生一定的影响，故拉伸试验应优先选择应变控制模式[5]。

对于某些塑性较好的材料进行拉伸试验时，塑性阶段的拉伸速率可以远高于弹性阶段。由于弹性阶段载荷加载快，采用小应变速率即可。而塑性阶段试样伸长量大幅增加，若仍采用相同速率会大大降低试验效率。但试验速率的选择不应高于标准规定的最大速率。

3 总结

（1）在其他因素相同的情况下，拉伸速率的选择对屈服强度影响较大，对抗拉强度几乎没有影响。

（2）弹性阶段采用方法A和方法B控制均可。塑性阶段建议采用方法A，即应变控制。

（3）弹性和塑性阶段建议选择不同的应变控制模式。弹性阶段选择引伸计控制应变，塑性阶段选择试样平行段长度变化控制应变。

（4）为保证试验效率，不同阶段可选择不同的拉伸速率进行试验。对于延展性较好的试样，塑性变形阶段的拉伸速率可远高于弹性阶段，但不应高于标准规定的最大速率。

参考文献

[1] 孙红云. 金属材料拉伸试验的影响因素及操作要求 [J]. 现代测量与实验室管理, 2008, 6: 27-29.

[2] 张庆国, 高文山, 白宗奇. 拉伸速率对力学性能测定的影响 [J]. 物理测试, 1999, 4: 34-35.

[3] GB/T228.1—2010 金属材料拉伸试验 第1部分: 室温试验方法 [S]. 北京: 中国标准出版社, 2011.

[4] 郑文龙, 王春华. 应变速率和位移速率对测定金属材料屈服强度影响的探讨 [J]. 工程与试验, 2009, 49 (2): 1-5.

[5] 张卓. 室温拉伸试验过程中拉伸速率的控制 [J]. 物理测试, 2006, 7, 4 (24): 61-62.

轨道压簧早期断裂原因分析

钱志涛 何 杰 朱延律

江苏沙钢集团淮钢特钢股份有限公司，江苏淮安 223002

【摘 要】 材料为60Si2MnA的轨道压簧，在疲劳试验过程中，仅至100万次时即就发生断裂，标准要求应能承受500万次的疲劳试验。本研究采用扫描电镜能谱仪、金相显微镜、光电直读光谱仪和洛氏硬度计等设备对断裂样品进行检测；通过宏观断口、化学成分、金相显微组织以及断口的微观形貌分析等方法对60Si2MnA钢轨道压簧疲劳断裂的原因进行分析。结果表明，轨道压簧在热处理上存在的问题是导致其早期断裂的主要原因。

【关键词】 60Si2MnA；轨道压簧；疲劳断裂；失效分析

1 引言

近年来，随着我国铁路事业的发展和世界高速铁路技术的进步，我国正在加速建设高速铁路和动车。列车运行速度的提高对轨道压簧性能提出了越来越高的要求。轨道压簧是列车轨道的重要部件，在列车运行过程中，轨道压簧一旦断裂，就可能导致列车出轨，从而造成巨大的经济损失和人员伤亡，因此保证轨道压簧的正常寿命对列车安全运行有重要的意义。某弹簧零件加工厂对某批 ϕ20 mm 的 60Si2MnA 弹簧钢制成的轨道压簧进行疲劳试验，工艺为：原材—下料—中频感应加热加热—三次成型—淬火—回火—疲劳试验早期断裂。疲劳试验100万次左右时发现有25%的轨道压簧发生断裂，标准要求应耐500万次的疲劳试验。为了分析轨道压簧早期断裂原因，对样品断裂部位进行了理化检验与分析，并根据分析结果提出了改进建议。

2 试验研究

2.1 宏观形貌

样品宏观形貌如图1所示。由图1（a）可见，2根轨道压簧发生断裂的

基金项目：江苏省科技成果转化专项资金项目；名称：高速重载铁路用高性能特殊钢研发及产业化；编号BA2013111。

位置相同,断口形态相似。由图1(b)可见,断裂断口均为典型的疲劳断口,但发现断口裂纹源处曲率半径较小,由宏观断口可见,断口裂纹源处于其皮下约2 mm,在断裂面上,断口裂纹是从裂纹源处开始,由内向外呈放射状向四周扩展的,使得断口分为明显的三个区,即裂纹源区、扩展区、最终断裂区;通过体视显微镜对来样的断口进行仔细检查,结果在来样断口上及断口裂纹源附近没有发现夹杂物等冶金缺陷。

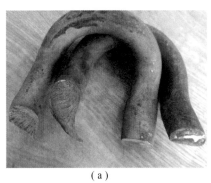
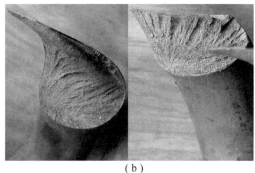

图1 样品宏观形貌

(a) 断口宏观形貌;(b) 断裂源形貌

2.2 化学成分

采用光电直读光谱仪对疲劳试验断裂的样品进行化学成分检测,结果如表1所示。对照GB/T 1222—2007《弹簧钢》对60Si2MnA钢的成分技术要求,样品化学成分符合标准要求。

表1 60Si2MnA 化学成分(质量分数) %

元素	C	Si	Mn	P	S	Cr	Cu	V	Ti	Al
实测值	0.58	1.70	0.76	0.009	0.002	0.04	0.01	0.002	0.006	0.016
标准值	0.56~0.64	1.60~2.00	0.70~1.00	≤0.035	≤0.035	≤0.35	—	—	—	—

2.3 非金属夹杂物检验

在两个疲劳试验断裂的样品上分别取非金属夹杂物金相试样,沿其纵截面经预磨、抛光后在 ZEISS OBSERVER.D1M 金相显微镜下观察,依据 GB/T 10561—2005《钢中非金属夹杂物含量测定——标准评级图显微检验法》

进行非金属夹杂物评级,检验结果见表2,均满足GB/T 1222—2007标准中对弹簧钢的非金属夹杂物控制要求。

表2 非金属夹杂物检验结果

技术条件	A(细)/级	A(粗)/级	B(细)/级	B(粗)/级	C(细)/级	C(粗)/级	D(细)/级	D(粗)/级
GB/T 1222—2007	≤2.5	≤2.0	≤2.5	≤2.0	≤2.0	≤1.5	≤2.0	≤1.5
缺陷1号实测值	0.5	0.5	1.0	0.5	0	0.5	0	0.5
缺陷2号实测值	1.0	0.5	0	0.5	0	0	0.5	0.5

2.4 低倍检验

在2个来样断口附近各取一小段样品,将其横截面磨平酸洗后检验,其结果均为:一般疏松为0.5级,中心疏松0.5级,无裂纹、皮下气泡、内部气泡和非金属夹杂物等冶金缺陷。

2.5 断口分析

将来样断口切取下来放在丙酮中进行超声波清洗,去除表面油污,然后放入FEI-QUANTA400扫描电镜(SEM)内,应用扫描电镜对断口各区域进行形貌观察,各区域形貌如图2所示。可见,裂纹源及断裂区呈韧窝特征,扩展区为解理特征,且在沿晶上存在大量的鸡爪形撕裂棱[1],并可见二次裂纹,且在整个断口上未发现冶金缺陷。

(a)

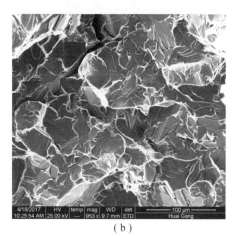
(b)

图2 断口微观组织形貌
(a)裂纹源;(b)扩展区

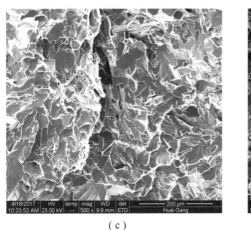
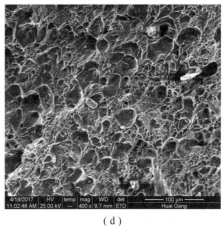

（c）　　　　　　　　　　　　　　　　（d）

图 2　断口微观组织形貌（续）

（c）扩展区二次裂纹；（d）断裂区

2.6　金相及能谱分析

在来样断口裂纹源附近切取一小块试样磨纵向，检查断口裂纹源处及其附近的夹杂物和金相组织情况，结果在断口裂纹源处发现有疑似夹杂物的物质。通过扫描电镜能谱分析可知，裂纹源处的疑似夹杂物为氧化铁，未发现有其他类型的夹杂物存在，如图 3 所示，具体分析结果见表 3。

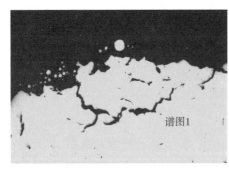
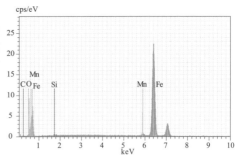

图 3　裂纹内部物质能谱分析结果（见彩插）

表 3　裂纹内部物质能谱分析结果（mass）　　　　%

化学元素	C	O	Si	Cr	Mn	Fe
谱图 1 处各元素含量	1.90	37.38	0.45	2.18	0.53	57.56

在断口裂纹源附近,切取一小块样品磨纵向,经磨抛并用4%硝酸酒精溶液腐蚀后,在金相显微镜下观察,结果在其断口裂纹源附近发现有多条长短不一的断续成网的小裂纹,如图4所示,金相组织为回火屈氏体+沿晶分布的较多的上贝氏体,如图5所示。

图4 断口附近的小裂纹

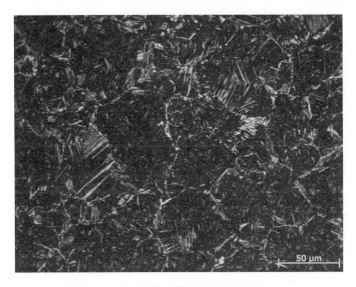

图5 断口附近金相组织

经对来样表面脱碳层深度检查,发现来样表面脱碳较严重,且存在全脱碳,如图6所示,其总脱碳层深度为0.35 mm,全脱碳层深度范围为0.06 ~

0.08 mm。但由于轨道压簧原材脱碳层深度不大于直径的1%（0.02 mm），说明轨道压簧在热处理过程中产生了明显脱碳，严重的脱碳会降低压簧表面质量和疲劳寿命。

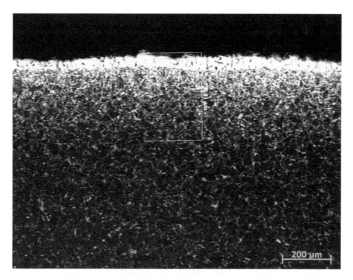

图6　轨道压簧表面脱碳层

2.7　硬度测试

用洛氏硬度计对断裂的轨道压簧横截面硬度进行检验，分别检测表层、1/2半径处、中心处硬度，结果如表4所示。

表4　3#检测面布氏硬度测试结果

检测位置	表层（外表层→次表层）			1/2 半径处	中心处
	1	2	3		
HRC	41	41.5	40	40	39.5

3　断裂原因分析

从成分分析结果来看，来样的化学成分符合 GB/T 1222—2007。从金相检查的结果来看，说明来样在热处理上还是存在一定问题的：①淬火加热温度比较高，加热时间比较长；②来样存在过热组织；③金相组织中出现较多的上贝氏体[2]。因为来样的脱碳深度较大，且存在全脱碳层，说明其淬火加热温度比较高、加热时间比较长；来样上存在过热组织，可以通过其沿晶析出的上贝氏体来推断，零件在淬火过程中，如果淬火冷却速度不足，就会产生上贝氏体，来样金相组织中沿晶析出的上贝氏体呈网状分布，且网孔较大，说明来样的奥氏体晶粒粗大，存在过热组织[3]。组织中存在较多量的上贝氏体，来样淬火冷却前期冷却速度较慢，弹簧硬度偏低与其组织中出现较多的上贝氏体也有很大关系。至于断口裂纹源附近断续成网的小裂纹，分析认为这种裂纹有可能是在热成型过程中产生的，也有可能是在淬火冷却过程中或者是在疲劳试验过程中产生的，因为过热组织会降低材料的强度和塑韧性，在其受到一定应力作用下容易引起裂纹的产生和扩展。

通过上述检测，在来样上没有发现能导致其疲劳试验早期断裂的冶金缺陷，分析认为来样早期断裂的原因与其热处理存在的问题关系极大。因为弹簧的表面脱碳会影响弹簧的疲劳寿命；来样中存在淬火过热组织，其晶粒粗大，也会引起弹簧的脆性增大，使其在热变形加工中、淬火过程中和疲劳试验过程中，都容易引起裂纹的产生和扩展，最终导致疲劳试验早期断裂[4]。而组织中出现较大量的上贝氏体也会使弹簧的脆性增大，严重降低弹簧的塑韧性和疲劳性能。另外，由于断口裂纹源附近表面的曲率半径较小，容易引起应力集中，也极易导致疲劳裂纹的产生和快速向前扩展，最终导致其早期断裂。在上述几个因素中，分析认为来样在热处理上存在的问题是导致其早期断裂的主要原因。

4 总结

该轨道压簧过早疲劳断裂的主要原因为：

（1）淬火时加热温度偏高，导致钢的表层出现过深的脱碳层，且有全脱碳层，存在过热组织，严重降低轨道压簧的疲劳寿命。

（2）淬火冷却前期冷速偏慢，出现上贝氏体组织，在回火后不能转变为回火索氏体或屈氏体，也会使弹簧的脆性增大，严重降低弹簧的塑韧性和疲劳性能。

建议从两方面入手加以改进：

（1）优化淬火工艺，严控淬火温度和加热时间，同时改善淬火介质的质量，提高淬火冷却速度。

（2）对用于生产轨道压簧的 60Si2MnA 原材料的化学成分进行适当调整。由于 60Si2MnA 的淬透性相对较差，淬火后容易出现上贝氏体，回火无法消除，建议在 60Si2MnA 铁路弹簧的成分设计上适量添加少量合金元素 Cr（0.2% 为宜），优化材料成分，提高淬透性。

参考文献

[1] 吴连生. 机械装备失效分析图谱 [M]. 广州：广东科技出版社，1990.
[2] 胡世炎. 失效分析手册 [M]. 北京：国防工业出版社，2005.
[3] 钟群鹏. 失效分析基础知识 [M]. 北京：机械工业出版社，1990.
[4] 徐祖耀. 金属学原理 [M]. 上海：上海科学技术出版社，1964.

无损检测及金相检验在淮钢汽车用钢质检中的应用

王树远　周振伟　顾永明

江苏沙钢集团淮钢特钢股份有限公司理化检测中心，
江苏淮安　223002

【摘　要】现代汽车制造业的核心之一是安全，为了保证汽车结构件用钢高质量的要求，需要进行在线无损检测质量把关及对缺陷进行物检分析以确定缺陷性质和产生的原因。本文提出了无损检测及金相物检分析在淮钢特钢汽车结构件用钢质量检验中的应用。

【关键词】超声波相控阵检测＋漏磁表面检测；水浸C扫描超声波检测；高低倍及电镜分析

1　引言

随着超声相控阵检测＋漏磁表面联合检测技术在工业无损检测领域的快速发展，对有效解决高质量要求钢材的快速无损检测起到了积极推动作用。超声相控阵检测技术通过控制阵列换能器中各个阵元晶片激励或接收脉冲的时间延迟，来实现声束聚焦位置和偏移方向的变化。与传统超声检测技术相比，其采用电子方式控制声束，因此，可在不移动声束或少移动探头的情况下进行快速的扫查，检测效率高，且具有良好的声束可达性，可优化控制聚焦点，检测分辨率、信噪比和灵敏度得到大幅提高。鉴于上述优点，利用相控阵技术实现钢材的超声无损检测，可有效提高钢材内部缺陷检出效率、缺陷检出率及检测结果的可靠性。

随着汽车结构件用钢高标准的使用，对钢材纯净度及夹杂物的检出提出了更高的要求，利用水浸C扫描超声波检测技术，可以保障钢材料纯净度及夹杂物的有效检出及定位。

本文以汽车结构件用钢为检测研究对象，开展了超声相控阵检测技术、漏磁检测技术、水浸C扫描超声波检测技术的应用及利用金相高低倍检验、电镜扫描能谱仪定性等手段，为淮钢汽车结构件用钢无损检测提供验证。

2 公司主要无损检测设备配置

2.1 德国 GE R0WAB6-60/90 相控阵超声检测自动检测设备

该相控阵超声检测系统由相控阵超声控制器和超声换能器组成（图1）。相控阵超声换能器是由多个独立的压电晶片在空间按照一定的排列方式组成的一组阵列，每个晶片称为一个阵元，能被单独控制发射或接收超声波，从而控制超声波声束在被检工件中偏移和聚焦，从而实现对材料的近表面及内部的无损检测。其包括相控阵超声波发射和接收两部分。

图1 德国 GE R0WAB6-60/90 相控阵超声检测装置

该超声相控阵检测系统具有电子扫描检测方式的特点（扫描、动态变焦），检测快速、准确、可靠。将超声相控阵技术应用于棒材生产的在线内部缺陷检测是十分有效的。

2.2 德国霍斯特 CTRC0FUXR0100 漏磁检测设备

漏磁检测原理：将工件磁化（接近饱和），使其具有一定的磁通密度，以便在不连续处产生漏磁场，磁场传感器将输出信号送到运转放大器。由于采用磁饱和状态，工件内具有相当高的磁场强度和磁场密度，磁力线不受限制，因而工件表面有较大的磁漏通，有利于现场表面缺陷检测。磁敏感传感器沿被磁化的铁磁材料表面扫查，拾取缺陷漏磁场形成的缺陷电信号，达到发现缺陷位置以及参数的目的。

公司配置霍斯特 CTRC0FUXR0100 漏磁检测设备（图2），该漏磁检测设备由于检测速度快、可靠性高且对工件表面清洁度要求不高，在金属材料的检测评估中得到广泛的应用。

图2　德国霍斯特 CTRC0FUXR0100 漏磁检测设备

2.3　德国 GEUSIP-40、超声波自动水浸 C 扫描钢材纯净度检测设备

水浸 C 扫描超声波检测的原理是将探头和试件全部或部分浸入水中，以水作为耦合剂，超声波通过水进入试件进行检测的技术（图3）。根据探头种

图3　德国 GEUSIP-40 超声波自动水浸 C 扫描钢材纯净度检测设备

类可分为 A 扫描、B 扫描和 C 扫描，A 扫描主要用于快速普查缺陷，B 扫描采用数字成像技术，C 扫描采用图像处理技术。

该水浸 C 扫描超声波检测系统主要应用在钢材内部裂纹深度、形状和裂纹源的检测，钢材分层缺陷及内部夹杂物的检测，钢材纯净度的检测及其他金属材料复合材料内部缺陷检测。

3 无损检测及金相检验在汽车结构件用钢产品质检中的应用

无损检测技术是要把钢材表面及内部缺陷（裂纹、缩孔、白点、夹杂、夹渣）检测出来，保证钢材表面及内部的质量，防止因原始钢材中存在的缺陷导致后续深加工损失扩大、废品产生，甚至发生事故。

3.1 超声波相控阵探伤检测实例

在对汽车用钢 SAE8620H、65MnHX 及 42CrMo 热轧棒材进行探伤检测过程中，发现个别存在表面缺陷及内部缺陷。

实例 1：钢种：42CrMo，规格：ϕ26.5 mm。

探伤检测设备：德国 GE R0WAB6-60/90 相控阵超声检测自动检测设备。

探伤执行标准：GB/T 4162—2008。

探伤质量等级：A 级（单个缺陷≤ϕ2.0 mm，多个缺陷 ϕ1.2 mm，长条缺陷 ϕ1.2 mm）。

探伤灵敏度：使用与被检棒材规格相同的对比样棒调整检测灵敏度，使调整增益达到规定报警线，使人工缺陷幅度在 50% 位置上。

相控阵探伤检测缺陷报警信号如图 4 所示。

检测结果：经探伤检测 42CrMo 热轧棒材 98 支，合格 96 支，不合 2 支。

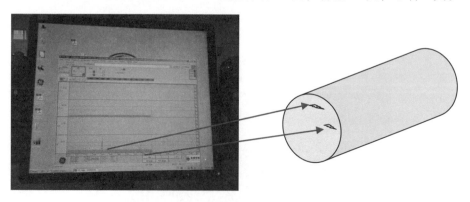

图 4　横波缺陷报警示意

3.2 漏磁探伤检测实例

实例 2：钢种：SAE8620H 钢，规格：ϕ45 mm；钢种：65MnHX 钢，规格：ϕ50 mm。

探伤检测设备：德国霍斯特 CTRC0FUXR0100 漏磁检测检测设备。

探伤执行标准：参照 GB/T 31212—2014。

探伤质量等级：A 级（0.2 mm 深×0.2 mm 宽×15 mm 长）。

探伤灵敏度：使用与被检棒材规格相同的对比样棒调整检测灵敏度，使调整增益达到规定报警线。

检测结果（图 5）：经探伤检测 SAE8620H 热轧棒材 141 支，合格 132 支，不合 9 支。

图 5　SAE8620H 漏磁探伤检测缺陷报警信号及对应样品解剖分析

检测结果（图 6）：经探伤检测 65MnHX 热轧棒材 130 支，合格 127 支，不合格 3 支。

图 6　65MnHX 漏磁探伤检测缺陷报警信号及对应样品解剖分析

3.3　对 42CrMo 热轧棒材缺陷报警试样进行水浸 C 扫描检测实例

根据 SEP1927 标准规定，扫描间距为 0.25 mm。

系统的参数设置：

步进起始点坐标：228，-207.32、-5.36；

步进终点坐标：280，-207.32、-5.36；

扫描起始点坐标：228，-207.32、-5.36；

扫描终点坐标：228，-150.00、-5.36；
灵敏度设置：ϕ0.3 mm（平底孔）。
检测结果（图7）：2件试样在距试样近表面处有缺陷显示。

图7　42CrMo热轧棒材超声波水浸C扫描分析

3.4　缺陷材定位取样与金相验证分析

3.4.1　探伤缺陷材定位取样

对经无损探伤检测设备检测的棒材内部缺陷试样及棒材表面缺陷试样进行接触法探伤检测定位、定量及表面缺陷定位取样（图8）。

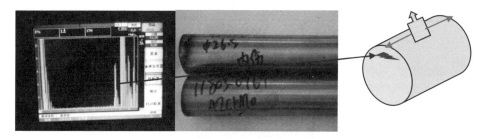

图8　SAE8620H热轧棒材接触法探伤定位、定量

SAE8620H热轧棒材表面缺陷，经接触法超声波探伤复测，此2件试样缺陷当量为ϕ1.9 mm、ϕ2.0 mm，缺陷位于试样的近表面处。

定位取样，表面缺陷性质为裂纹，缺陷深度为1.397 mm（图9）。

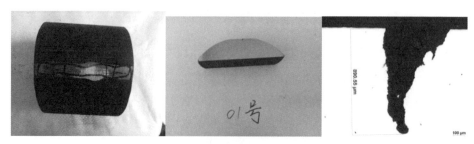

图9　SAE8620H热轧棒材表面缺陷接触法探伤定位、定量

65MnHX 热轧棒材表面缺陷定位取样，表面缺陷性质为裂纹，缺陷深度为 1.826 mm（图 10）。

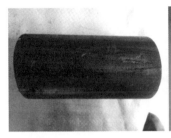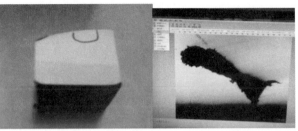

图 10　65MnHX 热轧棒材表面缺陷接触法探伤定位、定量

3.4.2　缺陷材金相验证及成因分析

为了验证超声波相控阵检测及接触法超声波探伤缺陷定位、定量的有效性，对判定为缺陷产品棒材进行了金相解剖分析，从金相照片中看到棒材近表面处存在缺陷。

低倍酸浸显示情况（图 11）：通过低倍酸浸检验分析，判定该缺陷为低倍夹杂。

图 11　缺陷低倍检验

金相高倍解剖观察显示情况（图 12）：缺陷尺寸分别为 0.267 mm、0.224 mm。

通过高倍检验分析，判定该缺陷为夹杂物，根据高倍分析结果进行电镜扫描能谱仪定性（图 13、图 14）。从分析结果上可以看出，表 1 和表 2 的成分中以钙、铝、硅盐为主，成分与炉渣的成分相似，由此可见引起该缺陷的主要原因是炼钢过程中卷入了炉渣。

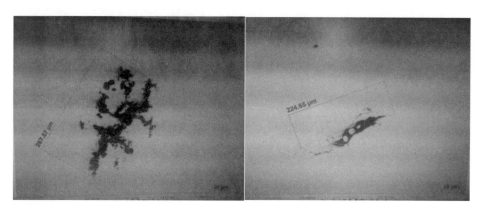

图 12 缺陷微观分析

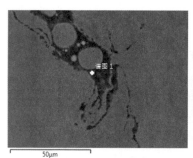
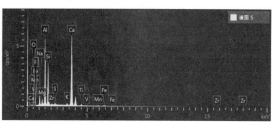

图 13 试样 1 SEM 及 EDS 谱

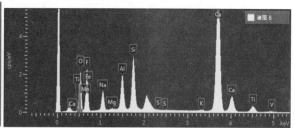

图 14 试样 2 SEM 及 EDS 谱

表 1 试样 1 电镜能谱仪对夹杂物分析结果

元素	O	Mg	Al	Si	S	Ca	Mn	Fe	总量
wt%	45.66	0.31	6.28	9.21	0.07	37.13	0.49	0.84	100
wt% Sigma	0.35	0.05	0.1	0.11	0.04	0.27	0.08	0.09	

表 2　试样 2 电镜能谱仪对夹杂物分析结果

元素	O	Mg	Al	Si	S	Ca	Mn	Fe	总量
wt%	44.4	1.53	14.96	10.07	0.51	27.46	0.36	0.73	100
wt% Sigma	0.3	0.06	0.13	0.11	0.04	0.19	0.07	0.08	

4　总结

本公司借助超声相控阵检测设备、漏磁检测设备等无损探伤检测对钢材的表面缺陷和内部缺陷进行准确的定位、定量，再结合超声波水浸 C 扫描成像技术及金相高低倍解剖、电镜扫描能谱仪定性等手段进行验证等追溯缺陷成因，对于提高汽车结构件用钢缺陷检出率、确保无损检测质量起着重要的质量保证作用。

参考文献

[1] Detsignation：E 588—03 用超声波法检测轴承钢中大块夹杂物的方法.
[2] SEP1927 浸入式超声波检验（热轧）钢材纯净度方法.
[3] 水浸式 C 扫描超声波探伤系统、热轧钢棒（坯）纯净度检验规程.
[4] GB/T 4162—2008 锻钢棒超声波检测方法.

14

轧制比和 Nb 对 V-Ti 车削用非调质钢组织及性能的影响

谭 利 吉 光 肖 波 郑力宁 周 湛 陈少慧

江苏沙钢集团淮钢特钢股份有限公司,江苏淮安 223002

【摘 要】 通过金相、扫描、透射电镜研究不同轧制比工艺下 V-Ti、Nb-V-Ti 两种微合金化非调质钢的微观组织及机械性能。结果显示：Nb-V-Ti 非调质钢轧制比大于 10 时,冲击韧性值可以达到 50 J,而 V-Ti 非调质钢的轧制比却需要大于 15 以上,才能达到类似的冲击韧性值。从相同轧制比对比也可以发现,Nb-V-Ti 非调质钢的冲击性能明显优于 V-Ti 非调质钢,这是因为 Nb 能够显著提高非调质钢的奥氏体粗化温度,有效阻止奥氏体晶粒的快速长大,细化非调质钢晶粒,降低珠光体片层间距,使渗碳体呈粒状或球状分布；另外,Nb 能促进 V-Ti 非调质钢中细小含铌碳化物的弥散析出,细化基体组织,同时提高非调质钢的强度。因此,Nb-V-Ti 复合非调质钢经过未再结晶区变形后可获得均匀细小的铁素体-珠光体组织,且在 900 ℃未再结晶区进行大轧制比变形能够有效改善 Nb-V-Ti 非调质钢的强韧性。

【关键词】 微合金非调质钢；铌；未再结晶区；大轧制比

1 引言

近年来,因碳排放、性价比和轻量化等要求使微合金非调质钢在国内外工程机械和汽车等行业获得了广泛的应用[1~3]。微合金非调质钢（简称非调钢）是利用钒、铌、钛等一种或多种元素进行复合化处理,并以轧制控冷工艺代替调质过程来实现强韧性,从而获得与调质钢具有相当力学性能的结构钢[4]。当前,一种新型、稳定和制造成本相对低廉、环境友好型用于机械液压件（尤其是高压油缸、水泵轴、丝杠类产品）等领域的高精度车削用非调质钢逐渐引起龙头企业的关注。

微合金化、轧制控冷工艺是车削用非调质钢获得高强韧性的重要方法[5~7]。当前多数车削用非调质钢的冲击功不能满足使用要求,然而通过 Nb-V-Ti 复合非调质钢,可以在保证强度级别的同时改善冲击性能。因此,有必要深入研究 V-Ti 和 Nb-V-Ti 非调质钢在不同轧制工艺条件下的组织及力学性能。

本文通过研究 V-Ti、Nb-V-Ti 直接车削用非调质钢在不同轧制比工艺下的组织和性能规律，为特钢企业生产高强韧性车削用非调质钢提供合理的轧制比和强韧化机理。

2 试验材料及方法

试验采用连铸大圆坯，化学成分如表1所示。试验钢采用控轧控冷工艺进行生产，大圆坯加热制度：预热段≤900 ℃，加热段≤1 050 ℃，均热段温度为（1 200±10）℃，保温3.5 h，总加热时间为5~6 h。开轧温度为1 100~1 150 ℃，终轧温度为（900±10）℃，Nb-V-Ti 非调质钢按轧制比5、8、10、15、20进行轧制，V-Ti 非调质钢按轧制比10、15、20进行轧制，精轧后在冷床上对棒材表面进行测温，棒材在冷床上以0.5 ℃/s风冷至400~500 ℃，然后打捆入缓冷坑至室温。

表1　试验钢 V-Ti、Nb-V-Ti 的化学成分（质量分数）　　　%

非调质钢	C	Si	Mn	S	P	V
V-Ti	0.41	0.55	1.25	≤0.015	≤0.010	0.12
Nb-V-Ti	0.39	0.57	1.25	≤0.015	≤0.010	0.09
非调质钢	Cr	Ti	Nb	O	N	
V-Ti	0.25	0.012	—	0.000 9	0.015	
Nb-V-Ti	0.25	0.011	0.015	0.001 0	0.015	

根据国家标准 GB/T 228—2010、GB/T 229—2007，取样加工标准拉伸试样和 U 形缺口冲击试样，分别进行室温拉伸试验和冲击试验；利用金相显微镜、扫描电镜和透射电镜对试验钢的微观组织进行分析表征。

3 试验结果与分析

3.1 试验结果（表2）

表2　轧制比为10时对非调质钢力学性能的影响

非调质钢	R_m/MPa	R_{el}/MPa	A/%	Z/%	KU2/J
V-Ti	926	640	18	32	38
Nb-V-Ti	920	633	21	47	52

3.2 试验钢力学性能变化

试验用非调质钢力学性能变化趋势如图1、图2所示。从 Nb-V-Ti 非调质钢轧制比变化趋势可以看出，当轧制比由 5 提高到 10 时冲击功提高 27 J 时，抗拉强度下降了 30 MPa；当轧制比由 10 提高到 20 时，冲击功提高 16 J，抗拉强度仅下降 5 MPa。而 V-Ti 非调质钢轧制比由 10 提高到 20 时，抗拉强度先下降 16 MPa 后提高 8 MPa，冲击韧性却不断提高，冲击功由 38 J 上升到 54 J。这表明轧制比 10 是 Nb-V-Ti 非调质钢由连铸坯轧制成棒材过程中的一个临界值，一方面轧制比 10 保证了棒材良好的低倍组织和均匀性，同时钢材奥氏体晶粒明显碎化，奥氏体粗晶再结晶成细晶，由于晶界增多具有大量形核位置，所以形成大量先共析铁素体相变组织，均匀分布在组织里，抗拉强

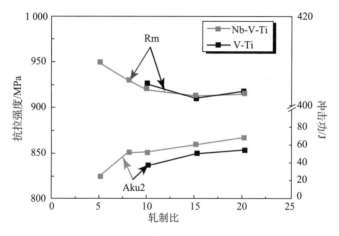

图1 试验钢力学性能随轧制比的变化

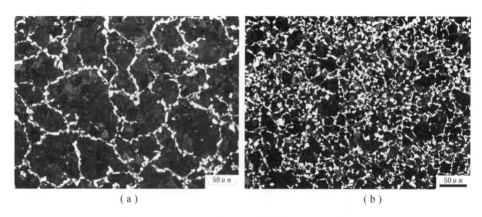

(a) (b)

图2 Nb-V-Ti 非调质钢在不同轧制比下的金相组织
(a) 轧制比为 5；(b) 轧制比为 10

度呈下降趋势,冲击韧性呈明显上升趋势。随着轧制比增加到20,铁素体比例逐渐增多,晶粒尺寸进一步降低,冲击韧性逐渐增大,铁素体—珠光体组织呈精细化均匀分布,抗拉强度下降趋势趋缓,冲击韧性上升趋也同时趋缓。

表2中的数据对比分析表明,添加Nb可提高V-Ti非调质钢的强韧性,使其具有920 MPa抗拉级别和52 J的冲击韧性。另外,通过未再结晶区大变形量轧制可进一步提高Nb-V-Ti非调质钢的冲击韧性。

3.3 微合金非调质钢的微观组织

与V-Ti复合相比,Nb-V微合金化轧后可获得更加细小均匀的珠光体,而且铁素体含量达到52%(体积分数,如图3所示),这是Nb-V复合非调质钢冲击韧性值高的主要原因。因为Nb-V复合可以促进NbC的析出并钉扎晶界,抑制终轧过程中奥氏体再结晶,使奥氏体再结晶终止温度上升到950 ℃[8]。Nb-V-Ti复合化后,钢的奥氏体向铁素体转变温度下降,更有利于先共析铁素体晶粒的细化。经890~910 ℃奥氏体未再结晶区的大形变量的轧制,再结晶后的奥氏体晶粒形变拉长,提高了非调质钢的位错密度和形变储能,更加有利于提高非调质钢的强韧性。另外,Nb元素促进了V(C,N)粒子晶界内及位错上弥散析出,为铁素体提供了大量形核位置,有利于获得均匀细小的先共析铁素体[9,10]。

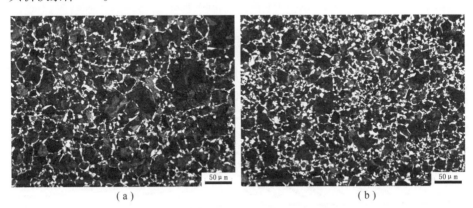

图3 非调质钢在轧制比为10时的金相组织
(a) V-Ti钢;(b) Nb-V-Ti钢

3.4 微合金非调质钢珠光体片层分布、片层展弦比分析

V-Ti、Nb-V-Ti微合金化非调质钢珠光体组织形貌如图4所示。可以看出,钒钛、铌钒钛复合明显改变了珠光体片层的组织形貌,钒钛非调质钢的

渗碳体片总体排列整齐有序，基本呈平行排列，局部略球化，渗碳体的长宽比约为85。而铌加入后珠光体呈短棒状密集排列，珠光体片层发生了明显的退化和球化，渗碳体在珠光体中分布杂乱无序，渗碳体的长宽比约为15。由于Nb-V-Ti微合金化降低了非调质钢的铁素体—珠光体转变温度，在未再结晶区大压缩比形变时珠光体结构会进一步精细化，渗碳体层片的平均厚度由45 nm（V-Ti钢）下降到28 nm（Nb-V-Ti钢），珠光体的片层间距由312 nm（V-Ti钢）降低到174 nm（Nb-V-Ti钢），这些细化、钝化、密集排列无序分布的珠光体组织有利于Nb-V-Ti非调质钢实现高强韧性的良好结合。

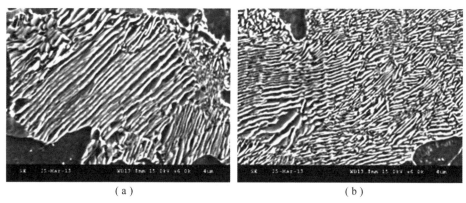

(a)   (b)

图4 非调质钢的珠光体扫描组织（轧制比为10）

(a) V-Ti钢；(b) Nb-V-Ti钢

3.5 微合金非调质钢珠光体片形貌分析

图5所示为V-Ti、Nb-V-Ti非调质钢珠光体片层透射组织。采用Nb-V-Ti复合与控轧控冷相结合，在控制冷却阶段长片状的渗碳体开始出现折断、短

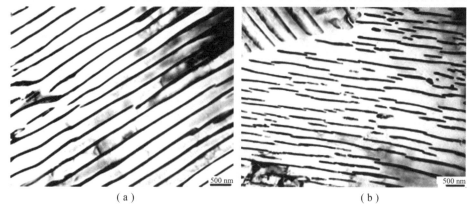

(a)   (b)

图5 珠光体片层透射组织（轧制比为10）

(a) V-Ti钢；(b) Nb-V-Ti钢

棒状或变态球化趋势，从有序规则排列变为无序杂乱排列，同时不断减小的珠光体片层间距促使实现高强高韧的良好结合。这是由于含铌的碳化物能够钉扎晶界、抑制再结晶和晶粒长大，利用相变使珠光体的片层间距减小，并促进第二相析出强化，因此 Nb-V-Ti 复合＋再结晶—未再结晶大形变量轧制，可实现细化、拉长和均匀化形变的等轴再结晶晶粒。

4 总结

（1）Nb-V-Ti 非调质钢轧制比大于 10 时，冲击韧性值可以达到 50 J，而 V-Ti 非调质钢的轧制比却需要大于 15，才能达到类似的冲击韧性值。这是因为 Nb 能促进钢中奥氏体粗晶破碎，粗晶再结晶成细晶，晶界增多后提供了大量的铁素体形核位置。均匀分布的铁素体组织是提高冲击韧性的主要原因。

（2）Nb-V-Ti 微合金非调质钢经动态再结晶和 900 ℃未再结晶区大压缩比（轧制比≥10）轧制后，钢中奥氏体形变储能明显增加，相变后的铁素体形核位置显著增多，晶粒尺寸明显减小，并且有效均匀地分割粗大的珠光体组织。

（3）Nb-V-Ti 非调质钢经未再结晶区 900 ℃大压缩比轧制后珠光体的形态发生了变化，珠光体片层出现弯折、断裂及球状特征，渗碳体展弦比减小且逐渐球化。

（4）添加铌元素利于钒的碳化物沉淀析出，细化非调质钢晶粒，增加未再结晶区宽度及析出物的数量。Nb-V-Ti 非调质钢经未再结晶区轧制后，降低了珠光体的片层间距，渗碳体呈球状或粒状均匀分布，从而在保证强度级别的同时显著提高冲击性能。

参考文献

[1] David Miboum. Vanadium microalloyed Non-quench and temper Forging Steels [R]. Chongqing：International Vanitec Technology Committee，2011，1－35.

[2] 马鸣图，吴宝榕. 双相钢－物理和力学冶金 [M]. 2 版. 北京：冶金工业出版社，2009.

[3] 万得成，蔡庆伍，余伟，等. 含 Nb 中碳钢加热过程中的奥氏体晶粒长大规律 [J]. 金属热处理，2013，38（4）：12－15.

[4] 董成瑞，任海鹏，金同哲，等. 微合金非调质钢 [M]. 北京：冶金工业出版社，2000.

[5] Radovic N. Effect of interpass time and cooling rate on apparent activation energy for hot working and critical recrystallization temperature of Nb

microalloyed steel [J]. ISIJ International, 1999, 39 (6): 575 – 578.
[6] Yi H L, Du L X, Wang G D, et al. High-temperature deformation behavior of Nb-V-Ti bearing and Ti-bearing HSLA rolled steels [J]. Journal of Northeastern University: Natural Science, 2007, 28 (10): 1369 – 1370.
[7] Reza A K, Jahazl M, Yue S, et al. Impact toughness and tensile properties improvement through microstructure control in hot forged Nb-V microalloyed steel [J]. ISIJ International, 2005, 45 (2): 272 – 275.
[8] 刘栋林, 谭利, 杨红新, 等. 铁素体 – 珠光体型非调质钢中的微合金化及锻造工艺 [J]. 钢铁研究学报, 2013, 25 (2): 41 – 43.
[9] Rainforth W M, Black M P, Higginson R L, et al. Precipitation of NbC in a model austentic steel [J]. Acta Materialia, 2002, 50 (4): 735 – 738.
[10] Hou H, Chen Q P, Liu Q Y, et al. Grain refinement of Nb-Ti microalloyed steel through heavy deformation controlled cooling [J]. Journal of Materials Processing Technology, 2003, 137 (s1/2/3): 173 – 175.

冷变形对5A06铝合金组织转变的影响

张鑫明　冯继军　卢柳林

东风商用车有限公司东风商用车技术中心工艺研究所，
湖北武汉　430056

【摘　要】 通过场发射扫描电镜和透射电镜对25%和55%冷变形5A06铝合金组织进行研究发现，5A06铝合金经过25%冷变形后，晶粒尺寸的面积分数分布图具有正态分布特征，晶内亚结构主要为位错缠结，位错墙内的位错较为松弛；变形量增加到55%以后，晶粒尺寸的面积分数分布图变为直三角形状，β纤维轧制织构含量由16.3%增加到24.5%，晶内亚结构则主要为位错胞，位错墙内位错较为稠密。随变形量增加，位错墙的间距减小，伴生位错边界和几何必需边界两侧的取向差均增加。

【关键词】 冷变形；铝合金；晶粒；亚结构

1　引言

铝合金轧制变形过程中，晶粒需协调宏观上受到的板法向的压缩变形和轧向的延伸变形，逐渐形成平行于轧向的"条带状组织"，而晶粒的滑移面和滑移方向也都要向主变形方向转动并形成轧制织构。利用电子背散射衍射（Electron Backscatter Diffraction，EBSD）技术可分析材料较大区域内各组分织构的分布情况及含量[1]，同时还具有较高的取向测量精度（测量取向的角度误差一般小于2°），可对观察区域内相邻晶粒间的取向差角（晶界角度）及晶内亚结构的取向差角进行定量分析，能同时对金属材料微观组织、界面结构和取向进行分析[2~4]。EBSD技术也可借助晶粒重构对选定区域的晶粒尺寸分布进行统计，得到平均晶粒尺寸的数据。但由于EBSD技术受到自身分辨率的限制，在研究变形过程晶粒内部亚结构的变化时必须借助透射电镜。

轧制变形过程中的另一重要变化是由晶内位错滑移形成新的位错界面而使晶粒发生分裂。国外对纯铝在变形过程中晶内亚结构的变化研究较多，认为纯铝在变形过程中容易形成典型的胞状结构。纯铝冷轧到中低应变量下，晶粒内各区域开动的滑移系数目不同从而使晶粒发生分裂，分裂的各区域由微带（Microbands，MB）或稠密位错墙（Dense Dislocation Walls，DDW）分隔开，分隔开的每个区域称为胞块（Cell Blocks，CB），晶粒分裂成胞块是协调形变所必需的，分割它们的边界（如微带和稠密位错墙）称为几何必需边界（Geometrically Necessary Boundaries，GNB），胞块内部由位错胞构成，位错胞之间的界面是由塑性变形过程中激活的滑移位错与林位错的交互作用而形成的，称为伴生位错边界（Incidental Dislocation Boundaries，IDB）[5~7]。研究发现，几何必需边界较平直，具有一定的宏观取向，其两侧取向差较大；而伴生位错边界无宏观取向，两侧的取向差较小。随应变量的增加，几何必需边界和伴生位错边界两侧的取向差都增大，而它们之间的间距都减小[8~10]。在 Al-Mg 系铝合金中，由于镁原子的固溶增加了位错滑移的阻力，将会抑制变形过程中位错胞状结构的形成。Hughes[11]采用透射电镜深入研究了 Al-5.5at.%Mg 冷轧直到 20% 变形量晶内亚结构的变化并结合较早一些的研究指出，该合金在较低冷变形过程中也会形成类似纯铝的伴生位错结构和几何必需边界，只不过伴生位错结构不是位错胞状结构，而是称为泰勒晶格（Taylor Lattices）的有序位错缠结，几何必需边界则包括区域边界（Domain Boundaries，DB）和微带。但由于 Al-Mg 系合金比纯铝复杂，对其在变形过程晶粒内部亚结构变化的研究并不多，Hughes 关于 Al-Mg 系合金变形过程晶粒分裂的观点也并未获得广泛认同。而经典的理论认为，高层错能金属在形变过程中形成的典型位错结构有位错缠结、二维位错墙和三维形状近似等轴的位错胞状结构。

本文采用 EBSD 技术研究了 5A06 铝板冷轧到不同变形量晶粒形状、尺寸、取向的变化，并结合透射电镜对晶粒内部亚结构的变化规律进行了研究。在分析时为了叙述简洁，将适当引入伴生位错边界和几何必需边界等上文提到的名词。

2 试验

试验选用 20 mm 厚的 5A06 铝合金热轧板，其化学成分如表 1 所示。5A06 铝合金板材加工工艺为：热轧板→再结晶退火（350 ℃/2 h）→热轧→中间退火（350 ℃/2 h）→冷轧（变形量为 25%、55%）。

表 1　5A06 铝板成分（质量分数）　　　　　　　　%

元素	Mg	Mn	Al
含量	6.17	0.42	Bal.

从需要进行 EBSD 组织观察的板材纵截面取样，将小片机械减薄到 0.1～

0.3 mm 并两面抛光，然后采用双喷减薄，不喷透，双喷液为 25% HNO_3 + 75% CH_3OH，电压为 15~20 V，温度在 -30 ℃ 以下，采用 JSM-7001F 场发射扫描电镜进行组织观察，扫描区域为 200 μm × 150 μm，步长为 0.5 μm，并通过 TSL 公司的 Channel 5 软件包对试验数据进行分析。透射组织观察也从板材纵截面取样，将小片机械减薄到 0.1 mm 以下，冲剪得到直径 3 mm 的小圆片，然后采用双喷减薄，双喷液为 25% HNO_3 + 75% CH_3OH，电压为 20~30 V，温度在 -30 ℃ 以下，采用 JEM-2010 透射电镜进行组织观察。

3 结果及讨论

图 1 (a)、(b) 分别为再结晶退火后的 5E06 铝板经过 25% 和 55% 冷变形后的 EBSD 衍射衬度质量图，图 1 (a) 标示了图像的 RD、ND 方向，下面所有的 EBSD 图像均具有同样的 RD、ND 方向。图 1 显示，经过冷变形后，晶粒沿铝板轧向拉长，法向压扁，有些晶粒内部或晶界周围分布着大小不一的被轧碎的不规则第二相（图中箭头所示），这些第二相在扫描过程中不能被识别，会增加晶粒尺寸和大角度晶界统计的误差。图 1 (b) 显示，经过 55% 冷变形后，晶粒的变形更加严重，有些局部区域发生严重剪切变形并形成了应力集中的变形带，大量位错等缺陷的存在使这些区域更易发生衍射，因此衍射衬度质量图中这些区域更暗一些。由图 1 也不难看出，有第二相存在的区域，变形更加严重，因此这些区域衬度也更暗一些。

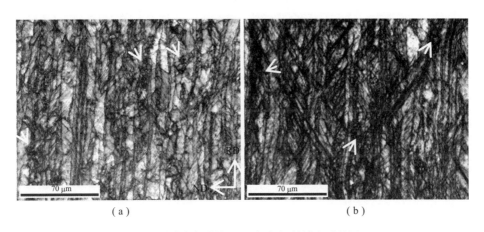

图 1 不同冷变形量 5A06 铝板衍射衬度质量图
(a) 25%；(b) 55%

图 2 (a)、(b) 分别为 25% 和 55% 冷变形后的 5A06 铝板 200 μm × 150 μm 面积内的晶粒重构图，EBSD 技术以 15° 晶界为界限重构晶粒。

图 3（a）、（b）分别为对应状态相同区域内晶粒尺寸的面积分数分布图。由图 2（a）不难看出，再结晶状态的 5A06 铝板经过 25% 冷变形后，晶粒形状发生变化，选择区域内 20 个完整晶粒测得长度/厚度的平均值为 7.3，晶粒沿板法向宽度为 1.4～21 μm，但晶粒尺寸相对再结晶状态却不会发生太大变化，因此其对应区域的晶粒尺寸－面积分数分布图具有典型的正态分布曲线形貌特征［图 3（a）］。图 2（b）显示，当变形量增大到 55% 后，晶粒的变形更加严重，长度/厚度的平均值为 12.7，晶粒沿板法向宽度为 1.1～20 μm，由于小尺寸晶粒的面积分数增加，晶粒尺寸－面积分数分布图呈现出直三角形特征［图 3（b）］，出现这一现象主要有三个原因：①由图 1（b）与图 2（b）箭头所指区域对比不难发现，EBSD 晶粒重构时会将轧碎的不能识别的第二相误认为小尺寸晶粒；②冷轧过程晶内几何必需边界的出现使晶粒发生分裂，随变形量增加，几何必需边界两侧的取向差逐渐增大至超过 15°后，原来的晶粒会分裂成为几个更小的晶粒；③随着变形量增加，统计区域中杂点的数量增加，而且晶粒沿板轧向拉长，法向压扁得更加严重，受所选统计区域面积的限制，统计区域不完整晶粒的数量增加，统计数据的误差也会增加。但图 3 仍反映出 5A06 铝合金冷轧过程晶粒尺寸变化的趋势。为了减小误差，对 25% 和 55% 冷变形后的 5A06 铝板分别选择了 3 个面积相等的区域进行测试，所得晶粒尺寸的平均值分别为 15.10 μm、15.31 μm、14.55 μm 以及 17.98 μm、13.55 μm、19.28 μm。这说明随着变形量的增加，5A06 铝板内区域不均匀性增大。

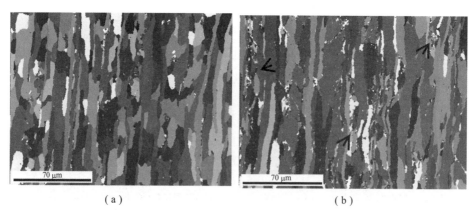

(a) (b)

图 2　各冷变形量 5A06 铝板晶粒重构图（见彩插）
(a) 25%；(b) 55%

图 4（a）、（b）分别给出了 5A06 铝板经过 25% 和 55% 冷变形后所选区域的织构组分分布图以及各织构组分的含量。织构组分分布图中深橙色、暗绿色、深紫色、深蓝色、浅蓝色和浅黄色分别代表立方织构（cube）、铜织构

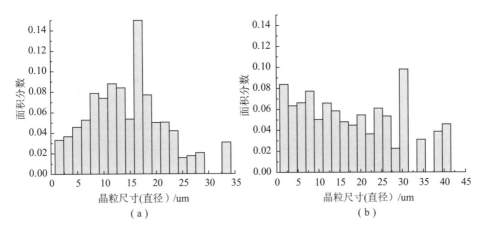

图 3　各冷变形量 5A06 铝板晶粒尺寸的面积分数
(a) 25%；(b) 55%

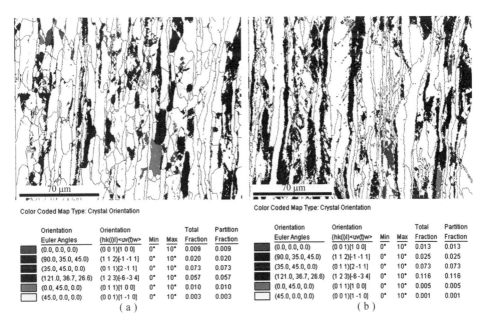

图 4　不同冷变形量 5A06 铝板织构组分图（见彩插）
(a) 25%；(b) 55%

(Copper)、黄铜织构（Brass）、S 织构、高斯织构（Goss）和旋转立方（r-cube）织构。不难看出，相同的织构组分一般比较集中地出现在距轧面同一深度截面处，这主要是由于在轧制过程中，距轧面同一深度截面处的晶粒受力情况接近。为了减小测量织构含量的误差，对两种状态的 5A06 铝板各测量 3 个面积相等的区域，将各次测得的织构含量和平均值列于表 2。由平均织构含量可以看出，冷变形量从25%增加到55%，立方织构、旋转立方织构和α取向线上的高斯织构含量略有增减，β纤维轧制织构中的铜织构组分含量稍有减少，而黄铜织构和S织构组分含量均有较大幅度增加，β纤维轧制织构的含量由16.3%增加到24.5%，但5A06合金中轧制织构的含量要比同等变形量下纯铝中的轧制织构含量低[8]，这主要是由于5A06合金中固溶的大量镁原子以及Mn元素的加入形成的次生Al_6Mn相阻碍变形过程位错的滑移，抑制了轧制织构的增殖，这对减小冷变形后由轧制织构含量增加所带来的性能各向异性的增加是有利的。

表2 不同冷变形量5A06铝板各织构组分含量3次测试结果

状态	25%冷变形				55%冷变形			
编号	1	2	3	平均	1	2	3	平均
cube	0.009	0.005	0.011	0.008	0.013	0.022	0.016	0.017
C	0.020	0.033	0.059	0.037	0.025	0.029	0.019	0.024
B	0.073	0.047	0.078	0.066	0.073	0.115	0.161	0.116
S	0.057	0.060	0.064	0.060	0.116	0.118	0.082	0.105
Goss	0.010	0.015	0.007	0.011	0.005	0.002	0.021	0.009
r-cube	0.003	0.005	0.001	0.003	0.001	0.002	0.001	0.001

图5（a）、（b）分别为由EBSD测得的25%和55%冷变形5A06铝板边界

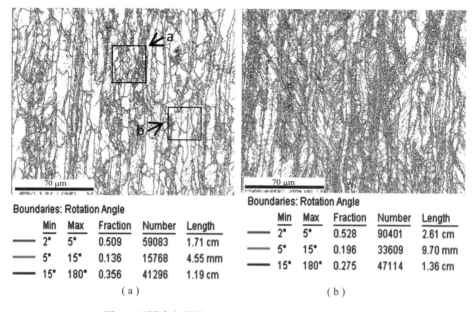

图5 不同冷变形量5A06铝板边界分布图（见彩插）
(a) 25%；(b) 55%

分布图。图下用对应颜色给出了边界分布图中各角度范围边界的像素点数量、边界长度及占总边界长度的分数。值得注意的是,边界旋转角的下限范围为 2°,EBSD 的点分辨率为 0.29 μm,扫描步长为 0.5 μm。在 EBSD 可以识别的范围内,由 2°～15°小角度晶界的分布情况不难看出,在 25% 冷变形量下,不同区域各晶粒内部的边界长度差异较大,如图 5(a)中区域 a 的晶粒内部边界长度要比区域 b 的晶粒内部边界长度大得多,这反映在变形过程中,区域 a 中的晶粒变形要比区域 b 中的晶粒变形剧烈。当变形量增加到 55% 时 [图 5(b)],大体上看,各晶粒内部的边界长度相比 25% 变形时都有不同程度的增加,这是 5A06 铝板强度增加的一种微观组织表现,同时各晶粒内部的边界分布差异减小,说明各晶粒内部的变形更加均匀。由图 5 各角度范围的边界长度对比可知,当变形量由 25% 增加到 55%,在相等区域内,2°～5°、5°～15°、15°～180°边界长度增加比例分别为 52.6%、113.2% 和 14.3%,这说明对 5A06 铝合金而言,应变强化的实质主要是引入位错等缺陷,在晶内形成位错亚结构而使材料强化。下面结合分辨率更高的透射电镜对 5A06 铝合金晶内的亚结构进行分析。

图 6(a)、(b)分别为 25% 和 55% 冷变形 5A06 铝板一个晶粒内的局部形貌。不难看出,图中的一段晶界大体上与轧向平行,但局部的弯曲也很明显。图 6(a)显示,在 25% 冷变形下,5A06 铝合金晶内形成的位错墙较平直,位错墙内的位错较为松弛,多数平直位错墙与铝板轧向成 ±(20°～40°)

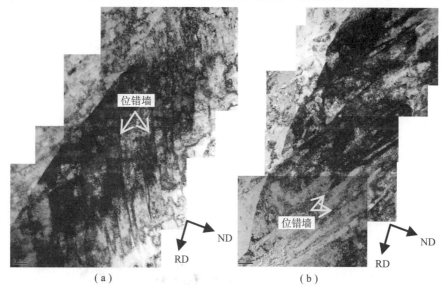

图 6 不同冷变形量 5A06 铝板晶内透射组织形貌
(a) 25%;(b) 55%

角,但仅有少量平直位错墙完整贯穿晶粒,平行的位错墙间距为 0.2 ~ 1.7 μm;而由图 6 (b) 不难看出,55% 冷变形后 5A06 铝合金晶内形成的位错墙内位错较为稠密,轮廓清晰,多数平直位错墙与铝板轧向成 ± (30° ~ 45°) 角,并且完整地贯穿晶粒,平行的位错墙间距为 0.1 ~ 1.2 μm。显然,随着变形量的增加,位错墙的间距减小。这与图 4 中晶粒内与轧向成一定角度的平直小角度晶界普遍存在的结果及刘庆等[3]在纯铝中观察到几何必需边界具有宏观取向的结果一致。

图 7 (a)、(b) 分别为 25% 和 55% 冷变形 5A06 铝板晶内亚结构形貌。图 7 (a) 显示,经过 25% 冷变形后,5A06 铝合金晶内伴生位错结构主要为位错缠结,仅有少量位错胞状结构出现,而变形量增加到 55% 时 [图 7 (b)],位错胞状结构成为主要的伴生位错结构,其尺寸为 20 ~ 200 nm。

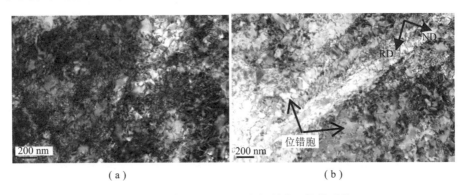

(a)　　　　　　　　　　　(b)

图 7　不同冷变形量 5A06 铝板晶内亚结构形貌
(a) 25%;(b) 55%

比较图 5 与图 6 不难发现,EBSD 技术能给出较大范围的晶界和晶内亚结构的界面分布情况,但受分辨率 (0.29 μm)、选取的扫描步长 (0.5 μm) 和测量边界下限角度 (2°) 的限制,晶内亚结构的细节并不完整,透射组织观察可以弥补这一不足,但分析的区域也很有限。由图 6 中 0.5 μm 的标尺不难发现,0.5 μm 要远比伴生位错结构的尺寸大,因此选取 0.5 μm 的扫描步长获得的图 4 ~ 图 6 中伴生位错边界基本只能以散点的形式存在,而几何必需边界以断续或连续的线段形式存在。从透射组织观察来看,伴生位错结构在晶内是广泛存在的,但图 5 (a) 中晶内的散点却非常少,说明在 25% 冷变形条件下,绝大多数伴生位错边界两侧的取向差是小于 2°的,而几何必需边界出现断续则主要是由于局部几何必需边界两侧的取向差角小于 2°或 0.5 μm 的扫描步长下出现扫描空点。同时我们也不难看出,几何必需边界两侧的取向差角大部分位于 2° ~ 5°范围,一部分位于 5° ~ 15°范围,还有一部分小于 2°的在图 5 (a) 中未能显现出来。在冷变形量进一步增加到 55% 的过程中,缠结位错会群集形成位错胞状结构，使晶内位错胞的数量增加，同时伴生位错边界中的位错密度增至一定程度时，由几何必需边界分隔的区域内伴生位错结构开动的滑移系不再相同，它们就成为新的区域，这样伴生位错边界就转变成几何必需边界，这就不难理解相对图 5 中晶内 2°～15°几何必需边界长度有大幅增加，且更加密集。同时图 5（b）相对图 5（a）晶内散点和 2°～15°几何必需边界长度均增加说明，随着变形量的增加，伴生位错边界和几何必需边界两侧的取向差均增加。

4 总结

本文采用 EBSD 技术研究了 5A06 铝板冷轧到不同变形量后晶粒形状、尺寸、取向的变化，并结合透射电镜对晶粒内部亚结构的变化规律进行了研究，得到如下结论：

（1）5A06 铝合金经过 25% 冷变形后，晶粒长度/宽度平均值为 7.3，晶粒宽度为 1.4～21 μm，晶粒尺寸的面积分数分布图具有正态分布曲线特征，变形量增加到 55% 以后，晶粒长度/宽度平均值为 12.7，晶粒宽度为 1.1～20 μm，晶粒尺寸的面积分数分布图变为直三角形状，β 纤维轧制织构含量由 16.3% 增加到 24.5%，但两种状态 5A06 铝板晶粒平均尺寸均为 10～20 μm。

（2）5A06 铝合金经过 25% 冷变形后，晶内亚结构主要为位错缠结，位错墙内的位错较为松弛，多数位错墙与铝板轧向成 ±（20°～40°）角，仅有少量位错墙完整贯穿晶粒，平行的位错墙间距为 0.2～1.7 μm。变形量增加到 55% 以后，晶内亚结构则主要为位错胞，位错墙内位错较为稠密，多数位错墙与铝板轧向成 ±（30°～40°）角，并且完整地贯穿晶粒，平行的位错墙间距为 0.1～1.2 μm。随着变形量的增加，位错墙的间距减小，伴生位错边界和几何必需边界两侧的取向差均增加。

参考文献

[1] 张永晖，姚宗勇，黄光杰，等. 轧制变形铝合金微观组织与织构的 EBSD 研究 [J]. 电子显微学报，2009，28（1）：43.

[2] Delannay L, Mishin O V, Jensen D J et al. Quantitative analysis of grain subdivision in cold rolled aluminium [J]. Acta Mater, 2001, 49: 2441.

[3] 刘庆，姚宗勇，Godfrey，等. 中低应变量冷轧 AA1050 铝合金中晶粒取向与形变位错界面的演变 [J]. 金属学报，2009，45（6）：641.

[4] 邓运来，张新明，刘瑛，等. 高纯铝冷轧形变组织及晶界角度分布的取向特征 [J]. 稀有金属材料与工程，2006，35（2）：195.

[5] Hansen N. New discoveries in deformed metals [J]. Metall Mater Trans A, 2001, 32: 2917.

[6] Bay B, Hansen N, Kuhlmann – Wilsdorf D. Deformation structures in lightly rolled pure aluminium [J]. Mater Sci Eng A, 1989, 113: 385.

[7] Bay B, Hansen N, Hughes D A et al. Overview no. 96 evolution of f. c. c [J]. deformation structures in polyslip Acta Metall Mater, 1992, 40 (2): 205.

[8] Liu Q, Jensen D J, Hansen N. Effect of grain orientation on deformation structure in cold – rolled polycrystalline aluminium [J]. Acta Mater, 1998, 46: 5819.

[9] Liu Q, Hansen N. Geometrically necessary boundaries and incidental dislocation boundaries formed during cold deformation [J]. Scripta Metall Mater, 1995, 32 (8): 1289.

[10] Godfrey A, Hughes D A. Scaling of the spacing of deformation induced dislocation boundaries [J]. Acta Mater, 2000, 48: 1897.

[11] Hughes D A. microstructural evolution in a non – cell forming metal AL – Mg [J]. Acta Metall Mater, 1993, 41 (5): 1421.

两种钢厂 CR780DP 钢表面耐腐蚀性能对比分析研究

张 杰 缪 苗 张 勇

上海汽车集团股份有限公司乘用车公司，上海 201804

【摘 要】 本文模拟了汽车厂的涂装前处理工艺，对比分析了两种钢厂的 CR780DP 钢板在脱脂、水洗、磷化、水洗等过程中的表面耐腐蚀性能。结果显示，两种钢厂的 CR780DP 钢板的 Si、Mn 元素含量差异明显，低 Si 成分的 CR780DP 钢在汽车厂涂装前处理工艺过程中其表面耐腐蚀性能优于高 Si 成分的 CR780DP 钢。

【关键词】 CR780DP；表面耐腐蚀；涂装前处理工艺

1 引言

减轻汽车自身的重量是降低燃油消耗和降低排放的最有效的措施。世界汽车协会的报告指出，汽车重量每减少10%，可降低6% ~ 8%的油耗[1]。人们普遍认为，白车身占整车重量的25%左右，因此，降低车身重量可为汽车轻量化提供最大的潜力[2]。双相钢以屈服强度高、初始硬化率高以及良好的塑性等优异的力学综合性能而受到各大汽车制造商的青睐，现已广泛应用于现代汽车制造业中，采用双相钢不但可减轻车身重量、降低油耗，而且可以增大车身结构的抗凹陷能力，延长汽车使用寿命[3]。

由于冷轧板具有价格相对低廉的优点，许多主机厂大量采用 CR780DP 钢进行轻量化应用。随着汽车用钢对双相钢的需求量增大，目前国内多家企业具备了生产 CR780DP 钢的能力，但是不同钢厂的 CR780DP 钢生产工艺不同导致其化学成分存在差异，化学成分的差异则会影响钢板表面的耐腐蚀性能。

目前国内双相钢的合金成分设计多以 C、Mn、Si 为主要合金元素，而 Si、Mn 元素在钢板表面的富集程度会影响钢板的表面耐腐蚀性能。本文对两种钢厂的 CR780DP 钢进行化学成分对比，同时模拟汽车厂的前处理工艺对比两种 CR780DP 钢在脱脂、水洗、磷化过程中的表面耐腐蚀性能，为后续汽车厂应用 CR780DP 和钢厂研发提供相关参考经验。

2 试验对比分析

2.1 钢板化学成分对比

2.1.1 钢板基体化学成分对比

本试验选取两家钢厂的 CR780DP 钢，分别用 A 钢厂和 B 钢厂进行标示。

对 A 钢厂和 B 钢厂进行 CR780DP 钢板基体化学成分分析，如表 1 所示。从化学成分对比分析可以看出，A 钢厂和 B 钢厂的 Si 和 Mn 含量存在明显差异。A 钢厂的化学成分是低 Si 系的，B 钢厂的为高 Si 系。

表 1 化学成分分析结果（质量分数） %

化学元素	C	Si	Mn	P	S	Al	Cr	Ni
A 钢厂	0.101	0.176	2.227	0.009 1	<0.000 5	0.043	0.297	0.010
B 钢厂	0.142	0.459	1.891	0.009 5	0.003 7	0.049	0.263	0.028

Si、Mn 等易氧化性元素以氧化物或复合氧化物的形态析聚于钢板表面，因此钢板表层 Mn、Si 元素的富集会导致氧化物或复合氧化物的增多。析出的氧化物相与金属铁构成腐蚀微电池，提高钢板表面 Fe 原子的活性及其催化作用来加速钢板的腐蚀过程，这种加速作用在宏观上就表现为钢板易锈蚀[4]。

2.1.2 钢板原始表面化学元素分布对比

采用 LECO 辉光放电光谱仪（GDS）分析钢板原始表面化学元素随深度的分布。从图 1 可以看出 B 钢厂 CR780DP 钢的原始表面化学元素 Mn 和 Si 明显高于 A 钢厂。

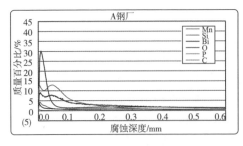 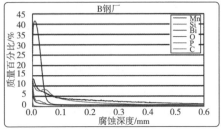

图 1 CR780DP 钢表面 GDS 分析（见彩插）

相关研究认为，钢板表面 Mn 元素富集程度与钢板表面耐腐蚀性能有明显的对应关系，随着钢板表面 Mn 元素富集程度的增大，钢板表面腐蚀电位也不断负移，钢板表面活性逐渐提高。当钢板表面出现 Mn 元素的富集后，会优先与氧反应形成不均匀分布的氧化物颗粒，这一方面阻碍了钢板表面氧化膜的均匀性和完整性，另一方面由于这些氧化物的电位相对于铁较正，它们与铁构成腐蚀微电池，可以提高钢板表面 Fe 原子的活性，同时以其催化作用加速钢板的腐蚀过程，这种加速作用在宏观上就表现为钢板易锈蚀[5]。

2.2 金相对比

A 钢厂的 CR780DP 钢金相组织为铁素体 + 马氏体［图 2（a）］，B 钢厂的 CR780DP 钢金相组织为铁素体 + 马氏体［图 2（b）］，两者无明显差别。

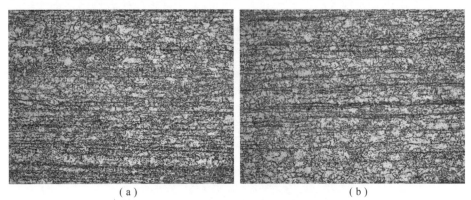

图 2　CR780DP 钢金相组织

2.3 涂装前处理模拟试验

2.3.1 脱脂后耐腐蚀性能对比

对 A、B 钢厂的 CR780DP 钢进行脱脂 3 min，采用纯水冲洗 30 s，然后将钢板挂在不同温度和湿度的环境下观察钢板表面出现锈蚀的时间。结果显示，A 钢厂的 CR780DP 在两种测试环境下耐腐蚀性能均优异于 B 钢。其中 40 ℃、80%RH 是参考某主机厂涂装车间的生产线温湿度环境。试验参数和结果如表 2 所示。

表 2　脱脂后耐腐蚀性能结果

测试环境	表面出现锈蚀时间/min	
	A 钢厂 CR780DP	B 钢厂 CR780DP
20℃、57%RH	9	4.5
40℃、80%RH	5	2.5
试验过程	脱脂 3 min→纯水冲洗 30 s	

目前汽车厂涂装工艺中脱脂后再到水洗槽是需要 1~3 min 的时间，在这个过程中暴露在高温高湿环境中的 CR780DP 钢零件表面就易产生表面锈蚀，因此暴露在高温高湿环境（40 ℃，80%RH）中 5 min 后出现锈蚀的 A 钢厂 CR780DP 钢更能适应汽车厂的涂装工艺生产要求。

2.3.2 磷化后耐腐蚀性能对比

磷化试验过程为：脱脂 3 min→纯水冲洗 30 s→表调 1 min→磷化 40 s。对于磷化后的钢板进行两种耐腐蚀性能对比试验，一种为磷化 + 无水洗，目的是模拟生产工艺过程中出现异常情况导致钢板清洗不完全时的耐腐蚀性能；另一种为磷化 + 水洗 30 s，模拟正常的生产工艺过程，然后将经过水洗和无水洗的磷化后的钢板挂在 40 ℃、80%RH 的温湿度环境下观察钢板表面的锈蚀情况。

结果显示，A、B 钢厂的 CR780DP 钢在磷化 + 水洗 30 s 的测试条件下无锈蚀（图 3）。在"磷化 + 无水洗"的测试条件下，A 钢厂的 CR780DP 钢黄褐色的锈蚀面积少于 B 钢厂，锈蚀情况优于 B 钢厂。A 钢厂的 CR780DP 钢在异常的生产工艺条件下具有更好的耐腐蚀性能。

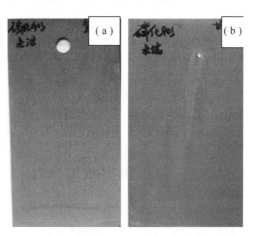

图 3　CR780DP 磷化后耐腐蚀性能试验（见彩插）

2.3.3 不同磷化时间的对比分析

对 A、B 钢厂的 CR780DP 钢磷化 20 s、40 s 和 60 s 的膜重进行对比分析，试验参数和结果如表 3 所示。

在磷化 20 s 时，A 钢厂和 B 钢厂的磷化膜重相近，随着磷化时间的增加，A 钢厂的磷化膜重增长速度优于 B 钢厂，A 钢厂从 20 s 到 40 s 时增加了 0.38 g/m^2，而 B 钢厂只增加了 0.22 g/m^2。A 钢厂从 20 s 到 60 s 时增加了 0.90 g/m^2，B 钢厂只增加了 0.65 g/m^2。膜重增长速度快则会在钢板表面快速形成致密的磷化膜，从而避免了钢板表面锈蚀提高耐腐蚀性能。

表3 不同磷化时间试验结果

磷化时间	磷化膜膜重/(g·m^{-2})	
	A 钢厂 CR780DP	B 钢厂 CR780DP
磷化 20 s	1.75	1.78
磷化 40 s	2.13	2.00
磷化 60 s	2.65	2.43
试验过程	脱脂 3 min→纯水冲洗 30 s→表调 1 min→磷化	

对比磷化 20 s、40 s 和 60 s 的磷化晶粒大小，发现磷化 20 s 和 40 s 的晶粒尺寸基本一致，为 2~8 μm，而磷化 60 s 的晶粒尺寸为 2~10 μm（图4），即磷化时间的延长对磷化晶粒的大小影响甚微。

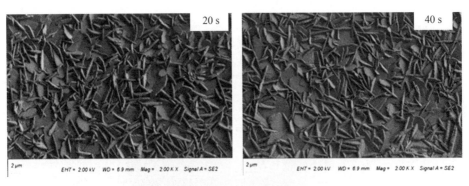

图4 CR780DP 不同磷化时间的晶粒尺寸

相关研究曾测定晶体平均尺寸和磷化处理时间的关系，发现磷化起始的 10~20 s，晶体长度已长足，而晶体厚度在磷化 30~100 s 时明显增加。晶体粗，磷化膜厚；反之晶体细，磷化膜薄，耐腐蚀性差[5]。

3 总结

（1）在相同的试验条件下，A 钢厂低 Si 成分的 CR780DP 表面耐腐蚀性能和磷化结晶性能优于 B 钢厂高 Si 成分的 CR780DP。

（2）GDS 试验结果表明，B 钢厂 CR780DP 钢原始表面 Si、Mn 元素的富集程度明显高于 A 钢厂 CR780DP 钢，而钢板表面 Si、Mn 元素的富集程度高会导致钢板表面耐腐蚀性能变差。

（3）建议汽车厂在采用 CR780DP 钢时优先选择低 Si 成分的 CR780DP 钢。对于钢厂则应研究降低 CR780DP 钢原始钢板表面 Si、Mn 元素富集，提高 CR780DP 钢的表面耐腐蚀性能。

参考文献

[1] 戈晓岚，许晓静. 汽车用材料的现状与展望 [J]. 汽车工程，2002，24 (4)：294-296.

[2] 朱文英. 汽车轻量化与高强度钢板的开发进展 [J]. 上海金属，2003，25 (4)：11-15.

[3] 孙耀祖，王旭，王运玲，等. 汽车用双相钢的研究进展 [J]. 中国材料进展，2015，34 (6)：475-481.

[4] 史良权. 宝钢 2030 冷轧裸板易锈蚀原因 [J]. 宝钢技术，2002，2：52-57.

[5] 祁庆琚. 两种类型冷轧钢板的耐蚀性比较 [J]. 腐蚀与防护，2012，33 (6)：518-521.

[6] 施湘芹，陆雄华，戈大钫，等. 钢表面磷化膜耐蚀性能的影响因素 [J]. 上海金属，2000，22 (3)：29-33.

17

渗硫技术在变速器垫片的应用研究

邵 亮[1] 杨 林[1] 赫建勇[1] 赵润东[1] 张昕辉[2]
张弋飞[2] 刘 华[2]

1. 中国第一汽车股份有限公司，吉林长春 110011
2. 上海领异表面材料公司，上海 200000

【摘 要】 变速器运行过程中，经常发生因垫片类零件早期磨损，而导致其他零件失效的事故。为了解决这类零件的早期磨损问题，通过低温真空渗硫处理技术，在垫片类零件表面形成多孔、松软的、由 FeS、FeS_2 组成的极薄的渗硫物层，不但可以明显降低摩擦系数，减少零件的磨损，而且可以有效提高零件抗咬合性，延长使用寿命。

【关键词】 渗硫技术；变速器；垫片

1 引言

变速器运行过程中，经常发生因垫片类零件早期磨损，导致其他零件失效的事件。为了解决这类零件的早期磨损问题，采用一种低温渗硫处理的先进技术，在不改变工件表面粗糙度、硬度、几何尺寸及金相结构的情况下，改善金属表面摩擦特性，增加工作表面润滑，降低摩擦系数，有效减少摩擦热的产生，显著改善初期磨合、烧结、剥落等现象，从而减少零件的磨损，提高抗咬合性，延长使用寿命。

2 渗硫技术机理

低温渗硫技术是在真空、低温下，由电解产生的硫离子在电场加速作用下轰击被处理工件表面，并与铁离子结合形成渗硫亚铁（即渗硫层）。渗硫亚铁是密排六方晶体，呈鳞片状，其晶体结构与石墨、二渗硫钼相似，为固体润滑剂，其显微硬度为 40～100 HV，具有很小的干摩擦系数。渗硫层与工件基体的结合是以网络渗透方式呈参差不齐的锯齿状结合，它不同于传统的涂镀层在高温及重载时会产生与基体剥落分离的现象，渗硫亚铁以渗透方式与基体结合，而且在高温下作用下硫离子还可向基体深处扩散，具有较好的结合力。

3 渗硫试验

选用垫片作为试验件，垫片材料采用20CrH。渗硫的主要工艺流程如下：放入工件→脱脂→清洗→烘干→渗硫→清洗→脱水→检查、防锈。渗硫前需完成渗碳淬火热处理及磨削加工。在渗硫之前，对垫片进行清洗，除油除锈，保证工件表面的清洁。当真空度抽到50 Pa左右时，启动高压电源，使反应室内混合气体电离，产生辉光放电。利用辉光放电的能量使真空室内温度上升。上升到一定温度时，硫蒸发器内的硫开始沸腾升华为硫蒸汽，并充盈在整个反应室内。硫蒸汽在直流高压电的作用下，产生辉光放电。由于工件接阴极，真空炉壁接阳极，所以硫离子在电场作用下，高速轰击工件表面，并与工件表面的元素发生物理化学作用，生产渗硫物层，即固体润滑剂[1]。渗硫温度采用180 ℃，保温2 h。

4 理化检验

垫片渗硫前、后热处理质量检测结果见表1，渗硫层的检测结果见表2。根据检测结果，渗硫技术对垫片的热处理质量没有影响。

表1 试样渗硫前后热处理质检报告

检验项目	实 测 值	垫片图纸要求
渗硫前表面硬度	80HR30N；80HR30N；79.5HR30N；	(75.5~80) HR30N
渗硫后表面硬度	79.5HR30N；79.5HR30N；79.5HR30N；	
渗硫前有效硬化层深	CHD = 0.28 mm	CHD550HV0.3 0.1~0.3
渗硫后有效硬化层深	CHD = 0.28 mm	
渗硫前表面组织	针状马氏体 + 残余奥氏体2级；碳化物1级	针状马氏体 + 残余奥氏体1-3级，碳化物1-4级
渗硫后表面组织	针状马氏体 + 残余奥氏体2级；碳化物1级	

表2 垫片渗硫层的检测结果

检验项目	检验结果
准化合物深度	大于12 μm
金相组织	渗硫物和氧化物颗粒1 μm以下，呈弥散分布
零件表面含硫量	0.9%

5 摩擦磨损试验

加工两组试样,即渗硫件和未渗硫件。采用万能立式摩擦磨损试验机 MMW-1A 对两组样件进行摩擦磨损试验。

5.1 摩擦系数

通过摩擦磨损试验,经过渗硫处理的样件的摩擦系数降低 29% ~ 30%,表明渗硫层确实起到了明显的减摩作用。摩擦系数曲线如图 1 和图 2 所示。

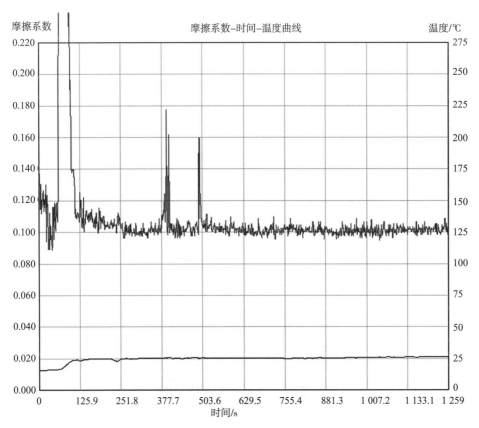

图 1 未渗硫件的摩擦系数曲线

(平均摩擦系数 0.100 ~ 0.105)

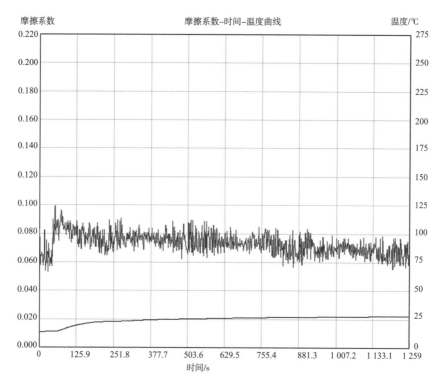

图 2　渗硫件的摩擦系数曲线

（平均摩擦系数 0.065 ~ 0.075）

5.2　磨痕与磨斑

采用目镜标尺测量，未渗硫件的磨斑面积为 4.522 mm^2，而渗硫件的钢球的磨斑面积为 0.833 mm^2。测试结果表明，渗硫件的耐磨性大大优于未渗硫件。磨痕及磨斑见图 3、图 4。

图 3　未渗硫件磨斑局部微观图（120 ×）

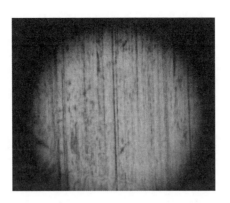

图 4　渗硫件磨斑局部微观图（120×）

6　分析讨论

渗硫技术处理温度低，使用温度在 200 ℃ 以下，可以避免垫片发生热变形或形变，且不改变垫片的组织、硬度、几何形状及粗糙度，这是该技术能够在重型变速器垫片类零件应用的一个前提条件。

垫片经真空低温渗硫处理后，其表面生成以 FeS 为主的渗硫物层。FeS 是密排六方晶格，具有鳞片状结构。该结构塑性好，在切应力作用下，软质的渗硫层易发生塑性流变，显示出良好的磨合性。而渗硫层能够软化垫片表面的微凸体，可起到削峰填谷的作用，使真实接触面积大大增加，降低接触比压，改善初期磨合条件，缩短磨损过程第一阶段，使摩擦副很快进入稳定磨损阶段。另外，渗硫物层质地疏松、多维孔，有利于油脂的储藏以及油膜的形成和保持，且在受压和摩擦生热的条件下，FeS 会沿着晶界向内扩散，使 FeS 层的润滑和防止黏着作用能够维持[1,2]。

摩擦磨损试验表明，渗硫垫片由于硫的自润滑作用，摩擦系数降低 29% ~ 30%，磨斑面积由 4.522 mm^2 降到 0.833 mm^2，这说明渗硫层确实起到了明显的减摩作用，渗硫垫片的耐磨性大大优于未渗硫垫片。

综上所述，通过低温真空渗硫处理技术，在不改变基体组织和基本性能的前提下，在重型变速器垫片类零件表面形成多孔、松软的、由 FeS、FeS_2 组成的极薄的渗硫物层，不但可以明显降低摩擦系数，减少零件的磨损，而且可以有效提高抗咬合性，有效避免早期磨损，延长使用寿命。

7　总结

根据研究结果，渗硫技术对于改善摩擦副或轻载负荷零件或提高使用效果（寿命）十分明显。作为一种成熟的热处理技术，渗硫技术可以作为复合热处理的最后工序用于重型变速器零件的性能改善，在保持零件原有尺寸、精度、粗糙度和硬度的情况下，降低摩擦系数，减少零件的磨损，提高零件抗咬合性，延长使用寿命。

参考文献

［1］赵军军，等. 低温渗硫技术在坦克零件中应用可能性探讨［R］. 中国兵工学会焊接专业委员会年会，1999.

［2］雍青松，等. 低温离子渗硫技术的发展历程和研究应用现状［J］. 材料导报，2016，（A）30（9）.

18

变速器中间轴常啮合齿轮断裂分析

刘 胜 汪秀秀 皇百红 高 勇

东风商用车有限公司东风商用车技术中心工艺研究所

【摘 要】 针对某重型变速器在可靠性台架试验过程中中间轴常啮合齿轮断齿问题，采用断口分析、电镜和能谱分析、金相组织、硬度、化学成分分析等方法，对常啮合齿轮进行失效分析。分析结果表明，常啮合齿轮断裂的失效形式为典型的疲劳断裂，疲劳源位于次表面的夹杂物聚集区。导致常啮合齿轮断齿的原因是齿轮的夹杂物聚集区首先发生疲劳开裂，轮齿受力不均产生偏载，进一步导致该齿和相邻齿发生疲劳断齿。

【关键词】 齿轮；疲劳；夹杂物；偏载

1 引言

变速器是整车动力的关键总成，其可靠性直接影响整车的可靠性和安全性。在变速器的设计定型过程中，必须对变速器总成进行可靠性试验，一方面为产品的设计、生产、使用提供有用的数据，另一方面按照规定的技术规范进行可靠性试验，以便发现设计、制造过程中潜在的质量问题，针对发现的问题不断予以改进，提高产品质量和可靠性。

2 失效分析

某型号变速器进行可靠性台架试验，未达规定台时变速器出现异响。拆机后发现中间轴常啮合齿轮两个轮齿断裂。中间轴常啮合齿轮宏观形貌如图1所示，断齿部分宏观形貌如图2所示。

图1 中间轴常啮合齿轮宏观形貌

常啮合齿轮有两个轮齿断裂，其中一个轮齿完全断裂，断齿上沿齿长 1/3 部分的断口呈斜向，近似于斜齿轮的啮合线方向，该部分断口细致，靠近齿面有一圆形疲劳扩展区，为早期疲劳源，断口特征显示为剪切疲劳断口，如图 2 中标示区域。断齿其余 2/3 的区域略显粗糙，具有多层扩展的特征，其断裂起始部分位于齿根，残留齿面可见挤压变形痕迹。此部分断口后期经多次疲劳扩展，且扩展区为独立扩展，具有弯曲疲劳断口特征。

图 2　断齿部分宏观形貌

另一个断齿断裂方向为斜向，与斜齿轮啮合线基本一致。齿根处断口早期扩展区较细致，后期快速扩展区粗糙，其性质为单向弯曲疲劳断裂。靠近齿根处剩余齿面有压溃变形痕迹。

常啮合齿轮其他轮齿表面啮合区未见偏载现象。

2.1　电镜分析

将断裂的轮齿用超声波清洗仪清洗，使用日立公司的 SU-70 型场发射电子扫描显微镜对断口进行微观分析。完全断齿的疲劳源区微观形貌如图 3（a）所示，可见明显的圆形扩展区；其圆心放大后如图 3（b）所示，圆心为一狭长分布的杂质区，长度约为 0.54 mm，杂质区的微观形貌显示为簇状聚集的颗粒状夹杂物，如图 3（c）所示。对颗粒状夹杂物进行能谱分析，能谱图显示颗粒状夹杂物主要成分为铝、氧元素，如图 4 所示。分析认为，该杂质为颗粒状氧化铝夹杂。粗糙部分断口靠近齿面部分微观形貌如图 5（a）、（b）所示，从表面起源，向心部呈扇形或弧形扩展，为多源性疲劳断口。齿面微观形貌如图 5（c）、（d）所示，齿面已压溃，且存在经过滑擦引起的表面金属流变痕迹。

另一个断齿的齿面可见压溃的裂纹和局部接触疲劳剥落坑，如图 6 所示，断口源区呈斜线，具有线源特征，断口扩展区细致，为弯曲疲劳断口。

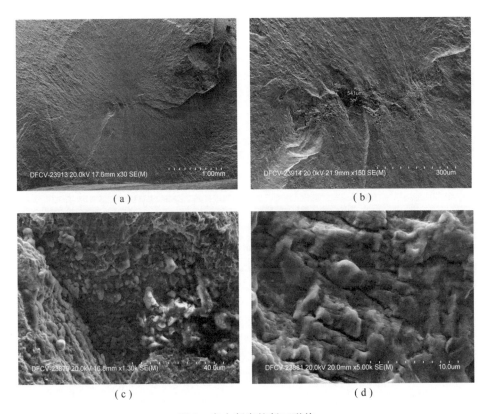

图3 完全断齿的断口形貌

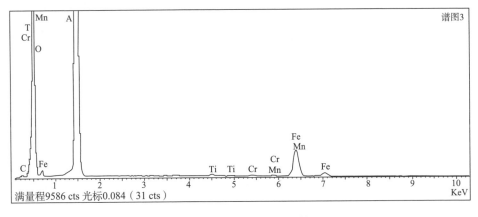

图4 完全断齿的夹杂物能谱图

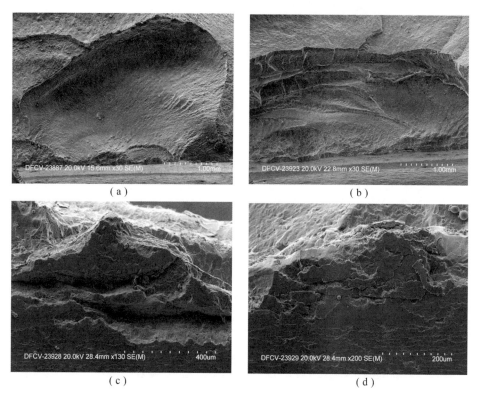

图 5　完全断齿的断口形貌

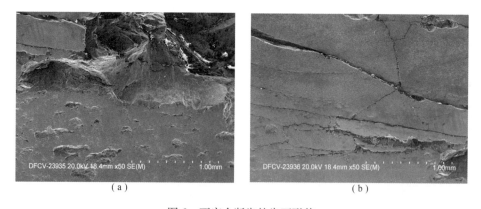

图 6　不完全断齿的齿面形貌

2.2　金相组织及硬化层深度检测

在失效齿轮磨损最轻微的部位用线切割垂直齿面切取试样,用镶嵌机进行镶嵌,分别用 120 目、320 目、600 目、800 目金相砂纸磨制试样,然后在抛光机上进行粗抛和精抛。使用上海恒一公司生产的 FM-700 显微硬度计进行表面硬度、芯部硬度和有效硬化层深的检测，使用一定浓度的硝酸酒精对试样进行腐蚀。检测结果如表 1 所示，结果符合齿轮的技术要求。

表 1　金相组织检测结果

检测项目	金相组织	表面硬度 HV1	芯部硬度 HV1	有效硬化层深 CHD550HV1/mm
常啮合齿轮	表面组织为马氏体 3 级残奥 1 级（图 7），心部组织为低碳马氏体（图 8）	760、756、745	376、372、380	1.1

图 7　失效齿轮表面金相组织

图 8　失效齿轮芯部金相组织

2.3　化学成分检测

对失效齿轮取样进行化学成分的检测，结果如表 2 所示。结果显示，齿轮元素的含量符合技术要求。

表 2　失效齿轮的化学成分结果（质量分数）　　　　%

元素名称	C	Si	Mn	S	P	Cr	Ti
检测结果	0.20	0.28	0.96	0.015	0.014	1.14	0.050
技术要求	0.17~0.23	≤0.30	0.80~1.25	0.015~0.035	≤0.030	1.00~1.45	0.020~0.070

3　分析讨论

经检验，常啮合齿轮的表面硬度、芯部硬度、金相组织、化学成分、有效硬化层深均符合技术要求。

常啮合齿轮典型的失效形式是疲劳断裂。疲劳源为齿根处的次表层夹杂物聚集区，夹杂物为簇状聚集的氧化铝夹杂，这是一种脆性夹杂物，与基体金属的弹性、塑性有较大差别。当基体金属承受交变应力时，夹杂物不能随基体金属产生变形，因而产生较高的应力集中，当剪切应力足够大时，在剪切应力的作用下，夹杂物与基体金属的界面产生分离，形成微裂纹，随后在交变应力的作用下，微裂纹进一步在夹杂物周围扩展。当裂纹发展到一定程度后，轮齿上约1/3的齿面无法承受载荷，载荷转而靠其余2/3的齿面承担，此时，剩余2/3的齿面由于啮合不正常导致局部载荷过大，齿根处表面产生接触疲劳剥落，沿齿根表面剥落区发生多源性疲劳开裂和疲劳扩展，并最终断裂。由于前面的轮齿疲劳断裂，导致其后的轮齿啮合及受力不均，也发生局部疲劳断齿现象。

分析认为，断裂轮齿次表层氧化铝夹杂来源于钢液的脱氧过程，极少量氧化铝颗粒未能及时浮出钢液，在钢液冷却时呈簇状聚集在钢材内部，在后期齿轮机加工过程中未能去除，从而导致常啮合齿轮发生疲劳断齿故障。

4　总结

中间轴常啮合齿轮首先在齿根次表层的夹杂物聚集处发生早期疲劳开裂，其后与一轴常啮合齿轮的接触关系发生变化，导致齿面啮合情况恶化，齿面发生严重的接触疲劳剥落，齿轮强度不足，轮齿沿齿根疲劳断裂。

参考文献

[1] 郭志德，邵尔玉，庞钧. 齿轮的失效分析 [M]. 北京：机械工业出版社，1992.

[2] 李凯，张国政，邵亮，等．某重型载货汽车变速器齿轮失效分析［J］．汽车工艺与材料，2015（7）：50-52．
[3] 李凯，吴鹏，邵亮，等．某乘用车手动变速器齿轮失效分析［J］．汽车工艺与材料，2017（12）：14-19．
[4] 邹德志，刘柯军．变速器疲劳试验损坏件失效分析［J］．汽车工艺与材料，2014（11）：49-55．
[5] 陈睿，李莹，胡春燕．太阳齿轮轮齿表面损伤分析［J］．失效分析与预防，2010（8）：172-175．

汽车发动机单缸和双缸缸体疲劳试验方法对比研究

陈学罡　吴　鹏　夏广明

中国第一汽车股份有限公司新能源开发院材料与轻量化所，
吉林长春　130011

【摘　要】本文介绍了现今汽车行业主流缸体疲劳试验的三种加载方式并阐述其特点；以两种缸体为例，通过CAE模拟分析和具体试验对其中的单缸和双缸加载方式进行了对比及结果验证，明确了单缸和双缸加载试验结果的一致性，为后续缸体疲劳试验加载方式的切换打下数据和理论基础，提升了缸体疲劳试验能力，为缸体的轻量化设计提供了数据支撑。

【关键词】缸体疲劳试验；发动机

1　引言

汽车的可靠性研究是指对发动机、车身、汽车电子系统和传动系统的可靠性进行研究，其中又以发动机的可靠性研究为核心。而缸体是发动机的核心部件，在发动机开发过程及生产中必须对其进行疲劳性能的验证，以便确定缸体设计、生产工艺和材料的合理性[1]。

现代汽车对轻量化的要求越来越高，而缸体作为汽车的大型零件，有着较大的轻量化空间。缸体的轻量化工作除了进行充分的理论模拟分析外，还需要可靠性试验进行验证和对模拟分析结果的校准，所以需要缸体疲劳试验的能力要达到将缸体进行有效破坏的程度，给出试验数据，支撑轻量化设计。

对于缸体疲劳试验，国内外不同的研究机构采用的试验方式不一致，现今国内外汽车行业的缸体疲劳试验主流有三种加载方式。这三种加载方式各有利弊，本文就这三种加载方式的特点进行简单介绍，针对双缸和单缸加载进行了理论和试验结果的对比，并给出结论。

2　缸体疲劳试验方法

对汽车行业的缸体疲劳试验而言，国内外主要有三种加载方式：全缸小活塞方式、双缸大活塞方式、单缸大活塞方式。

2.1 全缸小活塞方式

全缸小活塞方式,即对试验的缸体的所有缸按点火顺序进行半轴和小活塞的夹具式加载。以4缸机为例,对缸体的4个缸进行1－3－2－4的点火顺序加载,夹具采用模拟曲轴中间处断开的半轴和与活塞面积相同的模拟活塞(图1)。此种加载方式的特点是更接近真实工况,完全按照点火顺序对缸体进行考核,不但考核了主轴承壁的承载性能和缸体本体及缸盖螺栓的可靠性,而且考核了缸套的耐压性能,试验考核全面。但此种方式对试验设备要求较高,要求设备至少具备4~6个加载通道,具有较大的油源和流量,并必须具备较大的动态工作压力,所以设备价格昂贵。现代发动机缸径不变而爆发压力不断提升,对设备动态压力的要求越来越高,更高压力的设备制造已经进入瓶颈,此种方式已经越来越难以对大型缸体进行有效破坏,现主要用于试验需求压力较小的汽油机。

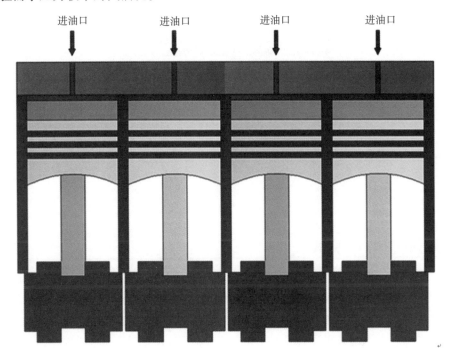

图1 全缸小活塞方式

2.2 双缸大活塞方式

针对缸体爆发压力的不断提升,一些研究机构开始采用双缸大活塞方式,全称为双缸半轴/通轴大活塞方式，即对试验的缸体选取相对危险并相邻的两个缸进行半轴和大活塞的夹具式加载，将加载空间上移，从而将受压的模拟活塞面积放大，以减轻对设备试验压力的需求（图2）。此种方式放弃了对缸套耐压性能的考核，重点考核的是相邻两缸的3个主轴承壁，尤其是中间主轴承壁的承载性能。

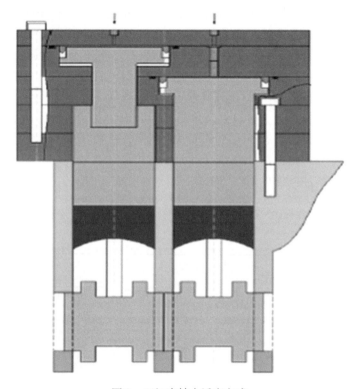

图2　双缸半轴大活塞方式

2.3　单缸大活塞方式

针对缸体爆发压力的不断提升，其他一些研究机构开始采用单缸大活塞方式，全称为单缸半轴/通轴大活塞方式，即对试验的缸体选取相对危险的一个缸进行半轴和大活塞的夹具式加载。此种方式与双缸加载的不同在于，能够使受压的模拟活塞的面积更大，进一步降低对设备试验压力的需求，但只考核一个缸的2个主轴承壁（图3）。

2.4　三种加载方式综述

从试验角度，全缸半轴小活塞方式最接近真实工况，试验时可按照发动机点火顺序（如4缸机一般按1-3-2-4，6缸机一般按1-5-3-6-2-4）

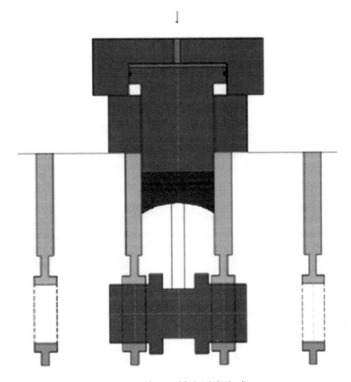

图 3　单缸通轴大活塞方式

依次进行加载，实际加载力 $F = P \times S$（P 为加载的液压压力，MPa；S 为活塞面积，mm^2）。近年来随着各机型缸体爆发压力的不断增大，在缸径（S）无明显增加的情况下，缸体疲劳试验对 F 的要求也越来越高，而缸体疲劳试验设备的能力 P 是有限度的，因此国内外技术人员都采用增大 S（即外置大活塞）的方式提高加载力 F 来满足试验需求。通常有两种大活塞方式：双缸半轴大活塞方式和单缸通轴大活塞方式。

双缸半轴大活塞方式为中间主轴承壁在 1 个加载循环中，共承受两侧施加的力各 1 次，而两侧的主轴承壁只受力 1 次。此种加载方式的试验实际上考核的只是中间的 1 个主轴承壁，此主轴承壁的受力情况与全缸半轴小活塞方式类似。单缸通轴大活塞方式则只对 1 个缸进行加载，两个主轴承壁在每个加载循环中只受力 1 次，明显不同于全缸半轴小活塞和双缸半轴大活塞的加载方式。

国内外很多厂家都采用双缸半轴大活塞方式。但随着更高爆发压力机型的不断开发，相邻两缸大活塞面积有限，双缸半轴大活塞方式已经越来越难以满足试验需求，单缸通轴大活塞方式的优势逐渐突出。因此，有必要对这两种试验方式进行了对比和验证，从而为缸体设计轻量化提供数据支持。

3 有限元计算分析

以某缸体为例,对双缸和单缸的四种方式进行分析:①双缸半轴加载;②双缸通轴加载;③单缸半轴加载;④单缸通轴加载(图4)。

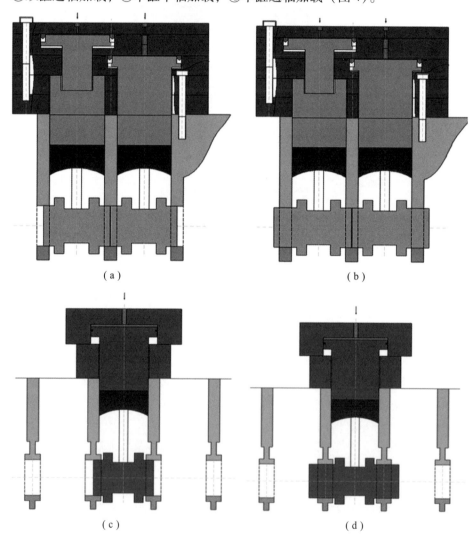

图4 四种加载方式
(a)双缸、半轴加载方式;(b)双缸、通轴加载方式;
(c)单缸、半轴加载方式;(d)单缸、通轴加载方式

针对四种加载方式,通过有限元计算完成以下评估内容:
(1)四种加载方式下气缸体和主轴承盖的应力分布。

(2) 对比图 4（a）与（b）、（c）与（d）、（a）与（c）、（a）与（d）四种情况的应力分布。

(3) 模拟液压油压强逐渐增加情况下的气缸体应力分布。

3.1 所用材料（表1）

表1 材料参数

零件名称	材料	弹性模量/MPa	泊松比	σ_s/MPa	σ_b/MPa
缸体	HT250	112 000	0.26	—	250
缸套	HT300	112 000	0.26	—	300
主轴承盖	QT450	169 000	0.26	—	450
缸盖螺栓	钢	207 000	0.3	—	—
主轴承盖螺栓	钢	207 000	0.3	—	—

3.2 计算工况（边界条件）（表2）

表2 计算工况

工况	说明
装配	缸盖螺栓预紧力+主轴承盖螺栓预紧力计算缸体应力分布
装配+爆发压力	装配+峰值机油压力计算缸体应力分布

3.3 计算结果

表3~表5为缸体应力分析结果，表6~表8为主轴承盖应力计算结果，表9为液压递增情况下主轴承盖底部圆角应力分布，表10为缸体高周疲劳分析结果，表11为主轴承盖高周疲劳分析结果，表12为螺栓最后一道螺纹高周疲劳分析结果。

表3 螺栓预紧工况缸体应力计算结果　　　MPa

加载方式	位置1：缸体裙部机油道圆角	位置2：缸体裙部机油道口	位置3：缸间通风孔圆角
双缸半轴	11	21	14
双缸通轴	11	21	14
单缸半轴	11	21	14
单缸通轴	11	21	14

表 4　螺栓预紧 + 爆发工况缸体应力计算结果　　　MPa

加载方式	位置 1：缸体裙部机油道圆角	位置 2：缸体裙部机油道口	位置 3：缸间通风孔圆角
双缸半轴	80	83	68
双缸通轴	73	75	63
单缸半轴	91	96	87
单缸通轴	95	104	84

表 5　爆发 + 螺栓预紧工况缸体应力计算结果　　　MPa

加载方式	位置 1：缸体裙部机油道圆角	位置 2：缸体裙部机油道口	位置 3：缸间通风孔圆角
双缸半轴	70	63	56
双缸通轴	64	55	50
单缸半轴	81	76	74
单缸通轴	86	84	71

表 6　螺栓预紧工况主轴承盖应力计算结果　　　MPa

加载方式	位置 1：螺栓孔壁圆角	位置 2：螺栓孔壁圆角	位置 3：中部过渡圆角	位置 4：螺栓座圆角	位置 5：底部圆角
双缸半轴	354	73	257	95	53
双缸通轴	354	73	257	95	53
单缸半轴	354	73	257	95	53
单缸通轴	354	73	257	95	53

表 7　螺栓预紧 + 爆发工况主轴承盖应力计算结果　　　MPa

加载方式	位置 1：螺栓孔壁圆角	位置 2：螺栓孔壁圆角	位置 3：中部过渡圆角	位置 4：螺栓座圆角	位置 5：底部圆角
双缸半轴	285	230	243	188	257
双缸通轴	308	156	243	160	191
单缸半轴	284	228	243	188	256
单缸通轴	280	192	245	183	236

表8 爆发+螺栓预紧工况主轴承盖应力计算结果　　　　　　　　　　　　MPa

加载方式	位置1：螺栓孔壁圆角	位置2：螺栓孔壁圆角	位置3：中部过渡圆角	位置4：螺栓座圆角	位置5：底部圆角
双缸半轴	70	229	28	94	203
双缸通轴	45	148	19	65	138
单缸半轴	70	227	28	94	202
单缸通轴	74	183	27	89	182

表9 单缸半轴加载液压递增情况下主轴承盖底部圆角应力变化

液压/MPa	3.2	6.4	9.6	12.8	16	19.2	22.4	25.6	28.8	32
应力/MPa	73	96	118	137	156	173	190	207	224	242

表10 缸体高周疲劳安全系数

加载方式	位置1：缸体裙部机油道圆角	位置2：缸体裙部机油道口	位置3：缸间通风孔圆角
双缸半轴	1.62	1.76	1.83
双缸通轴	1.78	1.98	2.04
单缸半轴	1.40	1.49	1.40
单缸通轴	1.33	1.35	1.46

表11 主轴承盖高周疲劳安全系数

加载方式	位置1：螺栓孔壁圆角	位置2：螺栓孔壁圆角	位置3：中部过渡圆角	位置4：螺栓座圆角	位置5：底部圆角
双缸半轴	3.42	1.45	4.47	2.10	1.22
双缸通轴	3.41	2.98	4.60	2.67	1.70
单缸半轴	3.42	1.47	4.47	2.11	1.22
单缸通轴	3.45	2.45	4.68	2.19	1.33

表12 主轴承盖螺栓孔最后一道螺纹高周疲劳安全系数

加载方式	位置1	位置2
双缸半轴	0.67	0.98
双缸通轴	0.83	1.11
单缸半轴	0.67	0.98
单缸通轴	0.7	0.92

3.4 结论

（1）双缸半轴与双缸通轴加载相比，缸体各关注位置应力大致提升 8%。主轴承盖位置 2 提高 47%，位置 4 提高 18%，位置 5 提高 35%。

（2）单缸半轴与单缸通轴相比，缸体位置 2 应力减小 8%，其他位置相当。主轴承盖位置 2 提高 19%，位置 5 提高 8%，其他位置相当。

（3）单缸半轴与双缸半轴加载相比，缸体位置 1、位置 2 应力提高 14%。位置 3 提高 28%。主轴承盖各位置应力相当。

（4）单缸通轴与双缸半轴加载相比，缸体位置 1 应力提高 19%，位置 2 提高 25%，位置 3 提高 24%。主轴承盖位置 2 应力降低 17%，位置 5 降低 8%。

主轴承盖底部圆角应力与液压基本呈线性变化规律，即液压每增加 1 MPa，应力相应增加 5.4 MPa。

从疲劳强度考虑，双缸缸体安全系数高于单缸缸体安全系数。通轴主轴承盖疲劳安全系数高于半轴主轴承盖疲劳安全系数。

4 疲劳试验及对比验证

4.1 疲劳试验

对缸体进行单缸和双缸的对比试验，共得到 17 个有效数据，结果如下：
单缸全轴试验：疲劳强度约 38.95 MPa，水孔区域断裂（图 5、图 7）；
双缸半轴试验：疲劳强度约 39 MPa，水孔区域断裂（图 6、图 8）。
两种试验方式得到疲劳强度相当，断裂位置一致。

图 5　某缸体单缸试验断裂（一）

图 6　某缸体双缸试验断裂（一）

图 7　某缸体单缸试验断裂（二）

图 8　某缸体双缸试验断裂（二）

4.2　对比验证

为验证以上试验结果，我们选取第二种缸体进行试验，共得到 7 个有效数据，结果如下：

单缸全轴试验：疲劳强度约 29 MPa，主轴承壁断裂（图 9）；

双缸半轴试验：疲劳强度约 28 MPa，主轴承壁断裂（图 10）；

两种试验方式得到疲劳强度相当，断裂位置一致，并且第二种缸体疲劳源位置为螺栓孔最后一道螺纹附近，与 CAE 分析结果完全吻合（图 11、图 12）。

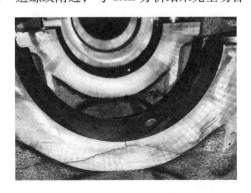

图 9　第二种缸体单缸试验断裂

图 10　第二种缸体双缸试验断裂

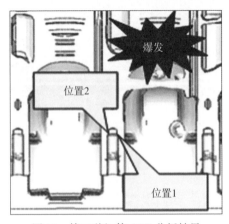

图 11　第二种缸体 CAE 分析结果

图 12　第二种缸体试验结果

4.3　结论

对于两种缸体，单缸试验和双缸试验验断裂位置、形式基本一致；

对于第二种缸体，CAE 分析结果在试验中得到验证；

对于此两种缸体得到的试验结果，单缸和双缸试验结果基本一致，CAE 分析结果得到了部分验证。

5　结论

随着汽车发动机缸体爆发压力的不断提升，对缸体疲劳试验考核能力的要求也越来越高，需要我们不断探索创新方法来满足试验要求。而缸体疲劳试验不仅考核了缸体的可靠性，同时也考核了相关零件的疲劳性能，在汽车零部件开发过程中的作用至关重要。另外，根据缸体损坏的方式和位置等可以判断受力薄弱部位，为缸体改进设计提供有力支撑。

随着汽车轻量化工作的不断深入，缸体等大型零件的减重和考核越来越受到关注，缸体疲劳试验能力的提升可以将缸体进行有效的破坏，为设计人员轻量化工作提供试验数据支撑，是实现汽车缸体轻量化的重要基础工作之一。

参考文献

[1] 陈学罡，等. 缸体疲劳试验机及试验方法的研究 [J]. 汽车工艺与材料，2017，(6)：23-26.

20 汽车钢淬透性检验稳定性分析

瞿晓刚

抚顺特殊钢股份有限公司中心试验室,辽宁抚顺 113000

【摘　要】 汽车用钢主要分为两类:一种是汽车车身用钢,另一种是汽车用合金结构钢。对于汽车用合金结构钢来说,其最重要的一个指标就是钢的淬透性。淬透性是汽车钢的十分重要的性质。钢的淬透性一般是指钢材奥氏体化以后能够承受淬火能力的大小,或者说钢的淬透性是表征钢材淬火时获得马氏体能力的特征,通常是指淬透层深度。本试验室按 GB/T 225—2006《钢淬透性的末端淬火试验方法》测定钢的淬透性。试验时采用直径为 25 mm,长度为 100 mm 的试样,将一圆柱形试样加热至奥氏体区某一固定温度,并按规定保温一定时间,在一定的条件下对其端面喷水淬火,冷却后试样送往机加工车间进行加工,将试样沿着试样轴线方向平行磨制出一组平面,在距淬火端面规定位置测量硬度,根据钢的硬度值变化确定其淬透性。本文介绍了通过保证取样位置的准确性、装炉方式及试样出炉到开始喷水的时间的控制三个方面来确保淬透性分析结果的稳定性。

【关键词】 淬透性;全自动端面淬火试验机;汽车钢;位置;装炉方式;时间

1　引言

汽车用钢主要分为两类:一种是汽车车身用钢,它构成了汽车的外壳和骨架;另一种是汽车用合金结构钢,它是构成汽车发动机、传动系统、悬架系统等的核心材料,主要包括轴类用调质钢和非调质钢、齿轮用钢、各种弹簧用钢以及各类高强度标准件用钢。对于汽车用合金结构钢来说其最重要的一个指标就是钢的淬透性。

钢的淬透性一般是指钢材奥氏体化以后能够承受淬火能力的大小,或者说钢的淬透性是表征钢材淬火时获得马氏体能力的特征,通常是指淬透层深度。

淬透性是提供钢的性能及设计机器零件的一项重要数据,它可指导设计人员正确地选用钢材,既经济又能满足性能要求,以及正确选择热处理工艺。

2 试验部分

2.1 主要设备

HH-600 全自动端面淬火试验机；
531MRS 型硬度计。

2.2 分析方法

目前测定钢的淬透性最常用的方法是末端淬火法，它简便而经济，又能较完整地提供钢的淬火硬化特性，广泛适用于优质碳素钢、合金结构钢、弹簧钢、轴承钢等的淬透性测量。试验时将试样按照规定的奥氏体化条件加热后迅速取出放入试验装置，因试样的末端被喷水冷却，故水冷端冷得最快，越往上越慢，头部的冷却速度相当于空冷，因此沿试样长度方向将获得各种冷却条件下的组织和性能数据，冷却完毕后沿试样纵向两侧各磨去 0.4 mm 并自水冷端 1.5 mm 处开始测定硬度，绘出硬度与水冷端距离关系的曲线，即端淬曲线。

本试验按照 GB/T 225—2006《钢 淬透性的末端淬火试验方法》测定钢的淬透性。试验时采用直径为 25 mm，长度为 100 mm 的试样，将一圆柱形试样加热至奥氏体区某一固定温度，并按规定保温一定时间，在一定的条件下对其端面喷水淬火，冷却后试样送往机加工车间进行加工，将试样沿着试样轴线方向平行磨制出一组平面，在距淬火端面规定位置测量硬度，根据钢的硬度值变化确定其淬透性。

3 试验结果与讨论

3.1 取样位置

试样的取样位置和方向，直接关系到淬透性试验的成败，因此首先必须解决取样位置准确的问题，特别是取样前不画线，取样位置不标准，可能造成试验失败。我单位针对这一问题，为了减少钢材成分偏析对检验结果的影响，试样打字头前，采用记号笔在钢材表面做标识，切取料断后，按照标识位置打字头，确保正确的检验方向。

3.2 装炉方式

GB/T 225—2006 中 7.1.2 要求应采取预防措施将试样的脱碳或渗碳减小

到最小，避免形成明显的氧化皮。针对碳粉失效问题，计划通过对比正火后，竖立试样装炉加热（图1）和平放试样装炉加热（图2）对脱碳程度的影响，来确定最佳摆放位置，以改善脱碳程度。

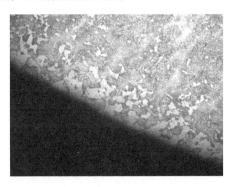

图 1　竖立装炉试样脱碳层

图 2　平放装炉试样脱碳层

取钢种 32Cr3MoVE 两支端淬试样，一支试样装入套筒后平放装炉，另一只试样装入套筒后竖立装炉，保温 30 min 后，将两支试样腐蚀观察脱碳层（表1）。

表 1　装炉方式对脱碳层的影响

次数	平放装炉脱碳/mm	竖放装炉脱碳/mm
1	0.50	0.40
2	0.55	0.45
3	0.56	0.35
4	0.50	0.43
5	0.55	0.50
6	0.50	0.43
7	0.40	0.35
8	0.50	0.45
9	0.56	0.38
10	0.56	0.35

通过观察，平放装炉的试样产生脱碳层比竖立装炉产生脱碳层严重，产生脱碳会加大试样两面数据差异的可能性。因此，针对此情况的改善措施为：在淬透性操作规程中规定加热试样必须竖立装炉；培训员工标准化操作，制定相关制度，最大限度地排除干扰检验数据的因素。因此规定竖立装炉。

3.3 试样出炉到开始喷水的时间的控制

GB/T 225—2006 中 7.2.1 中规定将试样从炉中取出至开始喷水之间的时间应不超过 5 s。这个时间的控制非常重要，如果时间过长，将会造成硬度偏低，直接影响检验结果的准确性。

我单位采用 HH-600 型全自动端面淬火试验机。此试验机对取样后的试样进行加热，并在达到炉内温度时自动计时，将试样表面奥氏体化后，机械手自动从加热炉取出试样放置到冷却装置上进行冷却并自动计时，使工件能够在规定的环境里按照规定的时间进行试验。因此我单位能够确保达到 GB/T 225—2006 中试样从炉中取出至开始喷水之间的时间不超过 5 s 的要求，保证结果的稳定性和准确性。

4 对标试验

由于淬透性试验过程影响因素较多，为了比较试验过程对检验结果的影响，我单位进行了多次对标，如天津十五站与抚钢中心试验室就 20CrMnTiH 材料进行比对试验，分别对淬火、磨样、硬度检验过程进行比对，样品分组情况见表 2。

表 2 20CrMnTiH 试验样品分组明细

编号	FFFF	TTTT	FFTT	FFTF	TTFF	TTFT
正火	抚钢	天津	抚钢	抚钢	天津	天津
淬火	抚钢	天津	抚钢	抚钢	天津	天津
磨样	抚钢	天津	天津	抚钢	抚钢	抚钢
检验	抚钢	天津	天津	抚钢	抚钢	天津

4.1 20CrMnMoH 两方各自完成全过程检验

双方检验硬度值在 1.1 HRC 之内，从双方硬度标块校对硬度计来看，抚钢偏差高 0.6 HRC，这与标块的偏差基本吻合；双方检验基本数据一致（表 3，图 3）。

表3 检验结果（一）

样品编号	距离/mm	1.5	3	5	7	9	11	13	15	20	25	30	35	40
FFFF	平均值	45.6	45.1	44.6	44.6	43.1	41.2	39.5	37.9	35.6	34.5	33.6	32.4	31.7
TTTT	平均值	45.3	45.0	44.4	44.0	42.1	40.6	38.9	37.4	35.0	34.0	32.9	32.4	31.9
差值		0.4	0.1	0.2	0.5	1.1	0.6	0.6	0.5	0.6	0.5	0.7	0.0	-0.2

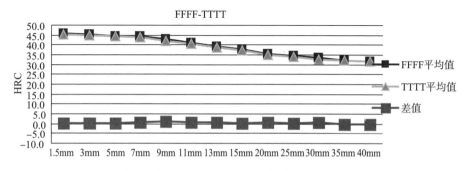

图3 检验结果比对折线图（一）（见彩插）

4.2 20CrMnMoH抚钢正火+淬火，天津十五站磨制后，再由双方进行检验

从图4、表4可以看出，由十五站制样，双方硬度计检测结果差异不大，最大双方偏差在0.7 HRC之内，十五站制样对检验结果没有影响。

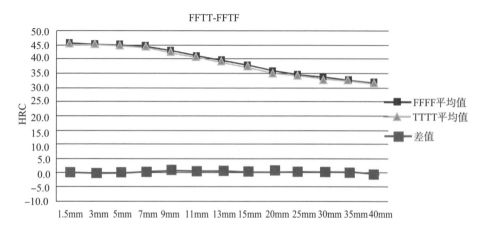

图4 检验结果比对折线图（二）（见彩插）

表 4　检验结果（二）

样品编号	距离/mm	1.5	3	5	7	9	11	13	15	20	25	30	35	40
FFTT	平均值	45.5	45.1	44.6	44.1	42.6	40.9	39.3	37.6	35.0	33.8	33.0	32.5	31.5
FFTF	平均值	45.9	45.6	45.3	44.4	42.8	40.7	38.8	37.5	35.1	33.9	32.8	32.1	32.0
差值		-0.4	-0.4	-0.7	-0.4	-0.1	0.3	0.5	0.1	-0.1	-0.1	0.2	0.4	-0.5

4.3　20CrMnMoH 天津十五站正火+淬火，抚钢磨制后，再由双方进行检验

从图 5、表 5 可以看出，由抚钢制样，双方硬度计检测结果个别点稍有波动，最大双方偏差在 1.3 HRC 之内，仍然符合标准要求。

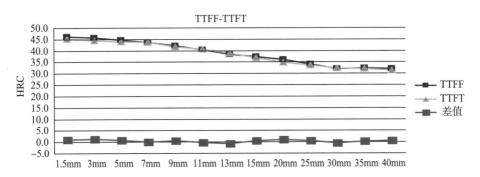

图 5　检验结果比对折线图（三）（见彩插）

表 5　检验结果（三）

样品编号	距离/mm	1.5	3	5	7	9	11	13	15	20	25	30	35	40
TTFF	平均值	46.3	45.7	44.8	43.8	42.2	40.5	38.4	37.5	36.0	34.0	32.0	32.3	32.1
TTFT	平均值	45.3	44.5	44.0	43.6	41.7	40.8	39.0	36.8	34.9	33.6	32.4	32.0	31.5
差值		1.0	1.3	0.8	0.1	0.6	-0.3	-0.6	0.7	1.2	0.5	-0.4	0.3	0.6

4.4 20CrMnMoH 抚钢正火 + 淬火,比对天津十五站与抚钢磨制后,再由抚钢进行检验

从图 6、表 6 可以看出,双方磨制,检验结果非常吻合,双方磨制没有差异。

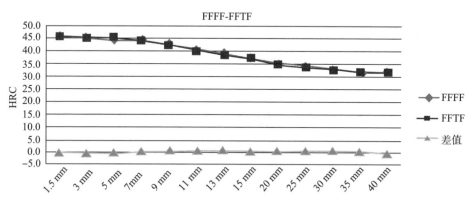

图 6 检验结果比对折线图(四)(见彩插)

表 6 检验结果(四)

样品编号	距离/mm 平均值	1.5	3	5	7	9	11	13	15	20	25	30	35	40
FFFF	平均值	45.6	45.1	44.6	44.6	43.1	41.2	39.5	37.9	35.6	34.5	33.6	32.4	31.7
FFTF	平均值	45.9	45.6	45.3	44.4	42.8	40.7	38.8	37.5	35.1	33.9	32.8	32.1	32.0
差值		-0.3	-0.4	-0.7	0.1	0.4	0.5	0.7	0.4	0.6	0.6	0.8	0.3	-0.3

4.5 20CrMnMoH 对天津十五站正火 + 淬火,比对天津十五站与抚钢磨制后,再由对天津十五站进行检验

从图 7、表 7 可以看出,双方磨制,检验结果非常吻合,进一步证实了双方磨制没有差异。

通过以上比对试验可以发现,双方检验对 20CrMnMoH 影响不大,双方检验没有差异。

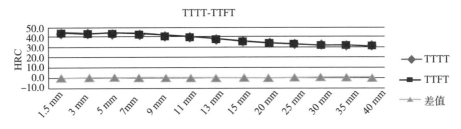

图 7　检验结果比对折线图（六）（见彩插）

表 7　检验结果（五）

样品编号	距离/mm	1.5	3	5	7	9	11	13	15	20	25	30	35	40
TTTT	平均值	45.3	45.0	44.4	44.0	42.1	40.6	38.9	37.4	35.0	34.0	32.9	32.4	31.9
TTFT	平均值	45.3	44.5	44.0	43.6	41.7	40.8	39.0	36.8	34.9	33.6	32.4	32.0	31.5
差值		0.0	0.5	0.4	0.4	0.4	−0.2	−0.1	0.6	0.1	0.5	0.5	0.4	0.4

5　总结

通过保证取样位置的准确性、装炉方式的确定及试样出炉到开始喷水的时间的控制三个方面来确保淬透性分析结果的稳定性，经对标比对，两试验室淬透性分析结果之间差异满足偏差要求，特别是全自动端面淬火试验机的淬火时间控制，提高了汽车钢淬透性检验稳定性。

参考文献

[1] GB/T 225—2006（ISO642：1999）钢　淬透性的末端淬火试验方法（Jominy 试验）
[2] HH-600 全自动端面淬火试验机使用说明书
[3] 项程云. 合金结构钢 [M]. 北京：冶金工业出版社，1999.
[4] 丁建生. 金属学与热处理 [M]. 北京：机械工业出版社，2004.

汽车排气系统用铁素体不锈钢的研究进展

尚成嘉[1] 张 伟[2] 王学林[1]

1. 北京科技大学钢铁共性技术协同创新中心，北京 100083
2. 中信金属有限公司，北京 100004

【摘 要】 汽车发动机燃料燃烧后产生大量的尾气，经排气系统逐渐在冷端凝集，形成富含大量腐蚀性阴离子的凝结液，会对排气系统材料产生均匀腐蚀和非均匀腐蚀（点蚀），使得排气系统冷端穿孔失效而失去消声、降低有害尾气排放的作用。而排气系统制造的关键在于选材，选材不当会导致成本高、性能过剩或者不足、服役寿命降低等问题。为了开发低成本的汽车排气系统用铁素体不锈钢，合金成分设计及其对耐蚀性能、高温力学性能的影响研究是十分必要的。此外，腐蚀评价体系的建立及商用不锈钢的综合对比评价也很重要。本文针对以上关键问题进行了系统的研究和分析，结果表明汽车排气系统失效的典型形式是点蚀。Cr当量是保障不锈钢具有良好耐蚀性能的前提，而Nb的添加可以在高温力学性能、抗凝结液腐蚀性能、抗晶间腐蚀等多方面进一步彰显其优势。此外，通过对商用不锈钢做全方位的性能评价，可以为排气系统各部位的选材提供可靠的数据支撑，实现高效选材、高性价比用材的目的。

【关键词】 汽车排气系统；铁素体不锈钢；腐蚀寿命；高温性能；Nb的作用

1 引言

近年来，随着汽车工业的高速发展，排气系统用钢受到了汽车厂家越来越多的重视。汽车排气系统各个部分工作环境不尽相同，对汽车排气管用钢所提出的要求侧重点也就不同。而腐蚀造成的排气系统失效会导致大量资源浪费和经济损失，这也是主机厂最为关心的问题之一。目前，铁素体不锈钢由于其优良的性能和较低的价格，正被广泛应用于汽车排气系统中。虽然对铁素体不锈钢的腐蚀性能相关研究较多，但国内汽车厂家对各种牌号不锈钢的性能并没有深入的了解，选材用材方面仍然没有详尽的依据。因此，对各种牌号不锈钢的性能进行全面研究是非常有必要的。通过数据对比分析，可以更直观地了解材料各方面的性能，也为高效低成本的选材方案提供依据，避免性能过剩或不足的情况发生。

太钢从 1999 年开始从事汽车排气系统用钢（409 单 Ti 系）的研发，2004 年中信金属有限公司与太钢、北京科技大学合作提出 Nb + Ti 双稳定不锈钢研发方向，并展开产—学—研发展战略。经过十多年的努力研究，已对 Nb 在铁素体不锈钢的作用机理有了较为深刻的了解，通过建立的腐蚀评价体系可以准确地预测排气系统用不锈钢（436、441、439M 和 409）的使用寿命，并针对不同级别汽车排气系统给出选材的合理匹配方案，实现最优性价比设计。这些前期工作也为铁素体不锈钢的继续拓展提供了试验数据和理论支撑，可以保障新产品研发的通顺性。近三年，经过北京科技大学尚成嘉团队为长安汽车排气系统所做的全面评价，长安汽车部分排气系统不锈钢应用由 Nb-Ti 双稳定的 439M 替代了 436，在节约材料成本的同时，延长了服役寿命。此外，排气系统材料的性能与冷凝液成分密不可分，需要设计高效环保低成本材料，与此同时保障排气系统焊缝性能，即要掌握选材依据。汽油燃烧不充分将导致排气 Cl^-、SO_4^{2-} 含量增加，腐蚀加剧。而试验表明，各个牌号的耐蚀性由高至低依次为 436 > 441 > 439 > 409Nb + Ti > 409Ti。此外，Nb + Ti 双稳定能较好地提高不锈钢耐蚀性能。试验结果也表明，Nb 能增加不锈钢高温性能，主要机理表现在 Nb 有利于夹杂物尺寸的控制，从而有利于耐蚀性能的提高，并通过析出强化提高力学性能[1,2]。

2018 年 1 月商用车国五排放标准的执行，以及 2020 年国六排标的实施，对商用车后处理器不锈钢选材提出了新需求。虽然在国四后处理器的发展过程中，北京科技大学与中信金属、太钢及国内各大汽车制造厂联合攻关，对 439M 和 441 等多种材料进行了广泛的评价研究，但是面对国六后处理器的新应用环境，还应开展一些必要的评价与选材。特别是国四标准实施以来，由于对尾气排放的限制，采用柴油发动机的重型商用车均需要配备选择催化系统（SCR）以达到尾气排放的标准。SCR 系统主要是通过尿素在高温下分解并与尾气中的氮氧化物进行反应以实现净化尾气的目的。在 SCR 系统工作过程中，尿素分解产物的腐蚀以及高温尾气导致的热疲劳效应对材料的影响不可忽视，且最新的用户索赔与反馈集中在尿素结晶引起的高温局部晶间腐蚀现象。因此，亟须开展耐尿素结晶高温晶间腐蚀的选材研究，提出关键部位的选材路线。此外，后处理器表面耐一般环境腐蚀性也始终没有与材质建立联系，除了合金成分，还缺少与冶金质量相关的研究数据。开发和推广适用于国六排标升级排气系统用不锈钢新材料是非常有意义且具有广泛的应用前景。

2 汽车排气系统

汽车排气系统位于车辆底部，连接发动机出气端与大气，主要作用是排放发动机产生的废气、净化废气、降低噪声。图 1 所示为汽车排气系统结构示意图。排气系统关系到整车的动力、排放、振动噪声、舒适度等性能。汽车排气系统从靠近发动机的方向开始，依次由排气歧管、前管、挠性管、催化转换器、中心管、主消音器和末端管 7 个零部件构成。根据车种的不同，有的安装了数个催化转换器，有的安装了副消音器。汽车排气系统不同部位的工作环境不同，所需要的材料也有不同的性能要求[3]。

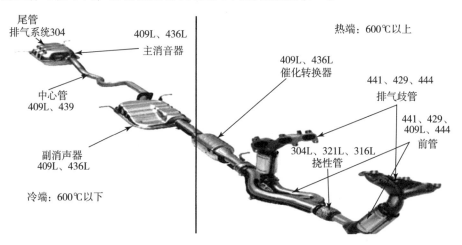

图 1　汽车排气系统结构示意图

汽车排气系统不同部位部件的工作环境和性能要求有很大差别。如高温端的排气歧管主要要求高温下的稳定性、抗高温氧化、冷热疲劳及良好的加工性能；而在中温段的中心管主要要求有耐高温盐腐蚀性能和良好的成型性、焊接性；排气系统尾部不但要求能够承受内部凝结液腐蚀、晶间腐蚀，外部还要具有耐盐雾腐蚀性能和良好的焊接性。汽车排气系统零部件的服役特性如表 1 所示，相应的轿车排气系统通常采用的不锈钢如表 2 所示，80% 以上为铁素体不锈钢。

表 1　汽车排气系统零部件的服役特性

部件	歧管	前管	软管	催化转换器壳体	催化转换器支撑件	中管	消声器	尾管
工况（温度/℃）	950~750	800~600		1 000~1 200		600~400	400	
材料服役特性	高温强度、高温疲劳、热疲劳、高温氧化	高温强度、高温疲劳、热疲劳、高温腐蚀		高温强度、高温腐蚀	高温氧化、热冲击	高温腐蚀	冷凝液腐蚀、晶间腐蚀、热疲劳	

表2 汽车排气系统部件用钢牌号[4]

主要部件	汽车排气系统								
	排气歧管	前管	挠性管	催化转换器	中心管	消声器	扩散器	垫圈	EGR管
钢种	SUS429L, 430J1L, 444	SUS410L, 409L, 430JL	SUS304, XM15JL	SUS410L	SUS410L, 409L, 430J1L	SUS410L, 409L, 430J1L, 436L, 436J1L	SUS430L, 430J1L	SUS301, 304	SUS410L, 304, 321

铁素体不锈钢大约占据了美国钢铁协会400系列不锈钢种类的一半。这些钢种Cr含量在10%~30%，并含有一些其他合金元素，特别是Mo。欧洲和日本开发了大量低Cr和中高Cr系列铁素体不锈钢并广泛应用于汽车排气系统，不锈钢用量已近100%。主要生产厂以JFE、NSC、NSSC、POSCO及Arcelor等为代表，国内主要厂商包括太钢和宝钢。其中，低Cr系列如409L等，中Cr系列则有SUS429、SUS432L、SUS439L、SUS436L、SUS441等。409系列的低Cr铁素体不锈钢因为兼具经济性和实用性的优点，使用量占整个汽车排气系统材料市场的50%~60%；中Cr铁素体不锈钢系列，特别是添加了合金元素Mo的436L等，耐蚀性得到进一步提高。但是由于436含有超过1%的Mo，价格较高，有的厂商在主消声器下端使用436材料而上端使用价格稍微低廉的439材料。

除了传统铁素体不锈钢外，近年来还开发出了成本较低性能优越的新型439M铁素体不锈钢以及经济型的Nb-Ti双稳定409铁素体不锈钢，以应对越来越苛刻的汽车排气系统环境，同时满足汽车企业降低成本的要求。

3 铁素体不锈钢的性能及服役寿命

3.1 Cr当量（Cr+3Mo）对铁素体不锈钢耐蚀性能的影响

铁素体不锈钢在大多情况下均能保持良好的耐腐蚀性能，但前提是必须保证钢中有足够的固溶Cr[5]。因此，研究了Cr当量与铁素体不锈钢的耐蚀性能关系。表3给出试验用钢的化学成分。图2是不同Cr当量的铁素体不锈钢在冷凝液中腐蚀240 h后，除去腐蚀产物后的宏观形态照片。可见，样品1和样品2的冷凝液腐蚀形态呈现圆形，腐蚀类型属于典型的点蚀。因此，在汽车消声器模拟冷凝液中铁素体不锈钢腐蚀是典型的点蚀，符合实际消声器失效原因。由图2也可见，随Cr当量的增加，铁素体不锈钢表面蚀孔的数量逐渐减少。当 Cr 当量小于14%时，样品表面存在明显的点蚀坑；当 Cr 当量大于19%时，数量多且深的点蚀坑逐渐过渡成大面积、数量和深度显著减少的腐蚀形貌。随着 Cr 当量提高，样品表面的腐蚀坑数量和尺寸逐渐减少。

表3　实验用铁素体不锈钢的化学成分（质量分数）　　　　%

钢号	化学成分									Cr 当量（Cr+3Mo）
	C	Si	Mn	P	S	Mo	Nb	Cr	Fe	
1	0.01	0.41	0.20	0.023	0.001	—	—	11	Bal.	11
2	0.02	1.25	1.00	0.040	0.030	—	0.7	14	Bal.	14
3	0.03	1.00	1.00	0.040	0.030	—	0.7	19	Bal.	19
4	0.01	0.37	0.11	0.016	0.001	1.1	—	17	Bal.	20

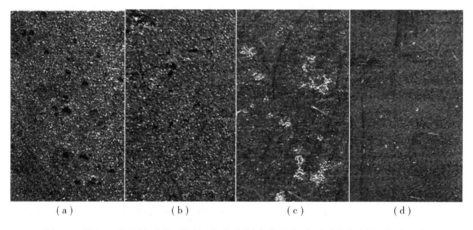

图2　不同 Cr 当量铁素体不锈钢完成冷凝液腐蚀实验后除去锈层的腐蚀形态
(a) Cr+3Mo=11；(b) Cr+3Mo=14；(c) Cr+3Mo=19；(d) Cr+3Mo=20

图3 (a) 是铁素体不锈钢冷凝液的平均腐蚀速率与 Cr 当量的关系。随着 Cr 当量的提高，铁素体不锈钢的平均腐蚀速率呈线性下降，Cr 当量从11%增加到20%时，铁素体不锈钢的平均腐蚀速度由 0.18 mm/年下降到 0.01 mm/年。这表明，Cr 当量明显提高了铁素体不锈钢在冷凝液介质中的平均腐蚀速率，这是由于 Cr 元素含量的增加提高了不锈钢钝化膜的稳定性和致密性。研究发现，在 Cl^- 模拟溶液中由于试样表面产生了致密的 Cr_2O_3，从而提高了含15% Cr 的铁素体不锈钢在汽车排气系统冷凝液中的耐蚀性能。Mo 提高不锈钢在还原性介质中的耐蚀性，主要是由于钼酸盐是阳极抑制剂。此外，Mo 和 Cr 存在复合作用，可以提高不锈钢的钝化和再钝化能力（钝化膜的修复能力），提高钝化膜的稳定性，因此使不锈钢具有更好的耐蚀能力。

图 3（b）是 Cr 当量对铁素体不锈钢在冷凝液中平均点蚀深度、最大点蚀深度和蚀坑数量的影响。随 Cr 当量的增加，铁素体不锈钢的蚀孔数量、平均点蚀深度及最大深度均明显下降。

图 3（c）是根据图 3（b）的结果计算得到的铁素体不锈钢的最大点蚀速率和平均点蚀速率与 Cr 当量的关系。Cr 当量从 11% 增加到 20% 时，铁素体不锈钢平均点蚀速率由 4.02 mm/年下降到 0.37 mm/年，最大点蚀速率由 5.11 mm/年下降到 0.37 mm/年。

图 3（d）给出了铁素体不锈钢冷凝液腐蚀的点蚀因子与 Cr 当量的关系。随着 Cr 当量的增加，冷凝液中铁素体不锈钢的点蚀因子下降，Cr 当量在 11% ~ 18% 变化时，点蚀因子下降缓慢；当 Cr 当量大于 18% 时，点蚀因子迅速下降，耐蚀性增强。

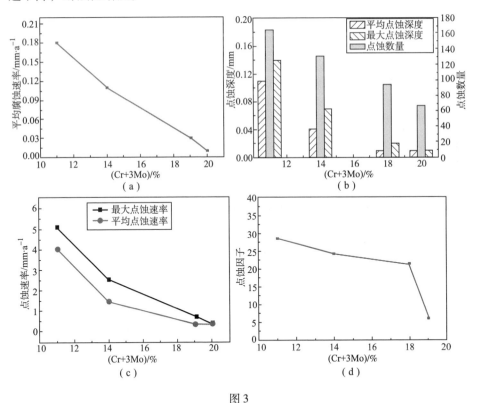

图 3
(a) 铁素体不锈钢冷凝液中平均腐蚀速率与 Cr 当量的关系；(b) Cr 当量对铁素体不锈钢在冷凝液中平均点蚀深度、最大点蚀深度和蚀坑数量的影响；(c) Cr 当量对铁素体不锈钢冷凝液腐蚀最大点蚀速率和平均点蚀速率的影响；(d) 铁素体不锈钢在冷凝液中点蚀因子与 Cr 当量的关系

上述结果均表明，随着 Cr 当量的增加，铁素体不锈钢的耐冷凝液点蚀的性能提高，从而可以有效抑制其在冷凝液环境中局部腐蚀的发生，延长消声

器及尾管等汽车排气系统中低温端材料的腐蚀失效。

3.2 Nb 对 409 系铁素体不锈钢的影响

铁素体不锈钢在使用中遇到的最大问题是 $Cr_{23}C_6$ 在晶界上的析出,导致晶界比较薄弱,使材料的腐蚀性能降低。大量研究表明[6~8],通过添加 Ti、Nb 等稳定化元素,可以固定铁素体不锈钢中的 C 和 N,增加其耐晶间腐蚀性能。为了开发新型的既经济又具有优良耐冷凝液腐蚀性能的新型铁素体不锈钢,本节重点研究了 Nb 对 409 系铁素体不锈钢的耐蚀性能、高温力学性能的影响,并阐述 Nb 对夹杂物的影响及对腐蚀性能的影响机理。表 4 为用于研究的三种不同 Nb 含量 409 不锈钢的化学成分。

表 4 实验钢化学成分（质量分数）　　　　　　　　%

钢种	C	Si	Mn	P	S	Cr	Ti	Nb	N
409Ti	0.011	0.38	0.19	0.013	0.002	11.17	0.21	—	0.01
409Ti-0.15% Nb	0.005	0.33	0.23	0.012	0.001	11.15	0.11	0.15	0.01
409Ti-0.30% Nb	0.01	0.32	0.21	0.015	0.001	11.24	0.21	0.30	0.01

3.2.1 高温力学性能

对 409 系不锈钢的高温强度进行评价,样品经 500 ℃、600 ℃、700 ℃ 和 800 ℃ 高温拉伸试验,温度的设定与材料的实际工作环境相关。实验结果（图 4）表明,409Nb-Ti 在 500 ℃、600 ℃、700 ℃、800 ℃ 的抗拉强度与 409Ti 相比,增幅不显著,各个温度段的抗拉强度基本相当。但 409Nb-Ti 双稳定不锈钢在 500 ℃、600 ℃、700 ℃、800 ℃ 的屈服强度显著高于 409Ti,并且

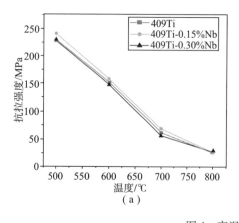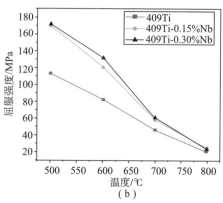

图 4 高温力学性能
(a) 抗拉强度；(b) 屈服强度

差值在中温段较大,在高温段差值逐渐降低。与此同时,随着测试温度的升高,屈服强度和抗拉强度均呈现降低趋势。

上述结果表明,Nb 对提高 409 不锈钢的屈服强度有着明显的作用。而在汽车行驶过程中,排气系统会受到疲劳损伤,因此,针对不同 Nb 含量的 409 不锈钢进行了 600 ℃ 的高温疲劳试验,结果如图 5 $S-N$ 曲线所示。结果表明,409Ti-0.30%Nb 不锈钢抗疲劳性能最好。Nb-Ti 双稳定的 409 不锈钢疲劳极限要比 409Ti 不锈钢高 15% 左右。可以看到,双稳定不锈钢的疲劳强度要比单稳定 409 不锈钢疲劳强度高 20~40 MPa。

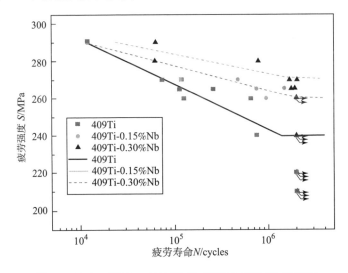

图 5　409Ti、409Ti-0.15%Nb 和 409Ti-0.30%Nb 不锈钢
在 600 ℃ 下的 $S-N$ 曲线

3.2.2　耐蚀性能和服役寿命预测

为了研究 Nb 含量对 409 系不锈钢的耐蚀性能,采用 Mazda 循环腐蚀试验的方法,并经 Gumbel 分布统计方式计算出不同周期循环试验后样品的最大点蚀深度,如图 6（a）~（c）所示。可以看出,409Ti 的点蚀坑最深（5 周期 0.588 mm）,而加入 Nb 的 409Ti-0.15%Nb（5 周期 0.488 mm）和 409Ti-0.30%Nb（5 周期 0.453 mm）不锈钢则点蚀坑较浅,这说明 Nb 的加入改善了不锈钢的抗点蚀性能。实际中,排气系统使用的不锈钢的厚度为 1.2 mm 或 1 mm,假设其锈坑为 1 mm 时,排气系统发生失效,拟合出三种不锈钢失效时对应的使用寿命,如图 6（d）所示。结果表明,409Ti、409Ti-0.15%Nb 和 409Ti-0.30%Nb 的寿命分别为 1 233 h、1 722 h 和 1 874 h,寿命随着 Nb 含量的增加而显著增加,409Ti-0.15%Nb 或 409Ti-0.30%Nb 的寿命比 409Ti 的寿命长约 40%。这表明 409Ti-Nb 不锈钢在冷凝物耐蚀性方面明显优于

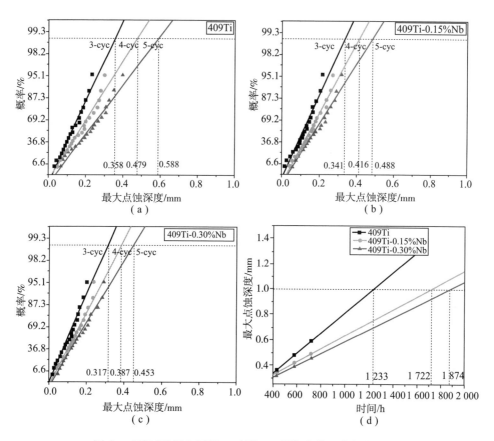

图 6 三种试验钢 3 周期、4 周期、5 周期条件下获得的最大
点蚀深度（a）~（c）及服役寿命预测（d）

409Ti 不锈钢，试验结果也证实了 Nb 的添加对铁素体不锈钢使用寿命的益处。

3.2.3 Nb 的作用机理

研究表明，夹杂物是点蚀发生的优先位置，点蚀通常在金属基体和夹杂物的界面处萌发，并且随着夹杂物的溶解导致点蚀坑形成并扩展。因此，夹杂物的尺寸与材料的腐蚀性能有很大的关系。前人[9]通过扫描开尔文探针对不锈钢表面钝化膜的电子功函数进行了测量，发现较大的夹杂物会破坏钝化膜的稳定性，同时钝化膜的修复能力差，受到腐蚀的影响更加严重。因此，本研究利用扫描电镜对上述三种不锈钢样品中的夹杂物进行了观测，如图 7 所示。409Ti 样品中的夹杂物主要为规则的矩形和三角形的 TiN 夹杂，而 Nb-Ti 双稳定 409 不锈钢中观察到的夹杂主要为不规则形状的（Nb，Ti）（C，N）复合夹杂。通过 EDS 对夹杂成分进行测定，发现复合夹杂主要是以富 Ti 的（Nb，Ti）（C，N）为核，外层包裹着富 Nb 的（Nb，Ti）C。

进一步在 50 倍视场下对夹杂物尺寸分布进行了统计，如图 8 和图 9 所示。

21 汽车排气系统用铁素体不锈钢的研究进展 | 167

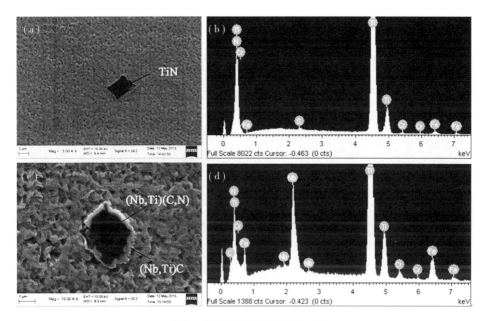

图 7 夹杂物观测和 EDS 分析

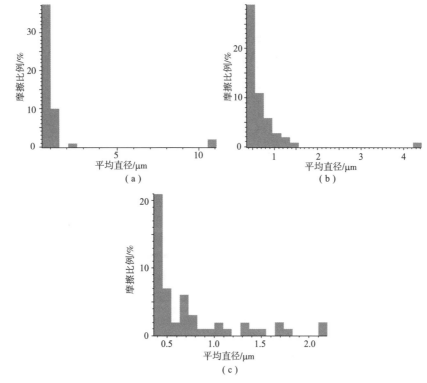

图 8 夹杂物统计尺寸分布

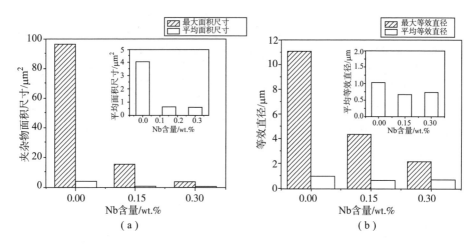

图 9　夹杂物最大尺寸和平均尺寸对比

在 409Ti 不锈钢中统计了 50 个夹杂物，其平均面积为 4.09 μm^2。在 409Ti-0.15%Nb 和 409Ti-0.30%Nb 不锈钢中分别统计了 53 个夹杂物，平均面积分别为 0.61 μm^2 和 0.62 μm^2。三种不锈钢的最大夹杂物尺寸随着 Nb 含量增加而减小，Nb-Ti 双稳定不锈钢的平均夹杂物尺寸只有 409Ti 的 15%，但 409Ti-0.30%Nb 的平均夹杂物尺寸要比 409Ti-0.15%Nb 稍大一些。很明显，Nb 的加入导致了析出相的细化，但是平均尺寸和 Nb 含量并不是反比关系，当 Nb 含量增加到一定程度，其对夹杂物的细化作用会降低，这个结果与循环腐蚀试验 409Ti-0.15%Nb 和 409Ti-0.30%Nb 不锈钢腐蚀性能相差不大的结果相一致。

通过高温拉伸试验可知，在 600 ℃ 随着 Nb 含量的增加，409 不锈钢的 0.2% 屈服强度有明显提高。将 Nb-Ti 双稳定 409 不锈钢在 600 ℃ 进行时效 2 h，图 10 为时效处理后 409Ti-0.15%Nb 和 409Ti-0.3%Nb 不锈钢 TEM 下析出相的形貌。时效处理后，可以观察到大量 20~50 nm 尺寸的析出相。图 10（a）为 409Ti-0.15%Nb 中观测到的一个较大的椭圆形的析出相，尺寸为 50 nm，通过 EDX 分析可以观察到明显的 Nb、Ti 和 C 的衍射峰，因此析出相主要为 (Nb, Ti)C。图 10（c）为 409Ti-0.30%Nb 中观察到的析出相带，由于其 Nb 含量更高，因此得到的析出相更多，其中有很多椭圆形和不规则形状的析出相，尺寸在 20~50 nm，EDX 表征显示成分主要为 NbC。在高温拉伸试验中，加热、保温以及拉伸过程均有利于 Nb 的析出。由以上分析可以推论，Nb-Ti 双稳定不锈钢 0.2% 屈服强度和高温疲劳性能的提高主要归因于 Nb 的析出强化，而 700 ℃ 和 800 ℃ 下 Nb 的强化效果下降可归因于析出相的粗化[10-12]。

21 汽车排气系统用铁素体不锈钢的研究进展

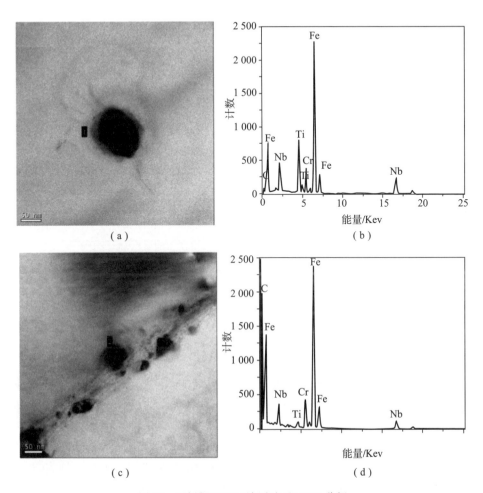

图 10 不锈钢 TEM 下析出相和 EDX 分析
（a）409Ti-0.15%Nb 的析出相；（b）409Ti-0.15%Nb 的 EDX 分析；
（c）409Ti-0.30%Nb 的析出相；（d）409Ti-0.30%Nb 的 EDX 分析

3.3 典型铁素体不锈钢耐蚀性能对比

目前，国内汽车企业主要采用牌号为 436、439、441 和 409 等几种铁素体不锈钢作为汽车排气系统主要使用材料。为了达到降低成本、提高用材效率的目的，明确典型铁素体不锈钢的耐蚀性能及服役寿命可以为汽车排气系统的选材用材提供有力依据。

3.3.1 抗晶间腐蚀能力

首先采用双环电化学再活化（DL-EPR）测量方法，对 409Ti、409Nb-Ti、436、439 和 441 5 种材质试样进行晶间腐蚀敏感性评估，每种试验钢测试了两组试验样品，并以再活化率 Ra 作为晶间腐蚀的参数。Ra 数值越高，晶间腐蚀的敏感性也越高。试验结果如表5所示。5种材料的再活化率由大到小依次为：409Ti＞409Nb-Ti＞439＞441＞436。因此，5种材料晶间腐蚀敏感性由高到低依次为：409Ti＞409Nb-Ti＞439＞441＞436。其中436对晶间腐蚀的敏感性最低，抗晶间腐蚀能力明显要强于其他几种材料。439不锈钢和441不锈钢抗晶间腐蚀能力次之，但二者 Ra 相差不大，而439不锈钢性价比更高。409不锈钢的耐晶间腐蚀能力最差，但Nb-Ti双稳定的409不锈钢 Ra 明显小于单Ti稳定的409不锈钢，Nb对409不锈钢的耐晶间腐蚀能力有明显提高作用。

表5　5种不锈钢双环 EPR 测试结果

钢种		409Ti		409Nb-Ti		436		439		441	
		1	2	1	2	1	2	1	2	1	2
Ra /%	单值	86.6	84.8	58.7	48.5	0.65	0.43	27.6	31.3	24.0	26.0
	均值	85.7		53.6		0.54		29.5		25.0	

3.3.2　抗点蚀能力

采用极化曲线测试方法（GB/T 17899.9—1999），测定5种试验钢的点蚀电位，如表6所示。通过比较可知，436不锈钢的抗点蚀能力最强，其次是441和439铁素体不锈钢。与抗晶间腐蚀再活化率不同的是，点蚀电位439不锈钢要明显比441不锈钢差，而441不锈钢的点蚀电位则接近436不锈钢。409Nb-Ti和409Ti的抗点蚀能力较差，但同样Nb-Ti双稳定409不锈钢的耐点蚀能力更强。由于409系不锈钢的Cr含量最低，而且其价格也最低，经济效益最好。

表6　平均点蚀电位对比

钢种	409Ti	409Nb-Ti	436	439	441
平均点蚀电位/V	−0.031 6	−0.015 2	0.167	0.014 7	0.147

3.3.3　服役寿命预测

根据实际测得试验车型排气系统中冷凝液成分，本节采用了JFE方法进行循环腐蚀试验，并利用统计学Gumbel分布来分析整个消声器可能发生的最大腐蚀深度，以此来预测材料的使用寿命。经Gumbel分布统计方式计算出的最大点蚀深度如表7所示。可以发现，不锈钢436耐蚀性能最好，其次为441、439、409Nb-Ti和409Ti。

表7 最大点蚀坑深度计算结果

钢种	409Ti			409Nb-Ti			436			439			441		
周期	5	10	20	5	10	20	5	10	20	5	10	20	5	10	20
点蚀坑深度/mm	0.233	0.246	0.258	0.199	0.223	0.248	0.127	0.141	0.169	0.156	0.171	0.199	0.145	0.162	0.176

由于本次试验样品的厚度为1.5 mm，实验室凝结液腐蚀试验中样品在溶液中是完全浸入模式，故两面均产生腐蚀，所以当腐蚀深度等于0.75 mm时，样品将腐蚀穿孔失效。故实际服役寿命预测结果如图11所示，计算得到样品中409Ti不锈钢腐蚀穿孔所需要的时间为1 484 h，409Nb-Ti不锈钢需要1 531 h，439不锈钢需要1 954 h，441不锈钢需要2 234 h，436不锈钢需要2 310 h。由此看来，436和441不锈钢的使用寿命明显要长于其他几种不锈钢，其次为439不锈钢，409Nb-Ti和409Ti的服役寿命较短，但409Nb-Ti要优于409Ti，其结果与3.2.2节采用Mazda方法预测一致。此外，该试验结果与极化曲线测得的点蚀电位结果一致。

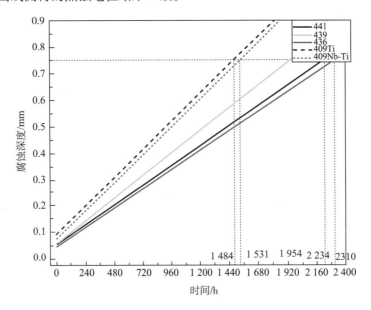

图11 循环腐蚀试验寿命预测

3.3.4 选材依据及验证

通过实验室腐蚀试验结果对比可知，在实验室环境下436、441和439不锈钢耐腐蚀能力较强。409不锈钢性能较差，但作为一种经济型不锈钢其价格最低，而且 409Nb-Ti 不锈钢抗腐蚀性能要明显优于 409Ti 不锈钢。虽然 439 不锈钢性能略逊于 436 和 441 不锈钢，但由于其价格较低，所以性价比较高。而且近年来通过添加 Nb 开发出了优化后的 439M 不锈钢，并通过研究发现 439M 较 439 不锈钢抗腐蚀性能有所提升（图 12）。对于国产低端车型，制造厂由于不明确材料的综合性能及缺乏可靠的选材数据，致使排气系统大量采用 436、441 不锈钢等高端材料以及部分 409 不锈钢材料，结果是成本高、性能过剩。与此同时，409 不锈钢材料的选取又导致高温端强度不足，低温端腐蚀穿孔等问题。基于降低成本、提高选材效率以及高性价比的目的，针对实际排气系统进行替代选材很重要。利用 439M 和 409Nb-Ti 不锈钢分别替代原方案中 436 和 409Ti 不锈钢。在旧方案中，排气系统消声器进气管和排气管材料为 409L（单 Ti），消声器筒体和缓冲管材料为 436，而新方案的进气管和排气管材料设计为 409Nb-Ti（Nb + Ti 双稳定），消声器筒体和缓冲管材料为 439M。针对新方案完成的轿车在海南试验场进行了为期 4 个月，共 42 500 km 的路试试验，验证了方案的可行性。

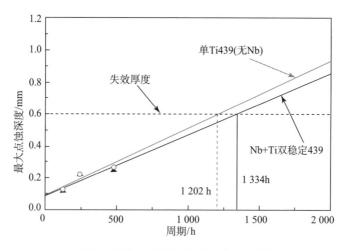

图 12　439M 与 439 不锈钢腐蚀能力对比

3.4　商用车 SCR 系统腐蚀行为

由于采用柴油发动机的重型商用车均需要配备选择催化系统（SCR）以减小尾气排放的污染，而在 SCR 系统中，尿素高温下分解会形成氨气以及不完全分解生成氰酸等副产物，影响 SCR 系统材料的服役寿命。为此，有必要对 SCR 系统的常用不锈钢进行耐蚀能力鉴定，为合理选材用材提供可靠数据支撑。选用 SCR 常用的几种不锈钢材料（T436L，T439M，T441 铁素体不锈钢和 T304 奥氏体不锈钢）进行耐蚀性评价。在低温循环腐蚀试验中，采用成分与实际排气系统中冷凝液成分相近的模拟冷凝液,并采用 JFE 方法测试了低温下冷凝液对材料的腐蚀,结果发现低温下尿素冷凝液对不锈钢材料几乎没有什么影响,产生的点蚀很少,腐蚀作用很小。而高温模拟试验则腐蚀效果明显,发现大量氧化以及晶间腐蚀现象,如图 13 所示。

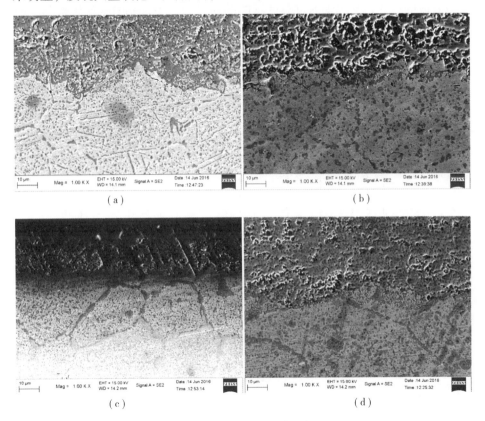

图 13　SEM 下样品晶间腐蚀情况
(a) T304;(b) T439M;(c) T436L;(d) T441

在高温试验过程中,由于氧化层的剥落,样品会随着腐蚀变得越来越薄。因此,试验前后分别测量样品的厚度以计算得到腐蚀过程中样品氧化层剥落的厚度。此外,通过显微镜下横截面的腐蚀形貌可以分别测得尿素喷洒中心区域氧化层的厚度以及内部腐蚀区域的深度,并利用腐蚀深度的对比来评价不同不锈钢的耐腐蚀能力,腐蚀深度统计结果如图 14 所示。可以看出,铁素体不锈钢表现整体上要优于 T304 奥氏体不锈钢,其中 T436L 和 T441 表现出最强的耐腐蚀能力。另外,在整个腐蚀过程中氧化层的剥落几乎占据了 80% 总腐蚀深度。因此,高温氧化作用在 SCR 系统腐蚀中占据主导地位,在高温循环加热环境下,样品受到严重氧化,在表面生成氧化层,而随着氧化层剥落失去保护作用，尿素分解产物会进一步腐蚀不锈钢基体，导致腐蚀的加剧。而本试验中严重的氧化现象与材料的热疲劳有很大的关系，热疲劳进一步促进了氧化层的剥落从而导致腐蚀更加严重。以上分析表明，T304 奥氏体不锈钢很可能在使用过程中发生失效行为。另外，尿素分解形成的富氨环境导致渗氮效应的形成，其表现为过渡区域的晶间腐蚀行为，晶间腐蚀导致晶界的贫铬容易使材料开裂，但 4 种不锈钢内部腐蚀深度的差异不是很大。总的来说，适用于 SCR 系统的材料应该表现出较高的高温性能和较好的抵抗氮化的能力。

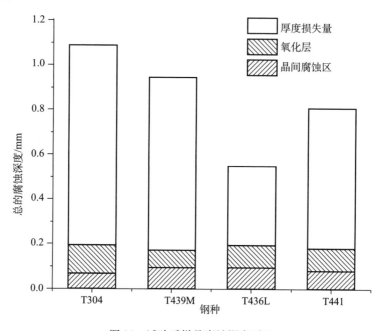

图 14　试验后样品腐蚀深度对比

4　总结

排气系统是汽车装备的关键部位之一，关系到整车的动力、排放、振动噪声、舒适度等功能。而在排气系统制造过程，针对不同部位的选材尤为关键，其决定着汽车制造的整体成本以及排气系统的服役寿命。综合以上关于排气系统用不锈钢的研究可得出以下几个重要结论：

（1）汽车排气系统的冷凝液腐蚀包含点蚀和全面腐蚀两种形式，导致汽车消声器材料失效的最主要原因是点蚀。

（2）铁素体不锈钢在大多情况下均能保持良好的耐腐蚀性能，但前提是必须保证钢中有足够的固溶 Cr，即保障 Cr 当量。

（3）Nb 可以提高 409 不锈钢的抗凝结液腐蚀性能和高温力学性能，延长 409 不锈钢的服役寿命。Nb 的添加有助于形成（Nb，Ti）（C，N）复合夹杂物，并且细化夹杂物尺寸，降低点蚀速率。此外，在高温下，Nb 可以析出而形成纳米析出相，以此来提高不锈钢的高温力学性能。

（4）对几种常用铁素体不锈钢的腐蚀能力进行评价发现，无论是点蚀电位还是晶耐间腐蚀能力，436 不锈钢性能最好，其次是 441 和 439 铁素体不锈钢，409Nb-Ti 和 409Ti 性能最差。但作为经济型铁素体不锈钢，409 系不锈钢性价比较高，且 Nb-Ti 双稳定的 409 不锈钢性能优于 409Ti 不锈钢。

（5）利用电化学测试以及冷凝液循环腐蚀等科学试验方法，可以测定不锈钢的耐蚀性能并预测其服役寿命。综合目标车型、成本及使用环境等问题，可以对排气系统选材进行合理设计，实现提高选材效率、降低选材成本、延长服役寿命等目标。

参考文献

[1] Chen E H, Wang X L, Shang C J. A low cost ferrtic stainless steel microalloyed by higher Nb for automotive exhaust system [J]. HSLA Steels 2015, Microalloying 2015 & Offshore Engineering Steels 2015. 2016, 613-619.

[2] Li M X, Zhang W, Wang X L, et al. Effect of Nb on the Performance of 409 Stainless Steel for Automotive Exhaust Systems [J]. Steel Research International, 2018, published online.

[3] Sato E, Tanoue T. Present and Future Trends of Materials for Automotive exhaust system [J]. Nippon Steel Technical Report, 1995, 64: 13-19.

[4] Fujita N. New Ferritic Stainless Steels in Automotive Exhaust system for Clean Environment. Nippon Steel Technical Report, 2000, 81: 29-33.

[5] 陈超. 合金化和纳米化对钝化材料耐腐蚀性能的影响 [D]. 北京：北京科技大学, 2009.

[6] Nockert J, Norell M. Corrosion at the urea injection in SCR-system during component test [J]. Materials and Corrosion, 2013, 64 (1): 34-42.

[7] 孟繁茂, 付俊岩. 现代含铌不锈钢 [M]. 北京：冶金工业出版社, 2004.

[8] Keown S R. Niobium in Ferritic Stainless Steels [J]. CBMM Niobium Technical Report, 1986.

[9] Chen C, Lu X H, Zheng Y, et al. Influence of Precipitate Behavior on Condensate Corrosion Resistance for Type 439 Ferritic Stainless Steels [J]. Journal of Iron and Steel Research. 2011, 23 (11): 47-53.

[10] Vuillemin B, Philippe X, Oltra R, et al. SVET, AFM and AES study of pitting corrosion initiated on MnS inclusions by microinjection [J]. Corrosion Science, 2003, 45 (6): 1143 – 1159.

[11] Ahn J C, Sim G M, Lee K S. Effect of aging treatment on high temperature strength of Nb added ferritic stainless steels [J]. Materials Science Forum, 2005, 475 (1): 191 – 194.

[12] Miyazaki A, Takao K, Furukimi O. Effects of Nb on the proof strength of ferritic stainless steels at elevated temperature [J]. ISIJ International, 2002, 42 (8): 916 – 920.

22

汽车金属材料表面涂镀层六价铬含量快速定量方法

姜伟男[1]　孙　硕[2]　薛雅芳[1]　赵　君[1]

1. 爱驰汽车有限公司，上海　200000
2. 中国一汽，吉林长春　130000

【摘　要】 六价铬广泛存在于汽车金属材料表面涂镀层及皮革之中，六价铬测试是汽车材料禁用物质测试必不可少的一项指标。传统定量测试方法周期较长同时会产生较多废液，定性分析方法无法进行含量的估测。本文所述方法改进了传统方法的弊端，无废液排放，试验周期较短，是一种环保便捷的六价铬测试方法。

【关键词】 涂镀层；六价铬；测试；试纸

1　引言

铬元素在地壳中的含量为 0.01%，在元素周期表中属ⅥB族，原子序数24，原子量51.996 1，常见化合价为 +2、+3 和 +6，是硬度最大的金属。其中，六价铬属于铬元素的常见氧化态之一，具有很强的化学活性，很容易通过呼吸、接触等途径被人体吸收。同时，六价铬具有较强的毒性，长期接触会对人体健康造成极大影响，短期接触也会带来潜在的致癌风险。

在现代汽车生产中，金属材料的防腐性能是整车性能指标的重要项目。因为六价铬钝化会在金属表面形成一层致密有效的保护层，延缓或阻止金属的腐蚀，所以六价铬作为很好的钝化剂广泛存在于金属材料表面处理工艺之中。使用这种工艺加工的金属材料，其表面往往会残留大量的六价铬成分，这也使产品本身产生了环境的不友好性。在车用皮革制造业中，铬元素对鞣制皮革起着很重要的作用，可以使皮革柔软富有弹性，因此是必不可少的一种鞣剂。起到鞣制作用的主要是三价铬，而六价铬没有鞣制作用。含铬鞣剂中六价铬的产生主要与鞣剂的生产工艺技术、原材料成本等因素有关，目前的皮革产品经常会有六价铬的残留。

在自然界，六价铬会以溶液的形式存在于自然水体之中，来源主要为以上所述的金属表面处理企业、皮革制造业等工业废水的排放或电站冷凝水的排放。六价铬废水容易对生态圈中动植物、水体、土壤等造成严重污染，且造成的污染难以恢复。六价铬污染是一种十分严重的生态灾难。

因此，在环保、金属材料表面处理、汽车回收利用等领域，六价铬的检测及控制都是十分重要的。目前，欧盟 ROHS 指令、ELV 指令中都规定六价铬含量不能超过 0.1%，目前出口的电子电器产品及汽车产品都要按照限值执行；中国的汽车标准 GB/T 30512—2014《汽车禁用物质要求》中也规定六价铬含量不能超过 0.1%，汽车零部件的选择与使用均应按照这一标准执行。

目前六价铬的检测方法主要采用两种：层析法及比色法。层析法利用不同的离子在不同物质中的选择性分配，用流动相洗脱固定相中的混合物，混合物中不同离子会以不同的速度移动，最终达到使六价铬分离的效果，对分离后的六价铬进行定量测试。比色法是利用六价铬与特殊物质反应产生的颜色变化，通过颜色变化的程度对六价铬进行间接定量。相对来说，层析法对仪器的要求较高，检测成本较高，检测周期较长，对检测液的纯度要求较高；而比色法的设备投入较少，检测成本较低，周期较短。目前，行业上常规定性/定量检测多使用比色法，精密测试定量多使用层析法。

在进行金属材料表面六价铬的检测过程中，主要采用比色法。而目前采用的比色法主要采用两种方式：第一种是点测试，通过金属表面的显色反应判断是否存在六价铬，这种方法的优点是操作便捷，缺点是无法准确定量；另一种方法是比色法定量，将金属样品通过沸水煮转变其中的六价铬为溶液状态，通过显色液的作用使溶液中的六价铬络合显出颜色，进而通过建立的标准曲线利用比色仪进行比色法定量分析，这种方法的优点是定量准确，缺点是操作复杂、试验周期较长。另外，还有一部分检测方法采用电化学原理进行测试，这一类方法的优点是结果较为直观，缺点是操作复杂并且检测成本较高。

综上所述，有必要对六价铬的检测用品以及方法进行优化，特别是对金属材料表面六价铬的测试方法进行开发。本文通过试纸法对汽车金属材料表面涂镀层中六价铬进行快速半定量的技术研究，具有一定的可行性，同时操作便捷、直观，也可以应用于溶液中六价铬的半定量分析，是对行业常规检测方法的一种优化。

2 试纸及腐蚀液制备方法

2.1 试纸的制备方法

2.1.1 溶液的配制

将无水乙醇与丙酮按 5 mL∶5 mL（体积比）进行混合，向其中加入邻苯碳酰二肼 0.1 g，搅拌，使邻苯碳酰二肼充分溶解，溶液中没有固体残留，在氮气氛围存放待用。

2.1.2 试纸条的制作

用吸水性较好的滤纸，裁成 10 mm×30 mm 的小条，待用。

2.1.3 试纸的制备

将试纸条浸入上述配制的溶液中，充分浸润后取出，放置于蒸发皿中，将蒸发皿放入拥有氮气气流保护的烘箱中，在 40 ℃下烘干 1 h，取出，置于避光、真空、低温（0 ℃以下）的环境下存放待用。

2.2 腐蚀液的配制方法

腐蚀液由正磷酸（质量分数为85%）、浓硫酸与去离子水组成，各成分的体积比例为：正磷酸∶浓硫酸∶去离子水 = 20∶5∶75。密封，低温 [(0~5)℃]、避光存放待用。

2.3 标准比色卡的制作及赋值

（1）溶液定量标准比色卡的制作

配制六价铬溶液 8 组，六价铬含量依次为：0.0 mg/L、0.1 mg/L、0.5 mg/L、1.0 mg/L、5.0 mg/L、10 mg/L、50 mg/L、100 mg/L。将 2.1 节所述试纸分别浸入上述溶液中，取出，置于蒸发皿中，30 s 后以白纸板作为背景，在色板中找出颜色相近的色系，进行赋值，该值即为六价铬溶液的定量值，如图 1 所示。试纸的颜色以前端 5 mm 以内的颜色为准。

六价铬比色卡	
溶液定量值/（mg·L^{-1}）	金属表面定量值/（mg·m^{-2}）
0~0.1	0~0.25
0.1~0.5	0.25~1.25
0.5~1.0	1.25~2.5
1.0~5.0	2.5~12.5
5.0~10	12.5~25
10~50	25~125
50~100	125~250
>100	>250

图 1　比色卡示例（见彩插）

（2）在表面中六价铬含量已知的一系列样品表面滴加一滴 2.2 节所述腐蚀液，1 min 后用 2.1 节所述试纸吸取腐蚀液，30 s 后记录试纸颜色变化，在标准色板上进行度数赋值，该值即为金属表面镀层中六价铬含量的定量值。

3 测试过程

3.1 溶液的测试

取 200 mL 待测液,向其中加入 5 mL 腐蚀液。将 2.1 节所述试纸浸入加入腐蚀液的待测溶液中,取出,置于蒸发皿中,30 s 后以白纸板作为背景,试纸的颜色以前端 5 mm 以内的颜色为准,在比色卡上查找相近的颜色,该颜色对应的含量范围即为该溶液中的六价铬含量。试纸的颜色以前端 5 mm 以内的颜色为准。试纸显色状态如图 2 所示。

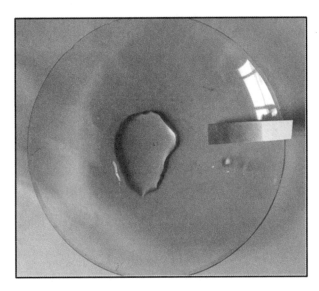

图 2　试纸显色状态(见彩插)

3.2 金属镀层的测试

在金属镀层样品表面滴加一滴 2.2 节所述腐蚀液,1 min 后用 2.1 节所述试纸吸取腐蚀液,30 s 后记录试纸颜色变化,试纸的颜色以前端 5 mm 以内的颜色为准,在六价铬比色卡上进行颜色比较,颜色相近点对应的数值即为该金属表面镀层中六价铬含量。试纸的颜色以前端 5 mm 以内的颜色为准。试纸显色状态如图 2 所示。按照镀层厚度 45 μm,镀层密度为 7.2 g/cm^3 进行结果的换算。

3.3 传统测试方法（参照组）

溶液测试按照 QC/T 942《汽车材料中六价铬的检测方法》第 6 节所述聚合物材料和电子材料中六价铬含量测定中的溶液定量方法进行，镀层测试按照 QC/T 942《汽车材料中六价铬的检测方法》第 5 节金属镀层中六价铬含量测定中的沸水萃取法进行。相关数据进行换算，最终数据单位与比色卡所用单位保持一致（换算时，镀层厚度按 45 μm，镀层密度按 7.2 g/cm^3）。

3.4 结果统计

上述测试结果对比见表 1、表 2。测试过程的标准曲线数据见表 3，实验效果见图 2。传统方法所用校准曲线信息如图 3 所示。

表 1　本方法与传统方法测试结果对比（镀层）（一）

样品编号	溶液测试结果/(mg·L^{-1})	试纸测试结果/(mg·L^{-1})
溶液 1	189.2	>100
溶液 2	8.7	5.0~10
溶液 3	未检出	0~0.1
溶液 4	49.3	10~50
溶液 5	98.9	>100

表 2　本方法与传统方法测试结果对比（镀层）（二）

样品编号	镀层测试结果/(mg·m^{-2})	试纸测试结果/(mg·m^{-2})
样品 1	222.588	>250
样品 2	1 804.68	>250
样品 3	174.96	125~250
样品 4	16.848	10~50
样品 5	239.76	125~250

表 3　传统方法校准曲线信息

序号	含量/(mg·L^{-1})	吸光度
1	0	0
2	50	0.03
3	100	0.06
4	200	0.128
5	300	0.192
6	400	0.255

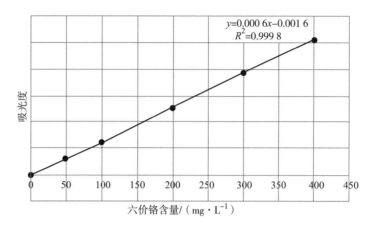

图3 传统方法所用校准曲线信息

4 试验结果分析

从表1及表2的试验数据可以看出，试纸法测试的试验结果与传统测试方法的试验结果基本一致（图4）。

溶液5及样品1的测试结果略有偏差，可能原因有三点：①样品实际镀层密度与计算使用值不一致；②样品实际镀层厚度与计算使用值不一致；③主观颜色判断略有偏差。

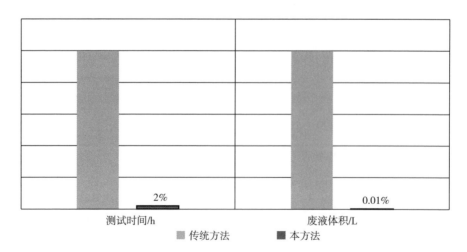

图4 本方法与传统方法进行镀层测试条件对比（见彩插）

5 总结

试纸法测试的试验结果与传统测试方法的试验结果基本一致,但操作过程更为简便。传统方法完成整个试验需要 4~8 h,本方法试验完成时间在 5 min 以内,同时节省了大量试验耗材,降低了废弃物排放(传统方法每次试验至少产生 1 L 废液,本方法只消耗 1 滴液体)。本文所述方法是一种环保高效的测试方法,值得推广。

参考文献

[1] GB/T 13912—2002 金属覆盖层 钢铁制件热浸镀锌层技术要求及试验方法 [S]. 北京:中国标准出版社,2002.

23 汽车金属材料的回收再利用研究

胡 曼 柳立志

国家汽车质量监督检验中心，湖北襄阳　441004

【摘　要】 本文对目前我国报废汽车金属材料的回收利用情况进行阐述，分析了我国汽车金属材料回收利用技术的主要措施，提出了对汽车金属材料回收利用未来趋势的一些建议和思考。

【关键词】 金属材料；回收再利用

1　引言

近年来，随着汽车工业的飞速发展，我国汽车保有量呈现逐年递增的态势，安全、节能、清洁、环保的用车理念也越来越深入人心。为了实现汽车工业向绿色、节能、环保的方向良性且长久发展，不仅需要在汽车新材料开发、汽车新技术拓展上下功夫，对汽车报废材料的回收及利用更需受到关注和重视。汽车用材料主要以金属材料为主导，占据了整车质量的70%以上。从循环经济的视角出发，越来越多的汽车金属材料的使用也必然导致数量越来越大的汽车报废金属材料的出现。因此，汽车金属材料的回收及利用问题亟待关注。

2　我国汽车金属材料回收利用现状

为保护生态环境，提高资源综合利用效率，促进汽车行业生产方式、消费模式向绿色低碳清洁安全转变，提高产品的国际竞争力，2015年6月，工信部发布了《汽车有害物质和可回收利用率管理要求》。规定自2016年1月1日起，对总座位数不超过9座的载客车辆（M1类）有害物质使用和可回收利用率实施管理。该管理要求规定汽车材料可回收利用率及可再利用率依据GB/T 19515《道路车辆 可再利用性和可回收利用性计算方法》计算。该标准最新版本是2015版。由于汽车总重的约80%是金属材料，因此，金属材料的回收利用率高低直接影响到一辆汽车的回收利用价值[1]。我国报废汽车材料的组成主要有金属材料、塑料、橡胶、玻璃等。目前进入报废阶段的汽车，由于生产制造时间较早,轻量化金属材料的使用比例不高,金属材料的使用比例相对更高。我国报废汽车回收利用主要以金属材料的回收再利用为主,主要停留在以手工拆解工艺为主的拆解作业方式,报废汽车拆解后的金属材料作为废钢流入冶金环节中进行再利用再生产。与美国、日本、欧盟等发达国家相比,我国汽车回收利用产业起步较晚,拆解技术相对落后,缺乏规范的循环利用体系,主要表现在:一方面,拆解能力严重不足,只占报废汽车总量的1/3左右;有人预估,以汽车保有量乘以6%估计得出当年汽车应报废量[2],依此建立我国报废汽车量预测模型。模型预测趋势图显示,在未来10年,我国每年应报废汽车数量仍然呈现持续增长趋势。2018—2024年,将从约1 750万辆上升到约3 900万辆,且增长速率逐年增加[3]。另一方面,报废汽车回收拆解企业数量虽多,但普遍规模小,且多是手工拆解,专业设备、设施覆盖面窄,机械化程度较低。另外,报废汽车国有回收渠道受限,还存在报废汽车拼装车重新流入社会的现象[4]。因此,与世界发达国家相比,我国报废汽车回收利用水平整体较低,还有很长的路要走。

3 汽车金属材料回收再利用举措

3.1 钢材等主体汽车材料的回收利用

金属材料是汽车的主体材料,主要包括铸铁、碳钢、合金钢等钢铁材料和铝、镁、铜、锌、铅等有色金属材料。钢铁材料在汽车材料中的比重最大,但是,随着轻量化汽车主流趋势的引导,汽车用钢铁材料类型正逐渐发生变化,大趋势是铸铁及中、低强度钢的比例逐渐下降,高强度钢、超高强度钢的使用更加广泛[5]。

对于汽车钢铁材料的回收利用,目前主要是拆解分类后进行机械处理,通过压扁、剪切、打包、粉碎等方式,将钢材送钢厂冶炼,将铸铁送铸造厂回炉。这种拆解回收手段比较原始,在拆解回收过程中的污染和资源浪费比较严重。多数从业主体设备简陋、技术落后,分拣精细化、专业化水平较低,在一定程度上影响了再生资源利用率的提高。在这方面需要进一步开发新的回收利用技术,提高钢铁材料的回收利用价值。对于汽车金属材料的回收利用,最理想的状况是提高对含该金属的报废汽车零部件的回收再利用率,可再利用的汽车零部件被直接或修复后再用于其他汽车上。这种再制造的产品,需要更多地出现在公众视野,被更多的人接纳和使用。很多人克服不了观念上的障碍,认为再制造的产品不如新品,抵触或抵制使用再制造产品。但从理论上来讲,以产品全生命周期理论指导零部件再制造、利用新技术再制造的产品，反而可以弥补原产品的许多缺陷，增强功能薄弱的环节，质量甚至可能超过原产品[6]。

3.2 轻量化金属材料的回收利用

除了钢铁材料、重金属材料等，轻量化金属材料在汽车上得到广泛应用。随着近年来"汽车轻量化"主题的不断深入，轻量化金属材料的种类越来越广泛。汽车轻量化是设计、材料、工艺等多方面因素的优势集成，而在这些因素中，材料的选择起主导型作用。汽车轻量化制造中被广泛应用的金属材料主要有两类，一类是低密度轻质材料，如镁、铝、钛及其合金等；另一类就是前面提到的高强度材料[7]。在汽车用材中，轻量化金属材料的使用量占整车总重量比重不大，但是作用显著，回收利用价值很高。

目前，我国报废汽车材料中轻金属材料的回收利用技术还处于比较落后的水平，对废铝、废镁等材料的再生技术研究也处于较低水平，对汽车铝、镁合金制品还是采用传统回收利用方式，主要有废弃物原点利用法。该方法是在金属废弃物生命周期内，结合其被废弃前用于何处，继续将其完成同样用途且重复一定次数，即无须加工直接继续使用至少一次以上[8]。另一种是循环再生法。对于汽车材料中广泛使用的铝、镁等材料制品，排尽部件中所有液体，并将部件清洗洁净，然后进行碎块处理。对于碎块再进行进一步处理。首先利用空气吸引，将全部碎块中较为轻质的塑料碎片吸走，之后运用磁选机吸走铁块，再用悬浮装置，吸出不同密度的镁、铝合金等，之后根据熔点不同分离铅、锌等[9]。这种回收利用方法回收成本相对较低，但回收利用率仍有待提高。其他的有关轻金属材料的资源再生技术很多还处于实验室研究阶段。

4 汽车金属材料回收利用的思考

鉴于我国汽车金属材料回收利用的现状及目前的回收利用技术水平，我国在汽车金属材料回收利用道路上还有很长的路要走。

4.1 政策法规继续完善

我国现阶段相关法规大多从汽车产品报废后即生命周期的末端出发，没有考虑汽车生命周期始端的产品设计等减量化原则。从汽车可回收利用率和可再利用率（"两率"）的角度看，基于实车拆解的"两率"核算已基本覆盖全部企业和车型，目前行业内已有大部分整车企业进行相关研究，并取得较好效果；但是基于报废汽车状态计算的"两率"目前研究较少。希望有更多的政策导向能促进汽车材料尤其是金属材料的回收再利用产业稳步发展。

4.2 在回收利用体系中，加大汽车生产商介入程度

近年来，在汽车材料"两率"计算、汽车拆解手册编写等相关政策的引导下，汽车生产商在汽车回收利用体系中的责任逐渐被凸显出来，但有待进一步明确和清晰。报废汽车回收利用不仅是汽车回收拆解企业的事，更与汽车生产商密切相关。从汽车回收利用体系中体现生产者的责任，有利于鼓励生产者在产品设计阶段优先考虑环保材料，增大汽车材料可回收性。

4.3 汽车金属材料回收利用技术的相对落后

我国报废汽车总量正呈现逐年递增的趋势，但是汽车材料尤其是金属材料的回收利用技术并没有完全跟上发展的步伐。为了避免二者的发展差距进一步扩大，汽车金属材料回收利用技术水平的整体提升迫在眉睫，需要行业工作者的共同努力。

参考文献

[1] 庾晋, 周洁. 应用于汽车中的金属材料 [J]. 金属世界, 2002, (6): 2-3.

[2] 陈丽萍, 蒋玉琴. 我国汽车产品的回收利用和可再生化趋势 [J]. 汽车工艺与材料, 2011, (7): 1-7.

[3] 李云燕, 王立华. 我国报废汽车回收现状、预测及对策建议 [J]. 生态经济, 2016, 6 (32): 153-154.

[4] 崔选盟. 日本回收再利用制度对中国的借鉴意义 [J]. 环境污染与防治, 2008, 30 (10): 85-86.

[5] 孙建亮, 刘复星, 柴静. 中国报废汽车材料的组成及再生技术现状分析 [J]. 上海汽车, 2014, (11): 54-55.

[6] 柏薇薇, 侯洋. 汽车金属材料回收再利用 [J]. 湖南农机, 2013, 40 (11): 106.

[7] 祝明明, 张庆帅, 石旭. 金属材料在汽车轻量化中的应用与发展 [J]. 车辆与动力工程, 2017, (3): 169.

[8] 赖清泉. 基于有色金属材料的再生资源利用技术研究 [J]. 山东工业技术, 2017, (3): 43.

[9] 熊伟. 将车辆材料回收再利用 [J]. 机械管理开发, 2015, (9): 113.

汽车铝合金铸造零部件的晶粒细化研究

路洪洲[1] 张振栋[2] 王 巍[2] 王立生[2] 郭爱民[1]
刘春海[2] 陈湘茹[3]

1. 中信金属股份有限公司，北京 100004
2. 中信戴卡股份有限公司，河北秦皇岛 066011
3. 上海大学，上海 200444

【摘 要】Al5TiB 合金是工业生产中最常用的铝合金晶粒细化剂，但在铸造铝合金中，Al5TiB 晶粒细化剂易造成中毒和退化现象，导致晶粒细化不明显。因此，在铸造铝合金中，需要研发一种新型的晶粒细化剂。本文以一种新型铸造铝合金用 AlNbB 细化剂为研究对象，利用光学显微镜和电子探针 X 射线显微分析仪等分析设备，研究 AlNbB 细化剂对铸造铝合金汽车零部件显微组织的影响以及晶粒细化原理。结果表明，AlNbB 细化剂相比 Al5TiB 细化剂，晶粒细化效果更为明显，晶粒尺寸是使用 Al5TiB 细化剂的 50%，这使得铸造铝合金中铸造缺陷明显减少，显微组织更加均匀，为铝合金铸造零部件的轻量化创造了条件。

【关键词】铸造；铝合金；晶粒细化；汽车；轻量化

1 引言

铝合金铸造汽车零部件是汽车底盘、动力总成和车身轻量化的主要手段之一，目前在汽车车轮、转向节、摆臂、发动机支架中大量应用。铸造铝合金基于二元铝硅相图，因其熔点低，流动性好，表面处理良好以及对气体（氢除外）的溶解度有限而被大量采用。一般情况下，铝合金铸造汽车零部件的显微组织较为粗大，因此，通常采用细化剂和变质剂对组织铝合金进行晶粒细化[1]。通常情况下，晶粒细化是通过添加商业晶粒细化剂来实现，如在铸造前将 Al-5Ti-1B 中间合金加入熔体[2~5]。Ti 是具有最高生长限制因子的元素[6]，它通过非均匀成核在细化 Al 的晶粒尺寸方面起着重要的作用。而 Al 晶粒细化机制一直是争论的主要话题，研究人员提出了各种理论，如相图/包晶理论、包晶体原理、超核化理论和溶质理论[7~9]。商用 Al-Ti-B 中间合金的使用是基于 Ti 与 B 反应生成 TiB_2 颗粒和 Al 与 Ti 反应生成 Al_3Ti 金属间化合物颗粒反应的科学理论基础。当将商业晶粒细化剂添加到熔融 Al 合金中时，TiB_2 颗粒充当非均相成核位点，而 Al_3Ti 金属间化合物在形成 α-Al 的包晶反应过程中溶解在溶体中：液体 Al + Al_3Ti → α-Al（固溶体）[9,10]。通过观察 TiB_2 颗粒与 Al_3Ti 的界面层发现，TiB_2 颗粒与 Al_3Ti 结合导致 α-Al 晶粒的非均匀成核[11]，商用 Al-Ti-B 中间合金是用于锻造 Al 合金非常有效的晶粒细化剂，其 Si 含量通常低于2%（质量分数），尽管如此，在铸造 Al 合金（其中 Si 含量大于4%（质量分数））中，商业 Al-Ti-B 中间合金的效率相对较差，这是由于 Ti 与 Si 相互作用以形成钛化物（即 $TiSi$，$TiSi_2$ 和 Ti_5Si_3），消耗了 Ti 的熔体，从而阻止了合金的晶粒细化，这种现象一直是研究的热点，被称为中毒效应[4,12~14]。研究人员先后进行了许多尝试和大量努力，但没有太大的成功。晶粒细化的潜在异质成核基质必须具有三个主要特征[15]：①高熔点，以防止其与待精炼的熔融金属接触时熔化；②与成核相的晶格失配度低；③化学性质稳定（不与合金元素相互作用）。

本文主要研究和讨论新型铝合金细化剂 Al-Nb-B 孕育处理 Al-Si 铸造合金从而使其晶粒细化的效果和机理。

2 材料及试验

本文采用低压铸造铝合金汽车零部件为研究对象，铸造合金采用 A356。为了对比 AlTiB 与 AlNbB 细化效果的差异，分别采用 Al5TiB 和新型铝合金细化剂 Al4.5NbB 作为细化剂，经预热后加入熔化炉中，最终零部件中的含铌量为 0.037 5%，加入细化剂后的成分见表1。低压铸造的工艺流程为：铸造合金熔化（740 ℃ +5 h）→精炼除气（Ar, 10 mint）→加入细化剂（Al5TiB 以及 Al4.5NbB，740 ℃）→加入铝锶条变质剂（AlSr10 杆，740 ℃）→加入清渣剂→扒渣→转至浇包→铸造（680 – 720 ℃）→热处理（固溶 550 ℃ + 240 min）、淬火（40 ℃水温）、时效（165 ℃ +120 min）。取样进行金相分析及电镜分析。

表1 零部件的最终成分

成分 细化剂	Si	Mg	Ti	Nb	Fe	Mn	Cu	Al
A356/Al5TiB	7.30	0.27	0.123	0	0.12	0.002 6	0.003 0	余量
A356/Al4.5NbB	7.06	0.25	0.124	0.375	0.14	0.008 4	0.002 9	余量

3 结果及讨论

3.1 晶粒细化

从零件上取样后,进行金相组织观察,采用 Al5TiB 细化和 Al4.5NbB 细化的铸造零件试样的金相组织见图 1,共晶硅形貌没有显著的差异。采用 Al5TiB 细化和 Al4.5NbB 细化的铸造零件试样的晶粒度见图 2,可见采用 Al4.5NbB 细化的铸造零件试样的晶粒明显细化。Al5TiB 细化铸造零件试样的 α-Al 晶粒约为 570 μm,而采用 Al4.5NbB 细化的铸造零件试样的晶粒细化至 250 μm 左右。可见新型 Al4.5NbB 细化剂有更为显著的细化效果。

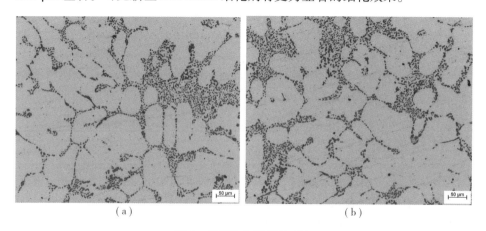

图 1 零部件金相组织对比
(a) Al5TiB 细化;(b) Al4.5NbB 细化

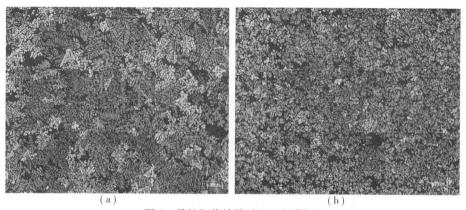

图 2 晶粒细化效果对比(见彩插)
(a) Al5TiB 细化;(b) Al4.5NbB 细化

3.2 铌在基体中的形态和分布

采用电子探针进行定性分析其中的析出相,点扫描和面扫描结果如图 3 所示,从图中可以发现,含 Nb 析出相主要由 Al、Nb 和 Ti 三种元素组成。

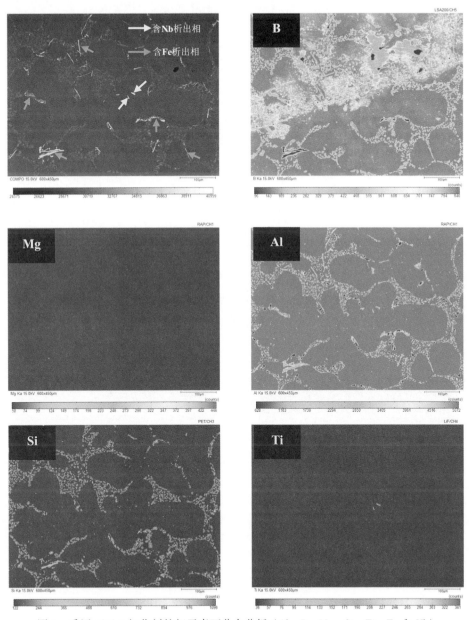

图 3 采用 AlNbB 细化剂的相元素面分布分析(Al、B、Mg、Si、Ti、Fe 和 Nb)
(见彩插)

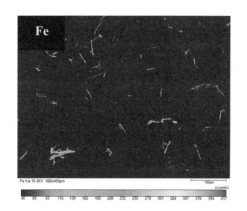
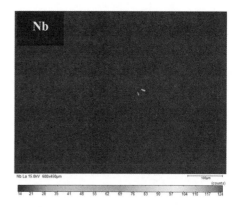

图3 采用AlNbB细化剂的相元素面分布分析（Al、B、Mg、Si、Ti、Fe和Nb）（续）
（见彩插）

由图3分析可见，含铌Nb析出相主要以AlNb金属间化合物的形式存在，同时AlTi金属间化合物与AlNb金属间化合物复合析出。AlNb金属间化合物的电子探针点扫描下波谱成分分析见图4。

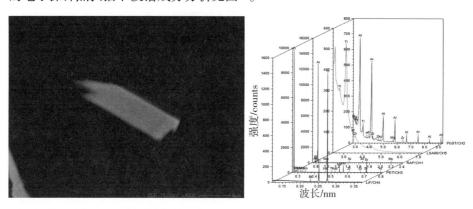

图4 含Nb析出相在电子探针点扫描下波谱成分分析（见彩插）

3.3 AlNbB的细化机理探讨

Nb具有细化Al及其合金晶粒潜力，因为它像Ti一样，能与Al的包晶反应，并且Nb能形成与铝化钛相同的同构相，Al_3Nb和Al_3Ti比较相似[16]。一般情况下，Ti和Al在665℃反应形成Al_3Ti金属间化合物，该化合物具有基于有序立方密堆积[17]（Ti含量为0.12%~1.15%[16]）的四方结构，Nb具有非常相似的行为，因为Al-Nb相图的特征是在温度约为661℃和Nb含量为0.15%~0.22%时发生包晶反应，Al_3Nb相和α-Al的晶格结构及晶格参数示意图见图5。AlTiB和AlNbB晶粒细化剂形成的金属间化合物的晶格结构及相对晶格参数失配的比较见表2。

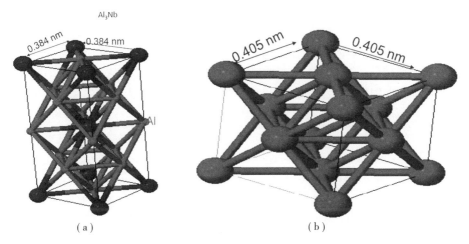

图5 Al3Nb 相和 α-Al 的晶格结构及晶格参数示意图（见彩插）

(a) Al$_3$Nb; (b) α-Al

表2 AlTiB 和 AlNbB 晶粒细化剂形成的金属间化合物的晶格结构及相对晶格参数失配的比较[18]

元素	相	熔点/℃	密度/(g·cm^{-3})	晶格结构	晶格参数	错配度 f/%
Al	Al	660	2.7	面心立方结构	a = 4.050 Å	—
Ti	Ti	1 668	4.51	密排六方结构	a = 2.950 Å, c = 4.683 Å	37.3
Ti	Al$_3$Ti	1 350	3.36	四方结构	a = 3.848 Å, c = 8.956 Å	4.2
Ti	TiB$_2$	3 230	4.52	密排六方结构	a = 3.032 Å, c = 3.220 Å	34
Ti	TiC	3 160	4.93	面心立方结构	a = 4.330 Å	-6.5
Nb	Nb	2 468	8.57	体心立方结构	a = 3.300 Å	22.7
Nb	Al$_3$Nb	1 680	4.54	四方结构	a = 3.848 Å, c = 8.615 Å	4.2
Nb	NbB$_2$	3 036	6.98	密排六方结构	a = 3.102 Å, c = 3.285 Å	30.6
Nb	NbC	3 490	7.82	面心立方结构	a = 4.430 Å	-8.6

从表2可以看出，铌的晶体参数类似于 Al 和/或 Ti 的体心立方（BCC）结构，这些数据对计算晶格失配很重要，这是通过以下 Bramfil 工作[19]完成的：

$$\delta \frac{(hkl)_s}{(hkl)_n} = \sum_{i=1}^{3} \frac{|(d[uvw]_s^i \cos\theta) - d[uvw]_n^i|}{d[uvw]_n^i} \times 100 \quad (1)$$

式中，$(hkl)_s$ 为基材的低指数平面；$[uvw]_s$ 为 $(hkl)_s$ 中的低指数方向；$(hkl)_n$ 为成核固体中的低指数平面；$[uvw]_n$ 为 $(hkl)_n$ 中的低指数方向；$d[uvw]_n$ 为沿着 $[uvw]_n$ 的原子空间；$d[uvw]_s$ 为沿 $[uvw]_s$ 的原子空间；

从方程（1）中，在衬底（电势异质成核位点）和成核固体之间可以针对具有最低失配的平面和方向导出更简单的方程，标记为晶格失配参数 f，并且表 2 中晶格失配参数 f 可以使用方程（2）计算[20,21]：

$$f = \frac{\text{固体的晶格常数} - \text{衬底的晶格常数}}{\text{衬底的晶格常数}} \quad (2)$$

从表 2 所示的数据可以看出，与有利于熔融 Al 凝固的 Ti 相比，Nb 具有更高的熔点和与 Al 稍低的晶格错配度。另一个重要的观点是，金属间化合物 Al_3Nb 具有四方结构，每个晶胞 8 个原子，这与 Al_3Ti 相完全一样，它们与 Al 具有相同的晶格错配度。

如图 6 所示，可以发现 Nb 具有与 Ti 类似的行为，可以形成三种金属间化合物，准确地说是 Nb_5Si_3、Nb_3Si 和 $NbSi_2$，铌硅化物是高温金属间化合物，其熔化温度相对于硅化钛的熔化温度更高。并且，Si 在 $AlNb_3$ 和 $AlNb_2$ 金属间化合物中的溶解度非常小，如在 Al_3Nb 中 Si 的溶解度只有约 2%，这表明，在 700~800 ℃ 的 Al 熔体形成铌硅化物的可能性比硅化钛小，铌硅化物形成的反应动力学更慢。因此，铌基相能作为 Al 的异质成核位点而不中毒，这也是用 Al-Nb-B 细化剂代替 Al-Ti-B 细化剂的理论基础。

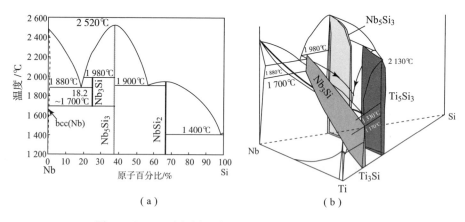

图 6 Nb-Si 二元相图以及 Nb-Ti-Si 三元系统（见彩插）

3.4 新型 AlNbB 细化剂的应用潜力

由以上结果及分析可见，Al-Nb-B 细化剂可以有效细化 AlSi 铸造汽车零部件的晶粒，通过铝-铌-硼主合金添加铌元素有助于减少晶粒尺寸，通过以下方式显著改进性能：

(1) 增加较薄复杂部件的完整性[22]；
(2) 减少孔隙与热裂；
(3) 增加并改进机械特性的均质性。
此外，添加铌还可带来以下重要利益：
(1) 改进内部循环利用率；
(2) 容忍铁杂质；
(3) 在多个重熔周期中保持细晶粒结构；
(4) 改进热处理反应（缩短扩散距离）。
由于晶粒细化可以提高材料的韧性、强度、疲劳性能等，因而可以在优化零部件结构的前提下进行轻量化设计。

4 总结

(1) 新型铝合金细化剂 Al4.5NbB 作为细化剂可以更为有效地细化 AlSi 汽铸造车零部件的晶粒，相比于 Al5TiB 细化剂，晶粒尺寸是使用 Al5TiB 细化剂的 50%。

(2) 含铌 Nb 析出相主要以 AlNb 金属间化合物的形式存在，同时 AlTi 金属间化合物与 AlNb 金属间化合物复合析出。

(3) 金属间化合物 Al_3Nb 具有四方结构，每个晶胞 8 个原子，这与 Al_3Ti 相完全一样，它们具有与 Al 相同的晶格错配度。

(4) 铌硅化物是高温金属间化合物，其熔化温度相对于硅化钛的熔化温度更高。在 700~800 ℃的 Al 熔体形成铌硅化物的可能性比硅化钛小，铌硅化物形成的反应动力学更慢，因此，铌基相能作为 Al 的异质成核位点而不中毒。

参考文献

[1] Rooy EL. Aluminum and aluminum alloys, castings [J]. vol. 15. Ohio: ASM International, 1988.

[2] Sigworth GK. The grain refining of aluminum and phase relationships in the Al-Ti-B system [J]. Metall Trans A, 1984, 15: 277-82.

[3] Guzowski MM, Sigworth GK, Sentner DA. The role of boron in the grain refinement of aluminum with titanium [J]. Metall Trans A, 1987; 18: 603-19.

[4] Sritharan T, Li H. Influence of titanium to boron ratio on the ability to grain refine aluminium-silicon alloys [J]. Mater Process Technol, 1997; 63:

585-9.

[5] Greer AL, Cooper PS, Meredith MW, et al. Grain refinement of aluminium alloys by inoculation [J]. Adv Eng Mater, 2003, 5: 81-91.

[6] Easton M, St John D. An analysis of the relationship between grain size, solute content, and the potency and number density of nucleant particles [J]. Metall Trans A, 2005, 36: 1911-20.

[7] McCartney D G. Grain refining of aluminium and its alloys using inoculants [J]. Int Mater Rev, 1989, 34: 247-60.

[8] Murty BS, Kori SA, Chakraborty M. Grain refinement of aluminium and its alloys by heterogeneous nucleation and alloying [J]. Int Mater Rev, 2002, 47: 3-29.

[9] Easton M, St. John D H. Grain refinement of aluminum alloys: Part I. The nucleant and solute paradigms-a review of the literature [J]. Metall Mater Trans A, 1999, 30: 1613-23.

[10] St John D H, Hogan L M. Al3Ti and the grain refinement of aluminum [J]. Aust Inst Met, 1977, 22: 160-6.

[11] Schumacher P, Mc Kay B J. TEM investigation of heterogeneous nucleation mechanisms in Al-Si alloys [J]. Non-Cryst Solids, 2003, 317: 123-8.

[12] Sigworth G K, Guzowski M M. Grain refining of hypoeutectic Al-Si alloys [J]. AFS Trans, 1985, 93: 907-12.

[13] Spittle J A, Sadli S. Effect of alloy variables on grain refinement of binary aluminium alloys with Al-Ti-B [J]. Mater Sci Technol, 1995, 11: 533-7.

[14] Kori S A, Auradi V, Murty B S, et al. Poisoning and fading mechanism of grain refinement in Al-7Si alloy [J]. Mater Forum, 2005, 29: 387-93.

[15] Hari Babu N, Shi Y, Iida K, Cardwell D A. A practical route for the fabrication of large single-crystal (RE)-Ba-Cu-O superconductors [J]. Nat Mater, 2005, 4: 476-80.

[16] Mondolfo L F. Aluminium alloys: structure and properties [M]. Boston: Butterworths, 1976.

[17] Greer A L, Bunn A M, Tronche A, et al. Modelling of inoculation of metallic melts: application to grain refinement of aluminium by Al-Ti-B [J]. Acta Mater, 2000, 48: 2823-35.

[18] Totten G E, Scott Mac Kenzie D. Handbook of aluminium. Alloy production and materials manufacturing, vol. 2 [M]. New York-Basel: Marcel Dekker Inc., 2003.

[19] Bramfitt B L. The effect of carbide and nitride additions on the heterogeneous nucleation behavior of liquid iron [J]. Metall Mater Trans B, 1970, 1: 1987-95.

[20] Burke J E, Turnbull D. Recrystallization and grain growth [J]. Prog Met Phys, 1952, 3: 220-92.

[21] Frank F C, van der Merwe J H. One-dimensional dislocations [J]. I. Static theory. Proc R Soc A London, 1949: 205-25.

[22] Bolzoni L, Nowak M, Babu N H. Grain refinement of Al-Si alloys by Nb-B inoculation. Part II: Application to commercial alloys [J]. Materials & Design, 2015, 376-383.

25

某轿车稳定杆连杆失效分析

王子齐　栗　丽

北京汽车股份有限公司，北京　101300

【摘　要】为确定某轿车稳定杆连杆在路试过程中未完成试验提前失效断裂的原因，本文采用化学成分分析、断口分析、金相检验等方法，对稳定杆连杆进行了失效分析。结果表明，该稳定杆连杆断裂为快速早期疲劳断裂，其产生原因是连接杆次表层硅酸盐非金属夹杂物超标，同时焊接区质量不良，共同影响宏观疲劳性能。

【关键词】轿车；稳定杆连杆；失效

1　引言

汽车稳定杆连杆的作用是连接稳定杆和减震器，传递轴向力，与稳定杆一起提高车身侧向刚度。稳定杆连杆材质为20钢，连杆与球销套采用电阻焊方式连接。因此，若稳定杆连杆发生断裂失效，将导致横向稳定杆失效，增加侧翻风险，有严重的安全隐患。

2　试验过程与结果

2.1　宏观检查

稳定杆连杆实物如图1所示。将失效的稳定杆连杆标记为A#，对称侧未失效的为B#。A#件的宏观形貌如图2所示。连杆和球头套材料均为20钢，两者间采用电阻焊方式连接。连杆断裂处正处于连杆与球头套结合处。

观察断裂处局部宏观形貌，如图3所示。图3（a）所示为球头套端断口形貌，图3（b）所示为连杆端断口形貌。可以看出，连杆断裂失效处断口宏观形貌为典型的疲劳断口。

2.2　断口微观形貌

采用扫描电镜考察断口处的微观形貌，肉眼观察发现断口为多起源断口，

25　某轿车稳定杆连杆失效分析

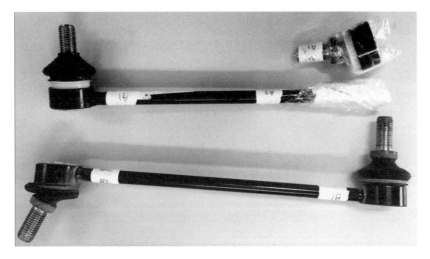

图1　稳定杆连杆

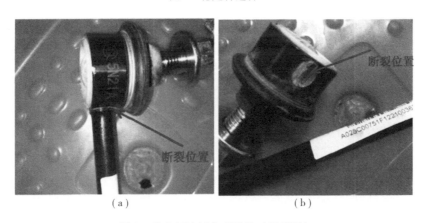

(a)　　　　　　　　　　　　(b)

图2　稳定杆连杆宏观形貌（见彩插）

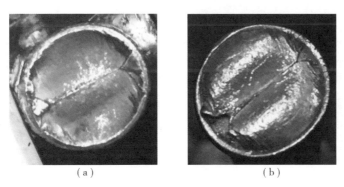

(a)　　　　　　　　　　　　(b)

图3　失效稳定杆连杆局部形貌

(a) 球头套端断口；(b) 连杆端断口

将多个起源分别编号为 1#、2#、3#、4#，样件及扫描区域如图 4 所示。

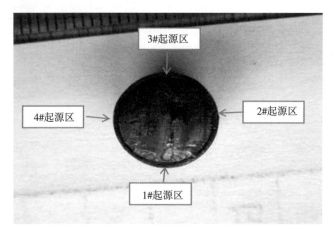

图 4　断口形貌特征

断口上未见非金属夹杂聚集等异常现象，但有被摩擦损伤现象。将断口置于扫描电镜下进行观察，结果如下：

（1）1#起源区域存在坑洞，坑洞内存在一个小平面，以该坑洞为中心断口向两边疲劳扩展；起源边缘断口存在疲劳条形形貌，如图 5 所示；坑洞内断口形貌为瓷状穿晶脆性断裂及小部分韧窝状塑性断口；疲劳扩展区台阶面上为瓷状脆性断口。

（2）2#起源区起源于外边沿，边沿形貌被磨损无法观察其真实形貌，扩展区为疲劳断裂，断口形貌如图 6 所示。

（3）3#起源区位于 1#起源区的对侧，除未见坑洞外，其他情况与 1#一致，断口形貌如图 7 所示。

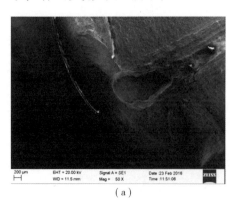
（a）

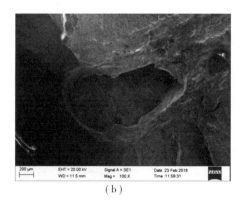
（b）

图 5　1#区域微观形貌
（a）1#起源区试样形貌；（b）1#起源区坑洞内试样形貌；

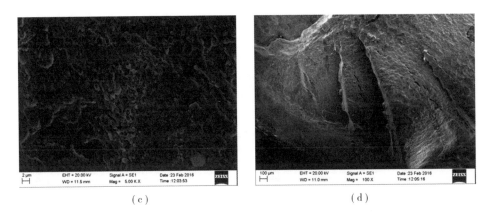

图 5 1#区域微观形貌（续）
（c）1#起源区坑洞内断口形貌；（d）1#扩展区试样形貌

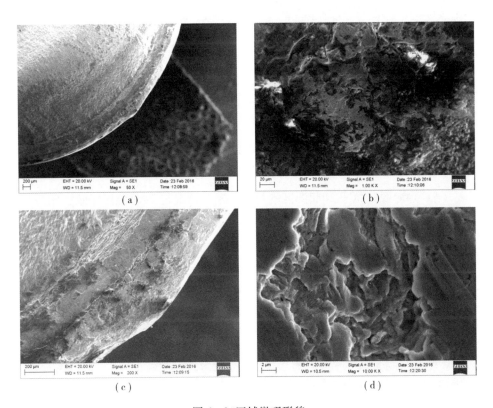

图 6 2#区域微观形貌
（a），（b），（c）2#起源区断口形貌；（d）2#扩展区断口形貌

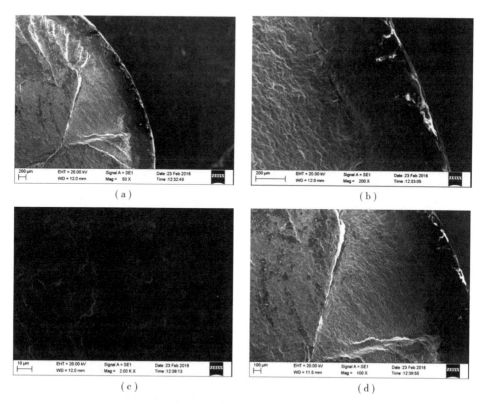

图 7　3#区域微观形貌
（a），(b)，(c) 3#起源区断口形貌；(d) 3#扩展区断口形貌

（4）4#起源区位于2#起源区的对侧，断口情况与2#起源区一致，断口形貌如图8所示。

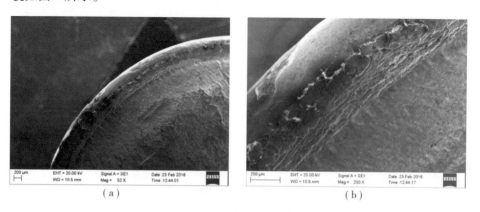

图 8　4#区域微观形貌
（a），(b) 4#起源区断口形貌

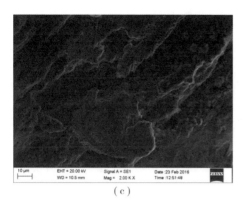
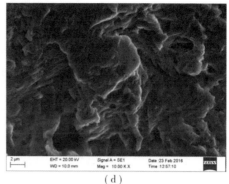

图 8 4#区域微观形貌(续)

(c) 4#起源区断口形貌；(d) 4#扩展区断口形貌

(5) 断裂区域微观形貌如图 9 所示。

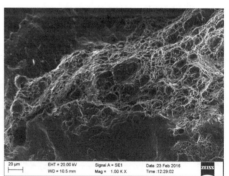

图 9 断裂区域微观形貌

综上，通过扫描电镜得到的断裂试样边缘及断口中心区域的微观形貌，可以看到穿晶脆性断裂现象及小部分韧窝状塑性断口、瓷状脆性断口、穿晶解理断裂断口，这些脆性断口的形貌证明焊接区域质量不良，降低了焊接区域的疲劳寿命，导致稳定杆连杆在强化试验完成前即失效。

下面来分析影响焊接区域质量不良的原因。

2.3 化学分析

母材的化学成分对焊接接头的性能有较大影响，需要判断是否存在异常。按 GB/T 699—2015 规定测试失效件的连杆和球头套以及未失效件的化学成分，结果见表 1。由测试结果可见，失效的连杆和球头套化学成分与未失效的成分相差不大，且均符合 20 钢产品要求，说明连杆失效与材质无关。

表1 零部件化学成分（质量分数） %

测试端	C	Si	Mn	P	S	Cr	Ni	Mo	V	Ti	Al
A2 杆	0.2	0.169	0.422	0.013	0.014	0.039	0.006	0.003	0.01	0.001	0.002
A2 套	0.020	0.227	0.528	0.021	0.008 4	0.099	0.017	0.004	0.002	0.002	0.013
B2 套	0.23	0.24	0.44	0.02	0.01	0.06	0.02	0.01	0.00	0.00	0.01
B2 杆	0.20	0.18	0.40	0.02	0.01	0.03	0.01	0.00	0.00	0.00	—
标准值	0.17–0.23	0.17–0.37	0.35–0.65	≤0.035	≤0.035	≤0.25	≤0.30	≤0.25	—	—	—

2.4 金相分析和晶粒度

按 GB/TGB 6394—2002 的要求测试晶粒度。在连杆和球头分别取样，预磨剖光后，用5%的硝酸酒精侵蚀，在金相显微镜下，对连杆和球头套的金相组织进行检验，结果见表2。

表2 金相组织及晶粒度

样品编号	金相组织	晶粒度
A1（套）	铁素体 + 珠光体	7
A2（杆）	铁素体 + 珠光体	8
A2（套）	铁素体 + 珠光体	7
B1（套）	铁素体 + 珠光体	8
B2（杆）	铁素体 + 珠光体	8
B2（套）	铁素体 + 珠光体	8

按 GB/TGB 6394—2015 的要求测试稳定杆连杆各区域金相组织，如图10所示。由图可见，连杆 A 球头套及连杆的金相组织与未失效的 B 样件的金相组织及晶粒度基本一致。零件的金相组织及晶粒度满足要求。

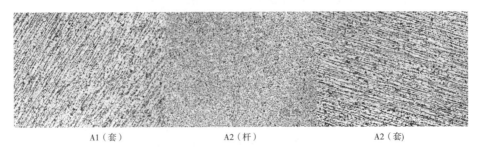

图10 各区域金相组织（见彩插）

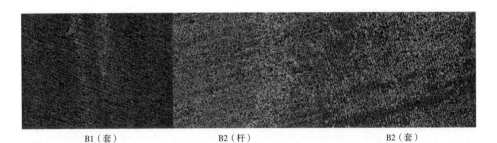

B1（套）　　　　　　　B2（杆）　　　　　　　B2（套）

图 10　各区域金相组织（续）（见彩插）

2.5　夹杂物分析

按 GB/T 10561—2005 对零部件进行夹杂物分析，结果见表 3。

表 3　夹杂物信息

样品编号	类型 A		类型 B		类型 C		类型 D		DS
	细系	粗系	细系	粗系	细系	粗系	细系	粗系	
A1（套）	0	0	0	0	0	0	1	0	0
A2（杆）	0	0	0	0	0	0	1	0	0
A2（套）	0	0	3	0	0	0	1	0	0
B1（套）	0	0	0	0	0	0	0.5	0	0
B2（杆）	0	0	0	0	0	0	0.5	0	0
B2（套）	0.5	0	0	0	0	0	1	0	0

夹杂物分析结果表明，失效件 A2 球头套夹杂物超标，类别为 B 类（氧化铝类）。非金属夹杂会明显降低材料的疲劳极限。

2.6　焊缝金相组织

考察 A2 焊缝处的金相组织，如图 11 所示。圈 1 中有明显在焊接过程产生的焊接缺陷，形成应力集中；圈 2 为扩展裂纹，组织为铁素体和珠光体，有魏氏组织存在。由此表明，焊接工艺存在缺陷，导致焊接品质不良，是本次零部件失效的主要原因。

图 11　A2 焊接区域金相组织（见彩插）

3　总结

（1）连杆及球头套的化学成分无异常，金相组织为铁素体 + 珠光体，晶粒度无异常。

（2）球头套中含有夹杂物，等级为 3 级，严重降低疲劳极限。

（3）稳定杆及球头套焊缝处有明显的焊接缺陷，是本次零部件失效的主要原因。

26 汽油机挺柱磨损失效分析

张 薇 刘柯军 柳 超

中国第一汽车股份有限公司研发总院材料与轻量化所，
吉林长春　110011

【摘　要】 某汽油发动机在产品审核试验中出现多起挺柱异常磨损的现象，为此对失效件进行了理化检验并通过微观形貌分析了磨损机理及产生异常磨损的原因。结果表明，凸轮和挺柱磨损机理均为黏着磨损，二者之间的润滑油膜破裂，裸露的金属表面接触是产生黏着磨损的直接原因。而润滑条件恶化、挺柱自身旋转不良以及由于装配间隙、缸盖、凸轮轴等零件变形而致使的凸轮和挺柱间接触应力加大也是影响挺柱异常磨损的因素。

【关键词】 挺柱；凸轮；磨损

1　引言

凸轮—挺柱是汽车配气机构中一对重要的摩擦副，磨损失效大约占比80%，是最主要的失效形式[1]。随着发动机转速和功率的不断提高，弹簧力和配气机构的惯性增大，凸轮和挺柱间的相对滑动速度增大，润滑条件变差，磨损问题也随之加重。影响凸轮—挺柱磨损的因素很多，而二者的磨损直接影响发动机的动力性和可靠性，因此有必要针对实际失效案例，分析具体原因，从而提高发动机的可靠性和使用寿命。

某发动机采用双顶置凸轮轴，凸轮直接驱动挺柱、气门做往复运动，结构见图1。该发动机进行产品审核试验（试验工况如表1所示），连续出现多起挺柱异常磨损的现象，磨损均位于排气一侧，多发生在发动机1缸。

挺柱磨损呈现两种形态，一种为挺柱（1#挺柱）表面形成若干长条形沟痕，另一种为挺柱（2#挺柱）表面呈圆环状磨损带，见图2。

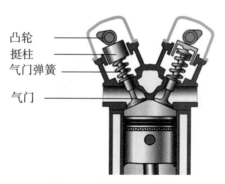

图 1　双顶置凸轮轴结构

表 1　试验工况

时间		转速	负荷
累计时间/h	循环时间/min	转速百分比/%	负荷百分比/%
1	60	2 000	20
3	120	3 000	30
5	120	4 000	30

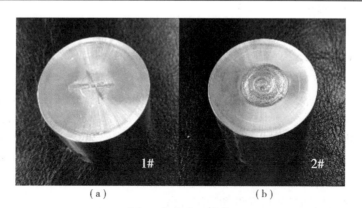

(a)　　　　　　　　(b)

图 2　挺柱宏观形貌

(a) 1#挺柱；(b) 2#挺柱

该挺柱材料为 16CrMnH，渗碳淬火，表面硬度为 670~910HV3；与之配合的凸轮材料为冷激铸铁，硬度不小于 48 HRC。

2　失效模式分析

2.1　宏观磨损形貌

1#挺柱表面有 3 条深浅不一的长条形磨损沟痕（图 3），这种具有方向性的磨损痕迹说明挺柱旋转不良，且每一条痕迹均显示挺柱在该位置发生卡滞，直到在某种工作条件下,挺柱旋到某一位置卡滞不动,最终磨出一条较深的沟痕,磨损深度大约为 10 μm(图 4)。

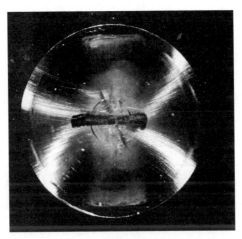

图 3　1#挺柱磨损形貌

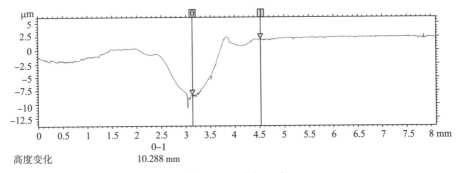

图 4　1#挺柱磨损深度

2#挺柱表面磨损痕迹为圆环形(图 5),说明挺柱工作时是旋转的,但是在芯部位置也有一长条沟痕,暗示曾在该位置也发生过卡滞。

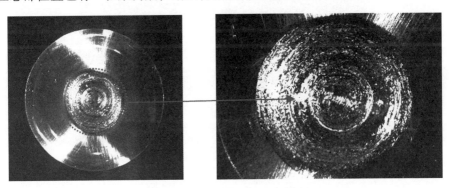

图 5　2#挺柱磨损形貌(见彩插)

与挺柱配合的凸轮，在图6所示的基圆部位发生了异常磨损，异常磨损的区域大约为150°，凸轮轴轴径有偏磨的迹象，见图7。

图6　凸轮轴磨损（见彩插）

图7　凸轮轴轴径偏磨（见彩插）

2.2　微观磨损形貌

利用丙酮超声波对磨损样品进行清洗，清洗后的样品采用ZEISS的MERLIN Compact扫描电子显微镜分析磨损形貌。由1#挺柱表面的微观形貌可以明显看到磨损区和非磨损区的分界，挺柱表层的材料在凸轮不断碾压的过程中，表面极薄的区域发生塑性变形，导致材料剥落，而剥落的材料在继续磨损过程中被堆积到一侧，见图8。

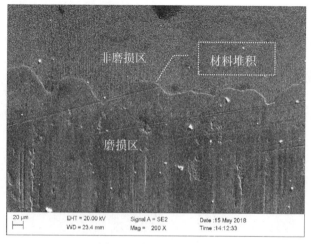

图8　1#挺柱微观形貌

两支挺柱虽然宏观磨损形态各异，但是由微观形貌均可见大面积材料的擦伤、撕裂、剥落和黏附，磨损机理属于黏着磨损，见图9。

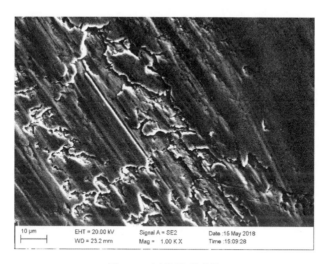

图9　2#挺柱微观形貌

与挺柱配合的凸轮，磨损区域有轻有重，较重的区域可以看到大片区域材料的剥落、附着，并且在附着物下方可以看到凸轮原始加工的刀痕，见图10，说明附着物均来自于对应的挺柱表面，磨损机理属于黏着磨损。

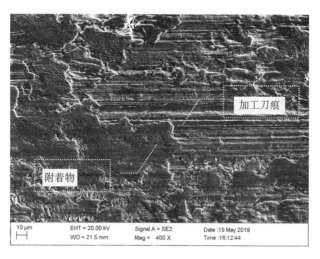

图10　凸轮微观形貌

3 理化检验

3.1 化学成分

根据 GB/T 4336—2016、GB/T 20123—2006，对挺柱和凸轮进行化学成分分析，检验结果见表 2。结果表明，挺柱和凸轮的化学成分符合技术要求。

表 2 化学成分检验结果　　　　　　　　　　　　　　　　　　%

元素含量	C	Si	Mn	P	S	Cr	Mo	Ni
挺柱技术要求	0.14 ~ 0.19	≤0.37	0.50 ~ 0.80	≤0.03	≤0.03	0.80 ~ 1.10	—	—
挺柱检验结果	0.15	0.20	0.72	0.020	0.008	0.95	—	—
凸轮技术要求	3.0 ~ 4.0	2.1 ~ 2.4	0.5 ~ 0.7	≤0.03	≤0.05	0.3 ~ 0.6	0.25 ~ 0.4	0.4 ~ 0.7
凸轮检验结果	3.62	2.38	0.69	0.016	0.017	0.52	0.36	0.51

3.2 硬度

挺柱和凸轮的硬度检验结果见表 3。结果表明，挺柱和凸轮的硬度符合技术要求。

表 3 硬度检验结果

检验位置/检验项目	检验结果
挺柱表面/HV3	761，752，763
凸轮桃尖/HRC	50.2，50.5，49.5

4 分析讨论

虽然两支挺柱磨损形貌不同，但磨损机理相同，均为擦伤、黏着磨损。

挺柱—凸轮正常工作时其润滑情况处于边界润滑和弹性润滑状态，但是一旦润滑条件恶化，润滑油膜被挤破，挺柱和凸轮组成的摩擦副各零件表面的凸尖部分将直接接触产生干摩擦，局部温度迅速升高，在接触表面形成黏着点，继而撕裂，再黏着[2]，这是发生黏着磨损的直接原因。

除此之外，还有其他影响异常磨损的因素：

(1) 凸轮和挺柱的硬度匹配性是影响二者磨损的因素之一。文献［3］指出，凸轮和挺柱的硬度差值应在一定的合理范围内，差值应不小于 3 HRC，且由于凸轮较挺柱易于冷却散热，凸轮的硬度略低，这样才具有较强的抗擦伤能力。从对挺柱和凸轮的理化分析结果来看，挺柱和凸轮的硬度差约为 12 HRC（按标准 GB/T 1172—1999，挺柱硬度 760 HV 可转化成 62.5 HRC），满足硬度匹配的要求。

(2) 文献［4］研究表明，均匀的挺柱转动能提高凸轮和挺柱间的抗擦伤能力，该失效发动机中，通过凸轮和挺柱轴线偏置 0.1 mm 以及挺柱表面弦高 0.005~0.0015 mm 使凸轮和挺柱间产生主力矩，促进挺柱旋转。但从试验后挺柱的表面状态来看，1#挺柱旋转不良，2#挺柱即使旋转，也有卡滞发生，因此挺柱的不良旋转是影响黏着磨损的因素之一。

(3) 从凸轮的磨损痕迹来看，磨损位置位于图 6 所示的基圆部位，工作过程中，这个部位应该与挺柱之间虚接触，但是实际发生了磨损，说明二者之间有接触和挤压载荷存在；另外，凸轮轴轴径的偏磨说明凸轮轴一端受力大，可能有某种弯曲变形存在；在链条的驱动下，凸轮轴发生了翘曲变形，导致 1 缸凸轮和挺柱之间接触应力加大。

5 总结

(1) 挺柱和凸轮的理化性能符合技术要求。

(2) 挺柱的长条形与圆环形异常磨损性质和产生的原因相同，仅是由于挺柱旋转特性的差异引发的不同；另外，这种异常磨损主要原因是凸轮起升前基圆（约150°）与挺柱的条带形异常接触。

(3) 挺柱和凸轮的磨损性质属于黏着磨损，致使发生黏着磨损的直接原因是二者之间的润滑油膜破裂，裸露的金属之间直接接触。

(4) 润滑条件恶化、挺柱自身旋转不良以及由于装配间隙、缸盖、凸轮轴等零件变形而致使的凸轮和挺柱间接触应力加大均是影响挺柱异常磨损的因素。

参考文献

[1] 王飞. 柴油机凸轮—挺柱磨损分析与摩擦副匹配试验研究［D］. 合肥：安徽农业大学，2016.

[2] 陈佳, 贺锋, 李飞, 等. 某发动机凸轮轴凸轮异常磨损分析及改进 [J]. 内燃机与配件, 2015, (8): 35-37.

[3] 王军, 廖祥兵, 彭生辉. 发动机凸轮挺柱磨损的因素分析 [J]. 拖拉机与农用运输车, 2000, (5): 24-27.

[4] 柴苍修, 吴景枢. 挺柱转动的磨损特性与对策 [J]. 拖拉机, 1990, (8): 29-33.

轻量化金属材料在重型商用车上的应用趋势

王琼霜　高亮庆　刘成虎　欧阳可居
王德财　刘　欢　占　炜

东风商用车有限公司东风商用车技术中心工艺研究所，
湖北武汉　430056

【摘　要】 在国家节能减排新法规出台和用户经济收益提高的双重驱动下，商用车轻量化受到越来越多企业的重视，特别是驾驶室、货箱和车架的轻量化设计对减轻整车重量起到了重要作用，轻量化材料的使用成为重型商用车轻量化的重要途径之一。本文描述了先进高强钢材料和铝合金在国内外重型商用车的应用现状及趋势，提出进行商用车轻量化的方式和亟待解决的技术难题。

【关键词】 商用车；轻量化；金属材料；应用

1　引言

汽车工业的迅猛发展，给国家的环境保护、节能减排和能源安全等方面带来了极大的挑战。在我国汽车对石油的消耗量中，商用车消耗量占整个汽车石油消耗量的72%，而自主生产的商用车相对国外同类车型车平均油耗高10%，已成为汽车工业可持续发展的瓶颈；同时，为了追求更多效益，需要依靠提高运输效率来盈利。随着国家节能减排、绿色环保政策及计重收费法规的逐步实施，整治超限载的力度加大，以及为用户降低可观的使用成本的压力，商用车轻量化受到越来越多企业的重视，已成为众多商用车生产企业的主要研发重点之一[1]。统计数据表明，车辆自身重量每减轻1 t，用户每年将会增加10万元的净收益[2]。

重型货车是商用车的代表，驾驶室、货厢和车架的轻量化设计对减轻整车重量起到了重要作用。轻量化材料的使用成为重型商用车轻量化的途径之一，主要是以低密度材料替代钢铁材料和使用高强度材料降低钢板厚度规格[3]。各大汽车公司已将采用轻质材料和高强钢材料的多少作为衡量汽车生产技术和新材料开发水平是否领先的标志，因此研究轻量化金属材料在重型商用车上的应用对汽车轻量化发展具有重要意义。

2 轻量化金属材料在重型商用车上的应用现状及趋势

2.1 先进高强钢

2.1.1 车架

先进高强度钢材在欧美卡车上已经得到了广泛的使用,近年来在国产车辆上也逐步开始使用。重型载货车车架使用先进高强钢,在欧美发达国家,奔驰、VOLVO、MAN、SCANIA 等重型载货车车架普遍采用厚度为 8~9 mm、屈服强度大于 650 MPa 的单层结构纵梁,钢板主要采用瑞典的 DOMEX600-700MC、德国的 QStE650TM-QStE690TM 等[4]。国内由于长期存在严重超载的情况,因此目前中、重型载货车车架纵梁总成普遍采用"8 + N"结构,即厚度 8 mm 的纵梁加 5 mm/6 mm/8 mm 的内加强板,保证车架弯曲刚度、疲劳性能,车架纵梁用钢的抗拉强度为 510~610 MPa。少数企业部分车型车架纵梁采用屈服强度 650 MPa 级的高强度钢板,如东风、一汽、重汽、江淮。横梁并未随纵梁强度级别的提高而升级换代,仍普遍采用 510 MPa 级高强钢。国外车架横梁采用 590 MPa 级,国内少数企业如东风、一汽的部分承载横梁采用 590 MPa 级高强钢。车架纵梁的轻量化设计趋势是加强梁尺寸减小、纵梁翼面降低等,由此带来的负载能力损失均由横梁来承担,因此对横梁进行高强化、轻量化设计已迫在眉睫[4]。

车架作为整车的基体,是整车承重的重要构件,在保证车架使用性能不变或小幅度提升的前提下对其进行轻量化优化设计具有重要意义。对车架采用先进高强钢进行轻量化的方式有:①单层梁设计,取消纵梁内加强板;②在保证车架纵梁局部强度要求下,减薄纵梁材料厚度;③通过合理的结构设计,将纵梁腹面宽度减小。

2.1.2 驾驶室

高强度钢板在国内外汽车的使用相当广泛,竞品分析得出畅销乘用车车型——日系 A 车型、欧系 A 车型高强度钢板的应用比例达到了 70% 以上,如图 1 所示。VOLVO 重型载货车的白车身大量采用 340 MPa 级别以上的高强度钢板,使用比例高达 83%(图 2),最高强度用到了 980 MPa 级的 DP 双相钢,整体用材强度偏高。

先进高强钢在国内重型卡车上的应用仍然处于起步阶段,大部分是以低碳软钢板为主,少量采用了 340 MPa 级别的低合金高强度钢板,而更高级别的先进高强钢以及热冲压成型钢在国内尚没有实际应用。东风商用车在材料

27 轻量化金属材料在重型商用车上的应用趋势 | 217

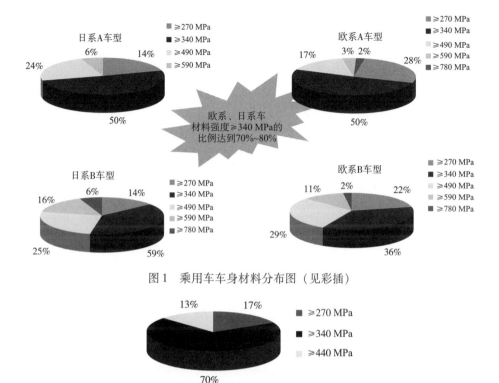

图 1 乘用车车身材料分布图（见彩插）

图 2 VOLVO 重型载货车车身用材（见彩插）

轻量化（减轻自重）、提高有效载货量方面取得了一定的成果，以传统型高强钢为主，如含磷板 D180P1 及超低碳高强钢 D170Y、D260Y，使用 340 MPa 级别以上高强钢的比例在 10%~15%。限制高强钢在国内商用车上使用的原因主要是加工成型能力、焊接性能等问题。国内也有少量车型由于成本问题，采用普通碳钢如 Q235、SPHE 材料。

空载情况下，商用车驾驶室重量占整个车身的 10% 左右，燃油消耗占 20% 以上，故驾驶室轻量化设计是整车轻量化的重要途径之一，在保证驾驶室结构强度、刚度、振动特性以及被动安全性等各方面力学性能的前提下，国内外汽车在已有车型驾驶室轻量化上常用的方法为：通过对某一部分主体零件厚度进行极限减薄处理，考察此结构对于零件减薄的敏感度及涉及零件范围，通过大量的分析，确定各部分零件厚度变化对于驾驶室性能影响的敏感度，然后合理地确定最终零件厚度及所涉及的零件范围；取消结构中不必要的零件，并根据 CAE 分析结果对内板零件进行拓扑优化分析。通过这种方法可以确定在对零件减薄时是否需要对此零件进行材料加强。如果只减薄车身，整体性能肯定要大幅度下降；如果减薄后全部采用高强度材料势必会造成性能过剩，大幅度增加制造成本。因此只有选择性地进行材料加强才能既降低驾驶室重量又节约制造成本。

目前 ECE R29 新法规 ECE R29-03 出台，相比于旧版法规，新法规对商用车驾驶室安全性提出了更加严苛的要求，在增加了正面 A 柱摆锤撞击试验和驾驶室侧面摆锤 20°撞击试验的同时，还加大了正面碰撞能量。ECE R29-03 法规要求的商用车驾驶室正面碰撞试验如图 3 所示，其目的在于检验车辆发生正面碰撞事故时，驾驶室是否有足够的强度抵抗变形，确保乘员的生存空间[5]。驾驶室部件采用高强钢材料进行轻量化结构设计，材料厚度的改变可能会对驾驶室的强度和刚度造成影响，因此采用高强度钢设计后的驾驶室结构需保证满足 ECE R29-03 的抗碰撞性，同时大幅度降低重量和材料成本，解决车身安全性设计中材料选用与成本控制之间的矛盾。

图 3　ECE R29-03 商用车驾驶室碰撞试验

未来商用车车身结构件材料朝着更高强、更高韧的方向发展，采用超高强钢主要有两种途径：第一种是新型高强、高塑性的材料（如 980 MPa 级别的 DP 双相钢，980 MPa 级别的 QP 淬火再分配钢和 MS 马氏体钢、TWIP 钢等）；第二种是采用热冲压成型钢，开发热冲压工艺，即降低钢板冲压前强度，冲压后再强化零件。

利用激光拼焊技术生产拼焊板具有巨大的轻量化优势，主要体现在：①对最终车身重量的减轻，在汽车结构件的应用中，使用激光拼焊板，消除了使用多余加强件，带来整体车身重量的降低；②减少汽车零部件的数量；③原材料利用率大大提高，废料大大减少；④结构功能大大提高。通过使用激光拼焊技术，将材料强度、厚度合理组合，使结构刚度大大改善。以侧围总成为例，通过采用激光拼焊板，提高了零件强度，且重量减轻了 5 kg[6]。

2.1.3　货厢

货厢的材料 50% 采用高强度钢板，在不增加成本的前提下可以实现货厢降重 10% ~ 15%；货厢的材料采用全铝合金，可实现整厢降重 55%，成本增加 50%；分析研究厢体承载、弯扭、碰撞、腐蚀及材料回收等特性，逐步实现钢材、铝合金、复合材料混合使用，已成为货厢开发研究的重要课题。目前国内外汽车在已有车型货厢轻量化上常用的方法有：①对承载关键部位进行结构断面优化，对接头处结构形式进行优化，增加接头强度及焊接可行性；②根据车架大梁、货厢纵梁承载特性，合理布置承载部件，使承载均匀，并实现框架优化。货厢各部件采用平台化、通用化设计，可有效降低生产难度并满足多样化市场需求。

国内厢式货厢的轻量化设计尚处于起步阶段，主要是因为框架结构轻量化设计的基础能力尚缺，轻量化材料不能大规模使用。采用屈服强度超过600 MPa级超高强度车厢板实现车厢的轻量化，不但可以获得较大的减重空间，并且可以提高车厢的抗疲劳性能和安全性等。同时，采用ESP（无头带钢）技术生产的高强钢，具有强度高、料薄、价格便宜等优势，满足在成本不变的情况下实现货厢轻量化和强度的提升，同时控制产品成本。挤压铝合金型材，能够实现零部件的窝状密集结构，具有重量轻、强度高、抗扭转和抗腐蚀等特点。铝合金型材应用于货厢已成为一种趋势，美国95%以上油罐车为铝合金，国内部分厢式车（如福田）铝合金型材使用率可达到60%以上[7]。采用铝合金在不降低性能的前提下，实现后防护栏减重率超过50%，成本增加可达30%；货厢减重率超过30%，成本增加可达110%。通过特殊焊接、铆接等紧固方式，提升结构件的强度及质量品质，同时降低了工人劳动强度和技能要求。据相关统计，国内最先进的铝合金货厢基本都采用6系以上级别的铝合金材料，未来将逐步应用在油罐车、厢式车、仓栅车、半挂车等不同产品系列，以及应用在侧防护和后防护（图4）。

福田铝合金货厢

美国铝合金罐车

重汽铝合金罐车

美国铝合金半挂车

铝合金仓栅车

铝合金侧防护

五十铃铝合金后防护

图4　铝合金货厢应用

2.2　铝合金

铝合金材料是应用较早且技术日趋成熟的轻量化材料，在汽车上的用量呈现持续增长的趋势。铝合金与钢材相比，具有密度小、耐腐性好、易于加工的特点。汽车上每使用 0.45 kg 铝就可以减轻车重 1 kg，理论上铝制汽车比钢制汽车减重 40% 左右。事实上经过技术改造后，运用铝合金零部件比采用钢轻 40%~50%，车辆的加速性、操控稳定性、噪声、振动、碰撞时的惯性以及制动距离等都会得到很大的改善和提高。

对于商用车，铝合金材料在车身上主要应用于驾驶室蒙皮、车门框、面罩、前下防护、卧铺板、座椅骨架、转向柱支架、脚踏板等，见图 5；在底盘及附件上主要应用于车架纵梁和横梁、油箱、储气筒、车轮、工作台、鞍座以及各种支架类零件，见图 6。国外商用车铝合金在其他系统上也大量应用，如前文所述应用于车厢、变速器壳体、发动机零部件、悬架系统上应用等。SCANIA 商用车大量采用铝合金材料，实现整车最大程度的轻量化，共减重 1 137 kg，如图 7 所示。

图 5　铝合金应用在商用车车身零部件

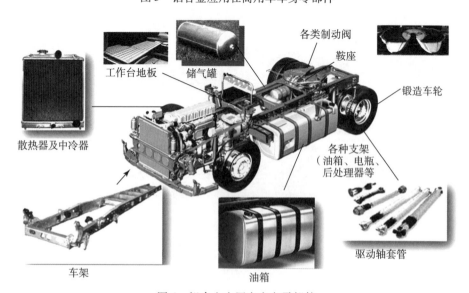

图 6　铝合金应用在底盘零部件

27 轻量化金属材料在重型商用车上的应用趋势 | 221

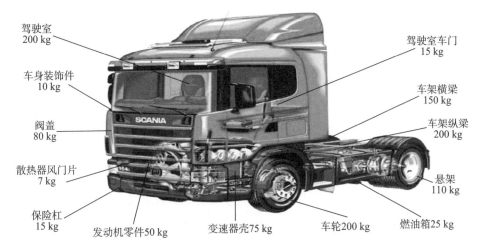

图 7 SCANIA 商用车应用铝合金案例

目前国际上采用较多的铝合金汽车板型号有 6016、6022、6111、6005、6009、6010、5182、5754、5052 等，如 Plymouth Prowler 采用 6022 作车身板，Audi A8 采用 6016 作车身板，Acura NSX 采用 5052 作为车身以及 6000 作为外部面板，Jaguar XJ220 和 GM EV1 采用 5754 作为车身覆盖件材料。结合国内外商用车应用铝合金零件和材料牌号，进行对比分析，见表 1。

表 1 铝合金应用材料牌号

应用零件	国外用铝合金牌号	国内用铝合金牌号
货厢	7005-T6，5454-H32，6063-T6，6061-T6，5083	6005-T5，5052-H32，6061-T6
车轮	6082-T6，6063-T6	6061-T6，6063-T6
燃油箱	5754-O	5052-H32，3003，5754
储气筒	5145-H32	5182-H32
前下防护	6061-T6	—
鞍座	6063-T6	—
工作台	5052-H32	5052-H32
驾驶室	6016-T4，6111-T4，5182-O，5754-O，5052	—
侧裙板骨架	—	6061-T6，6005-T5
侧防护	—	6005-T5
车架纵梁	S360T-T6	—
车架横梁及连接板	S360T-T6	—
散热器及中冷器	3003	3003

从表1可以看出，在货厢、车轮、燃油箱、储气筒、工作台、散热器及中冷器零部件上，国内商用车应用铝合金水平与国外用铝合金水平相当；在前下防护、驾驶室、鞍座、车架纵梁、车架横梁及连接板零部件上，国外商用车已解决铝材应用难题，大量应用铝合金材料实现整体最大程度轻量化，图8所示为铝合金在国外商用车车身上应用零件，图9所示为铝合金在国外商用车底盘上应用零件。国内商用车未开始推广应用，分析其原因有：①铝合金冲压成型难度很大，主要是深冲性能较差，常出现开裂和起皱现象，而国外制造水平已达到铝合金车身板的冲压性能与钢板基本相同。②铝的焊接要比钢材难度大得多，一是因为铝合金的热导率和电导率是钢的3倍；二是因为铝点焊焊缝的强度是钢焊缝的1/2，焊接铝合金所需电流密度是钢的3倍左右，铝合金焊接设备与钢材的完全不同。③国内商用车公司缺乏应对铝合金零件的结构设计要求和规范。④铝合金型材折弯技术是阻碍铝合金型材批量生产的关键技术，主要与型材的使用状态为T6态相关，因此需要对型材进行加热处理到T4态进行弯曲，但往往在尺寸精度上存在问题。⑤铝合金车架

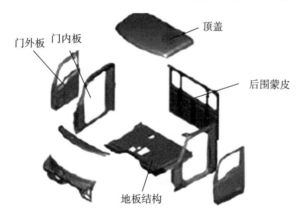

图8　铝合金在国外商用车车身上应用零件

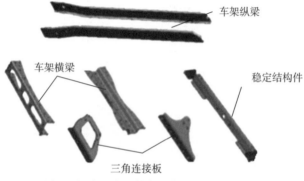

图9　铝合金在国外商用车底盘上应用零件

在撞击变形后并不能恢复原状，必须部分拆下换上新件，增加了维修成本。⑥铝合金的性能测试方法和评价体系尚未形成统一标准。⑦铝材和钢材接触后加速了钢的腐蚀，需建立其隔离技术或通过牺牲阳极的方法进行保护。⑧铝合金汽车板的价格昂贵，达到钢铁材料的 5 倍。由上述可知，以上亟待解决的技术难题直接影响着铝合金在商用车上的推广应用。

3　总结

（1）国外商用车车架轻量化采用屈服强度大于 650 MPa 级高强钢，国内普遍采用抗拉强度 510～610 MPa 级高强钢，少数企业采用抗拉 650 MPa 级高强钢，横梁采用 590 MPa 级高强钢。

（2）国外商用车车身大量采用 340 MPa 级别以上的高强度钢板，使用比例高达 83%，而国内使用比例在 10%～15%。

（3）国内商用车货厢材料轻量化目前处于起步阶段，可采用 ESP 技术生产的高强钢和挤压铝合金型材，实现货厢大幅度轻量化及强度的提升。

（4）在货厢、车轮、燃油箱、储气筒、工作台、散热器及中冷器零部件上，国内外铝合金应用水平相当；在前下防护、驾驶室、鞍座、车架纵梁、车架横梁及连接板零部件上，国内铝合金应用存在技术难题。

参考文献

[1] 王青春，赵娟妮．载货汽车车架轻量化评价方法及优化设计 [J]．锻压技术，2017，9（42）：174 - 181.

[2] 叶爱凤，徐彪．东风商用车轻量化开发 [J]．汽车工艺与材料，2010（2）：7.

[3] 邸洪双，王晓南，等．轻量化材料在重型卡车上的应用现状 [J]．河南冶金，2010，3（18）：1 - 3

[4] 曹广详，张洋，等．屈服强度 700 MPa 级高强钢在商用车轻量化中的应用 [J]．汽车材料与工艺，2017（2）：60 - 63.

[5] 雷飞，李贵涛，等．高强度钢在商用车正碰安全性设计中的应用研究 [J]．机械强度，2017，39（1）：71 - 78.

[6] 余浪，代诗环，等．重型商用车驾驶室轻量化技术应用 [J]．汽车科技，2017（2）：103 - 108.

[7] 全铝轻量化商用车全球市场分析 [J]．世界有色金属，2012（10）：54 - 57.

28

曲轴开裂拉瓦失效分析

颜 婧[1]　冯继军[1]　余政宏[2]　卢柳林[1]
陈雷磊[1]　高 勇[1]　洪语哲[1]

1. 东风商用车有限公司东风商用车技术中心工艺研究所，
湖北武汉　430056
2. 东风商用车有限公司发动机厂，湖北十堰　442001

【摘　要】 某卡车的大马力发动机在行驶过程中突然异响，经拆解发现发动机第5缸连杆瓦拉瓦、抱轴，第5缸连杆轴颈拉伤并出现与轴向呈45°的裂纹，其他轴瓦检查发现主轴承下瓦有轻微拉伤。本文通过宏观痕迹分析、断口分析、金相分析、化学分析、硬度检测等手段，得出以下结论：曲轴先开裂后，轴颈表面形成刀口，导致了拉瓦、抱轴事故的发生；曲轴的裂纹为起源于油道内壁（淬硬层以下）的扭转疲劳开裂，与曲轴受到了异常的扭转力有关。非调质钢曲轴基体中存在大量聚集成排的 MnS 夹杂物，是疲劳裂纹起源的另一个诱因。后续通过对配对的扭振减震器进行台架试验检测，发现扭振减震器已失效。

【关键词】 曲轴；拉瓦；扭转疲劳开裂；油道内壁；扭振减震器；MnS 夹杂；非调质钢

1 引言

汽车发动机曲轴是发动机的重要部件，它承受连杆传来的力，并将其转变为转矩，通过曲轴输出并驱动发动机上其他附件工作。曲轴受到旋转质量的离心力、周期性变化的气体压力和往复惯性力的共同作用，使曲轴承受弯曲和扭转载荷。因此要求曲轴具有足够的强度和刚度，轴颈表面需耐磨且润滑良好[1]。

大马力柴油发动机的曲轴工作情况更为苛刻，对材料的要求也更加严格。曲轴材料一般采用中碳钢或中碳合金钢模锻，或采用高强度的稀土球墨铸铁。近年来，非调质钢由于其较低的成本和较优良的性能，在柴油发动机曲轴上也得到了良好的应用[2]。非调质钢中的非金属夹杂物 MnS 的适量存在虽然可以改善非调质钢的加工性能，但其夹杂物形态和级别若控制不当，会严重影响曲轴的疲劳性能，造成曲轴的疲劳失效[2]。非调质钢曲轴由于夹杂物而导致疲劳断裂的事件屡见各文献报道[3~5]。

曲轴在运行过程中,由于受力和结构的特征,其危险或薄弱的环节一般是曲轴轴颈圆角处、曲轴油孔处等应力集中的部位;也有发生在曲柄处的疲劳断裂失效,与其材料缺陷相关。总之,汽车发动机曲轴在其设计、制造、使用中任何一个环节的不当,都可能会造成其失效[6]。曲轴是具有一定弹性和旋转质量的轴,本身具有一定的固有频率。在发动机工作过程中,曲轴的弹性和作用于轴系的周期性扭矩使发动机时刻存在着扭转振动。扭振会使轴系承受交变应力,随着疲劳的积累,将造成曲轴的突然断裂。扭振时,曲轴前端的角振幅最大,如果扭振的频率与曲轴系统的固有频率相等或是其某一倍数时,就会发生共振,轻则引起较大的噪声,加剧其他零件的磨损,重则甚至会出现曲轴断裂等恶性机损事故。在曲轴上加装扭振减震器是控制曲轴扭振的主要措施[2,7~9]。在文献报告中,除了常见的曲轴弯曲疲劳外,曲轴发生扭振疲劳失效的案例也很常见[10~12]。曲轴扭转疲劳失效的主要形式是连杆颈斜油孔失效,异常失效形式有曲柄臂失效和连杆颈下止点失效;曲轴曲柄臂凹陷和凸起的标识、原材料夹杂、斜油孔内部加工刀痕和受力异常都会导致曲轴异常的扭转失效[13]。

本文所分析的案例中,车辆在运行里程为 4 万多千米时,发动机突然异响,拆解发现第 5 缸连杆瓦拉瓦、烧瓦并抱轴;曲轴第 5 缸连杆颈拉伤,且发现与轴向呈 45°的裂纹。通过宏观痕迹分析、断口分析、金相分析、化学分析、硬度检测等手段,找到了曲轴开裂、连杆瓦拉瓦等一系列故障的原因,为类似的发动机故障模式提供了参考分析价值,采取相应改善措施后,将避免类似失效模式再次发生。

2 理化检验与分析

2.1 宏观痕迹分析

失效曲轴的宏观形貌如图 1(a)所示,裂纹出现在第 5 缸连杆颈表面,穿过油孔,与轴向呈 45°,如图 1(b)所示;轴颈表面有拉伤痕迹,其他缸曲轴轴颈表面无拉伤,无磨损变色痕迹。主轴瓦下瓦有轻微拉伤,无烧瓦痕迹,如图 1(c)所示;连杆瓦下瓦有轻微拉伤,对应的第 5 缸连杆下瓦磨损严重,瓦背面磨糊变色,如图 1(d)和图 1(e)所示;对应的第 5 缸连杆大头孔内表面有拉伤磨痕,如图 1(f)所示。综上所述,除了第 5 缸曲轴开裂及连杆瓦拉瓦、烧瓦之外,其他缸的轴颈、轴瓦并无明显异常磨痕,说明其润滑能力良好,润滑油膜并未被破坏。

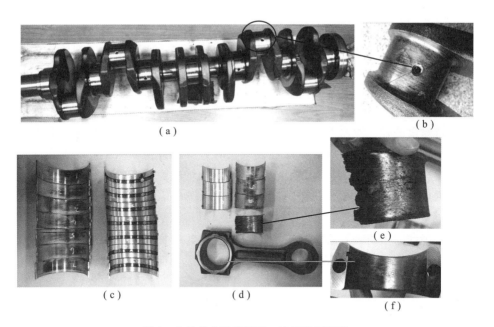

图 1　失效的曲轴及轴瓦、连杆宏观形貌

（a）失效曲轴宏观形貌；（b）连杆颈裂纹宏观形貌；（c）主轴承上下瓦磨损形貌；
（d）连杆及连杆上下瓦磨损形貌；（e）第 5 缸连杆瓦磨损形貌；（f）连杆大头孔内表面磨损形貌

2.2　曲轴裂纹（断口）宏观分析

将曲轴裂纹打开，其断口如图 2（b）所示，从内侧油道处（圆圈处）起源，线源、源区长度约 18 mm，源区边缘距轴颈表面约 8 mm（轴颈表面淬硬层深度以下），源区有许多疲劳台阶。裂纹起源后，向箭头方向扩展，扩展区有明显疲劳弧线，瞬断区有明显放射纹路；从断口裂纹扩展的痕迹看，为受扭转力下疲劳开裂。

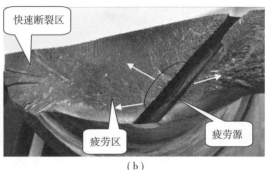

图 2　曲轴裂纹及断口宏观形貌

（a）连杆颈处裂纹形貌；（b）连杆颈裂纹打开后的断口宏观形貌

2.3 曲轴断口微观分析

断口源区布满疲劳台阶,如图3(a)所示;起源处放大,在不少的区域发现有聚集排列的夹杂物,主要为A类MnS夹杂,如图3(b)和图3(c)所示;裂纹扩展区的微观特征如图3(d)所示,为疲劳特征。

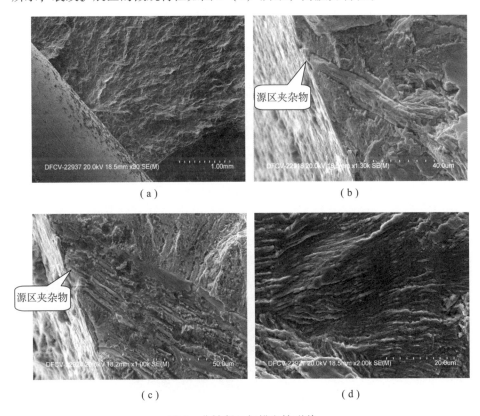

图3 曲轴断口扫描电镜形貌
(a) 断口裂纹起源区低倍形貌;(b) 裂纹源区的夹杂物;
(c) 夹杂物处萌生的裂纹;(d) 疲劳扩展区断口微观形貌

对源区的夹杂物进行能谱分析,如图4所示,可见其夹杂物为MnS夹杂。

2.4 曲轴基体夹杂物分析

从断口源区可知,裂纹起源于大量的夹杂物处。为了检测基体中夹杂物的形态和级别,在断口附近平行于断口取纵向样,磨制金相抛光后曲轴基体中夹杂物形貌如图5所示,硫化物呈长条状、短杆状和纺锤状、球状等,并聚集在一起。A类(MnS)夹杂标准视场中长度总和为1 300 μm,按GB/T 10561—2005评定,夹杂物级别为4~5级。B类夹杂评定为1级。

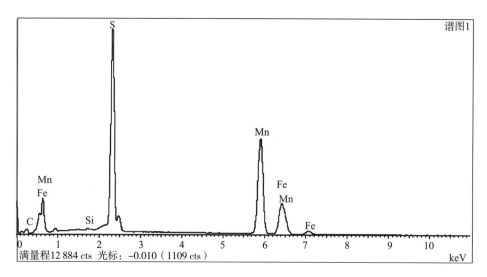

图 4 起源处夹杂物能谱分析

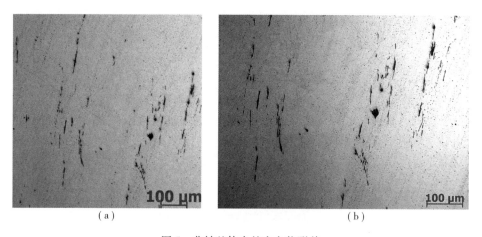

图 5 曲轴基体中的夹杂物形貌

（a）非金属夹杂物（标准视场）100×；（b）夹杂物形貌放大 200×

2.5 金相组织分析——晶粒度和组织

曲轴基体组织为珠光体 + 网状和块状的铁素体，有混晶现象，晶粒度最细为 6 级，最粗为 3 级，如图 6（a）所示。断口源区和油道附近的金相组织与基体一致，无异常，如图 6（b）所示。

在垂直于第 5 缸连杆轴颈表面取样，发现众多与表面呈 45°的微裂纹，如图 7 所示。这是连杆轴颈拉瓦所导致的磨削裂纹。

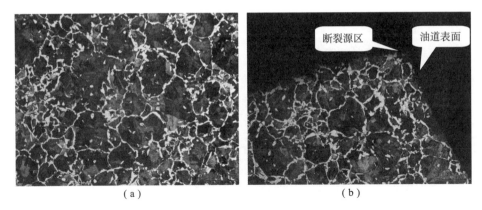

图 6 曲轴金相组织形貌
(a) 基体金相组织形貌；(b) 裂纹源区附近金相组织形貌

图 7 第 5 缸连杆颈磨削裂纹

2.6 化学分析

对曲轴基体（轴颈截面心部）进行化学成分检测，所得结果如表 1 所示。其成分中 S 含量极其不均匀（最高 0.07%，最低 0.03%）。

表 1 曲轴基体化学成分检测结果（质量分数） %

元素	C	Si	S	P	Mn	Cr	Ni
含量	0.39	0.57	样品不均匀	0.018	1.45	0.15	0.018

2.7 硬度检测

测试轴颈截面（芯部）的硬度值，所得结果如表 2 所示。基体的硬度值基本满足技术要求。

表 2　曲轴基体硬度测试结果

名称	HBW5/750
连杆颈横截面（芯部）	236，222，220
标准要求	223~285

2.8 扭振减震器台架试验检测

对匹配的曲轴扭振减震器进行台架试验检测。检测结果证明，0.45 阶时扭振幅值达 0.43，6 阶时扭振幅值达 0.32，已远超设计要求的 0.17，确定失效，因振动过大将测试用的传感器振坏[14]。

3　分析与讨论

整个故障中，曲轴第 5 缸连杆瓦拉瓦最严重，连杆下瓦拉瓦并磨糊变色，连杆轴颈表面也被拉伤，且表面还出现一条与轴向呈 45°的裂纹。拉瓦抱轴会导致曲轴受力异常而断裂，曲轴开裂也会在表面形成刀口导致拉瓦抱轴故障。本次失效故障中，从以下几方面可以推断是曲轴开裂在先，拉瓦在后，曲轴开裂为拉瓦抱轴的肇事件：①曲轴裂纹打开后的断口为起源于油道处的（非轴颈表面）高周疲劳断口，即曲轴在裂纹起源到扩展至轴颈表面需要一定的时间，如果是拉瓦在前，轴颈与瓦面产生干摩擦后发热融化，形成黏着磨损，发生时间很短，很快导致发动机失效，不会给曲轴裂纹高周疲劳扩展的时间；②曲轴裂纹的起源在油道内表面，并非轴颈表面，与拉瓦形成的轴颈表面的磨削裂纹无关；③拉瓦最严重的是第 5 缸，轴瓦表面为有硬物划过的磨粒磨损＋黏着磨损特征，而轴颈表面并无严重磨糊变色痕迹，轴颈油道并无堵塞，说明轴颈表面的润滑能力并未丧失，先拉瓦的可能性不大。

综上所述，曲轴开裂在先，是扭转力作用下的疲劳开裂。扭转力作用下，轴颈表面受力最大。但由于曲轴轴颈处经过感应淬火处理，表面为压应力层，曲轴表面集中很大的残余压应力。离表面越远压应力越小，达到一定距离时，压应力为零，转为拉应力[15]。在本案例中，曲轴轴颈的淬硬层深约 4.8 mm，在淬硬层以下，压应力逐渐消失，取而代之的是残余拉应力。因此，裂纹的起源是在距离轴颈表面约 8 mm 的油孔表面位置。

在对断口进行分析的过程中，发现源区存在大量的成排状排列的 MnS 夹杂，这种形态的夹杂物会切割基体，降低材料的疲劳性能。从材料上说，夹杂物处是薄弱环节；从受力来说，淬硬层下的油道内表面是薄弱环节。因此，此处的扭转应力和夹杂物的削弱效应相叠加，导致了疲劳裂纹的萌生。

通常情况下，由于匹配的扭振减震器的存在，曲轴所承受的扭矩和扭振应是远小于其疲劳强度的，但仍然发生了扭转疲劳开裂。这就不得不怀疑扭振减震器的性能是否已不满足使用要求。经过对扭振减震器进行试验，发现其已经失效。因此，曲轴受到异常的、较大的扭振扭矩作用，发生扭转疲劳开裂。扭振减震器的失效是整个发动机曲轴开裂、拉瓦抱轴的最终肇事件。

4 改进建议

（1）安装性能良好的扭振减震器。
（2）从生产工艺流程上控制非调质钢曲轴基体中夹杂物的形态和级别，使夹杂物呈球化状态。

5 总结

（1）曲轴疲劳开裂后在表面形成刀口，导致了拉瓦抱轴事故的发生。
（2）曲轴的开裂为起源于油道内壁（淬硬层以下）的高周扭转疲劳开裂。曲轴开裂与其受到异常的扭转力有关。
（3）扭振减震器的失效是导致曲轴受到异常扭转力的原因。
（4）曲轴基体中存在大量聚集成排的 MnS 夹杂，是疲劳裂纹起源的另一个诱因。

参考文献

[1] 陈家瑞. 汽车构造（上册）[M]. 2 版. 北京：机械工业出版社，2004.
[2] 缪桃生，蒋鹏. 非调质钢在汽车曲轴、连杆锻件上的应用研究 [J]. 锻压技术，2010，35（6）：1 - 5.
[3] 孙军，倪培相，邵诗波，等. 48MnV 非调质钢曲轴断裂的原因分析 [J]. 机械工程材料，2016，40（2）：107 - 110.
[4] 李慎，王占花，赵秀明. 49MnVS3 非调质钢汽车曲轴断裂失效分析 [J]. 热加工工艺，2016（16）：253 - 256.
[5] 董世运，石常亮，徐滨士，等. 重型汽车发动机曲轴断裂分析 [J]. 失效分析与预防，2009，4（3）：138 - 142.

[6] 冯继军, 郭文芳. 汽车发动机曲轴常见的失效形式及原因分析 [J]. 失效分析与预防, 2006, 1 (2): 7-12.
[7] 陈超. 汽车发动机曲轴系统扭转振动分析与减振器匹配的研究 [D]. 广州: 华南理工大学, 2012.
[8] 赵勇. 汽车发动机曲轴纵向振动的研究 [J]. 中国机械, 2014 (24): 102-103.
[9] 夏光亮. 发动机曲轴连杆机构的扭振仿真及疲劳分析 [D]. 秦皇岛: 燕山大学, 2012.
[10] 赵东升, 郭海娥. 某型柴油机曲轴裂纹故障原因分析 [J]. 内燃机, 2017 (1): 34-36.
[11] 赵阳, 吕梦国, 姜全会, 等. 一种调质型汽车发动机曲轴的断裂失效分析 [J]. 金属热处理, 2013, 38 (4).
[12] 于笋, 周秋菊, 张维明. 汽车发动机曲轴断裂分析 [J]. 理化检验-物理分册, 2005, 41 (1): 29-31.
[13] 刘红福, 周先忠, 于秋明, 等. 汽车发动机曲轴扭转疲劳失效形式与原因分析 [J]. 失效分析与预防, 2015 (1): 57-61.
[14] 陈雷磊, 陈楚国. 整车故障发动机 (曲轴断裂) 减振器扭振性能测试简报 [R]. 武汉, 东风商用车技术中心, 2017.
[15] 方华, 高峥, 袁兆成, 等. 曲轴中频感应淬火过程模拟及残余应力计算 [J]. 汽车工程, 2004, 26 (3): 354-358.

29

热冲压成型门环技术研究

张建芬 刘海文 于海波

北京汽车研究总院有限公司，北京 101300

【摘 要】本文主要介绍了热冲压成型门环设计及相关的材料、工艺、性能、轻量化的研究。对前门门环位置处的零件，即A柱上加强板、A柱下加强板、B柱加强板、门槛、侧围上边梁，使用传统冷冲压成型和热冲压成型工艺进行对比。重点对热冲压成型门环结构设计、材料的化学力学性能、轻量化效果、车身碰撞性能、焊接涂装的工艺性能及成本等多方面进行对比。应用热冲压成型门环技术可以大大提高材料力学强度、碰撞性能、焊接连接强度并且使得零件个数减少、零件厚度减薄，轻量化效果显著。在成本方面，热冲压成型门环因零件数量优势减少了模具、夹具、检具的数量并且减少了焊接工序，成本降低。

【关键词】热冲压成型门环；结构设计；轻量化；CAE；工艺；成本

1 引言

热冲压成型技术是汽车轻量化及提高车身强度、刚度较完美的结合技术，在国内外汽车车身上得到广泛的应用[1,2]。热冲压成型技术使高强度钢板具有极好的可塑性、良好的成型性及热加工性能，复杂零件也可以经过一次冲压成型完成，其回弹力比冷冲压减少90%[3]以上，其优点在于：①减重效果明显，结构件可减重20%~30%；②减少零件数量和后续加工；③提高构件的强度和刚度，明显改善疲劳强度；④材料利用率高，可达95%~98%；⑤可降低生产成本15%~20%；⑥没有回弹，成型精度高、成型性能好。

随着热冲压成型模具及热冲压成型钢板的成本降低，越来越多的热成型零件应用于车身的碰撞件中[4]，包括国内外各大主机厂的合资品牌及自主品牌。主要应用的零件为保险杠、B柱加强板、门槛、A柱加强板、前后门防撞杆、中央通道、地板横梁、前纵梁、侧围边梁及顶盖横梁等，具体零件见图1及表1。

目前量产车型中使用的热冲压成型零件都是单件使用该工艺，每个零部件开一套模具，增加了模具、夹具、检具的成本，材料利用率相对较低；与冷冲压相比，单个零件使用热冲压成型技术虽然能提高强度，但并未解决降低成本、减少后续的焊接工序、焊接精度不高等弊端。

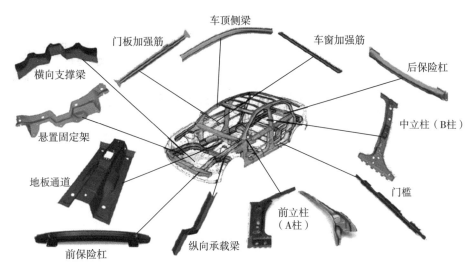

图 1　热冲压成型材料主要应用的部位（见彩插）

表 1　各车形常用热冲压成型零件

合资品牌	车形	零部件	自主品牌	车形	零部件
欧系	奥迪A3	A/B柱、门槛、中通道、地板横梁	长安	长安逸动/悦翔	B柱
欧系	宝马3系	A/B柱	上汽	荣威550/750	A/B柱、门槛
欧系	大众	A/B柱、门槛、车门防撞梁	北汽	绅宝	B柱、车门防撞梁
美系	凯迪拉克ATC	A/B柱、车门防撞梁、地板加强梁	一汽	红旗H7	B柱、门槛、车门防撞梁、上边梁、中通道
美系	福特蒙迪欧	门槛、车门防撞梁	奇瑞	艾瑞泽	A柱加强板、B柱、前后门防撞板
日系	本田Honda	B柱、门槛、车门防撞梁	长城	哈弗	A/B柱、车门防撞杆、门槛梁
日系	英菲尼迪	B柱、上边梁、顶盖横梁	比亚迪	秦、宋、S6/7	A/B柱、车门防撞杆、门槛梁、后纵梁

本文主要对前门门环处多个零件设计成一个整体的零件采用热冲压成型工艺，从材料性能、碰撞性能、成本、工艺性能、轻量化等多角度进行研究

分析，为热冲压成型门环在量产车型中的应用提供了技术支持。

2 热冲压成型门环设计

本文研究的热冲压成型门环技术，将 A 柱上加强板、A 柱下加强板、B 柱加强板、门槛、侧围上边梁加强板 5 个零件设计成一个零件，整体采用热冲压成型技术，达到提高强度、刚度、碰撞性能的同时降低成本、减轻重量的效果。

图 2 为原设计传统冷冲压成型中前门门环周边零件及料厚：A 柱上加强板（1）1.6 mm、A 柱下加强板（2）1.6 mm、B 柱加强板（3）1.5 mm、B 柱加强板补板（4）2.5 mm、B 柱内板加强板（5）2.5 mm、门槛（6）1.5 mm、侧围上边梁加强板（7）1.8 mm。图 3 为热冲压成型门环结构，将 A 柱上加强板、A 柱下加强板、B 柱加强板、门槛、侧围上边梁加强板 5 个零件整体设计为一个零件，料厚为 1.5 mm，采用热冲压工艺制造，其效果为料厚减薄且减少 B 柱加强板补板和 B 柱内板加强板两个零件。

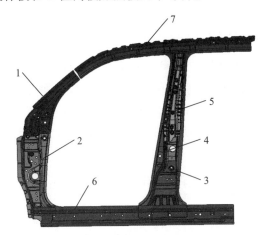

图 2　原设计门环结构

1—A 柱上加强板；2—A 柱下加强板；3—B 柱加强板；
4—B 柱加强板补板；5—B 柱内板加强板；6—门槛；7—侧围上边梁加强板

热冲压成型门环零件的模具仅有热冲压 1 序，冲孔、切边等采取激光切割处理。与原设计传统冷冲压零件对比，模具、夹具、检具数量减少，焊接工序减少，材料利用率提高，焊接精度提高，显著降低了零部件的开发成本，零部件强度刚度提高，保证了整车碰撞安全性能，同时满足轻量化需求。

图 3　热冲压成型门环结构

3　材料性能对比

3.1　材料化学成分对比

原设计中 A 柱上加强板、A 柱下加强板、B 柱加强板、门槛、侧围上边梁加强板等零件采用冷轧高强度钢板,采用材料牌号为 HC420LAD + Z、HC420LAD + Z, HC340LAD + Z, HC340/590DPD + Z 等。热冲压成型材料（高强度 B 合金钢板）的材料牌号为 22MnB5。二者化学成分有较大的差异,具体对比如表 2 所示。

表 2　化学成分对比（质量分数）　　　　　　　　　%

材料牌号	C	Si	Mn	P	S	Cr	B	Ti	Nb
HC420LAD + Z	≤0.2	≤0.5	≤1.4	≤0.03	≤0.03	—	—	≤0.15	≤0.09
HC340LAD + Z	≤0.11	≤0.5	≤1.0	≤0.03	≤0.03	—	—	≤0.15	≤0.09
HC340/590DPD + Z	≤0.15	≤0.6	≤2.5	≤0.03	≤0.03	—	—	—	—
22MnB5	≤0.21	≤0.28	≤1.35	≤0.005	≤0.004	≤0.23	≤0.003	≤0.05	—

3.2　材料力学性能对比

原设计中零件采用冷轧高强钢板,其屈服强度大于 340 MPa,抗拉强度大于 590 MPa;在设计成热冲压成型门环后,采用热冲压钢板后屈服强度大于

950 MPa，抗拉强度为 1 300～1 500 MPa，二者相比，热冲压成型材料强度远远高于冷冲压成型材料强度，具体对比如表 3 所示。

表 3 力学性能对比

材料牌号	屈服强度/MPa	抗拉强度/MPa	断后伸长率/%
HC420LAD + Z	≤420	≤470	≤17
HC340LAD + Z	≤340	≤410	≤18
HC340/590DPD + Z	≤340	≤590	≤17
22MnB5（热冲压前）	280～450	≤450	≤20
22MnB5（热冲压后）	950～1 250	1 300～1 800	≤6

4 重量对比

原设计中 B 柱总成由 B 柱加强板 1、B 柱加强板补板 2 及 B 柱内板加强板 3 组成（图 4）。由冷冲压工艺改为热冲压成型工艺之后，可以减少 B 柱内板加强板和 B 柱加强板补板两个零件，单侧减重 3.635 kg，左、右两侧共减少 4 个零件，减重 7.27 kg。图 4 为原设计冷冲压零件，图 5 为热冲压成型零件。

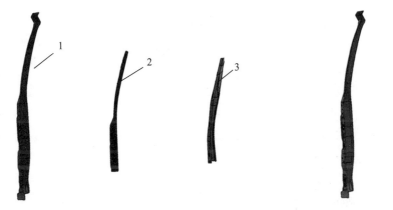

图 4 冷冲压零件　　　　　　图 5 热冲压成型零件
1—B 柱加强板；2—B 柱加强板补板；
3—B 柱内板加强板

原设计中零件由 A 柱上加强板、A 柱下加强板、侧围上边梁加强板、门槛组成，其料厚分别为 1.6 mm、1.6 mm、1.5 mm、1.8 mm。由冷冲压工艺改为热冲压成型工艺之后，可以减薄这几个零件的料厚，统一为 1.5 mm。单侧减重 0.326 kg，左、右两侧共减重 0.652 kg。

热冲压成型门环技术可以减薄料厚，减少零件数量，进而达到轻量化的目的。综上所述，某车形采用热冲压成型门环设计后，其力学性能远远高于冷冲压成型，且减重 7.852 kg。具体对比如表 4、表 5 所示。

表 4 原设计冷冲压零件

零件号	零件名称	厚度 /mm	重量 /kg	材料牌号	屈服强度 /MPa	抗拉强度 /MPa
A00034590	B柱加强板	1.5	5.496	HC420LAD+Z	>420	>470
A00034596	B柱内板加强板	2.5	2.304	HC420LAD+Z	>420	>470
A00034596	B柱加强板补板	2.5	1.331	HC420LAD+Z	>420	>470
A00034604	门槛	1.5	3.673	HC420LAD+Z	>420	>420
A00034565	A柱下加强板	1.6	2.784	HC340/590DPD+Z	>340	>590
A00034560	A柱上加强板	1.6	1.174	HC420LAD+Z	>420	>420
A00034585	侧围上边梁加强板	1.8	1.748	HC340LAD+Z	>340	>340

表 5 热冲压成型门环设计

零件号	零件名称	厚度 /mm	重量 /kg	材料牌号	屈服强度 /MPa	抗拉强度 /MPa
A00034590	B柱加强板	1.5	5.496	22MnB5	>950	1 300~1 500
A00034604	门槛	1.5	3.673	22MnB5	>950	1 300~1 500
A00034565	A柱下加强板	1.5	2.61	22MnB5	>950	1 300~1 500
A00034560	A柱上加强板	1.5	1.10	22MnB5	>950	1 300~1 500
A00034585	侧围上边梁加强板	1.5	1.67	22MnB5	>950	1 300~1 500

5 碰撞性能对比

在车辆碰撞过程中，尤其是偏置碰和侧碰对门环位置处零件的结构和强度要求较高，需要较高的耐冲击性、吸能性、变形量等。本文对原设计和热冲压成型门环结构（2种料厚：1.0 mm、1.5 mm）进行侧碰及偏置碰的模拟分析，结果表明偏置碰撞过程中，A柱上加强板位置处侵入量由55 mm降低至22 mm，降低60%；A柱下加强板位置处侵入量由45 mm降低至17 mm，降低62%；侧围左上端位置侵入量由65 mm降至40 mm，降低14%。具体如表6及图6所示。在侧碰过程中，B柱位置的侵入量由95 mm降低至85 mm，降低10%。具体如表7及图7所示。

表6　偏置碰撞结果分析　　　　　　　　　　　　　　　　mm

侵入量＼零件名称	原结构	热冲压成型门环（料厚1.0 mm）	热冲压成型门环（料厚1.5 mm）
A柱上加强板	55	38	22
A柱下加强板	45	22	17
侧围左上端	65	47	40

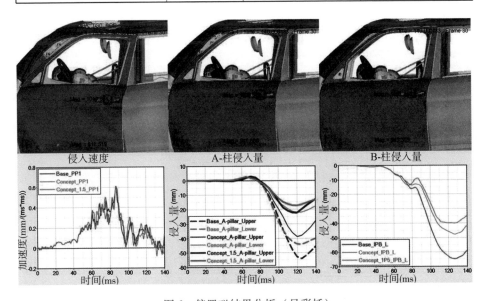

图6　偏置碰结果分析（见彩插）

表7　侧碰撞结果分析　　　　　　　　　　　　　　　　mm

侵入量＼零件名称	原结构	热冲压成型门环（料厚1.0 mm）	热冲压成型门环（料厚1.5 mm）
B柱	95	90	85

经碰撞模拟分析证明，热冲压成型门环对正面偏置碰撞工况下驾驶舱稳定性有较大的提升，对侧面耐撞性能有一定的提升。

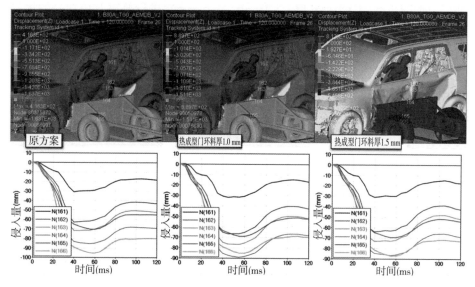

图 7　侧碰结果分析（见彩插）

6　工艺性能

6.1　焊接性能

本文对热冲压成型材料与不同材料牌号、不同料厚的钢板进行点焊试验，之后对焊点试片进行剪切拉伸性能测试，图 8 为热冲压成型钢板涂层板（1.6 mm）与热冲压成型钢板裸板（1.6 mm）搭接，其焊点处剪切强度为 26.8 kN。图 9 为热冲压成型涂层板（1.6 mm）与 980 级别高强钢（1.2 mm）焊接，其焊点处剪切强度为 17.8 kN。图 10 为热冲压成型涂层板（1.6 mm）与 780 级别高强钢（1.6 mm）焊接，其焊点处剪切强度为 21.6 kN。从上述试验结果可以看出，热冲压成型钢板与异种材料、异种厚度的钢板搭接时，点焊性能好，焊接强度高。

图 8　热冲压成型材料涂层板与裸板焊点试片

图 9　热冲压成型材料涂层板与高强钢板 980 级别焊点试片

图 10　热冲压成型材料涂层板与高强钢板 780 级别焊点试片

6.2　涂装性能

本文对热冲压成型材料的涂装性能进行研究。图 11 为 ED 涂装后热冲压成型钢板进行的百格试验样片，可以看出，ED 涂装后热冲压成型钢板表面无褶皱、生锈，且 ED 涂层可 100% 附着、不脱漆。

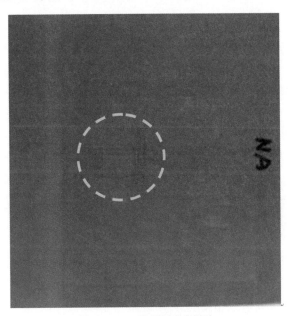

图 11　ED 后百格试验样片

对热冲压成型钢板进行腐蚀试验，图 12 为 ED 涂层腐蚀试验样片。经试验证明，经 480 h 盐雾试验后，热冲压成型钢板表面无气泡、褶皱、生锈，且 X-cut 最大单边腐蚀宽度为 0.9 mm、0.9 mm、1.0 mm，远小于标准值 4 mm，耐腐蚀性能好。

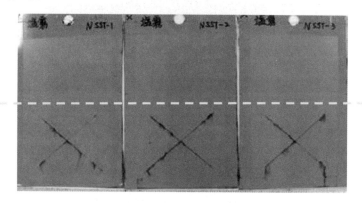

图 12　ED 涂层腐蚀试验样片

7　成本对比

7.1　原材料成本对比

冷冲压成型高强度钢板价格 6 000～7 000 元/t，热冲压成型裸板 6 000～7 000/t，热冲压 Al-Si 镀层板 8 000～9 000 元/t。按照单价重量计算（不含材料利用率），原结构中门环周边零件的原材料价格为 120 元，热冲压成型门环使用热冲压成型裸板价格为 94 元，使用 Al-Si 涂层板的原材料价格为 138 元，三者价格对比为 1∶0.75∶1.15，使用热冲压成型裸板的原材料成本要远低于传统冷冲压原材料的成本。

以上分析均是按零件重量计算，不含材料利用率。冷冲压零件材料利用率平均为 50%，热冲压成型门环的材料利用率高达 85%。二者对比，热冲压成型原材料成本远低于冷冲压成型原材料。

7.2　模具、检具、夹具成本对比

传统冷冲压成型门环位置的零部件较多，开发前期的模具、夹具、检具、焊接设备、人工等投入较大，并且由于工序复杂，故导致产品加工难度大、产品稳定性下降以及焊接精度差等缺点。

对于传统的冷冲压模具，复杂零件模具需要 4 序，简单零件需要 3 序，

在该车型门环结构处的 7 个零件模具为 7 套，总共约 25 序，其模具和检具价格约为 414.5 万元。该门环零部件整体设计成一个零件之后，采用热冲压成型工艺，仅需要热冲压成型的一个模具和一个检具，价格约为 445 万元。如单纯对比模具成本，热冲压成型模具稍高于冷冲压模具。但因冷冲压的 7 个零件需要焊接在一起，焊接所需要的焊接设备、人工成本、生产工序、生产空间等方面总体对比，热冲压成型门环的成本更低。

以上原材料成本及模具、夹具、检具成本分析均是单侧成本分析，若两侧均使用热冲压成型门环技术，其单车成本将大幅度降低。

8 总结

热冲压成型门环技术将 A 柱上加强板、A 柱下加强板、B 柱、门槛、侧围上边梁 5 个零件整体热冲压成型，与传统冷冲压零件对比，强度、刚度大大提高，碰撞安全性能提高，解决 A 柱、上边梁等位置处的分缝问题，材料利用率提高，焊接精度提高，显著降低了零部件的开发成本，且满足轻量化需求。目前，越来越多的热冲压成型技术应用于车身零件制造，且诸多高端车中开始研发使用热冲压成型门环技术，应用前景较广阔。

参考文献

[1] 陈辉，景财年. 热冲压成型技术在汽车轻量化中的应用与发展 [J]. 金属热处理，2016，41（3）：61-66.

[2] 王丽影. 超高强度钢板热冲压成型技术研究 [D]. 上海：同济大学，2008.

[3] 叶平，沈剑平，王光耀，等. 汽车轻量化用高强度钢现状及发展趋势 [J]. 机械工程材料，2006，30（3）：4-7.

[4] 侯飞. 轿车侧面碰撞新车评价程序及提高轿车侧面碰撞性能的措施 [J]. 汽车工程，2000，22（6）：413-417.

设计夹具应用直读光谱法分析细丝样品中的元素

张金娥

神龙汽车有限公司成都分公司

【摘　要】 细丝样品（φ2 mm 以下）的化学成分分析，传统方法是采用湿法化学分析，存在标样匹配选择较难、消解过程复杂且耗时较长等问题，往往需要较长时间才能得到准确结果。本文通过设计细丝样品夹具，剖析影响数据准确性的因素并加以优化，直读法测试结果与湿法化学分析结果接近，实现细丝样品（φ2 mm 以下）的直读光谱分析。

【关键词】 细丝样品；小样品夹具；火花直读；类型标准化

1　引言

SPECTRO MAXx 直读光谱仪具有分析速度快、检出限低、样品处理简单等优点，适用于铜、铁、铝、镍等多种基体的金属元素分析，给现代工业的金属元素分析带来了极大的便捷。但是对于 φ2 mm 以下的细丝样品，缺乏相应的夹具及方法，无法用直读光谱对其进行分析。

细丝样品（φ2 mm 以下）的化学成分分析，传统方法是采用湿法化学分析，C、S 元素采用高频红外碳硫仪分析。湿法化学分析存在标样匹配选择较难、消解过程复杂且耗时较长、基体匹配等问题，往往需要较长时间才能得到准确结果。

本文设计不同细丝样品夹具，根据元素测试结果的相对标准偏差（RSD）选择最适宜的细丝样品夹具；分析影响数据准确性的因素（如类型标样、样品处理方法等），通过试验加以优化，将直读法测试结果与湿法化学分析结果进行比较，实现细丝样品（φ2 mm 以下）的直读光谱仪直接测试。

2　试验部分

2.1　主要仪器与样品

设备：SPECTRO MAXx 直读光谱仪，德国斯派克分析仪器公司。

高纯氩：纯度＞99.999%，经过氩气净化器净化。

样品：ϕ1 mm ER50-6 细丝、ϕ1.2 mm SG-CuSi3 铜硅细丝。

2.2 仪器工作条件

氩气压力：0.6~0.7 MPa；环境温度：(23±2)℃，相对湿度：50%~60% RH。

2.3 试验方法

设计几种与样品匹配的夹具，测试细丝元素含量，通过测试结果的相对标准偏差（RSD）确定最优夹具。将类型标准样品和待测样品打磨处理，选择相应基体的分析程序，平行激发类型标准样品 3 次以上进行系数校正；然后将待测样品平行激发 10 次以上，去掉前 5 次测试结果，在精密度良好的情况下取其平均值作为分析结果。

用化学法（湿法消解法及红外吸收法）测试细丝的化学成分，与火花直读法测试结果进行比较，确认火花直读法测试结果的准确性。

3 结果与讨论

3.1 夹具设计

利用圆管、块状金属自制不同的夹具，通过比较不同夹具所测细丝元素含量的精密度（相对标准偏差 RSD）来确定最优夹具。

3.1.1 夹具 A：V 形槽夹具（3 mm 等腰梯形槽）

细丝的截面积过小，不足以激发，故选用细丝的侧面进行测试；单根细丝侧面易熔断，故设计 3 mm 宽 V 形槽夹具，使得细丝宽度达到 3 mm。

选用一块不小于 ϕ40 mm×30 mm 的 20C，绘制夹具图纸（图 1），用线切割机加工制作 V 形槽夹具。

图 1 细丝夹具设计图——夹具 A（V 形槽）

将细丝表面打磨处理,用几根细丝紧密捆好,放入 V 形槽中,激发侧面。通过试验发现,此夹具下连续激发 15 次,去掉前 5 次结果,取后 10 次结果,RSD 较小。但此夹具漏气漏光现象较严重,气密性差。

3.1.2　夹具 B:圆管夹具

单根细丝的截面积小,多根细丝紧密捆绑,其截面积可用于激发测试元素含量。

选取一直径为 6~11 mm、高度约为 40 mm 的金属圆管作为夹具(图 2);将细丝剪切成高度一致(稍大于 40 mm)的样品,紧密捆绑,用锤子敲进圆管内,尽可能填满圆管,细丝高出圆管 5 mm 左右。然后用切割机将圆管一端切平,并用砂轮打磨烘干后待测。

图 2　细丝夹具设计图——夹具 B(圆管)

通过试验发现,此夹具下细丝元素含量 RSD 较小,但样品不易固定,表面不平整时易漏气、漏光。

3.1.3　夹具 C:圆管夹具 + 棒材夹具

将夹具 B 做好的样品作为棒材,放入棒材夹具(图 3)中进行测试,此夹具下样品可经过氩气充分冲洗,可最大限度地减少漏气、漏光现象,减少空气的影响,提高稳定性及精密度。

图 3　细丝夹具设计图——夹具 C(圆管 + 棒材)

A、B、C 三种夹具测试细丝元素 RSD 见表 1,通过比较 RSD 值及试验现象,夹具 C(圆管 + 棒材)可得到较好的结果。

30 设计夹具应用直读光谱法分析细丝样品中的元素

表1 不同夹具下细丝元素 RSD 比较 %

元素 （样品：ER50-6）	夹具 A：V 形槽 RSD	夹具 B：圆管 RSD	夹具 C：圆管+ 棒材 RSD
C	5.03	4.12	2.77
Si	4.52	1.07	0.75
Mn	1.05	0.93	0.44
S	24.59	7.29	3.48
P	8.75	2.29	1.56
Cu	6.56	8.25	4.20
合计	50.5	23.95	13.2

以下试验在夹具 C 的基础上进行。

3.2 影响因素分析及准确度实验

3.2.1 氩气纯度及流量

氩气的纯度对测试结果有较大影响；氧对 200 nm 以下的谱线有强烈的吸收作用，使分析谱线的强度下降，C、P、S、N 的分析谱线在真空紫外区，易被氧吸收，导致结果偏低[1]。采用氩气净化器来提高氩气纯度。

此外，还可增加氩气冲洗流量，在分析样品前，用大流量冲洗 1 h 来消除影响。

氩气流量大时对放电表面的冲击能力大，易使火花产生跳动，造成放电不稳定；若冲击能量小，则不足以将激发中产生的气体和化合物冲掉，在电极周围聚集污染物，抑制试样的继续激发，分析重复性差[2,3]。通过试验，SPECTRO MAXx 直读光谱仪的氩气压力设置在 0.7 MPa 可满足使用要求。

3.2.2 ICAL 校准及类型标准样品的选择

直读光谱仪会随着温湿度、氩气压力变化、振动等出现标准曲线漂移，可通过标准化修正漂移的影响；对于 SPECTRO MAXx 直读光谱仪，可通过 ICAL 校准和类型标准化实现对漂移的修正。

在确保样品平行测试数据稳定（RSD 较小）的情况下，通过类型标准化可取得某元素设备测试值与标准值的系数关系，将此系数应用于样品的成分分析，可得到较准确的成分含量。

选择与待测样品的规格牌号一致或成分接近的有证光谱标样作为类型标准化样品，其元素成分通过湿法化学分析得到，C、S 元素通过碳硫仪分析而得。

3.2.3 样品制备[4]

用于光谱分析的试样表面不能有砂眼、气孔或裂纹等缺陷,打磨出的纹路需清洗且要顺同一方向。将细丝剪切成高度一致(稍大于 40 mm)的样品,紧密捆绑,用锤子敲进圆管内,尽可能填满圆管,确保细丝密实、无松动,然后用切割机将圆管一端切平,在激发前用砂轮打磨。

样品处理好后立即测试,以免表面形成氧化物,影响测试结果。

3.2.4 分析条件及数据处理

应用细丝夹具测量时,细丝之间存在缝隙,气密性较差,采用夹具 C 可提高激发室内的气密性。固定好样品及夹具后,冲洗 3 min 使激发室内尽可能充满氩气保护气,减少空气中氧气与金属燃烧而导致的激发白点。激发样品时,采取同一部位连续多次激发的方式来消除细丝间缝隙带来的误差。前几次激发实际上是对试样表面局部进行精炼,消除组织结构差异,起预燃作用[5]。通过试验发现,一般激发 5 次以后分析数据趋于稳定,每次测试进行 10~15 次激发,删除前 5 次的数据。

3.2.5 准确度试验:火花直读法与化学法比较

采用化学法(ICP 及碳硫仪)与本方法对细丝进行元素含量测定,结果列于表 2、表 3。从表中可看出,两种方法测试各元素的相对误差较小,特别是主要元素 C、Si、Mn、Cu 的相对误差均在 10% 以下,火花直读法的准确度符合要求。

表 2 ER50-6 ϕ1.0 mm 准确度和精密度试验结果   %

元素	化学法 ICP、碳硫仪测试结果	火花直读光谱仪测试结果		相对误差
		夹具 C	RSD	
C	0.092	0.101	2.77	9.8
Si	0.852	0.842	0.75	1.2
Mn	1.521	1.542	0.44	1.4
S	0.004 2	0.004 5	3.48	7.1
P	0.011	0.011 3	1.56	2.7
Cu	0.025	0.023	4.20	8.0

表 3 SG-CuSi3 ϕ1.2 mm 准确度和精密度试验结果   %

元素	化学法 ICP 测试结果	火花直读光谱仪测试结果		相对误差
		夹具 C	RSD	
Mn	0.823	0.836	0.065	1.6
Fe	0.018	0.020	8.08	11.1

续表

元素	化学法 ICP 测试结果	火花直读光谱仪测试结果		相对误差
		夹具 C	RSD	
Al	0.001	0.000 9	0	10.0
Zn	0.019	0.021	1.96	10.5
P	0.000 7	0.000 6	0	14.3
Si	2.94	2.92	0.68	0.68
Sn	0.007	0.007 1	1.54	1.4

4 总结

（1）采用自制夹具 C（圆管+棒材）可实现 $\phi 2$ mm 以下细丝样品的直读光谱分析，精密度和准确度均能符合要求，且操作简单、分析效率大大提高。

（2）细丝样品的直读光谱分析的影响因素包括夹具的类型、氩气纯度及流量、（智能逻辑校正）校准、类型标准化、样品的处理及分析条件等。定期进行 ICAL 校准，分析前用大流量气流冲洗 1 h 以上，选择适宜的类型标样做好类型标准化，选择最适宜的夹具处理样品使样品尽可能密实，并用切割机切割后打磨，立即测试，可确保数据准确性。

（3）应用细丝夹具测量时，细丝之间会存在缝隙，气密性较差，因此激发前用氩气冲洗确保激发室氩气氛围，并采用同一部位连续多次激发的方式来消除这种影响。

参考文献

[1] 陈群芝. 直读光谱法测定钢铁中常规元素结果准确性的探讨 [J]. 理化检验-化学分册，2012（48）：24.
[2] 徐秋心. 实用发射光谱分析 [M]. 成都：四川科学出版社，1993.
[3] 王春彦. 浅谈直读光谱仪检测准确度的影响因素 [J]. 石油工业技术监督，2016（10）：27.
[4] GB/T 222—2006 钢的化学分析用试样取样法及成品化学成分允许误差 [S].
[5] 古星，曾莉. 不锈钢丝的光电直读光谱分析 [J]. 检测与分析，2010（2）：43.
[6] GB/T 4336—2016 碳素钢及中低合金钢的光电发射分析 [S].

水泵叶轮疲劳开裂力学模型分析

刘 瑶 常淑彤 常连霞 董笑飞

第一汽车集团公司技术中心

【摘 要】 某汽车发动机在整车高速试验和台架可靠性耐久试验中,有几台次相继出现了水泵叶轮疲劳开裂的问题,同时伴有叶轮和壳体汽蚀现象。经过对两种失效现象及其分布特征进行综合分析,确认为特定工况下水泵内压水水流的紊乱导致了叶片特定部位和局部壳体水流过大而产生的气蚀,同时衍生了不合理的叶轮弯曲疲劳载荷,引发了叶轮的疲劳开裂。

【关键词】 发动机;水泵叶轮;疲劳开裂;汽蚀

1 引言

水泵是发动机冷却系统的核心部件,为离心式结构。离心泵是利用叶轮旋转而使水产生离心力来工作的,泵轴带动叶轮和水做高速旋转运动,在离心力的作用下被甩向叶轮外缘,经蜗形泵壳的流道流入出水口。而在水泵叶轮中心处,由于水在离心力的作用而形成真空,入水口的水在回水压力的作用下进入泵壳内,循环水在叶轮的作用下不断流入、流出而输送水并冷却发动机。

某发动机水泵结构如图1所示,该水泵叶轮带有挡水板,点焊在叶轮上。泵体进水口的位置如图2所示。叶轮叶片结构、分布及与泵体的结构关系如图3所示。叶轮叶片为弧形,凸面为推水面,如图4所示。

图1 水泵的结构形状

31 水泵叶轮疲劳开裂力学模型分析 | 251

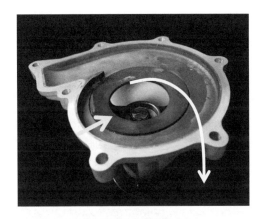

图 2　水泵的进水口结构

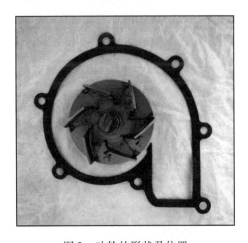

图 3　叶轮的形状及位置

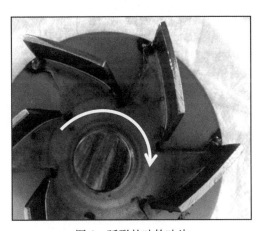

图 4　弧形的叶轮叶片

2 水泵的失效特征

（1）问题首先是从发动机耐久可靠性试验中提出的，试验到 300 h 后发现水泵叶轮有一片叶片掉落，后对叶轮进行观察后发现另外 5 个叶片也均发生了疲劳开裂，分别如图 5~图 7 所示。可以看出，疲劳裂纹源起源于叶轮叶片背水面的内侧顶角部位，疲劳断口如图 8 所示。由此说明，疲劳起始于叶片推水的压应力区域，这是疲劳开裂力学模型分析的焦点。

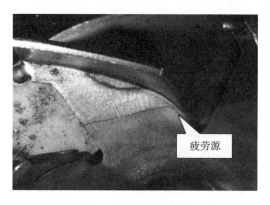

图 5　叶片疲劳源位置

图 6　叶片疲劳源微裂纹（一）

（2）另外，在叶轮叶片推水面的中间区域，所有叶片均有或轻或重的汽蚀现象，如图 9、图 10 所示，因此汽蚀的产生条件及与叶片疲劳的相关性引起了我们的重视。

（3）再考察叶片疲劳损伤的情况，拆解了一台高环高速路试车辆的发动机水泵，发现其叶轮叶片也有 3 片在同样的位置有疲劳微裂纹发生，叶片的

31 水泵叶轮疲劳开裂力学模型分析

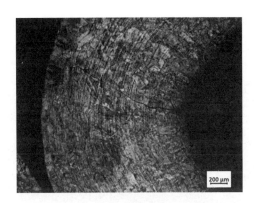

图 7 叶片疲劳源微裂纹（二）

图 8 叶片疲劳源断口

图 9 叶片推水面汽蚀（一）

推水面同样有不太明显的汽蚀现象，分别如图 11～图 13 所示。另外值得注意的是，该水泵的壳体局部有非常严重的区域性汽蚀损伤，延续成较长的条带

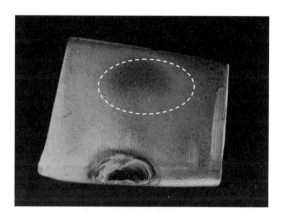

图 10　叶片推水面汽蚀（二）

图 11　轻微的汽蚀微观形貌（一）

图 12　较重的汽蚀微观形貌（二）

形，如图 13、图 14 所示。

之所以关注汽蚀损伤的问题，是考虑其与叶片疲劳开裂有某种关联性。

图 13 2#叶轮叶片轻微汽蚀（一）

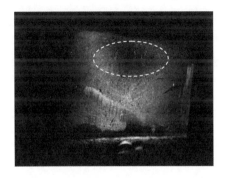

图 14 2#叶轮叶片轻微汽蚀（二）

3 理化检验

叶轮材料为 302 不锈钢板，冲压成型。金相组织为奥氏体，见图 15，硬度为 230 HV。

图 15 叶轮叶片金相组织

4　讨论分析

（1）本案例焦点是叶轮叶片弯曲疲劳开裂问题。叶轮叶片推水旋转随着在泵内方位的变化承受的疲劳性质的载荷是可以想象的，但实质问题是疲劳裂纹起始于推水面的背面根部区域，即推水的压应力面。要求我们考虑来自于背水面交变载荷的产生条件。

（2）汽蚀损伤现象是离心泵、特别是叶片常见的失效形式，危害较大。汽蚀的原理是基于水的物理特性，即水和汽互相转化以及温度和压力的关系。当温度一定，水的压力降低到饱和气压以下时，水就发生汽化。汽化的气泡在邻近区高压水的冲击下逐步碎化破裂，继而冲击金属界面形成汽蚀损伤。

（3）借助汽蚀原理和汽蚀的损伤部位特征，我们关注的是特定区域的水减压汽化条件及其与叶轮叶片结构疲劳载荷的关系。水泵的汽蚀主要与其工作状态和条件有关，值得关注的是叶面汽蚀和间隙汽蚀两类。

一类是当流量偏离设计流量时所产生的汽蚀现象，其气泡的形成和溃灭基本上发生在叶片的正面和反面，我称为叶面汽蚀。有资料指出，当泵的流量大于设计流量时，K_1 位置也就是推水面压力最低，可能出现汽蚀；当泵的流量小于设计流量时，K_2 位置也就是背水面的压力最低，可能出现汽蚀。汽蚀部位分别见图 16。简言之，前者称为推水推不出去，后者称为抽水抽不进来。

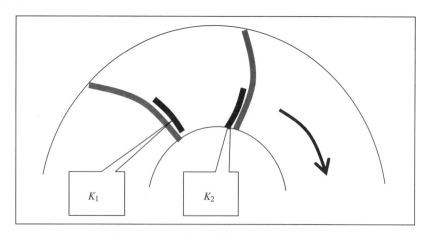

图 16　离心泵中压力最低（汽蚀）的部位

经分析认为，当出水流量不满足叶轮导水的能力出现淤堵时，泵内水流紊乱，推水面会出现划水的高速水流情况，导致汽蚀面压力减小而发生汽化，因而衍生出背水面承受推力载荷的情况，这种情况被认为应该出现在叶片位于出水口一侧区域区间。另外,从空气动力学的原理分析,叶片的弧形结构在划水的状态下,凸面流体速度较大而压力降低,也会导致出叶片凹面产生瞬时和交变的推力载荷。

另一类是关于壳体的条状汽蚀损伤,性质属于间隙型汽蚀。因为轴流泵叶片外缘与泵壳的间隙很小,在叶片正反面压力差的作用下,间隙中的反向流速大,压力降低,使泵壳对应叶片外缘部位引起间隙汽蚀。实际上这种汽蚀与前述的叶片正面汽蚀的条件是等同的,损伤也具有伴生性,从另一个角度说明水泵加压能力高于发动机水循环的条件能力,叶片推水面汽蚀发生应该在此区域范围内,分别如图17~图19所示。

图17　2#泵壳体汽蚀区域

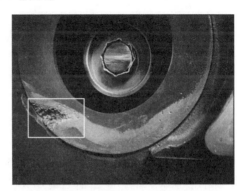
图18　2#泵壳体汽蚀条带及位置

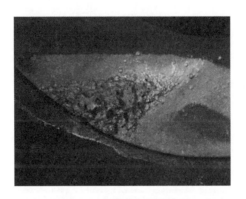
图19　2#壳体局部严重汽蚀

(4) 关于水泵能力过大实际上与水泵的转速过高有关,经实际了解,无论是发动机的耐久试验或是整车的高环试验,水泵都处于高速工作状态,最高转速均可以达到6 000~7 000 r/min。

(5) 水泵高速运转,发动机的水循环系统能力不足,导致泵内的水流紊乱,叶片正面高速划水构成的负压,或者称叶片正反面的瞬时压差,促成了叶轮叶片的反向疲劳载荷,这是叶片背面疲劳开裂的物理条件。

(6) 叶片疲劳开裂部位的冲压圆角过小,也是我们关注的开裂条件之一,并对此进行了改进。

5 总结

(1) 该水泵叶片的开裂性质为弯曲疲劳开裂。其裂纹源发生的位置位于正常工作时叶片推水的背面,也就是弯曲结构的压应力一侧。因此叶片弯曲疲劳的异常载荷产生条件和机理是疲劳失效模式分析的焦点。

(2) 经过对叶片相关的失效模式比对分析,关注到叶片的弯曲疲劳现象与其叶轮叶片和水泵壳体特定部位的汽蚀失效具有某种伴生关系。根据液体汽化和汽蚀的原理,同时也参照伯努利原理,确认叶片在工作中承受了反向交变的推力载荷。

(3) 这些水泵腔内液体流动的特定异常状态源于水泵的加压功能远大于发动机水循环系统的通过能力,导致泵体内水流的紊乱。这与水泵工作超速和相关的系统匹配有关。

(4) 水泵的叶轮叶片内弯角冲压圆角过小导致的应力集中,对该部位疲劳源的萌生有一定影响,适当地加大圆角可以降低疲劳开裂的敏感性,但不能解决水泵异常工作的问题。

浅谈汽车轻量化技术和应用

李 俭

东风商用车有限公司车身厂

【摘 要】 汽车轻量化是目前甚至今后较长时期内汽车工业的重点技术发展方向之一,有着技术层面和经济层面的重要作用及意义。本文主要介绍汽车车身轻量化技术及实际应用,希望能对汽车轻量化有一些积极作用。

【关键词】 汽车;轻量化;冷冲压;高强度钢板;激光拼焊板;烘烤硬化钢板;热冲压

1 引言

当前及今后一段较长的时期内,汽车工业的发展都会面临着三大严峻的问题:能耗、环保和安全。轻量化、环保、回收及节约能耗是全球汽车工业的发展趋势。有关数据表明,若汽车整车重量降低10%,能耗效率可提高约8%;若滚动阻力减少10%,能耗效率可提高约3%;若车桥、变速器等结构的传动效率提高10%,能耗效率可提高7%;另外,对于燃油车,汽车重量每减重100 kg,二氧化碳排放可减少约5 g/km。

当前,汽车行业竞争激烈,成本、价格、利润、技术及汽车的经济适用性是企业生存的关键命脉。所以,汽车轻量化不论是从技术层面还是经济层面,对于汽车企业的生存、发展都具有特别重要的作用和意义。

2 汽车轻量化含义

汽车轻量化的主要指导思想是在确保稳定提升性能的基础上,节能化设计各总成零部件,持续优化车型谱。汽车轻量化的技术内涵是:采用现代化设计理念、方法和有效手段对汽车产品进行优化设计,或在确保汽车综合性能指标的前提下使用新材料,尽可能降低汽车产品自身重量,以达到减重、降耗、环保、安全的综合指标。轻量化首先是确保汽车原有的性能不受影响,既要有目标地减轻汽车自身的重量,又要保证汽车驾驶的安全性、碰撞性、抗振性、舒适性,同时需要兼顾汽车的制造成本。

3 汽车轻量化技术发展现状

3.1 汽车轻量化发展方向

当前,汽车轻量化技术主要有以下几个发展方向:

(1) 采用铝合金代替钢板材料:当前有部分外资高端品牌轿车采用全铝车身,部分品牌车型个别汽车零部件采用铝合金,部分外资品牌汽车尝试过铝合金车身,但是最终放弃。从当前趋势看,铝合金并没有成为发展的主流。

(2) 碳纤维材料:目前只有极少数高端汽车采用碳纤维材料生产汽车,而且产量非常低,汽车价格非常昂贵。昂贵的原材料、库存、生产成本以及低下的生产效率、超标的废品率,注定碳纤维材料不会是当前的发展主流。

(3) 高强度钢板:国际上通常把把屈服强度在 210~550 MPa 的钢板称为高强度钢板,把屈服强度大于 550 MPa 的钢板称为超高强度钢板。根据强化机理不同,高强度钢板又分为普通高强度钢板(HSS)和先进高强度钢板(AHSS/UHSS)。普通高强度钢板主要包括高强度无间隙原子(IF)钢、烘烤硬化(BH)钢、含磷(P)钢、各向同性(IS)钢、碳-锰(C-Mn)钢和高强度低合金(HSLA)钢等;先进高强度钢板(AHSS)主要包括双相(DP)钢、复相(CP)钢、相变诱导塑性(TRIP)钢、贝氏体(BP)钢和马氏体(MP)钢等。由于高强度钢板在抗碰撞性能、加工工艺和成本方面较铝合金、碳纤维具有明显的优势,能够满足减轻汽车重量和提高碰撞安全性能的双重需要,目前已经形成了众多低成本钢板品种,能够满足汽车各类零件的需要,尤其是随着热成型、液压成型等各种高强度钢板生产工艺的快速发展,高强度钢板已经成为当前汽车轻量化的发展主流。

(4) 激光拼焊板:汽车用激光拼焊板是采用激光将若干不同材质、不同厚度、不同涂层的钢材等进行自动拼合焊接形成一块整体的板材,汽车用激光拼焊板一般都是根据汽车零件具体要求定制。激光拼焊板已经广泛应用于汽车制造业,采用激光拼焊板工艺不仅能够降低整车的制造成本、物流成本、整车重量、装配误差、油耗及废品率,还可以减少加强零件数量,简化装配工艺,同时能够提升车辆的碰撞能力、冲压成型率和抗腐能力。

(5) 轧制差厚板:简称为差厚板,是一种用变厚度轧制方法生产的纵向变厚度板材,可根据载荷变化特点来设计板带材的厚度和形状,通过产品定制实现结构减重。差厚板通常由等厚度区(薄区、厚区)和过渡区组成。轧制差厚板因为板材生产的技术难点,目前并没有形成主流,或许在不久的将来,当轧制差厚板生产技术发展到一定阶段后,会形成主流。

3.2 汽车轻量化应用

3.2.1 激光拼焊板

3.2.1.1 等厚板材激光拼焊板

东风公司某车型顶盖板产品优化：将常规的前、后顶盖板合成一个顶盖板零件，见图1；冲压毛坯尺寸2 150 mm×2 400 mm，超出了钢厂的供货范围，但采用了激光拼焊板，钢厂可以满足该尺寸的坯料供货；采用激光拼焊板后，既保证了产品方案的实施，同时一次性节约了模具投资约150万元人民币，每辆车节约6.996 1 kg材料，见图2；该产品方案实施后，顶盖焊接节约了一个工位的焊接夹具，节约了约20万元人民币；节省了顶盖板搭接缝抹密封胶工序，每辆车节省约10元人民币；另外还节省了一条冲压流水线使用、人工、能耗等各方面成本。

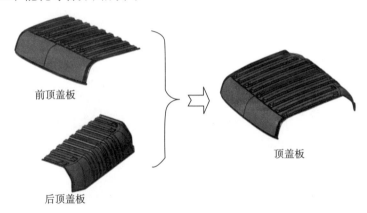

图1　前、后顶盖板合并成顶盖板

图2　激光拼焊板生产的顶盖板零件

3.2.1.2　不等厚板材激光拼焊板

东风公司某车型侧围内板原分为侧围内板、侧围角板两个零件（图3），该两个零件材料厚度分别为1.6 mm、0.75 mm，侧围内板材料为高强度钢板，侧围角板材料为普通钢板材料；通过工艺分析发现，该两个零件按原有方案非常浪费原材料，而且焊接装配工艺性非常差，如果按照原有方案设计，零件的质量保证压力非常大，而且焊接装配质量也很难保障。

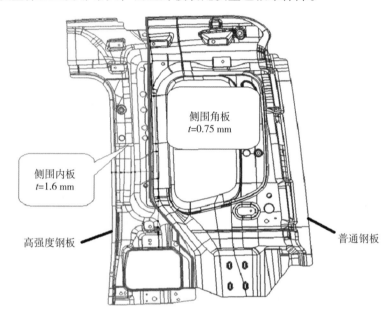

图3　侧围内板、侧围角板零件原设计方案（见彩插）

经过产品结构优化并采用激光拼焊板后，侧围内板、侧围角板合并成一个零件侧围内板，见图4；侧围内板左、右零件最终安排的冲压工艺是左、右件成双生产，其板料尺寸如图5所示，最终拉延成品件如图6所示。

实施该方案，每辆车节约材料11.88 kg，一次性节省模具3套，节约模具投资100万元人民币；各节省一个工位的焊接夹具，约节约40万元人民币；另外还节约了一条冲压流水线使用、人工、能耗等各方面成本。

3.2.2　高强度钢板

3.2.2.1　烘烤硬化钢板

烘烤硬化钢板也称为烤漆硬化钢板，简称BH钢板，主要用于汽车的外覆盖件，例如翼子板、车门外板、发动机罩外板和行李厢外板等，主要目的是冲压成型前，材料保持较低的屈服强度，利于复杂成型；冲压成型后通过涂漆、低温烤漆工艺提高外覆盖件的屈服强度，进而提高外覆盖件的抗凹陷性能（抗石子等外物的击打）。烘烤硬化薄钢板的原始屈服强度可以较低，以利

图 4 最终产品方案——侧围内板

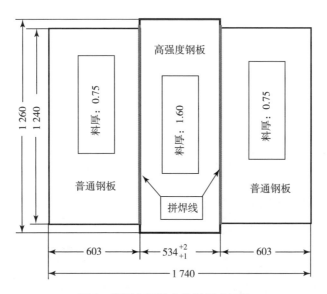

图 5 侧围内板激光拼焊板毛坯图

于进行冲压加工,经冲压、涂漆和温度为 170~200 ℃、时间为 20~30 min 的低温烘烤后,屈服强度通常可提高 40~80 MPa。烘烤硬化钢板在室温条件下储存,在制造后 3 个月内,一般不会出现拉伸应变痕;但在 3 个月后,很容易产生拉伸应变痕,所以,该钢板的质保期只有 3 个月时间。图 7 是采用烘烤硬化钢板生产的东风某车型车门外板零件。

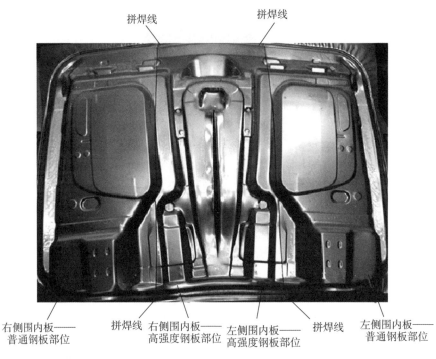

图 6 左、右侧围内板成双生产拉延件

图 7 东风某车型车门外板——烘烤硬化钢板

3.2.2.2 加磷高强度钢

加磷高强度钢是指在低碳钢或超低碳钢中特别添加一定量的磷，利用磷的固溶强化作用提高钢的强度。使用这种钢板可使冲压件的厚度适当减薄，能降低汽车的自重，获得良好的经济效益。该钢板既可用于制作车门外板、发动机盖板、顶盖等外覆盖件，也可制作横梁、纵梁等加强件和结构件。图 8 是东风某车型的加磷高强度钢板前围下横梁、前围上横梁零件。加磷高强度钢板有时效要求，一般要求自生产完成之日 6 个月内使用，超出 6 个月时间后使用，很容易产生拉伸应变痕。

(a)   (b)

图 8　东风某车型加磷高强度钢板零件——前围下横梁、前围上横梁
(a) 前围下横梁零件；(b) 前围上横梁零件

3.2.2.3　硼合金钢板

硼合金钢板是超高强度钢板，目前有 Mn-B、Mn-O-B、Mn-Cr-B、Mn-W-Ti-B 四个系列的硼合金钢板。硼合金钢板分带涂层钢板以及不带涂层钢板两种，目前比较典型的硼合金钢板 22MnB5 属于不带涂层钢板。

超高强度硼合金钢板一般采用热冲压成型生产，其生产原理是将特殊的超高强度硼合金钢板加热到 880~930 ℃，使坯料奥氏体化，随后将坯料送到带冷却系统的模具内冲压成型，在成型的同时由模具表面将坯料冷却、淬火，使之发生相变,将奥氏体转化为马氏体,成型件因而得到强化。成型前硼合金坯料强度一般在500~600 MPa,成型后的冲压件强度可以达到1 500 MPa,强度提高250%以上,零件硬度达到50 HRC;但是伸长率下降比较大,成型前硼合金钢板伸长率24%以上,成型后伸长率只有8%左右。其生产工艺流程如图9所示。

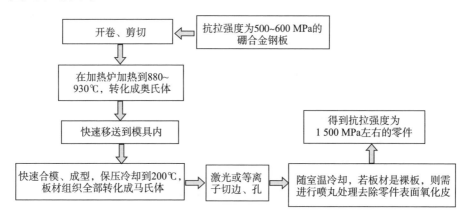

图9 硼合金钢板热冲压成型工艺流程

热成型技术是专门应用于成型超高强度钢板冲压件的成型技术,该技术以板料在高温状态下冲压成型并同时在模具内冷却淬火,可以成型强度高达1 500 MPa的冲压件,目前广泛应用于轿车的车门防撞梁、前后保险杠等保安件以及A柱、B柱、中通道等车体结构件的生产,如图10所示。

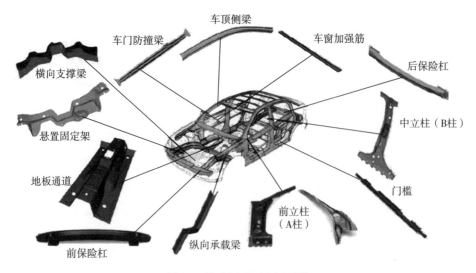

图10 热冲压成型应用零件

3.2.2.3.1 热冲压成型工艺

3.2.2.3.1.1 热冲压成型直接成型工艺

热冲压成型直接成型工艺是指板料加热到奥氏体化温度保温一段时间后直接放到具有冷却系统的模具里进行成型及淬火,如图11所示,其优点如下:

(1) 坯料在一套模具中进行成型及淬火,节省了预成型模具费用并加快了生产节奏。

(2) 坯料加热前为平板料,这样不仅节省了加热区面积,节省能源,而且可以选取多种加热方式,例如可以采取感应加热炉进行加热。

热冲压成型直接成型工艺的缺点是复杂的车门内零部件成型困难,且模具冷却系统的设计更加复杂,需要增加激光切割设备等。

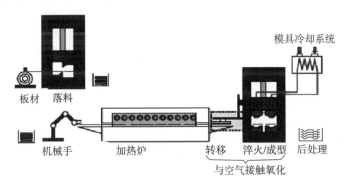

图11 热冲压成型直接成型工艺

3.2.2.3.1.2 热冲压成型间接成型工艺

热冲压成型间接成型工艺是指板料先经过冷冲压进行预成型,然后加热到奥氏体温度,保温一段时间后放到具有冷却系统的模具里进行最终成型及淬火,如图12所示。其优点是:

(1) 可以成型具有复杂形状的车内零部件,几乎可以获得目前所有的冲压承载件。

(2) 坯料预成型后,后续热成型工艺不需要过多考虑板料高温成型性能,就可以确保板料完全淬火得到所需要的马氏体组织。

(3) 坯料预成型后可以进行修边、翻边、冲孔等工艺加工,避免淬火硬化后加工困难问题。例如,板料淬火后修边须用激光切割设备修边,这样会大大增加加工成本。

3.2.2.3.1.3 局部热冲压成型工艺

为了提高高强度钢板冲压零件吸收碰撞能量与阻止入侵等性能,国外一些发达的汽车企业已经研制出局部加热形式,即同一个料片里差别加热,使

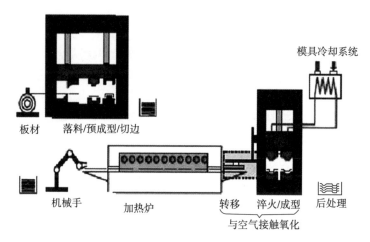

图 12 热冲压成型间接成型工艺

料片体现不同特性的技术,即局部强化。局部加热方式有两种:模具局部加热(图 13)与料片局部加热(图 14)。

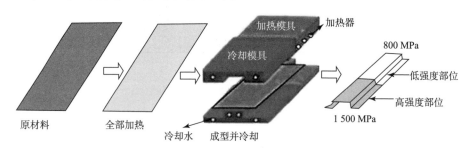

图 13 模具局部加热方式(控制冷却速度)(见彩插)

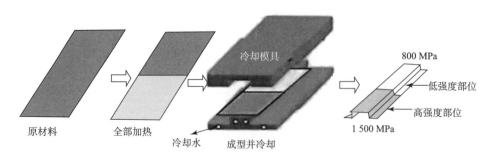

图 14 料片局部加热方式(见彩插)

局部加热热冲压成品件低强度部位强度约为 800 MPa,加热部位强度约为 1 500 MPa,这样既满足了车体吸收碰撞能量的强度要求,也满足了阻止入侵的强度要求。

热冲压成型及冷冲压成型工艺零件质量对比

3.2.2.4 热冲压成型零件特点

（1）由于选择在高温下成型，不带涂层，冲压零件表面存在氧化，表面质量不佳。

（2）零件在冷却过程中由于温度分布不均匀，易产生热应力和热应变。

（3）由于材料的高塑性，在成型过程中零件不易起皱和破裂，基本没有回弹，尺寸稳定性比较好。

（4）材料经过加工变形和快冷，晶粒得到了细化，力学性能得到了很大的提高。

（5）材料经过变形和硬化后，强度提高，冷冲压切边冲孔已无法达到工艺和零件精度的要求，需要利用激光或等离子切割设备完成。

冷冲压成型零件特点：

（1）由于是在室温下成型和采用冷轧板，零件表面光滑。

（2）由于材料的塑性有限，在成型过程中零件易起皱和破裂，易回弹，尺寸稳定性较差。

（3）材料在加工过程中产生了加工硬化。

4 结论

本文介绍了汽车车身轻量化技术的意义、实际应用及其经济效益，同时介绍了当前比较先进的汽车轻量化工艺技术如热冲压成型技术，提出了今后一段时期内汽车轻量化技术的主流方向，希望对汽车轻量化技术的推广有一定的积极意义。

新型胀断连杆材料 46MnVS5 研究探讨

王连海 马 群

抚顺特殊钢股份有限公司技术中心，辽宁抚顺　113001

【摘　要】 本文从原材料角度研究了国产新型胀断连杆材料46MnVS5的力学性能、非金属夹杂物、晶粒度、金相组织及铁素体含量等，并对比同材质进口材料及目前高强度主流胀断连杆材料36MnVS4，结果表明，国产新型胀断连杆材料46MnVS5各项技术指标与同材质进口材料相当，而铁素体含量要明显低于36MnVS4材料。

【关键词】 胀断连杆；46MnVS5；机械性能

1　引言

随着国内汽车市场持续火爆，发动机胀断连杆材料需求量呈快速上升趋势。以抚顺特殊钢股份有限公司为例，胀断连杆用钢2017年上半年交付量就达8 115 t，较2016年同期3 913 t翻了一倍多。在数量需求增长的同时，为满足发动机高爆压和轻量化的要求，对强度更高的新型材料需求也越来越强。

46MnVS5是由德国最先发明并申请的专利，目前主要应用于大众系列乘用车和奔驰系列商用车车型上。有资料表明[1]，与目前普遍采用的C70S6相比，46MnVS5材料抗拉强度要高出100 MPa以上，屈服强度和屈强比也明显高于C70S6；与高强度主流胀断连杆材料36MnVS4相比，两者抗拉强度、屈服强度和伸长率均相当，但36MnVS4成本明显高于前者。而屈强比通常被看作是衡量钢材强度储备的系数，屈强比高的材料可以在零件设计中节省材料、减轻重量，且材料的抗变形能力较强，不易发生塑性变形。所以，46MnVS5材料未来市场需求潜力极大，将逐步取代C70S6钢而成为连杆行业通用材料。

2　试验材料及方法

抚钢46MnVS5生产工艺流程：

60 t 超高功率电炉 UHP→60 t 钢包精炼 LF→60 t 真空脱气 VD→模铸钢锭→850 轧机开坯→连轧成材→表面涡流（或超声波）探伤→钢材剥皮交货（根据订货量多少可以连铸→连轧生产）。其化学成分见表1。

表1 46MnVS5 钢化学成分   %

钢号	C	Mn	Si	S	P	Ni	Cr	V	Mo	Al	N
46MnVS5	0.47	1.14	0.60	0.050	0.011	0.08	0.15	0.14	0.03	0.013	0.017 5

3 研究内容与分析

3.1 标准版本对比[2]

不同版本化学成分见表2。

表2 化学成分对比   %

版本号	牌号	C	Mn	Si	S	P	Ni	Cr	V	Mo	Al	N
VW50030: 2011-06	46MnVS6	0.42~0.49	1.20~1.60	0.15~0.80	0.040~0.070	≤0.045	≤0.20	≤0.30	0.10~0.20	≤0.08	≤0.03	—
VW50030: 2013-06	46MnVS5	0.42~0.48	0.90~1.30	0.40~0.80	0.040~0.070	≤0.045	≤0.20	≤0.30	0.10~0.20	≤0.08	≤0.03	0.014~0.022
VW50030: 2013-06	36MnVS4	0.34~0.41	0.95~1.05	0.60~0.75	0.060~0.085	≤0.045	≤0.20	≤0.25	0.25~0.35	≤0.06	≤0.03	0.015~0.020

不同版本机械性能见表3。

表3 机械性能

版本号	牌号	R_m/MPa	$R_{p0.2}$/MPa	A/%	Z/%
VW50030: 2011-06	46MnVS6	≥750	1 000~1 150	≥10	≥25
VW50030: 2013-06	46MnVS5	≥750	1 000~1 150	≥8	≥25
VW50030: 2013-06	36MnVS4	≥750	1 000~1 150	≥8	≥30

不同版本组织含量见表4。

表4 铁素体组织含量   %

版本号	牌号	铁素体含量
VW50030：2011-06	46MnVS6	≤20
VW50030：2013-06	46MnVS5	≤25
	36MnVS4	≤35

4 进口材料对比与分析

4.1 化学成分对比

从表5中可以看出，进口材料S、Cr、N等元素含量偏高，其他成分相当。

表5 化学成分   %

来源	C	Mn	Si	S	P	Ni	Cr	V	Mo	Al	N
抚钢	0.47	1.14	0.60	0.050	0.011	0.08	0.15	0.14	0.03	0.013	0.017 5
进口	0.46	1.15	0.52	0.063	0.014	0.12	0.25	0.12	0.04	0.015	0.020 0

4.2 力学性能对比

钢材（注意不是锻件）按 GB/T 228—2010 规定的方法进行室温拉伸检验，结果见表6。从表6中可知，各项检验结果基本相当；另外，36MnVS4 材料强度及硬度检验结果普遍稍高于 46MnVS5 材料。

表6 力学性能（热轧态）

钢号	规格	状态	R_m/MPa	$R_{p0.2}$/MPa	A/%	Z/%	HB
46MnVS5	φ40 mm	抚钢	948/963	686/713	17/19	47/44	292/292
		进口	943	647	16	42	286/289
36MnVS4	φ42 mm	抚钢	960/987	720/737	17/17	39/37	302/303

4.3 非金属夹杂物对比

钢材按 GB/T 10561—2005 标准中 A 法检验非金属夹杂物，取样位置为半径 1/2 处，检验结果见表7。可见，两者夹杂物实际检验值基本相当。

表7 夹杂物检验结果（热轧态）

钢号	规格	状态	夹杂物级别							
			A		B		C		D	
			细	粗	细	粗	细	粗	细	粗
46MnVS5	φ40 mm	抚钢	3.5/3.5	0/0	1.0/1.0	0/0	0/0	0/0	1.0/1.0	0/0
		进口	3.5/3.5	0/0	1.0/1.0	0/0	0/0	0/0	1.0/1.0	0/0
36MnVS4	φ42 mm	抚钢	3.0/3.0	0/0	1.0/1.0	0/0	0/0	0/0	1.0/1.0	0/0

4.4 铁素体含量、晶粒度及金相组织对比

4.4.1 铁素体含量

采用OLYMPUS显微镜OLYCIA m3金相分析软件按以下方法测定铁素体含量：

（1）检测区域：原材料横截面半径1/2处，选取较严重视场拍摄金相图片。

（2）放大倍数：放大倍数确定为200。

（3）检测方法：在金相图片上裁剪一块80 mm×80 mm图像清晰的区域进行铁素体含量评定，检测流程为：彩色灰度化处理→图像分割处理（判定铁素体轮廓线位置）→图像修改（剔除伪珠光体及碎屑）→按照ASTM E1245—2003标准中第二相面积含量测定方法对铁素体含量进行测算，检测结果见表8及图1~图3。

表8 晶粒度及铁素体含量（热轧态）

钢号	规格	状态	晶粒度/级	铁素体含量/%
46MnVS5	φ40 mm	抚钢	9.0	21
		进口	8.0	20
36MnVS4	φ42 mm	抚钢	9.0	48

图1 36MnVS4（抚钢）金相组织照片

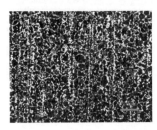

图2 46MnVS5（抚钢）金相组织照片

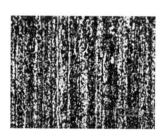

图 3 46MnVS5（进口）金相组织照片

4.4.2 晶粒度对比

钢材按 GB/T 6394—2017 标准检测钢的奥氏体晶粒度，结果见表 8。

4.4.3 金相组织对比

选取 46MnVS5（抚钢和进口）ϕ40 mm 与 36MnVS4（抚钢）ϕ42 mm 进行热轧态组织对比，取样位置均为钢材横截面半径 1/2 处。从对比图片看（图 4～图 9），抚钢和进口料热轧态组织均为铁素体 + 珠光体，且两者铁素体含量相当，但 46MnVS5 材料铁素体含量相比 36MnVS4 少很多，且沿珠光体边界析出，呈网状；而 36MnVS4 材料铁素体含量相对多而集中，且呈带状分布。

图 4 46MnVS5（抚钢）
100×金相组织照片

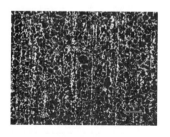

图 5 46MnVS5（进口）
100×金相组织照片

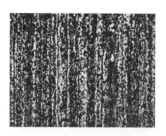

图 6 36MnVS4（抚钢）
100×金相组织照片

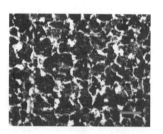

图 7 46MnVS5（抚钢）
500×金相组织照片

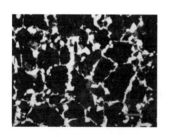

图 8　46MnVS5（进口）
500×金相组织照片

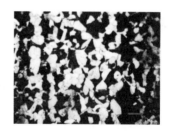

图 9　36MnVS4（抚钢）
500×金相组织照片

5　总结

（1）随着标准版本的升级，46MnVS6 材料已演变成现在的 46MnVS5 材料，且化学成分特别是锰含量（Mn）变化较明显。

（2）国产新型胀断连杆材料 46MnVS5 各项技术指标均与同类进口材料相当，但铁素体含量及材料成本要明显低于 36MnVS4。

（3）抚顺特殊钢股份有限公司 46MnVS5 材料经某锻造厂制成锻件及成品，经一汽技术中心疲劳及台架试验（安全系数为 1.83，台架试验超过 500 h 无断裂），结果完全满足设计要求，且减重可达 20%，效果明显。

参考文献

[1] 师周龙，等. 连杆用 36MnVS4 钢的胀断性能 [J]. 钢铁研究学报，2014，26（4）：42–45.

[2] VW50030：2013-06. Connecting Rods Material Requirements [s]. Germany：Volkswagen Group's Standards Departments，2013.

一汽乘用车冷轧薄板应用进展

柏建仁

中国第一汽车集团有限公司

【摘 要】 本文介绍了一汽开发应用超深冲冷轧板、第三代先进高强钢、轿车材料体系建立情况。

【关键词】 轿车；冷轧板

1 引言

中国第一汽车集团有限公司（第一汽车制造厂）1958年开始小批量生产红旗牌轿车。1989年以后，一汽自主开发，与德国大众、日本丰田汽车公司合资，从德国大众、日本马自达汽车公司引进技术，生产多品牌轿车。本文仅举几例简述轿车用冷轧钢板应用进展。

2 大批量生产乘用车前冷轧薄板情况[1,2]

2.1 软钢板

建厂初期应用苏联技术标准。冷轧钢板全部进口。

20世纪60年代采用国标GB/T 710—1965和冶标YB 215—1964。应用沸腾钢08F及不同冲压等级的08AL冷轧板，如国标中的Z级和S级，冶标中的HF级和ZF级。

1962年，鞍钢生产冷轧钢板，成为国内第一个供应一汽冷轧钢板的钢厂。

1980年，武钢试制符合YB 215—1964标准的08AL冷轧板。

宝钢1978年12月23日建厂，一期工程1985年9月建成投产。冷轧板有日本SPCC、SPCD、SPCEN冷连轧碳素钢板及德国ST12、ST13、ST14冷连轧低碳钢板系列。

2.2 普通高强度冷轧板

（1）20世纪80—90年代，含磷高强度冷轧板开发与应用研究。

1982年，一汽与鞍钢合作开发加磷高强度钢板。"七五"期间，鞍钢、一汽、中科院金属研究所成立"北方研究组"，系列开发了P1、P2、P3（06AlP、08AlP、10AlP）加磷钢板。

1991年一汽宝钢试制BPD35、BPD40，1992年试制BP340、BP400，1994年试制BP380、BP440、BP460。后来纳入宝钢标准BP340、BP400。

1996年，一汽宝钢试制IF钢含磷钢板BIF340。宝钢三期工程中已有低碳、超低碳两个系列含磷钢板。

（2）20世纪90年代，烘烤硬化钢（BH）钢开发与应用研究。

1992年，一汽宝钢试制BPH340。宝钢三期工程已有低碳、超低碳两个系列BH钢。

1993年一汽鞍钢试制A220BH，2000年试制BH340。

3 汽车用钢新材料体系建立

3.1 参照德国大众技术标准

1989年，一汽从德国大众引进技术生产奥迪100轿车。奥迪100轿车车身81%应用镀锌板，外表面件用电镀锌EG，内部件用热镀锌GI。

冷轧钢板为ST12、ST13、ST14、ST16系列。

电镀锌为SECD、SECEN系列。

热镀锌为ST03Z、ST05Z、ST06Z、ST07Z系列。

大众技术标准，钢的性能指标比较高。

一汽金属材料技术标准，参照德国大众技术标准，对原标准进行修订，建立新技术标准。

表1示出两种热镀锌板力学性能。

表1　热镀锌板力学性能

钢号	σ_{smax}/MPa	σ_b/MPa	δ/% $L_0 = 80$ mm（min）
ST06Z	200	270~330	40
ST07Z	180	270~330	43

3.2 与日本钢厂合作开发镀锌板

奥迪100轿车生产初期，钢板主要从德国蒂森钢厂进口，运输时间长，价格高。

后来探讨与日本钢厂合作，经多次技术交流，签订技术协议，试制镀锌钢板。表 2 示出签订技术协议的时间。

表 2　签订技术协议的时间　　　　　　　　年

钢种	JNC	NKK	JK	KOBE
SECEN	1990	1991		1993
EGSSPDX—FW		1995		
ST06Z	1990	1991	1991	1993
ST07Z	1990	1995	1991	1993

3.3　开发 ST17 冷轧钢板

试制超深冲冷轧钢板，应用于小红旗轿车。

对应 ST07Z，开发了性能优于 ST16 的 ST17 钢板。

表 3 示出冷轧钢板性能。

表 3　冷轧钢板性能

牌号	厚度/mm	抗拉强度/MPa	屈服强度/MPa	延伸率/%	塑性应变比 r	加工硬化指数 n
ST14	$t \leq 1.6$	270~350	≤ 200	≥ 38	≥ 1.5 $\geq 1.6^*$	≥ 0.20
	$1.6 < t \leq 2.0$			≥ 39	≥ 1.4 $\geq 1.5^*$	
	$t > 2.0$			≥ 41	无规定	
ST16	$t \leq 1.6$	270~330	≤ 190	≥ 40	≥ 1.8 $\geq 1.9^*$	≥ 0.21 $\geq 0.22^*$
	$1.6 < t \leq 2.0$			≥ 41	≥ 1.7 $\geq 1.8^*$	
	$t > 2.0$			≥ 42	无规定	
ST17	$t \leq 1.6$	270~330	≤ 180	≥ 43	≥ 1.9 $\geq 2.0^*$	≥ 0.23 $\geq 0.24^*$
	$1.6 < t \leq 2.0$			≥ 43	≥ 1.8 $\geq 1.9^*$	
	$t > 2.0$			≥ 45	无规定	

注：1. *为目标值；
2. 拉力试验采用 JIS 的 13A 试样，试样沿轧制方向切取；
3. 冷弯试验采用 JIS 的 3 号试样，试样垂直于轧制方向切取；
4. r 值、n 值试验采用 JIS 的 13A 试样，每批应在 0°、45°、90°方向各取 3 个试样

4 小红旗轿车超深冲板国内开发[3,4]

汽车工业生产的高速化、现代化以及汽车零件形状的复杂化，要求冷轧板的成形性越来越高。日本于20世纪80年代发展真空脱气及连续退火技术，实现了超低碳钢（Interstitial – Free Steel，IF）钢商业化生产。在IF钢基础上发展了超低碳高强钢、超低碳烘烤硬化钢，以IF钢为基板生产电镀或热浸镀表面处理钢板。

宝钢自1988年开发IF钢，1990年开始商品化生产。1992年开发ST16，1994年开发高质量表面"05"板，为小红旗轿车车身钢板国产化打下基础。

一汽小红旗轿车车身主要零件245种，用板119种规格，车身用IF钢板比例为48.9%。在20世纪90年代中期以前，宝钢能供应小红旗轿车冷轧板38.5%。1996年，一汽与宝钢合作，签订了"共同开发汽车用钢合作协议书"及"近期双方合作方式的具体安排"。

经过冲压零件，总结规律，主要结论是IF钢板性能比国外板差。对比分析国内外钢板成分及性能，确定三项措施：

（1）由铌钛复合双稳定变为钛单稳定IF钢。
（2）进一步降低含碳量。
（3）由罩式炉退火改为连续退火。

表4、表5示出宝钢钢板改进前后的化学成分和力学性能。

表4 宝钢钢板改进前后的化学成分　　　　%

序号	钢种	厂家		C	Si	Mn	P	S	Al	Ti	Nb
1	St16	宝钢	1999年	0.0025	0.0011	0.145	0.0104	0.006	0.023	0.061	—
2			1996年	0.0040	<0.03	0.160	0.007	0.006	0.022	0.056	0.015
3	SSPDX	日本NKK		0.0020	0.0102	0.108	0.0121	0.010	0.027	0.057	—
4	SSPDXE			0.0019	0.0098	0.117	0.0098	0.0091	0.030	0.055	—

表5 宝钢钢板改进前后的力学性能

序号	钢种	厂家		屈服强度/MPa	抗拉强度/MPa	延伸率/%	塑性应变比 r	加工硬化指数 n
1	St16	宝钢	1999年	137.8	286.1	46.0	2.10	0.24
2			1996年	148.8	296.3	43.0	2.00	0.22
3	SSPDX	日本NKK		137.8	296.6	44.0	2.01	0.26
4	SSPDXE			134.3	290.5	49.0	2.22	0.26

提高 IF 钢性能后，1998 年 2 月，宝钢用板重量比例增加到 70.92%。1998 年年底，比例上升到 85%。1999 年继续解决遗留问题，比例达到 92%。

通过几年工作，宝钢明确了用户实际要求，提高了汽车板水平，培养了人才，有能力为汽车行业供货。

一汽提高了自主开发能力，轿车用板由进口转为宝钢钢板，降低了生产成本。

5 世界首次商品化应用 QP 第三代先进高强度钢板

5.1 进口 DP980 钢板

轿车应用的高强度钢板，外表面件主要用 BH 高强度钢板，内部结构件应用抗拉强度 440 MPa、590 MPa、780 MPa、980 MPa、1 500 MPa 或更高强度的钢板。钢板类型有析出强化、DP 及 TRIP 等。

奔腾某车型 B 柱加强板应用 DP980 双相钢板。

DP 钢在车辆冲撞的高速变形中，吸收更多的冲击能，有利于提高车辆的安全性。双相钢还具有低的屈强比、高的加工硬化指数、高的烘烤硬化性能。

2009 年以前，该钢板从日本神户制钢进口，成分及力学性能如表 6、表 7 所示。其含硅量比普通双相钢高，是采用高 Si 成分设计的高延伸率型的双相钢。

表 6　DP980 进口钢板典型成分　　　　　　　　%

C	Si	Mn	P	S
0.17	1.36	2.04	0.017	0.001

表 7　DP980 进口钢板典型力学性能

屈服强度/MPa	抗拉强度/MPa	延伸率/% ($L_0 = 50$ mm)
661	1 035	17

注：拉伸试样为 JIS No.5 号横向。

统计分析几批钢板的成分及力学性能，如表 8 所示。

表8 DP980 几批钢板的成分及力学性能

成分及力学性能	屈服强度/MPa	抗拉强度/MPa	延伸率($L_0 = 50$ mm)	C	Si	Mn	P	S
均值	643.6	1 035	17.4	0.17	1.34	1.99	0.014	0.001
MAX	684	1 079	21	0.18	1.38	2.01	0.017	0.002
MIN	617	991	16	0.17	1.31	1.97	0.011	0.001

5.2 世界第一个商品化应用 QP980 第三代 AHSS

2007年,宝钢开始策划建设一条高强钢专用生产线,2009年4月投产,2009年6月,在高强钢专用生产线上,针对QP980进行了多次试验。

QP钢为高延伸率型第三代AHSS。

2009年8月,一汽与宝钢合作将QP980钢板用于奔腾某车型B柱加强板。

2010年1月,宝钢供给一汽轿车QP980钢板5 t,钢板厚2.0 mm、宽1 060 mm。

QP980钢板成分及力学性能如表9、表10所示。

表9 QP980 钢板成分   %

C	Si	Mn	P	S
0.20	1.49	1.82	0.017	0.004 3

表10 QP980 钢板力学性能

屈服强度/MPa	抗拉强度/MPa	延伸率/%($L_0 = 50$ mm)
745	1 020	20.8

该零件成形极限图成形富余量为7%[5],经认证用于生产。

宝钢是世界第一个商品化生产QP钢的钢厂。

一汽是世界第一个商品化应用QP钢的汽车公司。

6　MAZDA M6 等车型应用一汽材料体系

6.1　马自达材料标准体系

丰田汽车公司在 20 世纪 80 年代初开始应用热镀锌铁合金 GA 钢板，其他汽车公司也陆续应用 GA 热镀锌铁合金钢板。

只有马自达独树一帜，先后应用电镀锌镍合金钢板、电镀锌 P 材。直到 21 世纪初，开发 J44、J61 车时，才应用热镀锌铁合金 GA 钢板。

一汽引进技术生产 M6 车，应用马自达 P 材（新日铁 MZ 专利材料）是电镀锌系列。M6 车身外表面件应用的 P 材，钢板外表面有磷化膜、没有无机膜，内表面有磷化膜、覆无机膜。车身内部件应用的钢板内、外表面都有磷化膜、无机膜。

P 材具有优良的耐腐蚀、冲压、焊接性能。

6.2　材料转化原因

一汽生产的自主品牌"奔腾"轿车，外覆盖件及内部件的表面处理钢板均采用热镀纯锌 GI 钢板。

GI 钢板、P 材和 GA 钢板在冲压、焊接工艺参数方面有很大差别，如果应用不同系列的钢板，在同一生产线生产不同车型时，冲压、焊接工艺调整工作量多，效率降低。

P 材为电镀钢板，价格高，又是新日铁专利技术，必须进口。

6.3　转化成果——应用一汽材料体系

（1）M6 车：2005—2006 年，表面件用电镀锌（EG）磷化板，镀锌厚度为 54/54 g/m^2；内部件采用热浸镀锌（GI）钢板，镀锌厚度为 70/70 g/m^2。2007—2008 年外板进一步转化为 GI。

（2）新 M6 等两种车型：先验证，实现材料转化。2008 年生产新 M6 等两种车型时直接应用热镀锌 GI 钢板。

6.4　评价认证

6.4.1　评价项目

重点评价 GI 钢板耐蚀性能并进行生产性验证；

针对耐蚀性，主要评价"GI 材 + 磷化后处理"的防锈性能。

试验内容：

(1) 评价 GA55、GI60、GI70 三种钢板试样耐蚀性；
(2) 评价 GA55、GI60 两种钢板 M6 车型左、右前门耐蚀性；
(3) 评价 GI 材新 M6 整车耐蚀性。

6.4.2 评价试样

(1) 电泳层穿孔腐蚀性能；
(2) 划痕腐蚀性能；
(3) 边部腐蚀性能；
(4) 湿润泥腐蚀；
(5) 漆面抗石击性、低温抗石击性；
(6) 耐水性、附着力、耐冲击性；
(7) 光滑性、外观；
(8) 风窗黏接适应性；
(9) AD 胶等多种胶耐蚀性、强度。

经试验评价，电泳层穿孔腐蚀性能和划痕耐腐蚀性 GA 材优于 GI 材；边部耐腐蚀性 GI 材优于 GA 材；应用 GI 材，个别胶需提高性能。

6.4.3 生产工艺性能评价

(1) 评价材料性能及冲压性能：
GI 钢板力学性能；
GI 钢板摩擦系数；
GI 钢板成形极限曲线（FLD）与零件成形富余量；
冲压件表面质量及尺寸公差；
镀锌剥落性能；
冲压件连续加工性。
经评价，GI 钢板摩擦系数、锌层剥落性能优于 GA 钢板，通过验证。
(2) 评价焊接性能：
点焊电流范围；
连续点焊试验；
有铜垫板点焊电流范围；
有铜垫板连续点焊试验；
凸焊电流范围（凸焊螺母、凸焊螺栓）；
螺柱焊接 OSW（CO_2 气体保护电弧点焊）。
焊接性能试验结果通过验证。举例如下。

图 1 为 GI 板材点焊熔核直径与焊接电流关系曲线，可以看出，对应最小熔核直径的最小电流为 8.5 kA，飞溅电流为 9.6 kA。电流范围为 1.1 kA，存在合适焊接条件。

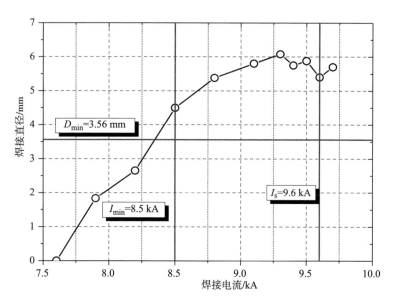

图 1 GI 板材点焊熔核直径与焊接电流关系曲线

6.4.4 车门和整车耐蚀试验

车门和整车耐蚀试验通过验证。

参考文献

[1] 姚贵升. 汽车用钢的回顾与展望 [Z]. 长春：第一汽车制造厂，1990.

[2] 朱士凤，等. CA1092 车身轻量化的应用研究 [Z]. 长春：长春汽车材料研究所，2000.

[3] 谭善锟，等. 小红旗轿车用宝钢 IF 冷轧钢板应用总结 [Z]. 长春：长春汽车材料研究所，1998.

[4] 刘建民. 小红旗轿车用钢板国产化试验研究 [Z]. 上海：宝钢研究院，1999.

[5] 王彦. 2011 年度轻量化总结 [Z]. 长春：一汽轿车股份有限公司，2011.

一种热冲压成型铝硅镀层钢板涂装性能研究及热处理工艺评价

陈 明

东风商用车有限公司东风商用车技术中心工艺研究所，
湖北武汉 430000

【摘 要】本文对一种热冲压成型铝硅镀层钢板在不同热处理工艺条件下的耐腐蚀性能进行了试验及评价，发现在 50 个周期和 70 个周期（1 个循环周期为 8 h，其中 35 ℃盐雾时间 4 h，50 ℃干燥时间 2 h，50 ℃湿热时间 2 h）的循环腐蚀条件下，热处理工艺温度为 950 ℃、热处理时间为 3 min 的 8#试样的表面镀层单位面积减薄量最小，分别为 89.549 0 g/m^2 和 164.829 5 g/m^2。通过循环腐蚀试验表明，该热处理工艺条件下的热冲压成型铝硅镀层钢板的耐腐蚀性能最好。对该热处理工艺下的 8#样品进行了电泳涂装试验，并对电泳漆膜涂层进行了 1 000 h 连续中性盐雾试验，漆膜涂层沿划叉单侧扩蚀宽度小于 1 mm。将电泳涂装后的 8#样品浸泡于 50 ℃的去离子水中 240 h 后，发现漆膜涂层表面无起泡、变色、脱落等不良现象，其二次附着力为 0 级，且光泽性能良好，失光率为 12.5%。

【关键词】热冲压；铝硅镀层；热处理工艺；电泳；耐腐蚀性

1 引言

超高强度钢可以同时满足提高整车安全性和燃油经济性的要求，目前已成为汽车用材主流趋势。通过一种新型成型技术，将热冲压用钢加热到 850 ~ 950 ℃，保温 3 ~ 10 min 使之均匀奥氏体化，随后快速将其转移到带有冷却系统的模具内冲压成型，通过模具内快速冷却，将奥氏体转变为马氏体，提高了材料强度。传统的无镀层热冲压用钢在受热时会引起钢板表面的脱碳和起氧化皮，使钢的表面强度降低，摩擦系数增大，涂装性能降低，耐腐蚀性能下降。

Al-Si 镀层是最常用的热成型钢镀层，该镀层为含 10% Si（质量分数）的共晶 Al-Si 合金。这种镀层同时具有优良的耐腐蚀性和抗高温氧化性，可以防止钢板表面的氧化和脱碳，热成型后的钢板表面具有优良的涂装性能和耐腐蚀性能，特别适于在高温环境中使用。

如何对热冲压成型铝硅镀层高强钢板的热处理工艺条件进行评价，一直没有特别好的方法。本文通过一种化学腐蚀试验的方法，对不同热处理工艺条件下钢板表面的镀层减薄量进行了定量分析，得到了最佳的热处理工艺条件。通过该方法，可以有效地提高产品质量。

2 试验

2.1 试验材料

试验材料为 Ancelor&Mitto 公司生产的 Usibor1500P，基材为 22MnB5 钢，化学成分如表 1 所示。镀层采用 Al-10% Si 镀层，其成分为（质量分数）：Si 10%，Fe 3%，Al 87%；镀层总重为 150.0 g/m^2，厚度为 19~30 μm，Al-Si 合金的熔点为 580~600 ℃。将热处理温度 890~950 ℃，保温时间 3~9 min，编号为 1#~9#的 9 个试样用表格进行了整理，如表 2 所示。

表 1 22MnB5 钢的化学成分

元素	含量/%	元素	含量/%
C	0.20~0.25	B	0.002~0.005
Mn	1.10~1.40	Cr	≤0.35
Si	0.15~0.40	Al	0.020~0.060
P	≤0.025	Ti	0.020~0.050
S	≤0.005	Mo	≤0.35

表 2 不同热处理工艺参数下的试样

保温时间/min	加热温度/℃			
	890	910	930	950
3	—	—	6#	8#
5	1#	4#	7#	9#
7	2#	5#	—	—
9	3#	—	—	—

2.2 试样准备

将 Usibor1500P 钢板切割成 101 mm × 90 mm 的长方形试样，试样厚度为 1.6 mm，表面经过丙酮清洗。

2.2.1 试验设备

试验设备：Q-Lab 公司生产的 Q-FOG 循环腐蚀试验机；JAC 公司生产的 JAC-3010 超声波清洗器；SHIMADZU 公司生产的 AUY-220 电子分析天平；HITACHI 公司生产的 SU-7 SEM 及 OXFORD 公司生产的 EDS 能谱仪；其他实验室常规设备。

2.2.2 试验试剂

磷化前处理剂：Parker 公司生产的 PB-L3035 型低温锌系磷化剂及脱脂剂、表调剂。

其他化学试剂：丙酮（分析纯）、氯化钠（分析纯）、37% 盐酸（分析纯）、六次甲基四胺（分析纯）均为国内化学试剂厂提供。

试验用去离子水，自制，电导率小于 1 μs/cm。

2.2.3 表面前处理试验操作

首先进行脱脂预处理。采用 FC-E2011 低温环保型脱脂剂，FC-E2011AC 20 g/L，FC-E2011B 10 g/L，余量去离子水。采用浸没式摆动脱脂方式，槽液温度 45 ℃，脱脂时间 3 min。脱脂完成后分别用自来水、去离子水冲洗 2~3 遍，水平观察板材表面水珠，10 s 不破裂即为清洗干净。

第二步表面调整处理。采用 PL-X 液体表调剂，PL-X 2 g/L，AD-4977J 0.6 g/L，余量去离子水。采用浸没式摆动表调方式，表调液温度为室温 25 ℃，表调时间 30 s。表调剂的技术条件参见《Q/DFLCM3903-2005 表调剂》。

第三步磷化处理。将不同热处理工艺下编号为 1#~9# 的 9 个试样经过以上第二步表面调整后，用 PB-L3035 低温锌系磷化剂进行磷化表面处理。PB-L3035M 48 g/L，AD-4813 5 g/L，AD-4856 17 g/L，加 NT-4055 9~11 g/L 调节磷化槽液中总酸度 25~27 点，游离酸度 0.8~1.2 点[1]，加入促进剂 AC-131 0.6~0.7 g/L，浓度 3.0~4.0 点。采用浸没式摆动磷化方式，保持槽液温度在 37~40 ℃，磷化 3 min。磷化完后取出分别用自来水、去离子水冲洗 2~3 遍，再置于 100 ℃ 沸水中浸泡 1 min 后取出，用 120 ℃ 的热风吹干至表面无水珠，最后放入干燥器中密闭保存待用。

2.2.4 试样的检测

对磷化板的物理性能与化学性能进行检测。物理性能检测主要通过物理方法对磷化膜及 Al-Si 镀层的微观形貌与元素含量进行分析；化学性能检测主要通过化学方法考查磷化膜及 Al-Si 镀层对基材的耐腐蚀性能。通过室内加速循环腐蚀试验，考查 50 个 CCT 和 70 个 CCT 循环腐蚀条件下的磷化膜及 Al-Si 合金化镀层腐蚀情况（1 个循环周期为 8 h，其中含 35℃ 下连续喷 5% NaCl 溶液 4 h，50℃ 下干燥 2 h，50℃、95% 湿度下湿热 2 h）。试验时间节点完毕后，将循环腐蚀后试板置于室内干燥 1~2 h，再用含盐酸和缓蚀剂的除锈液[2]于 25 ℃室温下浸泡 1 min，置于超声波发生器内除锈 15 min 至板面无明显红锈。除锈后试板表面迅速用自来水、去离子水冲洗，再用丙酮溶剂超声清洗 5 min，吹干，置于烘箱内于 150 ℃烘烤 10 min，冷却、干燥，精确称量（精度：0.000 1 g）。

3 结果与讨论

3.1 热处理工艺对镀层磷化膜的影响

不同的热处理工艺，对镀层表面磷化膜有一定影响，1#~9#试样磷化板微观形貌如图 1 所示。

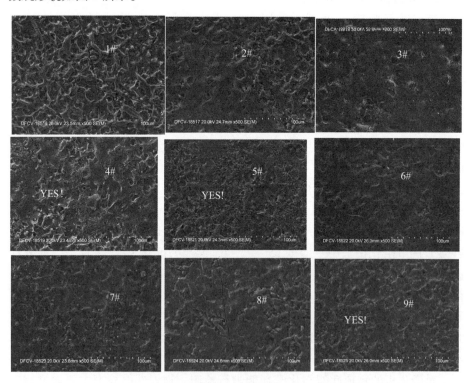

图 1　1#~9#试样镀层表面磷化膜微观形貌分析（500×）

从图 1 可以看出，4#、5#、9#试样均有明显磷化膜，大小 2~3 μm，呈不连续分布，其他几组试样均未观察到明显磷化膜。对镀层表面不完整磷化膜试样与完整磷化膜试样进行元素含量及能谱分析，结果如图 2 所示。对镀层表面磷化上与未磷化上试样进行元素含量分析，差别较大，结果如表 3 所示。

镀层磷化上后，磷化膜组成元素为：P 占 8.85%，Zn 占 20.09%，O 占 34.66%；而未磷化上磷化膜镀层，基本无 P、Zn、O 等成膜元素。再比较其他元素的含量，如 Si 元素，无磷化膜镀层 Si 元素含量占 4.61%，而有磷化膜镀层 Si 元素含量仅占 0.66%。可以看出，Si 含量越低，越易上磷化膜。产生该现象的原因可能与热处理工艺有关，不同的条件，所得到的基体表面镀层中 Al、Si 合金相的元素含量也不同。这可以反映出几种热成型工艺的质量水平：工艺质量较好，镀层较完整，则不易磷化；反之，工艺质量较差，镀层不完整，则易于磷化。

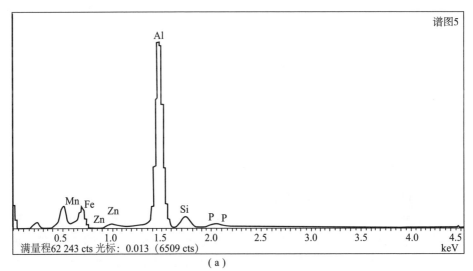

(a)

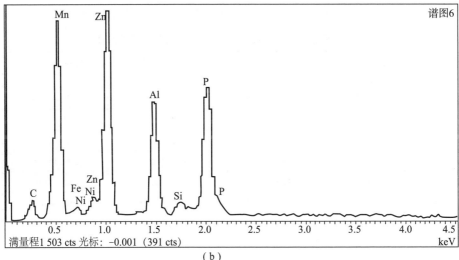

(b)

图 2　镀层表面磷化膜能谱图

(a) 不完整磷化膜；(b) 完整磷化膜

表3 镀层表面未磷化上与磷化上元素含量及谱图比较

未磷化上镀层元素含量及谱图			磷化上镀层元素含量及谱图		
元素	重量百分比	原子百分比	元素	重量百分比	原子百分比
Al K	50.00	65.22	C K	13.07	24.58
Si K	4.61	5.78	O K	34.66	48.96
P K	1.02	1.16	Al K	7.74	6.48
Mn K	0.64	0.41	Si K	0.66	0.53
Fe K	42.34	26.68	P K	8.85	6.45
Zn K	1.40	0.75	Mn K	2.00	0.82
总量	100.00		Fe K	12.20	4.94
			Ni K	0.73	0.28
			Zn K	20.09	6.95
			总量	100.00	

3.2 循环腐蚀试验对镀层的影响

3.2.1 50CCT 循环腐蚀对镀层的影响

从表4可以看出，8#试样的单位面积减薄量最少，为 89.549 0 g/m²；5#试样的单位面积减薄量最多，为 245.159 5 g/m²，是8号试样的2.74倍。两组磷化之前的高强钢板，热处理工艺有所差别，见表5，5#试样加热温度 910 ℃，保温时间 7 min；8#试样加热温度 950 ℃，保温时间 3 min。

表4 高强钢板磷化后经 50CCT 循环腐蚀试验减薄量

编号	镀层和扩散层厚度/μm	腐蚀前质量/g	50CCT 腐蚀后质量/g	单位面积减薄量/(g·m^{-2})
1#	42/5	108.132 5	106.878 1	137.997 8
3#	42/8	107.959 5	105.890 7	227.590 8
4#	48/8	108.918 8	107.585 8	146.644 7
5#	47/15	108.336 8	106.108 3	245.159 5
6#	52/2	108.975 3	107.792 0	130.176 0
7#	43/12	108.903 7	107.370 5	168.668 9
8#	42/3	107.116 5	106.302 5	89.549 0
9#	38/8	108.197 3	106.866 9	146.358 6

注：板面单面及侧面均用胶带封住，计算面积时未考虑板材厚度，有效面积 $S = 0.101 \text{ m} \times 0.09 \text{ m} = 0.009\ 09 \text{ m}^2$

表5 典型试样不同热处理工艺参数下的镀层及扩散层厚度与50CCT减薄量

试样编号	热处理工艺参数		镀层及扩散层厚度/μm		50CCT 循环腐蚀试验减薄量/(g·m^{-2})
	加热温度/℃	保温时间/min	镀层	扩散层	
3#	890	9	42	8	227.590 8
5#	910	7	47	15	245.159 5
8#	950	3	42	3	89.549 0
9#	950	5	38	8	146.358 6

温度越高,保温时间越短,则相对应的镀层及扩散层厚度均明显降低。通过50CCT的循环腐蚀试验验证,扩散层厚度为3 μm,镀层厚度为42 μm,热处理工艺参数为950 ℃/3 min 的8#试样,其耐循环腐蚀性能是最好的。而扩散层厚度为15 μm,镀层厚度为47 μm,热处理工艺参数为910 ℃/7 min 的5#试样,其耐腐蚀性能最差。

3.2.2　70CCT 循环腐蚀对镀层的影响

从表6可以看出,经过70CCT循环腐蚀试验,8#板耐腐蚀性能最好,其单位面积减薄量为164.829 5 g/m^2,3#板耐腐蚀性能最差,单位面积减薄量接近300 g/m^2。

表6 高强钢板磷化后经70CCT循环腐蚀试验减薄量

编号	腐蚀前质量/g	70CCT除锈后质量/g	质量变化/g	单位面积减薄量/(g·m^{-2})
1#	109.733	107.565 8	2.167 2	238.415 8
2#	—	—	—	—
3#	108.818 5	106.171 3	2.647 2	291.221 1
4#	109.306 3	106.944 3	2.362	259.846
5#	110.331 7	108.065 2	2.266 5	249.339 9
6#	108.287 9	106.232 3	2.055 6	226.138 6
7#	108.585 5	106.428 8	2.156 7	237.260 7
8#	109.988 1	108.489 8	1.498 3	164.829 5
9#	110.407 8	107.999 5	2.408 3	264.939 5

对比8组试样在50CCT和70CCT循环腐蚀下的单位面积减薄量,如图3所示。8#试样在两种情况下均表现出最佳的耐腐蚀性能,即使70CCT,板材减薄也未达到200 g/m^2。5#试样表现较差,在50CCT与70CCT情况基本一

致，单位面积减薄量均接近 250 g/m²，说明 5#试样的耐腐蚀性已到极限，大于 50CCT 板材的耐腐蚀速率基本不变。3#试样耐腐蚀性也不理想，在 70CCT 条件下，板材减薄量是最大的。

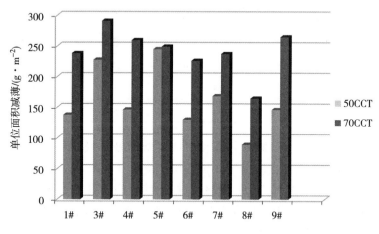

图 3　高强度钢板 50CCT 和 70CCT 腐蚀情况比较

3.3　金相组织结构及元素分布对镀层的影响

热冲压成型后的 Al、Si 镀层高强度钢板基体组织为致密的 α-Fe 相马氏体，中间一层很薄的窄条状扩散层以 α-Fe 相为主，最外层为以 Al、Fe、Si 元素为主的镀层合金相，由于该层与外界接触，受到外界条件的影响，导致热处理过程中越靠近外表面区域，镀层越不连续，易产生孔隙，甚至破裂等现象。

从图 4、图 5 可以看出，扩散层由 Al、Si、Fe 三种元素组成的合金相，位

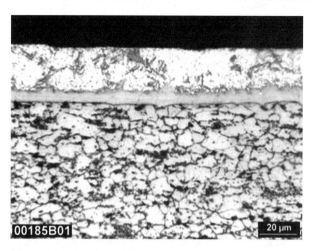

图 4　镀层、扩散层、基体的金相组织

移深度在 30~40 μm，呈窄长条状分布，其中大部分为 Fe 元素，含量在 85% 以上，以 α-Fe 相为主；Al 元素次之，含量在 8%~10%；Si 元素含量最少，仅占 3%~4%。与扩散层毗邻，位移深度在 30 μm 以内的区域，呈宽带状分布，为镀层区，其中以 Al 元素为主，含量在 20%~50%；Fe 元素次之，含量为 40%~70%；Si 元素含量 3%~10%，分布不均匀，且不连续，如位移 18~30 μm 处，含量可达 10% 左右，而镀层中的其他区域 Si 含量不到 3%。把镀层区与扩散层交界部分，位移深度在 18~30 μm Si 含量较高区域，称为镀层中的高 Si 夹层区。

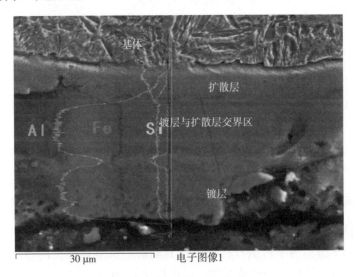

图 5　镀层线扫描位置（见彩插）

在热处理过程中，铁原子在高温条件下向镀层扩散，向铝硅合金相渗透，在基体与镀层的交界面形成具有一定厚度的、以 α-Fe 相为主且含有少量 Al、Si 元素的扩散层。扩散层中靠近基体区域由于温度较高，铁原子扩散速率较快，铁元素含量较高，分布致密且均匀，如图 6 所示，形成一条均匀的窄长条状；反之，靠近镀层区域温度较低，铁原子扩散速率较慢，且分布较疏，含量较低。

铁原子通过热扩散向 Al、Si 镀层区渗透，使镀层中 α-Fe 相的含量增加，而且在渗透过程中，由于物质与能量在热传质过程分布不均衡，镀层表面区域会出现开裂，该现象必然会导致整个镀层体系的耐腐蚀性能等级降低。

以上数据表明，在热处理过程中，温度越低，热传质速率越小（温度与传质速率成正比），时间越短，所形成的扩散层厚度越小甚至不产生扩散层，而且 Al、Si 镀层表面区域出现开裂的概率较小，对镀层的耐腐蚀性产生较小

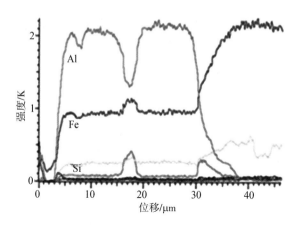

图 6　镀层线扫描元素分布图（见彩插）

的影响。热处理温度越高（如不低于 950 ℃），热传质速率越大，时间越短（如 3 min 以内），所形成的扩散层厚度较薄，不会显著降低 Al、Si 镀层的有效厚度，对镀层的耐腐蚀性不会造成太大影响。若相同温度下，时间越长，扩散层厚度越大，会降低 Al、Si 镀层的有效厚度，且表面区域出现开裂的概率增加，会对镀层的耐腐蚀性产生不利的影响。

3.4　不同热处理工艺对镀层涂装性能的影响

3.4.1　阴极电泳电压对镀层表面漆膜厚度的影响

通过第 2 组板为平行试样，探索适宜阴极电泳漆膜厚度的电压条件。以 NT-100C 环氧水性底漆为试验对象，温度设置为 30 ℃，时间 180 s，对不同分段电压方式下的电泳漆膜厚度进行相关性研究，结果如表 7 所示。

表 7　分段电压对漆膜厚度的影响

编号	分段电压			漆膜厚度 /μm
	一段	二段	三段	
2-2	220 V/180 s	—	—	25~26
2-4	30 V/30 s	220 V/150 s	—	23~24
2-1	50 V/30 s	220 V/150 s	—	23~25
2-3	80 V/30 s	220 V/150 s	—	24~28
2-2	100 V/30 s	220 V/150 s	—	25~30
2-3	50 V/30 s	150 V/30 s	220 V/120 s	19~20
2-2	60 V/30 s	150 V/30 s	220 V/120 s	26~29
2-1	80 V/30 s	120 V/30 s	220 V/120 s	20~21

考虑到镀层表面较粗糙,其表面漆膜厚度要比普通钢板表面电泳漆膜厚,才能保证涂层具有一定的耐腐蚀性能。因此,通过比较,认为在 220 V 电压下,分二段电压进行电泳,一段:100 V/30 s;二段 220 V/150 s。此种分段电压条件下,可以保证漆膜厚度在 25~30 μm。分三段电压进行电泳,一段:60 V/30 s;二段 150 V/30 s;三段 220 V/120 s,该条件下也可以保证漆膜达到同等厚度。

3.4.2 优化电泳电压后镀层表面漆膜涂层耐腐蚀性能评价

以 2#、5#、6#、7#、8#、9#高强度钢板为试样,在优化后的阴极电泳电压条件下进行涂装试验,并对镀层与漆膜涂层的总厚度进行测量,通过 1 000 h 连续中性盐雾试验,评价漆膜涂层的耐腐蚀性能,结果如表 8 所示。

表 8 优化电泳电压后镀层表面漆膜涂层 1 000 h 连续盐雾试验

编号	优化后电泳条件	镀涂层总厚度/μm	单侧扩蚀宽度/mm
2#	一段:30 ℃/30 s, 100 V 二段:30 ℃/150 s, 220 V	72~74	<2
5#	一段:30 ℃/30 s, 100 V 二段:30 ℃/150 s, 220 V	80	<2
6#	一段:30 ℃/30 s, 100 V 二段:30 ℃/150 s, 220 V	78	<2
7#	一段:30 ℃/30 s, 100 V 二段:30 ℃/150 s, 220 V	82	<1
8#	一段:30 ℃/30 s, 100 V 二段:30 ℃/150 s, 220 V	80	<1
9#	一段:30 ℃/30 s, 100 V 二段:30 ℃/150 s, 220 V	82	<1

3.4.3 镀层表面漆膜涂层耐水性能评价

将电泳后的铝硅镀层热冲压成型高强度钢板完全浸没于一封闭式的恒温水槽中,保持去离子水温度在 50 ℃,静置 10 天(240 h),考查漆膜涂层的光泽度、二次附着力的变化,试验结果如表 9、表 10 所示。

表 9 高强板表面漆膜涂层耐水性能试验

编号	镀涂层总厚度/μm	光泽度(60°)			二次附着力
		试验前	试验后	失光率/%	
1#	76~78	104	2.1	98.0	1 级
2#	70~74	96	83	13.5	0 级

续表

编号	镀涂层总厚度/μm	光泽度（60°）			二次附着力
		试验前	试验后	失光率/%	
7#	80	96	3.0	96.9	1级
8#	68	96	84	12.5	0级

表10 高强板表面漆膜涂层耐水试验后表面状况分析

编号	表面状况
1#	漆膜表面发白，未出现针孔
2#	漆膜表面灰色，与试验前基本一致，未出现针孔
7#	漆膜表面发白，有少量间距6~8 mm、φ0.5 mm的针孔，约占整个面积的30%
8#	漆膜边缘部分轻微泛白，未出现针孔

从表9对漆膜涂层光泽度的试验结果可以看出：1#、7#样涂层耐水性较差，经过240 h、50 ℃的热水浸泡后，漆膜完全变色，保光性能较差。而2#、8#样涂层耐水性较好，漆膜光泽无明显变化，与试验前基本一致。

对这几组试样二次附着力的试验结果进行分析：2#、8#试样均可以达到0级水平（评价标准参考文献［2］），而1#、7#试样仅为1级。

对几组试样试验后的表面状况进行分析，结果如表10所示，部分板表面漆膜出现数量不一的针孔，如1#、7#试样，该针孔并非电泳过程产生，而是在经过50 ℃热水浸泡过程中导致，可能是由于水分子裹着空气，在受热过程中体积膨胀，以气泡的形式聚集在漆膜表面，经过长时间在热水中浸泡，漆膜组分中的树脂亲水性的基团会与水分子产生相互作用，以氢键的形式存在。树脂是连接金属表面镀层与无机颜填料的桥梁，由于树脂被破坏而导致漆膜缺陷，如针孔、白化、脱落等现象。如表10中，漆膜涂层与试验前相比，出现发白、针孔等问题，这可以从侧面反映出镀层工艺对漆膜涂层性能的影响。

4 总结

通过对不同热处理工艺条件下的Al、Si镀层高强度钢板耐循环腐蚀及涂装性能试验，发现在热处理条件为950 ℃、3 min下的镀层表现更优异，如：

（1）经过循环腐蚀试验，在50CCT（400 h）下，单位面积减薄量为89.549 0 g/m^2；在70CCT（560 h）下，单位面积减薄量为164.829 5 g/m^2，均有较好的耐腐蚀性能。

（2）经过与阴极电泳漆的涂装试验，对漆膜涂层进行1 000 h连续中性盐雾腐蚀试验，漆膜涂层沿叉单侧扩蚀小于 1 mm，表明该热处理工艺条件下的镀层与电泳漆膜涂层的配套性良好，具有较好的涂装性能。

（3）考查阴极电泳漆膜涂层耐水性试验，经过 50 ℃、240 h 的热水浸泡，漆膜表现良好，无起泡、变色、脱落等现象，表明该热处理工艺条件下的镀层与电泳漆膜涂层结合性能良好，耐水、耐热性较好。

参考文献

[1] GB/T 12612. General specification for multifunctional solution of iron and steel surface treatment ［S］.

[2] ISO 8407. Corrosion of metals and alloys-removal of corrosion products from corrosion test specimens ［S］.

[3] ISO 2409. Paints and varnishes-cross cut tests ［S］.

一种商用车铝合金储气筒鼓包变形失效分析

郑远宝　王德财　张梅

东风商用车有限公司东风商用车技术中心工艺研究所，
湖北十堰　442000

【摘　要】 针对某型号的商用车铝合金储气筒出现的鼓包变形现象，采用光学显微镜、显微硬度仪和拉伸试验机对储气筒鼓包变形部位和正常部位的组织及性能进行了对比研究。结果表明，储气筒鼓包变形区存在明显的软化现象，与正常部位相比，其力学性能出现大幅度下降，屈服强度值降低了 55 MPa，显微硬度平均值降低了 10.81 HV，显微组织中无分层现象，析出相的形态和分布趋于均匀。进一步的热处理试验结果表明，当热处理温度低于 200 ℃，试样的显微硬度和显微组织无明显变化；当热处理热温度在 300 ℃ 左右，保温时间约 0.5 h 时，热处理后试样的显微硬度和显微组织与鼓包变形区接近一致，由此可断定储气筒鼓包变形部位的软化现象是由于材料受高温造成的，鼓包变形现象是由于受热后发生塑性变形引起的。

【关键词】 5083 铝合金；储气筒；热处理；组织性能；失效分析

1　引言

5083 铝合金具有良好的耐蚀性和可焊接性，被广泛用于制作不受热的零件，如飞机、轮船和汽车的焊接压力容器。5083 合金的稳定化处理为 H3 状态，H3 状态随着稳定化处理前板材的硬化程度不同又可分为 H31～H39 九种。其中，H32 状态表示板材退火后经过相当于 75% 压延变形硬化程度 1/4 的冷变形，即大约与 19% 的冷变形率相当。而 H321 状态板材的冷加工硬化程度比 H32 状态稍小，所以在稳定化处理前，板材冷加工率的硬化程度应略小于 19%[1]。

本文所研究的某型号商用车储气筒故障件来自西北偏远地区，经拆检发现，该储气筒一端靠箍带外侧的侧壁出现明显的鼓包变形现象，如图 1 所示。筒壁所使用的材料为 3.5 mm 厚的 5083-H321 铝合金，最大鼓起高度为 11 mm，零件重量和壁厚尺寸均满足设计要求。据市场统计，该故障首次在 3

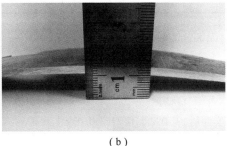

(a)   (b)

图 1 储气筒鼓包变形
(a) 侧壁鼓包变形；(b) 鼓包高度

台车上出现。本文对储气筒鼓包变形进行了失效分析，找出了鼓包变形失效的原因，为减少类似失效提供了良好的技术支持。

2 试验过程与结果分析

2.1 试验方法

从储气筒鼓包变形对侧正常部位（1#）和鼓包变形部位（2#）分别取标距为 50 mm、宽度为 12.5 mm 的非比例拉伸试样，用 SHT 4605 微机控制电液伺服万能试验机测量力学性能；截取 10 mm × 20 mm 的金相试样，经磨制抛光腐蚀后，使用德国 KB30SR 显微硬度计测量硬度，用 5% 的三酸溶液（5 mL HNO$_3$，3 mL HCl，2 mL HF，190 mL H$_2$O）腐蚀 50 ~ 60 s，使用奥斯巴林 GX71 光学显微镜观察横截面方向的显微组织；从储气筒鼓包变形对侧正常部位取 20 mm × 40 mm 的试样，用 XL-1 型箱式电阻炉进行热处理，热处理温度为 100 ~ 350 ℃，温度误差为 ±5 ℃，每隔 50 ℃ 处理一组试样，保温时间分别为 0.5 h、1.0 h 和 1.5 h，空冷至室温，观察显微硬度和显微组织变化。

2.2 原样品的组织性能分析

从表 1 试验用 5083 铝合金的化学成分检测结果可以看出，试样的化学成分实测值均满足 GB/T 3190—2008 的要求。从表 2 两组试样的力学性能检测结果可以看出，储气筒鼓包变形部位的强度值均低于正常部位，而出现较大的延伸率，其中抗拉强度 R_m 相差 14 MPa，屈服强度 $R_{p0.2}$ 相差 55 MPa。研究表明，在冷变形量相同的情况下，5083 铝合金板材的抗拉强度和屈服强度均随着稳定化退火温度的升高而逐渐降低，而断后伸长率则逐渐升高[2]。

表1　试验用5083铝合金的化学成分（质量分数）　　　　%

元素	Si	Fe	Cu	Mn	Mg	Cr	Zn	Ti	其他		Al
									单个	总计	
标准值	≤0.40	≤0.40	≤0.10	0.4~1.0	4.0~4.9	0.05~0.25	≤0.25	≤0.15	0.05	0.15	余量
实测值	0.092	0.31	0.039	0.67	4.58	0.094	0.081	0.012	0.05	0.15	余量

表2　试样力学性能检测结果

编号	取样位置	R_m/MPa	$R_{p0.2}$/MPa	A_{50}/%
1#	正常部位	305	194	断标外
2#	鼓包变形	291	139	23

从图2（a）和图3（a）两组试样的低倍显微组织形貌可以看出，在腐蚀条件相同的情况下，储气筒正常部位的表层（内表层和外表层）组织和芯部组织存在明显差异，试样的芯部耐腐蚀性较强，出现了一条亮带，而鼓包变形部位的表层组织和芯部组织未见明显差异。从试样的高倍显微组织形貌可以看出，两组试样的其显微组织均为α-Al固溶体+β(Mg$_2$Al$_3$)相+弥散分布的β沉淀析出相。其中，储气筒正常部位的表层组织为形状不规则的多边形α-Al，且有明显的晶界，β相的尺寸较大，而芯部组织无明显晶界，大尺寸β相的数量有所减少；鼓包变形部位的组织均无明显晶界，表层组织中的β相尺寸较小，形状规则，分布也较均匀；芯部组织中大尺寸β相的数量增多，形状不规则程度和分布不均匀性均增加。

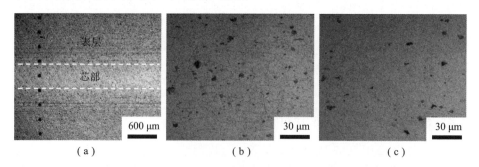

图2　正常部位的显微组织形貌
(a) 低倍形貌；(b) 表层组织；(c) 芯部组织

该储气筒中间直筒部分采用的是3.5 mm厚的5083-H321铝合金，生产工艺为先卷圆后焊接，卷圆后的实测厚度为3.3 mm，变形量为5.71%，由于变

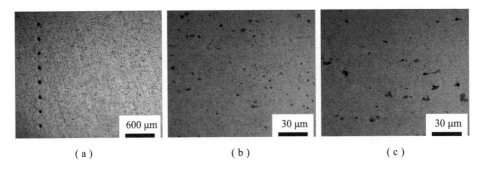

图3 鼓包变形部位的显微组织形貌
(a) 低倍形貌；(b) 表层组织；(c) 芯部组织

形量较小，所以变形主要集中在表层。由于表层变形量较大，组织中的位错密度较高，形变储能较多，晶界能较高，晶界稳定性下降，进而导致表层组织的耐腐蚀性下降。关于 Al-Mg 合金晶界腐蚀的差异性已有诸多报道[3~5]。

研究表明，5083 铝合金是不可以通过热处理方式来强化的[6]，从鼓包变形部位的力学性能和显微硬度的降低可以看出，鼓包变形部位发生了明显的软化现象；从其显微组织耐蚀性增强以及 5083 铝合金的热处理特性可以肯定这种软化现象是受热引起的。

2.3 热处理试验结果分析

从图 4 储气筒侧部正常部位的试样在不同工艺热处理后的显微硬度变化趋势可以看出，在不同保温时间下，随着热处理温度的升高，硬度值均呈先平稳后大幅度下降的趋势，当温度低于 200 ℃ 时，试样的显微硬度与未经热处理时的硬度相差不大。但值得注意的是，当热处理温度为 100 ℃ 时，三组试样的硬度值均出现了小幅度上升的现象，但随着保温时间的延长，硬度值呈下降趋势，这是由于储气筒侧壁在成型过程中形成的位错和点缺陷在加热过程中发生了迁移，此时热处理温度较低，组织中的缺陷不能完全消失，加工硬化作用减弱不明显。但在此温度下，会有一定量的 β 相析出，β 相会阻碍位错的运动，使合金强化，当保温时间较短时，第二相的强化作用大于加工硬化作用的减弱，试样表现出硬度升高的短暂强化现象，随着保温时间的延长，加工硬化作用减弱程度大于第二相的强化作用，就出现了硬度降低，该现象与有关报道一致[7]。随着温度的升高，试样的回复再结晶程度增大，硬度会逐渐降低。从图 4 可以看出，当热处理温度为 300 ℃ 时，试样的硬度均降到了 80 HV 以下，三种保温制度下试样的显微硬度平均值依次为 79.98 HV、79.02 HV 和 76.79 HV，当热处理温度为 350 ℃ 时，试样的硬度均降到了 75 HV 左右。

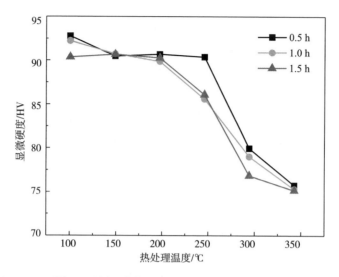

图 4 不同工艺热处理后的显微硬度变化趋势

试验中发现,试样在不同保温时间下显微组织的变化规律相同,现选取 200~300 ℃保温 1.0 h 为例加以说明。从图 5 不同温度保温 1.0 h 后的低倍显微组织可以看出,当热处理温度低于 200 ℃时,试样的显微组织出现明显的分层现象,如前文所述,试样的中心部位出现了一条明显的亮带。当热处理温度高于 250 ℃时,组织中的分层现象消失,同一截面上的组织趋于均匀。

图 5 不同温度保温 1.0 h 的低倍显微组织形貌
(a) 200 ℃; (b) 250 ℃; (c) 300 ℃

从图 6 试样不同温度保温 1.0 h 的高倍显微组织可以看出,试样的显微组织均为 α-Al 固溶体 + β(Mg_2Al_3) 相 + 弥散分布的 β 沉淀析出相。当热处理温度为 200 ℃时 [图 6 (a1)、(a2)],试样的表层组织有明显的晶界,而芯部无明显的晶界,组织中的 β 相分布不均匀;当热处理温度为 250 ℃和 300 ℃时 [图 (b1)、(c2)],试样的表层和芯部显微组织相差不大,与侧壁鼓包变形的试样(图 3)组织十分接近。

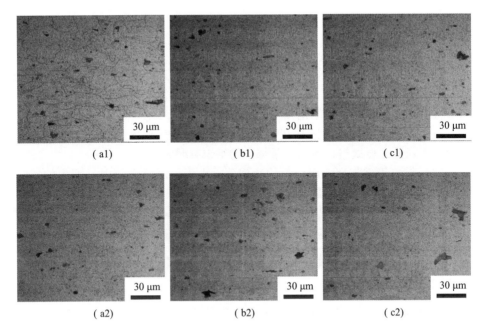

图6 不同温度保温 1.0 h 的高倍显微组织形貌

(a1) 200 ℃ - 表层；(a2) 200 ℃ - 芯部；(b1) 250 ℃ - 表层；(b2) 250 ℃ - 芯部；
(c1) 300 ℃ - 表层；(c2) 300 ℃ - 芯部

2.4 产生鼓包的原因分析

从热处理试验后的显微组织和显微硬度值变化情况可以看出，储气筒鼓包变形部位的软化现象是由于材料经受高温后，形成的储气筒鼓包变形区的显微硬度平均值为 79.49 HV，该值处于储气筒侧壁正常部位在 300 ℃ 保温 0.5 h 和 1.0 h 对应的硬度值之间，而此两种工艺条件下试样的显微组织与鼓包变形区也相差极小，由此可以确定，储气筒鼓包变形部位受热的最低温度在 300 ℃ 左右，最短受热时间约为 0.5 h。

研究表明，变形温度对 5083 铝合金流变应力的影响十分显著，随着变形温度的升高，流变应力显著降低。虽然 5083 铝合金是正应变速率敏感材料，但温度对应力的影响比应变速率对应力的影响更加显著[8]。由前文的分析可知，其受热的最低温度在 300 ℃ 左右，一旦出现受热，受热部位材料的热激活作用增强，位错的迁移速率大幅度增加，临界剪切应力显著降低。此时，在储气筒内部气压的作用下，筒壁各处都受到气压垂直向外的作用力，根据最小阻力定律，该受热部位会发生塑性变形，而塑性变形是不可逆的，虽然应变速率较低，但由于受热时间较长，塑性变形量会逐渐增加，最终形成了鼓包现象。

3 总结

本文以 5083-H321 铝合金为试验材料，材料取自某商用车储气筒鼓包变形件，从显微组织检测、力学性能检测、硬度检测以及热处理对比试验等方面进行了综合分析，主要结论如下：

（1）储气筒鼓包变形区存在明显的软化现象，软化区的力学性能和显微硬度显著降低，显微组织也与正常部位的组织有明显差异。

（2）储气筒鼓包变形部位的软化现象是由于材料经受高温后形成的，储气筒鼓包变形部位受热的最低温度在 300 ℃左右，最短受热时间约为 0.5 h，鼓包变形是由于受热后发生塑性变形引起的。

（3）该储气筒鼓包变形现象是用户使用不当造成的，与产品本身质量无关。

参考文献

［1］卢永红. 5083-H321 铝合金厚板生产工艺研究［J］. 铝加工，2003，（2）：49－51.

［2］孟凡林，周崇. 冷变形及退火对船用 5083 铝合金板腐蚀性能的影响［J］. 轻合金加工技术，2015，43（10）：35－39.

［3］罗兵辉，单毅敏，柏振海，等. 退火温度对淬火后冷轧 5083 铝合金组织及腐蚀性能的影响［J］. 中南大学学报（自然科学版），2007，38（5）：802－808.

［4］温庆红. 5083/5086 合金板材晶间腐蚀特征图谱研究［J］. 铝加工，2009，（5）：32－36.

［5］唐伟. 5083 铝合金 H321 状态厚板生产工艺研究［J］. 轻合金加工技术，2004，32（8）：30－32.

［6］张新明，吴文祥，刘胜胆，等. 退火过程中 AA3003 铝合金的析出与再结晶［J］. 中南大学学报（自然科学版），2006，37（1）：1－5.

［7］李春红，李春梅. 热处理对 5083 铝合金晶间腐蚀与力学性能的影响［J］. 功能材料，2013，44（z1）：79－81，84.

［8］徐清波，陶友瑞，米芳，等. 5083 铝合金高温流变本构关系研究［J］. 矿冶工程，2013，33（5）：124－126.

用好喷丸强化提高车用齿轮弯曲疲劳强度

白 涛

昌宇应力技术（上海）有限公司，上海 200122

【摘 要】 传统的通过控制材料来改善车用齿轮抗弯曲疲劳性能的技术途径已近瓶颈，面对日益提高的寿命、性能、质量和轻量化要求，必须寻找其他技术手段来进一步提高车用齿轮的弯曲疲劳强度。喷丸强化工艺可以有效提高齿轮产品的抗弯曲疲劳能力。喷丸强化主要是通过形成残余压应力来提高齿轮的弯曲疲劳强度，通过 Goodman 关系可以将齿根处沿深度分布的残余压应力和齿轮的局部疲劳强度进行定量关联，据此可以将残余应力这一关键指标定量引入到齿轮设计阶段，可以有效指导企业的齿轮设计加工、喷丸工艺制定，进而显著提高产品质量水平和运行寿命。为了建立准确可信的定量关联，需要对齿轮根部位进行有效的残余应力测试，X 射线法是目前世界公认的较为方便、高效的残余应力测试手段。针对齿根的特殊形状，需要采用合适的 X 射线设备和技术手段才能准确表征残余应力分布情况。

【关键词】 车用齿轮；弯曲疲劳强度；喷丸强化；残余应力；Goodman 关系；X 射线应力仪

1 引言

弯曲疲劳损伤是齿轮的主要失效形式之一，与齿轮热处理及表面强化状况密切相关。为了提高齿轮的弯曲疲劳极限和使用寿命，对渗碳淬火齿轮进行表面喷丸强化是十分有效的技术途径。究其根本，喷丸强化之所以能够提高齿轮的弯曲疲劳强度，主要是形成的残余压应力起到了关键作用。

为了调研国内齿轮行业对喷丸强化和残余应力的掌握及应用状况，笔者走访了大量齿轮生产制造企业，并进行了大量文献调研工作，发现目前国内齿轮企业对于残余应力的认识和应用还处于较初级的水平。同时，在齿轮设计阶段，被业内广泛参考的 ISO 6336 中也并未将残余压应力纳入到定量设计，而只是在寿命因子 Y_{NT} 和相对表面因子 $Y_{R\,rel\,T}$ 两个参数中做了定性提及[1]。为了提高国内齿轮行业对残余应力这一关键因素的重视程度和应用水平，笔者总结归纳了国内外大量研究工作,并利用 Goodman 关系建立起了齿根残余应力分布及其局部弯曲疲劳强度的定量关联,希望能够有助于提升国内齿轮产品的设计制造水平。

2 喷丸强化可以有效提高齿轮弯曲疲劳强度

GB/T 3480.5—2008 和 ISO 6336-5—2006 中都对齿轮的弯曲疲劳极限等级进行了划分,共划分为 MQ、ME 和 ML 三级[1,2],如图 1 所示。

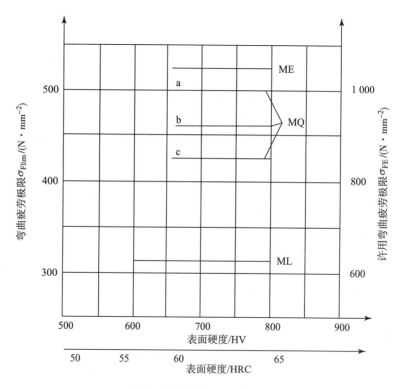

图 1　渗碳钢的 σ_{Flim} 和 σ_{FE}

上述提及的 ME、MQ 和 ML 三级齿轮分类主要是通过控制材料来达到的(表 1),比如,要控制原材料和渗碳层等。

表 1　材料控制

原材料	钢坯成分、均匀性
	夹杂物、含氧量
	锻造比、晶粒度

续表

渗碳层	表面硬度
	含碳量及深度
	黑色组织
	析出碳化物
	残留奥氏体
	淬火缺陷

虽然通过控制原材料和提高渗碳层质量可以获得具有较高弯曲疲劳强度的高等级齿轮,但是通过此条途径提升齿轮的抗弯曲疲劳能力具有一定限度,而且也不足以满足日益提高的质量、寿命和轻量化等要求。

首先,从原材料角度来说,随着生产工艺水平和设备的不断提升,当前国内用于齿轮制造的材料质量已经相当不错。进一步提升原材料质量水平,成本昂贵且提升空间不大。例如,通过增加多道电渣重熔进一步提升原材料的纯度,减少夹杂物,所耗成本巨大,但效果甚微。

其次,通过提升硬度来提高齿轮抗弯曲疲劳能力也有一定限度。意大利帕多瓦大学的 Carlo Dengo 等学者[3]分别采用了光滑和缺口试样对 MnCr 和 NiMnCr 渗碳淬火钢的旋转弯曲疲劳性能进行了研究,结果表明当达到一定限度后,再提高材料表面硬度其弯曲疲劳强度反而下降。土耳其乌沙克大学的 Osman Asi 等人[4]采用圆棒试样对不同渗碳淬火处理的 SAE8620 钢进行了弯曲疲劳试验,结果表明当渗碳层达到一定深度后,再提高渗碳层深度,材料的抗弯曲疲劳能力反而下降。究其原因,笔者认为主要有三个方面:①随着渗碳层深度的增加,材料表层的黑色组织也会随之增厚,而黑色组织对于材料的抗弯曲疲劳性能是不利的;②强度提高会导致塑性下降,夹杂处易产生应力集中并萌生裂纹;③随着材料硬度的提高,其断裂韧性会下降,这意味着材料抵抗裂纹扩展的能力降低。

因此,必须寻找其他途径来进一步提高齿轮的抗弯曲疲劳能力。大量研究表明,通过在齿根关键部位附加残余压应力并优化其分布,可以有效提高齿轮的弯曲疲劳强度,而获得残余压应力层最经济有效的技术手段就是喷丸强化。

喷丸强化工艺除了可以在齿轮表面附加残余压应力以外,还会带来表面粗糙度、残余奥氏体、组织均匀性和位错密度等组织结构上的改变,而对提高齿轮抗弯曲疲劳能力最有益的因素就是喷丸过程中产生的残余压应力。残余压应力可以认为是加在裂纹两端的闭合力,能有效延缓疲劳裂纹的扩展。南安普顿大学的 B. Y. He 等人[5]采用 3D 计算机层杆扫描成像技术对原始、抛光和喷丸强化三种状态下的 12Cr 汽轮机叶片的疲劳裂纹扩展规律进行了研究，结果表明，与原始态和抛光态的样品相比，喷丸强化处理后，样品内部的疲劳裂纹扩展显著变慢并且逐渐合并，见图 2。

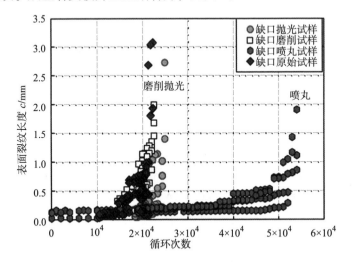

图 2　喷丸后疲劳裂纹逐渐合并（见彩插）

3　残余应力与弯曲疲劳强度间的定量关系

既然残余压应力可以有效提高齿轮的弯曲疲劳强度，那我们能否对二者进行定量关联呢？齿轮的弯曲疲劳外载为动载荷，而残余应力可以当成平均应力处理，平均应力属于静载荷。动、静载荷对材料的破坏作用不同，因此不能直接相加，但却应该符合 Goodman 关系 $\sigma_m^{-1} = \sigma^{-1} - m\sigma_m$，如图 3 所示。

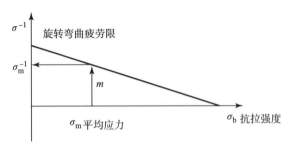

图 3　Goodman 关系

利用 Goodman 关系，可以将齿根残余压应力定量转换成疲劳抗力，而 m 就是转换系数。由于残余应力在齿根处沿深度方向成梯度分布，因此齿轮弯曲疲劳强度也应该是沿深度方向成梯度分布，称为局部疲劳强度，见图 4。

$$\sigma_{\text{local}} = \sigma_{\text{Original}} + m\Delta\sigma_{\text{RS}}$$

式中，σ_{local} 为喷丸强化后，齿轮局部弯曲疲劳强度；σ_{Original} 为齿轮未经喷丸强化处理的弯曲疲劳强度；$\Delta\sigma_{\text{RS}}$ 为喷丸强化处理后，齿根残余压应力的增加值，取绝对值；m 为转换系数。

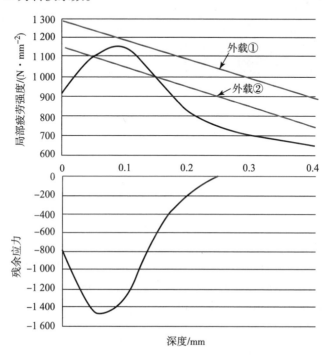

图 4　残余压应力和局部疲劳强度定量关联

由图 4 可知，喷丸强化后，如果已知齿轮齿根最大弯曲应力处的残余应力分布，并确定了合适的 m 值，就可以计算出齿轮的局部弯曲疲劳强度分布曲线，再结合外载情况，就可以迅速判断齿轮可能的弯曲疲劳失效形式是表面源还是表下源。如图 4 中所示外载①，表面处外载远高于局部疲劳强度，且在表下也都是外载值较高，此种情况下齿轮将在表面萌生疲劳源并发生弯曲疲劳失效。外载②虽然在表层也高于其局部疲劳强度发生起裂，但是裂纹在向内扩展过程中会遇到更高的疲劳抗力而停止扩展，真正起裂扩展是在表下外载远大于局部疲劳强度处，即表下源。疲劳表面源和表下源可以通过扫描电镜直接进行观察和区分，如图 5 所示。

同理，如果在开发一个齿轮产品时，已知服役外部载荷情况和设计弯曲疲劳强度等参数，就可以设计出合理的局部疲劳强度分布，再通过 Goodman 关系就可以定量绘制出需要的残余压应力分布情况，进而为制定合理的喷丸强化工艺进行指导。

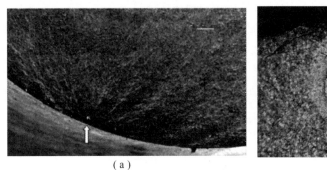 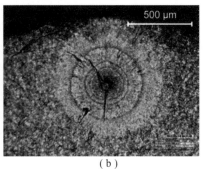

图 5　疲劳裂纹源示意图

(a) 表面源；(b) 表下源，鱼眼形貌

事实上，利用 Goodman 关系进行残余应力和弯曲疲劳强度的定量关联，国际上发达国家早有探索和研究。1984—1990 年，国际知名企业和研究院所就发表过大量相关研究工作文献。

如日本钢铁的 K. Naito 等人[6]，为了探明残余压应力提高齿轮弯曲疲劳强度的内在机理，采用渗碳淬火处理的 20CrMnMo 旋转弯曲疲劳试样进行了大量试验研究，试样分别经 0.2 A、0.4 A 和 0.8 A 三种不同强度的喷丸处理。Naito 等人对不同试样的最大残余压应力和其弯曲疲劳强度进行了绘图，如图 6 所示。根据数据和图表，我们可以近似计算出其关键转换系数 $m = 0.45$，即图 6 中直线的斜率。

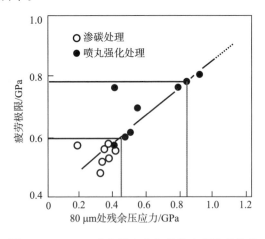

图 6　20CrMnMo 残余压应力和弯曲疲劳强度关系

日本小松的 Masao Kikuchi 等人[7]同样采用 20CrMnMo 材料，对喷丸强化后的试样进行了大量旋转弯曲疲劳试验。喷丸试样分别采用 0.3 mm、0.6 mm 和 0.8 mm 三种直径的弹丸，喷丸速度统一为 46 m/s。对数据进行整理计算，

可以得出 m 值近似为 0.35。

日本神户制钢的 M. Nakamura 等人[8]为了更加精确地模拟齿轮根部构造，采用了缺口试样进行旋转弯曲疲劳试验。材质为 20CrMnMo，试样分为渗碳淬火处理和渗碳淬火加喷丸强化处理两类，其中缺口系数 $K_t = 2.1$，喷丸采用 55 HRC 的 0.6 mm 钢丸。Nakamura 等人以试样最大残余压应力值和其弯曲疲劳极限作图。通过对数据和图表进行分析计算，可得出 m 值近似为 0.39。

日本住友的 M. Hashimoto 等[9]所做研究则更加全面，同样采用缺口旋转弯曲疲劳试样，缺口系数 $K_t = 1.9$。不同的是，Hashimoto 等人选用了 20CrMnMo 和 20CrNiMo 两种材料，材料经渗碳淬火和喷丸强化处理，其中喷丸强化又分为 4 种不同的强度。Hashimoto 等人将各个试样的最大残余压应力和其弯曲疲劳极限作图，可以发现两种材料的不同试样可呈线性分布，并进一步计算出 m 值约为 0.40。

2007 年，为了进一步研究齿轮根部残余应力和其弯曲疲劳强度间的关系，德国卡尔斯鲁厄大学的 Thomas Krug 等人[10]采用经过渗碳淬火和喷丸强化处理的 16MnCr5 缺口试样进行了大量弯曲疲劳试验研究。试样的缺口系数为 $K_t = 1.57$，喷丸强化工艺分为 0.54 A 和 0.45 A 两种，弯曲疲劳试验采取了 4 种不同的应力比进行。试验结果表明，不同试样的弯曲疲劳极限与其最大残余压应力之间存在线性关系，并拟合计算出关键转换系数 m 约为 0.46。

我们总结上述各试验研究中得到的 m 值，如表 2 所示。

表 2　历史研究数据计算出的 m 值

研究机构	日本钢铁	日本小松	神户制钢	日本住友	德国卡尔斯鲁厄大学
m 值	0.45	0.35	0.39	0.40	0.46

为了从理论上进一步验证上述各研究得出的 m 值是否合理，我们查阅了大量资料，并最终在教科书中寻找到了理论依据，见表 3 和图 7。

表 3　σ_{-1}/σ_b 数值

疲劳强度与抗拉强度的比值	铁素体	珠光体	奥氏体	马氏体	索氏体
σ_{-1}/σ_b	0.57~0.63	0.38~0.41	0.35~0.45	0.23~0.47	0.56~0.60
中值	0.60	0.40	0.40	0.35	0.58

表 3 中的 σ_{-1}/σ_b 即平均应力和疲劳强度之间的关键转换系数 m。由于齿轮材料基本上都要经过渗碳淬火处理，处理后为马氏体组织，从教科书经验

数据中可以看到，马氏体组织的 m 值范围应该在 0.23~0.47，前述各研究的 m 值均在该范围之内，这在一定程度上证明了上述研究工作的正确性。同时，也对采用 m 值进行齿根残余压应力和弯曲疲劳强度定量关联给出了理论支持。

国内也有部分高校、企业及科研单位进行过相关研究[11,12]，但是比较可惜的是最多

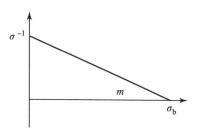

图 7　σ_{-1} 与 σ_b 关系示意图

只是关联到了喷丸工艺，即仅给出了弯曲疲劳强度和不同喷丸工艺参数间的定性关系，并没有直接定量关联到残余压应力上。而喷丸之所以可以提高材料的疲劳极限，主要是形成的残余压应力在起作用。

4　X 射线法测试齿根残余应力梯度分布

汽车齿轮在每一步加工过程中，都会不同程度地引入残余应力或改变应力状态。汽车齿轮关键部位残余应力的大小和状态，直接影响齿轮的服役寿命和工作性能的发挥。随着用户对汽车性能、质量和可靠性的要求越来越高，汽车及零部件制造企业必须准确地对车用齿轮关键部位的残余应力进行表征，研究其产生机理，优化产品设计和制造工艺，在制造高质量零件的同时降低生产成本。

残余应力检测技术根据是否损坏被检对象可以分为有损检测和无损检测两大类。有损检测也称机械法，包括盲孔法、环芯法和剖分法。无损检测包括 X 射线衍射法、超声法和磁性法等。本文将对无损检测方法中技术最成熟、应用最广泛的 X 射线衍射法残余应力检测技术进行重点介绍。

在机加工、滚齿、剃齿、珩磨或热处理工艺后，齿轮表面及次表面的残余应力差别可能很大，必须对残余应力进行表征以评价加工工艺和这些工艺所产生的应力梯度及其影响。

在不同波长和材料的情况下，X 射线的穿透深度为 10~30 μm，所以 X 射线衍射法只能测定零件表面的残余应力。为了测定次表面残余应力，需要采用电解抛光方法去除被测零件的表面材料（剥层）。齿轮根部需要用图 8 所示的专门设计的电解抛光头来剥层。

齿轮发生断齿失效的最危险部位是齿根，所受载荷为轴向应力，因此需要测试齿根周向的残余应力梯度分

图 8　Proto 产齿轮专用电解抛光头

布情况，通常需要切除相邻的齿，以方便测量头接近被测点位置。这种切除要避免在被测点上施加应力，作为验证，可在测试方向上贴上小的应变片用于评估切除时的应力变化。同时，由于齿根最大弯曲应力处为曲面，有时曲率半径很小，对光斑选择要求很高，其中光斑应在满足多晶衍射的前提下尽可能小，以增加测试精度。如汽车变速箱齿轮，$R = 0.6 \sim 0.8$ mm，要求光斑最好在 150 μm 左右。另外还要考虑齿轮产品的晶粒尺寸进行综合选择，允许的情况下建议采用长方形光斑。使用小尺寸光斑需要配置大功率设备，目前市面上比较常用的大功率设备是加拿大 Proto 公司生产的 1 200 W 和 3 000 W 大功率 X 射线应力仪。经过热处理和喷丸强化后，衍射峰比较宽，给信号采集带来麻烦，探测器可能只截取部分峰形，导致定位精度低，产生系统误差。因此对于渗碳淬火的齿轮产品，需要采用宽角探测器进行测验，探测器宽度应至少为衍射峰半高宽的 3 倍。

5 总结

（1）原有的通过控制材料改善齿轮抗弯曲疲劳性能的技术途径已近瓶颈，面对日益提高的寿命、性能、质量和轻量化要求，必须寻找其他技术手段来进一步提高齿轮的抗弯曲疲劳性能。

（2）针对齿根部位进行喷丸强化处理，可以有效提高齿轮的弯曲疲劳强度。

（3）面对竞争激烈的国际齿轮市场，要想成为质量领先的一流企业，需要在齿轮产品的设计开发阶段就定量考虑残余压应力这一关键指标，并利用 Goodman 关系与齿轮的局部弯曲疲劳强度建立定量关联。

（4）要想建立准确的定量关系，需要对齿轮根部进行有效的残余应力梯度表征，对于齿轮产品，通常利用 X 射线应力仪进行检测，并且需要结合齿轮根部的特殊形状选取合适的硬件和测试技巧。

参考文献

[1] ISO 6336 - 5 - 2006 Calculation of load capacity of spur and helical gears-Part 3: Calculation of tooth bending strength [S].

[2] GB/T 3480.5—2008 直齿轮和斜齿轮承载能力计算 第 5 部分：材料的强度和质量 [S].

[3] Carlo Dengo, Giovanni Meneghetti, Manuele Dabala. Experimental analysis of bending fatigue strength of plain and notched case-hardened gear steels [J]. International Journal of Fatigue, 2015, 80: 145 - 161.

[4] Osman Asi, Ahmet Cetin Can, James Pineault, et al. The relationship between case depth and bending fatigue strength of gas carburized SAE 8620 steel [J]. Surface & Coatings Technology, 2007, 201: 5979 – 5987.

[5] He B Y, Katsamenis O L, Mellor B G, et al. 3-D analysis of fatigue crack behaviour in a shot peened steam turbine blade material [J]. Materials Science & Engineering A, 2015, 642: 91 – 103.

[6] Naito K, Ochi T, Takahashi T, et al. Effect of shot peening on the fatigue strength of carburized steels [C]. Proceedings of The Fourth International Conference on Shot Peening, Tokyo, Japan, Oct. 1990, pp. 519 – 526.

[7] Masao Kikuchi, Hideo Ueda, Keisuke Hanai, et al. The Improvement of Fatigue Durability of Carburized Steels with Surface Structure Anomalies by Shot Peening [C]//Proceedings of The Second International Conference on Shot Peening, Chicago, May. 1984, 208 – 214.

[8] Nakamura M, Matsushima Y, Hasegawa T, et al. Effect of alloying elements and shot peening on fatigue strength of carburized steel [C]//Proceedings of The Fourth International Conference on Shot Peening, Tokyo, Oct. 1990, pp. 485 – 493.

[9] Hashimoto M, Shiratori M, Nagashima S. The effects of shot-peening on residual stresses and fatigue strength of carburized gear steels [C]//Proceedings of The Fourth International Conference on Shot Peening, Tokyo, Japan, Oct. 1990, pp. 495 – 504.

[10] Thomas Krug, Karl-Heinz Lang, Theo Fett, et al. Influence of residual stresses and mean load on the fatigue strength of case-hardened notched specimens [J]. Materials Science and Engineering A, 2007, 468 – 470: 158 – 163.

[11] 李贞子, 何才, 王云龙, 等. 20CrMoH 齿轮弯曲疲劳强度研究 [J]. 汽车工艺与材料, 2011 (9): 21 – 23.

[12] 郭又志, 钟明, 辛经纬. 齿轮强化喷丸在岸边集装箱起重机齿轮箱中的应用 [J]. 起重运输机械, 2014 (5): 98 – 100.

高强钢 DP980 电阻点焊焊接性能研究

付 参 张永强 伊日贵 鞠建斌 杨建炜

首钢技术研究院,北京　100043

【摘　要】 为研究高强钢的电阻点焊性能,本文以 1.5 mm 厚度双相钢 DP980 + Z 为研究对象,通过电阻点焊试验及显微组织、力学性能、电极寿命测试,分析其焊接特性。结果表明,1.5 mm DP980 + Z 电流窗口为 2.1 kA,最小和最大焊接电流分别为 6.5 kA 和 8.6 kA。焊点的熔核区主要为粗大的板条状马氏体,热影响区组织主要由尺寸较小的马氏体、铁素体和少量贝氏体组成。最大电流与最小电流下,焊点的热影响区均会发生软化,软化程度基本相当。最大电流下焊点的抗剪力和抗拉力均大于最小电流下焊点的抗剪力与抗拉力,电流增加对抗剪力的增强作用要大于对抗拉力的增强作用。使用最大焊接电流 8.6 kA 连续焊接 2 000 个焊点,焊点焊核的尺寸仍然大于最小焊核尺寸,电极头的寿命超过 2 000 个焊点。

【关键词】 高强钢;电流窗口;力学性能;电极头寿命

1　引言

随着全球范围内的能源短缺和环境污染问题的日益严重,节能减排成为汽车制造行业重要的发展趋势[1]。在当今新能源技术还不成熟、发动机技术提升难度日益加大的背景下,减轻汽车自身重量是节能减排的最有效措施之一。据统计,汽车车重每减少1%,燃油消耗可降低 0.6% ~ 1.0%[2]。

高强钢具有良好的强度和韧性,能满足汽车行业更安全、更轻量化、更环保以及更经济油耗的需求。电阻点焊是汽车生产中应用最广泛的连接技术之一,平均每辆汽车上包含 3 000 ~ 5 000 个焊点[3]。电阻点焊是目前汽车生产中高强度钢板的主要焊接方法,因此研究高强钢的电阻点焊性能,对高强钢在汽车行业中的应用具有重要推动作用。

本文以 DP980 + Z 高强钢为对象,研究了该钢种的电流窗口、焊点显微组织及力学性能,最后对电极头的使用寿命进行了评估。

2 试验材料与设备

2.1 试验材料

试验使用的材料为高强热镀锌双相钢 DP980 + Z，钢板厚度为 1.5 mm。钢板的主要化学成分和力学性能如表 1 和表 2 所示，屈服强度为 748 MPa，抗拉强度为 1 047 MPa，伸长率为 10.5%。

表 1　钢板的化学成分（质量分数）　　　　　%

C	Si	Mn	P	S	Cr + Al + Mo
0.085 ~ 0.115	0.35 ~ 0.5	2.3 ~ 2.5	≤0.02	≤0.07	0.45 ~ 1.0

表 2　钢板的力学性能

厚度 d/mm	屈服强度 $R_{\text{p0.2}}/\text{MPa}$	抗拉强度 R_{m}/MPa	伸长率 $A_{80}/\%$
1.5	748	1 047	10.8

2.2 试验设备

焊接试验使用的设备是 OBARA DB-220 型固定式逆变点焊机，标称功率为 220 kVA，电极头直径为 6 mm，电极材料为 CrZrCu。取焊点的最大横截面制备标准金相试样，试样腐蚀液为 4% 的硝酸酒精溶液，使用型号为 Leica DMI5000M 的金相显微镜观察显微组织形貌，使用型号为 Leica HXD-1000TM 的显微硬度测试仪测量显微硬度，使用型号为 Zwick-Z100 的拉伸设备测试焊点抗剪性能和抗拉性能。

3 试验方法

剥离试验样片的尺寸为 45 mm × 45 mm，在两边 40 mm 处将两样片重叠，在焊点中心进行点焊，对焊点进行剥离并测量焊核直径。当焊核直径首次达到 $d_{\text{wmin}} = 4\sqrt{t}$（$t$ 为材料厚度）时的焊接电流为 I_{vmin}，以 200 A 步幅递增至某电流进行两次焊接均产生飞溅时，再以 100 A 步幅递减，连续 3 次焊接均不产生飞溅的电流即为最大焊接电流。找出最大电流后，从 I_{vmin} 开始，焊接电流以 100 A 递增，当增至某电流进行连续 5 次焊接，焊核直径均不小于 d_{wmin}

时的电流值为最小焊接电流。对于 1.5 mm DP980 + Z 高强钢板，d_{wmin} 约为 4.90 mm，焊接参数和试验结果如表 3 所示。

表 3 焊接参数和试验结果

钢种	厚度 δ/mm	电极压力 F/kN	焊接时间 t/ms	最小焊接电流 I/kA	最大焊接电流 I/kA	焊接电流范围 I/kA	保持时间 t/ms
DP980 + Z	1.5	4.5	380	6.5	8.6	2.1	300

测试焊点抗剪性能的剪切拉伸试样和测试焊点抗拉性能的十字拉伸试样如图 1 和图 2 所示，在试验得到的最大和最小焊接电流下，按图 1 和图 2 的搭接方式焊接后进行拉伸试验，可获得相应参数下焊点的抗剪性能和抗拉性能。

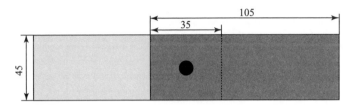

图 1 焊点剪切拉伸试样示意图

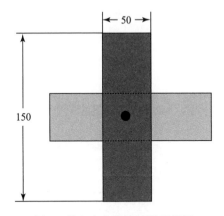

图 2 焊点十字拉伸试样示意图

4 分析与讨论

4.1 焊接电流窗口

焊接电流窗口如图 3 所示（图中部分点数值重合），该钢板在焊接时间 380 ms、电极压力 4.5 kN 的工艺参数下，电流窗口显示 2.1 kA，最小焊接电流为 6.5 kA，最大焊接电流为 8.6 kA。从图 3 可以看出，随着焊接电流增大，撕裂试验的失效形式由界面失效变成纽扣失效，在不产生飞溅的情况下，焊核直径随焊接电流增大呈增大趋势。当电流增大到一定程度时，焊接产生飞溅，焊核尺寸因液态金属飞出而减小。

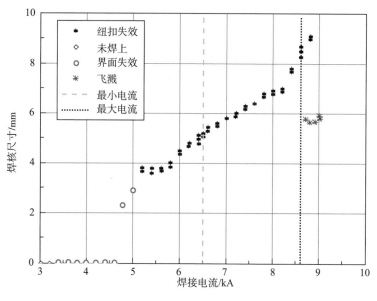

图 3 焊接电流窗口

4.2 组织形貌

母材的基体组织形貌如图 4 所示，主要由马氏体和铁素体组成，马氏体硬

图 4 母材基体组织形貌

质相均匀分布在铁素体基体组织上,在图4中可以看出横向的金属纤维流线。

图5为最大焊接电流和最小焊接电流焊点的焊核区及热影响区的显微组织形貌。由于焊核区冷却速度在2 000 ℃/s以上,远大于马氏体转变的临界速度,熔核区形成粗大的板条状马氏体[4]。热影响区组织主要由尺寸较小的马氏体、铁素体和少量贝氏体组成。对比图5(a)和图5(c),最大焊接电流下的焊核组织,由于热输入量明显增加,高温停留时间较长,晶粒长大更明显,比最小焊接电流下的马氏体组织更粗大。

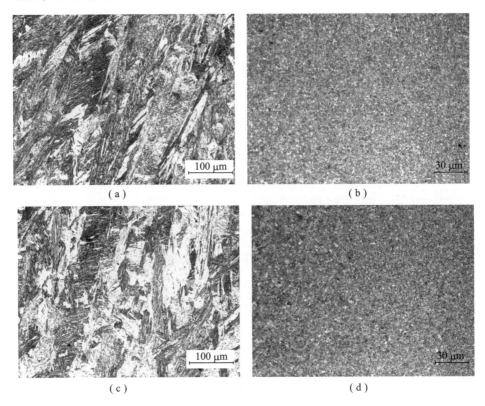

图5 焊点的显微组织形貌
(a) 最小焊接电流下的焊缝组织;(b) 最小焊接电流下的热影响区;
(c) 最大焊接电流下的焊缝组织;(d) 最大焊接电流下的热影响区

4.3 焊点力学性能

对焊点进行显微硬度测试,测试轨迹从母材一侧经过焊核对角线,再到母材另一侧,两点横向间隔400 μm,加载力为1 kg。

图6是最大焊接电流下焊点的显微硬度分布图,母材的显微硬度约为350 HV,焊核区的显微硬度约为400 HV,热影响区发生软化,软化点的显微

硬度约为 320 HV。图 7 是最小电流下焊点的显微硬度分布图，母材的显微硬度约为 350 HV，焊核区的显微硬度约为 400 HV，热影响区也发生软化，软化点的显微硬度约为 320 HV。可以看出，在最大和最小电流下，热影响区都会发生软化，软化程度基本相当。

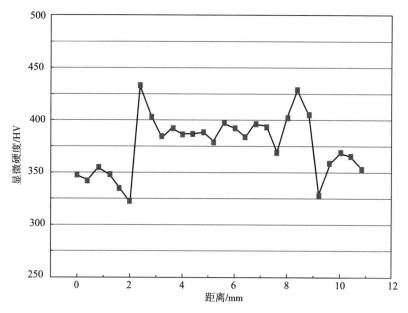

图 6　最大焊接电流下焊点的显微硬度分布

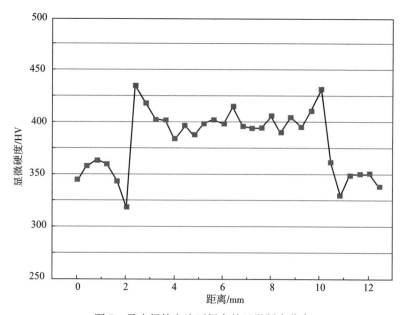

图 7　最小焊接电流下焊点的显微硬度分布

图 8 和图 9 是最大焊接电流与最小焊接电流下焊点的抗剪拉伸曲线和十字拉伸曲线，蓝色曲线是 5 组最大电流的载荷位移曲线，红色曲线是 5 组最小电流的载荷位移曲线，平均峰值力如表 4 所示。可以看出，抗剪载荷—位移曲线比十字拉伸曲线的一致性更好。最大焊接电流下焊点的平均抗剪力与抗拉力分别为 27 807 N 和 9 698 N，最小焊接电流下焊点的抗剪力与抗拉力分别为 17 798 N 和 6 700 N。最大电流时焊点的抗剪力与抗拉力均大于最小电流时焊点的抗剪力和抗拉力，使焊点的抗剪力增强约 56%、焊点的抗拉力增强约 45%，因此电流增加对抗剪力的增强作用要大于对抗拉力的增强作用。

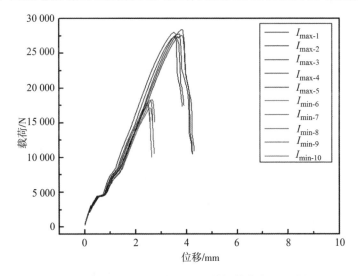

图 8　最大和最小电流下焊点的抗剪拉伸曲线（见彩插）

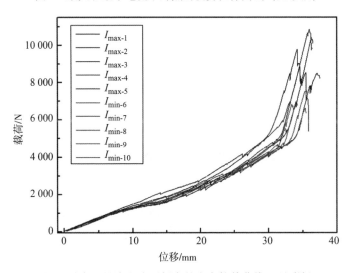

图 9　最大和最小电流下焊点的十字拉伸曲线（见彩插）

表4　焊点力学性能

焊接电流	抗剪拉伸平均最大力/N	十字拉伸平均最大力/N
I_{min}	17 798	6 700
I_{max}	27 807	9 698

4.4　电极头磨损对焊核尺寸的影响

对电极头进行寿命测试，焊接电流采用最大焊接电流8.6 kA，总计焊接2 000个焊点，每隔92个点焊接8个点，并测量后7点的撕裂焊核直径，结果如图10所示，电极头开始和结束的电极印记如表5所示。可以看出，随着焊点数的增加，电极头磨损加剧，焊核平均直径基本呈下降趋势。研究表明[5]，钢板镀层中的Zn和Al元素会与电极头中的Cu元素发生合金化反应，使电极端面导电导热能力降低，从而产生点蚀。电极端面的点蚀区域在高温高压下容易产生微裂纹，熔化的镀层金属会沿微裂纹渗入电极内部，加速电极失效。

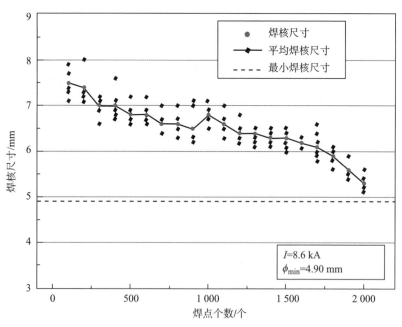

图10　焊核直径随焊点数量的变化

当焊到第2 000个点时，电极头镦粗现象严重，电极端面直径由原来的6 mm变为8.2 mm，此时焊点焊核的直径为5.3 mm，仍然大于焊点最小直径4.9 mm。在最大焊接电流下，连续焊接2 000个焊点时，焊点焊核的直径仍然大于最小焊核直径，也就是说电极帽的寿命超过2 000个焊点。

表5 电极头印记

顶部	底部	顶部	底部
电极端面直径/mm		电极端面直径/mm	
5.9	6.0	8.2	8.2

5 总结

(1) 在电极压力 4.5 kN、焊接时间 380 ms 的工艺参数下，1.5 mm 厚 DP980 + Z 高强度钢板的最小焊接电流为 6.5 kA，最大焊接电流为 8.6 kA，焊接电流窗口为 2.1 kA。

(2) 熔核区主要为粗大的板条状马氏体，热影响区组织主要由尺寸较小的马氏体、铁素体和少量贝氏体组成。

(3) 在最大和最小电流下，热影响区都会发生软化，软化程度基本相当。最大焊接电流下焊点的抗剪力和抗拉力均大于最小焊接电流下焊点的抗剪力与抗拉力，最大电流下焊点的抗剪力增强约56%，抗拉力增强约45%。

(4) 使用最大焊接电流 8.6 kA 连续焊接 2 000 个焊点，焊点焊核的尺寸仍然大于最小焊核尺寸，电极头的寿命超过 2 000 个焊点。

参考文献

[1] 贾青云,李冬妮,孙凤池. 现代汽车制造技术之机械加工世界汽车技术发展跟踪研究（一）[J]. 汽车工艺与材料, 2002, 4: 1 - 5.

[2] 冯奇,范军锋,王斌,等. 汽车的轻量化技术与节能环保 [J]. 汽车工艺与材料, 2010, 2: 4.

[3] 范军锋. 现代轿车轻量化技术研究——新材料技术、轻量化工艺和轻量化结构 [J]. 汽车工艺与材料, 2009 (2): 10 - 15.

[4] 方翠霞. 高强度双相钢电阻点焊性能实验研究 [D]. 武汉:华中科技大学, 2010.

[5] 张志勤,黄维,高真凤. 汽车用第 3 代先进高强度钢的研发进展 [J]. 特殊钢, 2013, 34 (1): 16 - 20.

变速器铝合金后悬置支架断裂原因分析

张 聪 刘佳宁 季 枫 王善鹏

北汽股份汽车研究院，北京 101300

【摘 要】某车型的变速器后悬置支架采用了铝硅系列合金，加工方式采用锻造。铝硅系列合金具有良好的延展性及填充性，因此常用作锻造零件。某车型在进行60 km匀速搓板路试验及试车跑道过坎试验时出现了后悬置支架断裂的故障。本文通过化学成分分析、金相组织观察、断口扫描等方法对此零件断裂失效的原因进行分析。结果表明，铝合金后悬置支架满足化学成分要求，金相组织出现了明显的补缩不足形成的微孔以及复熔加宽的晶界，同时还有大块的空洞。可以判断，疏松、过燃、气孔是导致铝合金后悬置支架断裂的根本原因。

【关键词】锻造铝合金；后悬置支架；缺陷分析；早期失效

1 引言

某车型在进行60 km匀速搓板路试验及试车跑道过坎试验时出现了后悬置支架断裂的故障（图1）。变速器后悬置支架与电机和减速器相连，是整车中重要的安全部件，承受着动力系统综合力的冲击。本文通过对不同工况下的断裂件及未使用零件的化学成分、金相组织、断口形貌分析等多角度分析，确定了铝合金后悬置支架断裂产生的原因，并对此提出了有效的改善措施。

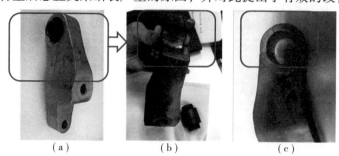

图1 失效零件组图
(a) 1#未安件；(b) 2#搓板路试验断裂件；(c) 3#跑道过坎试验断裂件

2 失效零件分析试验方法

铝合金后悬置支架是锻造工艺制成,使用材料为铝合金 A380,参考标准为 ASTM B85-03。本文采用 ICP 分析仪,按照 GB/T 7999—2015《铝及铝合金光电直读光谱分析方法》对 1#未安装件、2#搓板路试验断裂件的 Al、Si、Fe、Cu、Mn、Mg、Ni、Zn、Sn 等化学成分进行检测;采用扫描电镜,参照 GB/T 6842《扫描电子显微镜试验方法》对 2#搓板路试验断裂件进行断口微观形貌分析,并利用扫描电镜中的能谱仪对铸铝中的夹杂物成分进行分析;利用 JB/T 7946《铸造铝合金金相铸造铝硅合金变质》对 1#未安装件、2#搓板路试验断裂件及 3#跑道过坎试验断裂件进行金相组织分析。

3 失效原因分析

铝合金后悬置支架所处的位置在底盘,虽长期受到石子磕碰、雨水腐蚀,由于铝合金在常温条件下产生的氧化铝具有独特的耐腐蚀性能,即使零件划伤也不会因其服役环境恶劣而对零件造成腐蚀影响。本文中的断裂件不考虑由于腐蚀引起的性能破坏导致的失效。因此考虑断裂的原因是化学成分合规性以及金相组织是否存在疏松、缩孔、偏析、冷热裂纹等方面。

3.1 失效零件的化学成分分析

在 1#未安装件及 2#搓板路试验断裂件随机截取试样进行样品的化学成分分析,样件的分析结果见表 1。由表 1 可知,各元素含量满足标准要求,因此,此零件失效与化学元素无关。

表 1　1#未安装件及 2#搓板路试验断裂件化学成分分析(质量分数)　　%

元素	Si	Fe	Cu	Mn	Mg	Zn	Ti	Ni	Al	结果
标准要求	7.5~9.5	≤1.3	3.0~4.0	≤0.5	≤0.1	≤3	<0.2	≤0.5	余量	—
1#未安装件	8.92	0.71	3.71	0.34	0.02	0.11	0.021	0.021	余量	满足
2#搓板路试验断裂件	8.89	0.69	3.77	0.25	0.03	0.19	0.025	0.024	余量	满足

3.2 裂纹部位金相试样分析

根据 JB/T 7946.1—2017《铸造铝合金金相 第1部分：铸造铝硅合金变质》对1#未安装件、2#搓板路试验断裂件及3#跑道过坎试验断裂件进行金相组织检测分析。在试样裂纹部位选取试块，并制备金相试样，在4%硝酸酒精溶液浸蚀条件下进行显微组织观察。如图2所示，为精确定位零件的缺陷位置，准确找出缺陷原因，沿断裂面对金相取样，并将断裂面作为金相打磨面经过腐蚀后在电镜下进行观察。

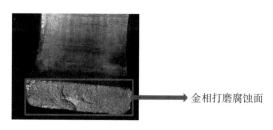

图2 金相取样位置及电镜观察面

由图3～图5可以看出，在不同倍数下有多个黑洞分布在视野中，因此判断1#试样有大量的疏松存在。在图4及图5中有密集的短棒状或针状形态组织沿晶界分布，判断这种组织为树枝晶。由于树枝晶的存在，材料拉伸性能受到比较明显的影响。树枝晶是一种危害比较大的铸造缺陷，通常是因为浇铸时铸型散热能力差、冷却速度不同所致。

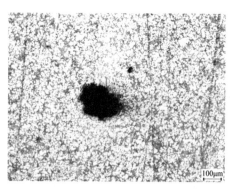

图3 1#试样（100×）

图6为100倍视野下观察2#试样得到的金相组织。由图6可知，试样经过打磨后有清晰可见的裂纹源。图7为200倍视野下观察试样得到的金相组织，可以明显看到组织中具有沿晶分布，有枝角形、致密的黑洞，这种黑洞为疏松的明显特征。图8为500倍视野下观察试样得到的金相组织，观察到

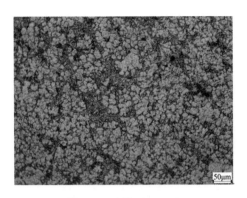

图 4　1#试样（200×）

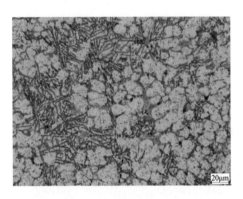

图 5　1#试样（500×）

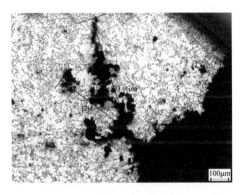

图 6　2#试样（100×）

复熔加宽的晶界，且在三个晶粒的交界处有复熔三角形产生。

图 9 为 50 倍视野下观察试样得到的 3#试样的金相组织。由图可知，试样经过打磨后有清晰可见的气孔。图 10 同样为 50 倍视野下观察 3#试样得到的金相组织，可清晰见到经过打磨后试样有清晰可见的裂纹源。图 11 为 200 倍

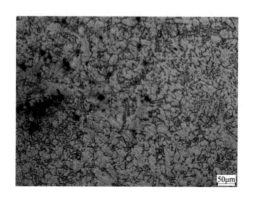

图 7　2#试样（200×）

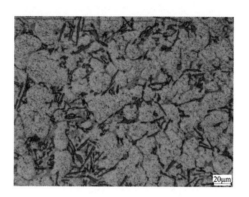

图 8　2#试样（500×）

图 9　3#试样（50×）（一）

视野下观察 3#试样得到的金相组织，有明显的组织疏松。图 12 为 500 倍视野下观察到 3#试样有块状的、硅的一次晶组织，是初晶硅。

图 10　3#试样（50×）（二）

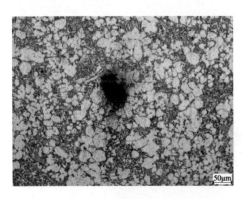

图 11　3#试样（200×）

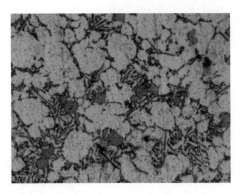

图 12　3#试样（500×）

3.3　裂纹部位断口形貌分析

参照 JB/T 6842—1993《扫描电子显微镜试验方法》观察 2#试样的断口，图 13 中 1 和 2 的位置为明显的补缩不足形成的微孔，形状棱角分明，周围组织粗糙，是明显的疏松特征。从图 14 中观察到夹渣，判断是 Al_2O_3 及 SiO_2 等化合物。在断口处进行金相观察时发现有明显的共晶硅裂纹，如图 15 所示，因此判断断裂为典型的脆性断裂特征。

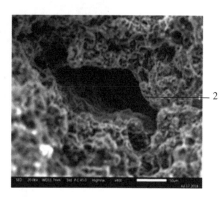

图 13 2#试样断口形貌 – 缩孔

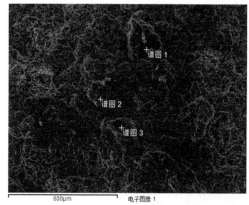

图 14 2#试样中的夹渣

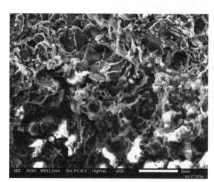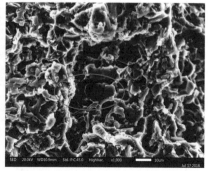

图 15 2#试样共晶硅裂纹

4 断裂原因及预防措施

综上，后悬置支架铸铝件存在以下问题：

4.1 断裂原因

4.1.1 疏松及气孔

疏松是引起断裂的最大因素，即在凝固收缩过程中得不到金属液的补充而形成空洞，这种缺陷的存在极大地降低了零件的断裂韧性及疲劳强度。气孔的存在也大大降低了零件的韧性。

4.1.2 树枝晶

在铸铝中存在树枝晶，即有密集的短棒状或针状形态组织。由于树枝晶的存在，材料拉伸性能降低。

4.1.3 过烧

铸铝可能存在过烧问题，即在均匀化退火时温度高于低熔点共晶的熔点导致，出现复熔三角形。过烧将导致零件强度、塑性、韧性急剧下降。

4.1.4 初晶硅

观察到初晶硅的存在，合金过程中初晶硅未充分溶解扩散，导致了初晶硅产生，对零件韧性影响较大。

4.2 断裂预防措施

4.2.1 调整铸造加工工艺

（1）降低铸造的凝固初始温度及凝固终了温度的温度差，降低铸造速度，提高砂型的透气性，降低空气湿度，提高冷却强度，有助于排出铸造过程中产生的气体。气体顺利从型腔中排出后，液体铝合金将会马上进行补充，从而减少铸造零件中的疏松及气孔[1]。

（2）充分搅拌铝合金溶液，使初晶硅充分溶解扩散，避免出现初晶硅聚集。

（3）合理设置冒口，保证铝合金的冒口能发挥足够的补缩效力，铝合金液体能顺利凝固。当冒口补缩能力不够时，通过等温补缩可以增加成品率，一般采用增加铸壁整体高度的办法。

4.2.2 入库抽检

由于铸件的力学性能不易控制，与轧制件比较，成分不易控制，内部缺陷较多。因此，在零件入厂后，应进行入厂检验，检验项目包括化学成分、显微组织和力学性能等各项指标，以保证批次产品质量。对于成分不合格、内部气孔及疏松较多的零件，应更换批次产品[2]。

5　总结

本文分析了某车型铝合金后悬置支架出现的断裂失效问题，通过化学成分、显微硬度、金相组织、断口分析等多种检测方法进行了系统分析，确定了疏松及气孔、树枝晶、过烧、初晶硅是导致断裂失效的根本原因。本文提出了早期失效的预防措施：降低铸造的凝固初始温度及凝固终了温度的温度差，降低铸造速度，提高砂型的透气性，同时合理设置冒口的形状将有助于铝合金液体的补充，从根本上降低零件出现气孔的概率，保证零件的力学性能。

参考文献

[1] 中国国家标准化管理委员会. GB/T 26492.1—2011 变形铝及铝合金铸锭及加工产品缺陷第 1 部分：铸锭缺陷 [S].
[2] 魏世强. 铸铝件铸造缺陷及其防止 [J]. 东方电机，2007，35-38.

预变形对 TWIP880 拉伸性能的影响

马鸣图[1] Kim Dongun[2] 王光耀[1] 张筠萍[1]

1. 中国汽车工程研究院股份有限公司,重庆 401122
2. POSCO Global R&D Center,韩国仁川 21985

【摘 要】 本文研究了压缩（或拉伸）预应变对 TWIP880 拉伸（或压缩）变形特性的影响,预应变分别为 5%、10%。在预变形后将试样加工成标准的 5 倍拉伸试样,测量拉伸流变曲线。结果表明,预应变 5% 后,拉伸时的屈服强度与未预应变的相比,有明显的下降,应变 0.2%～2% 时,n 值大幅度上升;应变 2%～6% 时,n 值和总延伸率基本不变;预应变 10% 时,n 值有类似的变化,但屈服强度降低值略有减少,总延伸率明显下降。结合 TWIP880 的显微组织、断口形貌、包辛格效应和加工硬化,讨论了预变形对 TWIP880 钢力学性能的影响。

【关键词】 预变形；TWIP880 钢；包辛格效应

1 引言

随着汽车工业的发展,产生了能耗、排放、安全三大问题。汽车轻量化是节能减排最直接和最有效的手段[1,2]。轻量化必须保证安全,这就促进了先进高强钢及超高强钢的发展和应用[3,4]。TWIP 钢是第二代先进高强钢,这类钢依靠孪晶诱发塑性使之具有特高的延伸率,许多高强钢应用于汽车冲压件,其使用状态多承受拉伸、压缩或复合应力状态,因此研究预变形对其性能的影响对预测零件使用状态下的功能、零件失效模式和位置均有意义,但目前这方面的报道还较少。本文研究了压缩预变形对 TWIP880 准静态的流变特性及包辛格效应的影响,并探讨了产生相关影响的原因。

2 试验用钢和方法

试验用钢为工业生产的 TWIP880,板厚 4.5 mm,用 CAP6300 分析成分如表 1 所示。沿三个方向,即平行于轧向、垂直于轧向和与轧向呈 45°切取 5 倍的板状标准拉伸试样,样品标距尺寸为 20 mm×4.5 mm×120 mm,同时沿上述三个方向在 Leica-DMI3000 type 上观察金相组织。预压缩试样沿平行于轧向切取,压缩试样尺寸为 38 mm×4.5 mm×160 mm（图 1）,预压缩量分别为

5%和10%，预压缩量为行程控制量，预压缩5%后加工成标距尺寸为 12.5 mm×4.6 mm×60 mm 拉伸试样，预压缩10%后加工成标距尺寸为 12.5 mm×4.7 mm×60 mm 拉伸试样，见图2。预压缩在特制的夹具中进行，见图3。拉压试验在 MTS810 上进行。分别测量各种应变历史的力学性能和流变曲线，并用 FEI Quanta 200 型扫描电子显微镜观察拉伸断口。

表1 热轧双相钢的化学成分（质量分数）　　　　%

材料	C	S	Si	Mn	Cr	P	Ti	Al
TWIP880	0.52	0.003 2	0.035	15.56	0.012	0.010 7	0.073 8	2.03

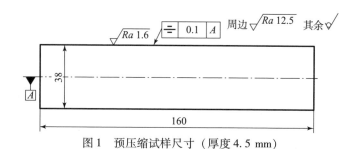

图1　预压缩试样尺寸（厚度 4.5 mm）

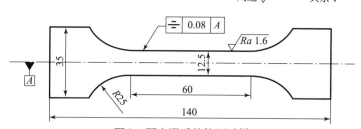

图2　预变形后的拉压试样

（预压缩5%，厚度4.6 mm；预压缩10%，厚度4.7 mm）

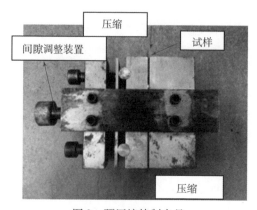

图3　预压缩特制夹具

3　试验结果和讨论

供货状态的 TWIP880 力学性能见表 2。

表 2　供货状态的 TWIP880 力学性能

试验方法编号	E/MPa	$R_{0.2}$/MPa	R_m/MPa	n_1	n_2	r	A_{80}/%
TWIP880-0°	194 440	463.6	932.7	0.13	0.17	0.78	68.3
TWIP880-45°	191 307	459.4	934.9	0.12	0.16	0.84	73.7
TWIP880-90°	191 996	468.4	948.0	0.13	0.16	0.94	69.8

注：E 为杨氏模量；n_1 为 0.2%~2% 范围内的 n 值；n_2 是 2%~6% 范围内的 n 值；r 为塑性应变各向异性比；A_{80} 为标距在 80 mm 时的延伸率

从表 2 中数据可以看出，平行于轧向和垂直于轧向的力学性能基本相当，与轧向呈 45°的屈服强度略有下降，但延伸率明显提升，这可能与孪生变形时不同方向对应变的反应不同有关。金相组织下三个方向的组织没有明显差异，基本上都是奥氏体晶粒 + 少量孪晶，其典型组织见图 4（与轧向呈 90°截面）。平行于轧向预应变 5%、10% 后的力学性能见表 3，相应的流变曲线见图 5。

图 4　TWIP880 的金相组织（见彩插）

表 3　压缩预应变后的 TWIP880 力学性能

试验方法编号	E/MPa	$R_{0.2}$/MPa	R_m/MPa	n_1	n_2	A_{50}/%
TWIP880-0-5%	190 966	355.6	949.6	0.37	0.16	65.0
TWIP880-0-10%	190 074	369.0	944.8	0.41	0.17	58.4

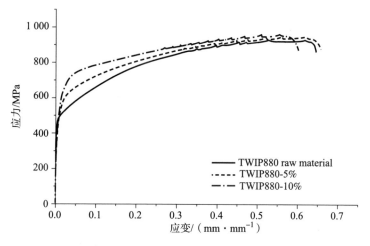

图 5　TWIP880 三种状态的流变曲线

从表 3 可以看出，经 5%、10% 的压缩预应变后拉伸，弹性模量不变，屈服强度明显下降，抗拉强度变化不大，n_1 明显上升，n_2 变化不大，延伸率明显下降。屈服强度下降、初始加工硬化速率 n_1 上升等与包辛格效应有关。包辛格效应是指金属合金的流变行为（流变应力和加工硬化速率）对应变历史和应力状态的某些依赖关系，即在塑性变形中，反向变形的流变应力（压缩）常小于初始方向应变的流变应力（拉伸），而在应力反向后，加工硬化速率有短暂的上升[7]。这种描述与表 3 中的试验结果相一致。表中各数据为三个样品的平均值。预应变导致抗拉强度略有上升，总体变化不明显，这可能与预压缩应变导致某些取向的奥氏体晶粒发生孪生变形，材料发生部分硬化有关。从图 5 可以看出，预压缩应变后屈服强度下降，初始加工硬化速率上升，变形 10% 的初始加工硬化速率上升更加明显，到一定量后三者的变形趋势一致，10% 预应变的拉伸曲线一直处在较高的应力水平下。三种状态的拉伸曲线达到一定的变形量后，均表现出 PLC 效应（Portevin-Le Chatelier），它是在应力应变曲线上出现的锯齿状的曲线，其本质是溶质原子和位错交互作用，在塑性变形时产生的一种现象。在这类钢中，PLC 效应可能与拉伸变形时奥氏体发生应变诱发孪晶，碳原子和孪晶或 ε-马氏体发生交互作用有关。

对与轧向呈 0°、45°、90° 三个方向的三个区域（纤维区，放射区和剪切唇）进行了观察，其中 0° 和 90° 的拉伸断口三个区域相近，与 45° 有明显差异。选择三个方向拉伸断口的放射区示于图 6，可以看出，0°、90° 形貌相近，均为浅韧窝；45° 的放射区为起伏较大的韧窝组织，即表现出更高的延性，这与力学性能的试验结果相一致。

预拉伸和预压缩之后屈服强度的变化列于表 4，其中 P-T 表示预拉伸，

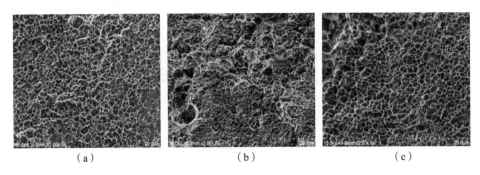

图 6 与轧向不同方向的拉伸断口放射区的组织
(a) 0°;(b) 45°;(c) 90°

P-T5% + C 表示预拉伸 5% + 压缩,P-T10% + C 表示预拉伸 10% + 压缩,P-C 表示预压缩,P-C5% + T 表示预压缩 5% + 拉伸,P-C10% + T 表示预压缩 10% + 拉伸。表 4 中数据表明,拉伸和压缩时屈服强度基本相同,预拉伸后压缩或预压缩后拉伸均使屈服强度明显下降,都表现出明显的包辛格效应。预拉伸 5%、10% 其反向变形压缩时,屈服强度相近;但预压缩 10% 后,反向拉伸的屈服强度高于预压缩 5% 的值,这可能与大的压缩变形后(如 10%),其应力状态和预拉伸的应力状态对组织的影响不同有关。在预应变 5% 范围内,拉压变形对组织和性能的影响基本相同。

表 4 不同试验过程和相应的屈服强度

试验过程	P-T	P-T5% + C	P-T10% + C	P-C	P-C5% + T	P-C10% + T
$R_{p0.2}/MPa$	469.0	360.0	357.0	467.0	355.6	369.0

为了比较不同压缩预应变后组织的变化,对压缩预应变后的试样进行了 EBSD 观察和大角度、小角度晶界的测试,以及不同方向织构的表征,有关这部分内容将另文发表。

4 总结

对 TWIP880 进行了原材料和预压缩后的力学性能测试,可以得出结论:这类热轧板材平行于轧向和垂直于轧向的力学性能基本相当,与轧向呈 45° 的屈服强度略有下降,但延伸率明显提升。与轧向呈 90° 的 r 值最高,呈 0° 的 r 值最低。这种性能与拉伸断口三区的形貌相一致。5% 的压缩预应变之后拉伸时材料的屈服强度明显下降,初始加工硬化指数 n_1 明显上升,总延伸率略有下降,表现出明显的包辛格效应。压缩应变 10%,再拉伸时屈服强度的降低值减少,但初始加工硬化速率更高,总延伸率下降。

拉伸预应变和压缩预应变在应变 5% 时，再相应地反向变形，屈服强度下降值完全相同，即预应变 5% 时，先拉伸或先压缩，该钢的包辛格效应相同。当预应变达到 10%，拉伸预应变后反向压缩时屈服强度的降低值与预应变 5% 时相当，压缩预应变后反向拉伸时屈服强度降低值减少，即包辛格效应下降。

参考文献

[1] Ma M T, Yi H L, Lu H Z. On the automobile lightweight [J]. Eng. Sci., 2009, 11 (02).

[2] Ma Mingtu, Zhang Yisheng. Research Progress in hot stamping of urtro high strength steel in trace research on advanced automobile manufacturing technology ed [M]. Beijing: By C-SAE. Beijing Institute of Technology Press, 2016.

[3] Ming F Shi. Advanced High Strength Steel, Properties, Performances and Application [C]//in China-America Automotive Marterials Semina, Detroit, 2003.

[4] Ma Mingtu, Ming F. Shi. Advanced High Strength Steel and application in automotive industry [J]. Iron and Steel, 2004, (70): 68 – 72.

[5] Ma Mingtu, Wu Baorong. Dual phase steel-physical and mechanical metallurgy [M]. (the second version). Beijing: Metallurgical Industry Press, 2009.

[6] Mingtu Ma, Dongun Kim, Leifeng Song, et al. Comparison research for spring backs of dual-phase steels with three different strength grades [C]//Advanced High Strength Steel and Press Hardening in proceedings of 3 international conference on Advanced High Strength Steel and Press Hardening ed. By Yisheng Zhang, Mingtu Ma. World scientific, 2017, 182 – 189.

[7] 马鸣图，段祝平，友田阳，金属合金中的包辛格效应及其在工业生产中的应用 [M]. 北京：机械工业出版社，1994.

超高强度热冲压成形钢的发展

马鸣图 赵 岩 方 刚

中国汽车工程研究院股份有限公司,重庆 401122

【摘 要】本文概述了汽车轻量化和保证安全的重要性,以及由此所导致的热冲压成形工艺技术的应用。为进一步改善热冲压成形零部件的强韧性匹配、工艺性能,发展了各类热冲压成形用钢,包括具有良好工艺性能和抗氧化性的热成形钢、含铌或铌钒复合的细晶粒和高淬透性的热冲压成形钢、超高强度热成形钢,本文介绍了它们的基本性能和应用前景。

【关键词】轻量化;汽车碰撞安全性;热冲压成形用钢

1 引言

2017 年,中国汽车总产量 2 908 万辆,保有量超过 2 亿辆,千人汽车保有量为 145 辆,仍低于世界平均水平。中国石油年消耗量超过 6 亿 t,其中进口 3.96 亿 t,对外进口的依存度超过 65%。汽车消耗石油占中国石油消耗的 65%,汽车燃油产生的 CO_2 排放量已超过 10 亿 t,预计到 2030 年,中国石油对外依存度将会超过 70%。随着汽车工业的发展,汽车产量和保有量的增多,在给人们带来出行方便和促进经济发展的同时,也产生了油耗、排放、安全三大问题,汽车工业节能减排刻不容缓,轻量化是节能减排的一个直接的有效手段[1]。图 1 示出了几种汽车节能的方法和效果[2],该图为菲亚特公司在 2011 年的车身工程战略研讨会上发布的分析结果,认为车辆(乘用车)减重 10%,可降低油耗 3.5% ~6%,在燃油汽车的 4 种节能手段中排第 2 位。目前,已有多个机构或公司(如国际铝协、国际清洁交通委员会、大众汽车等)分析了汽车轻量化的节能效果;欧洲铝协得出结论,每减重 10%,可节油 6% ~8%。

世界各国都十分重视汽车的节能减排,制定了一系列的法规,规定汽车油耗的排放指标。以欧盟为例,通过控制车辆 CO_2 排放来控制油耗,2015 年新车 CO_2 平均排放达到 130 g/km,预计到 2020 年为 95 g/km。美国、日本也有类似法规。2020 年,预计中国乘用车百千米油耗将降到 5 L。严格的油耗法规,给汽车企业带来了很大的压力。

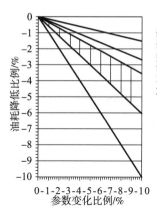

图 1　几种汽车节能的方法和效果（见彩插）

汽车工业发展带来的另一个问题是安全。为提升汽车的安全性，各类汽车安全法规包括正碰、侧碰、追尾、偏置碰、翻滚等日益严格[3]，见图 2。如美国汽车的顶部压溃强度已由原来车体总重的 2.5 倍提高到目前的 4 倍，以提升汽车翻滚时的安全性。为保证汽车的安全性，就必须应用高强度、高碰撞吸能的材料或采用较厚的材料。热冲压成形是获得超高强度构件而又有效减少回弹，保证模具寿命和合理价格的一个有效的工艺技术和方法。正是在这种背景下，热冲压成形技术伴随着汽车工业的发展和各类安全法规的严格实施而迅速发展，并在汽车工业迅速扩大应用。

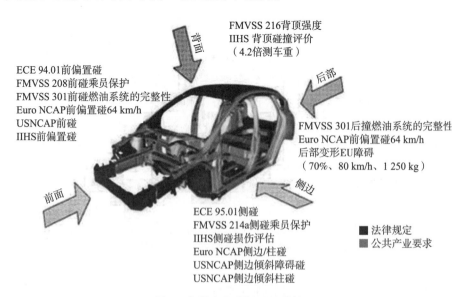

图 2　各类安全法规（见彩插）

2 高强韧性和特高强度热冲压成形钢的开发

2.1 普通热冲压成形钢

目前热冲压成形材料主要用 22MnB5，包括铝硅涂层、纳米锌涂层和裸板。1977 年由瑞士 Plannja 公司用 22MnB5 进行热冲压成形，并申报专利[4]；1984 年，SAAB 公司用硬化的 B 钢制造汽车零件[5]，在 1987 年这种零件生产量达到 300 万件，1997 年达到 800 万件，2007 年达到 1.07 亿件[6]。在汽车工业上应用这一材料制造的构件有 A 柱、B 柱、保险杠、背顶横梁、中通道和门槛梁等，见图 3。

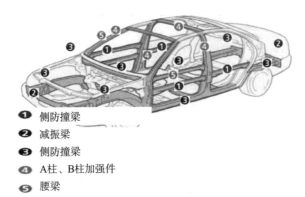

❶ 侧防撞梁
❷ 减振梁
❸ 侧防撞梁
❹ A柱、B柱加强件
❺ 腰梁

图 3　22MnB5 制热冲压成形件在汽车上的应用（见彩插）

2.2 高强韧性的细晶粒钢

中信技术公司、中国汽车工程研究院股份有限公司等曾研究了含铌和铌钒的复合热冲压成形钢，由于铌可以有效细化晶粒，从而可以有效地提高热冲压成形件的强韧性，并有利于改善热冲压成形钢的延迟断裂抗力。含铌钢的成分见表 1[7,8]。不同充氢条件下的含铌钢延迟断裂抗力有明显的提升（图 4）。

表 1　含铌和不含铌热冲压成形钢的化学成分（质量分数）　　%

钢种	C	Si	Mn	Ti	Cr	B	Nb
22MnB5	0.25	0.32	1.20	0.030	0.17	0.002 2	—
22MnBNb5	0.23	0.33	1.18	0.033	0.17	0.002 5	0.053

按照文献 [7, 8] 的结论，细晶粒可以降低延性/脆转变温度并提高断裂应力，对于淬火回火钢来说，细化的奥氏体晶粒可以降低淬火板条束的大小。

在 22MnB5 中,加入铌,可以使初始奥氏体晶粒从 ASTM 的 5、6 级细化到 7~9 级,从而改善 22MnB5 热冲压成形后的冷弯性能,即在抗拉强度 1 500 MPa 的条件下,可使冷弯角度小于 60°。抗拉强度与弯曲角度的关系见图 5。

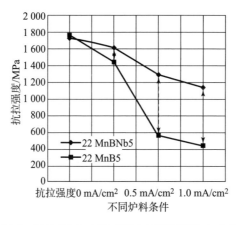

图 4　22MnB5 和 22MnBNb5 延迟断裂抗力对比

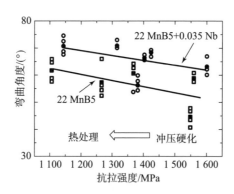

图 5　抗拉强度与弯曲角度的关系

2.3　超高强度热成形钢

文献 [9] 曾研究了抗拉强度 1 800 MPa 级的热冲压成形用钢及其在汽车保险杠中的应用,该钢的力学性能见表 2,表中还列出了 1 500 MPa 级热成形用钢的性能,以进行对比。该钢晶粒度明显细化,其晶粒直径由 1 500 MPa 级的 12~15 μm 细化到 5~8 μm,相应的拉伸断口形貌也明显的细化和均匀。该钢具有良好的淬透性,其 CCT 图示于图 6,其点焊性能与 1 500 MPa 级别的钢类同。用该钢制成了汽车的前保险杠,进行冷弯试验,其厚度 1.4 mm 的保险杠与 1 500 MPa 1.6 mm 厚所制保险杠性能相当,其压缩试验和保险杠的形状见图7。当强度从 1 500 MPa 提高到 1 800 MPa 时,零件的重量可进一步减轻20%。

表2 1 800 MPa 级和 1 500 MPa 的热冲压成形用钢的力学性能

钢种	屈服强度/MPa	抗拉强度/MPa	延伸率/%
1 800 MPa	1 267	1 882	7.6
1 500 MPa	1 162	1 545	8.0

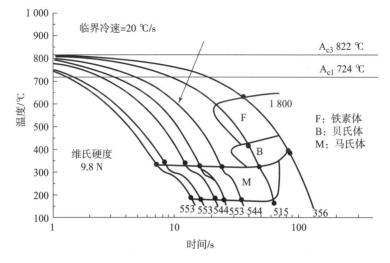

图6 1 800 MPa 级热冲压成形用钢的 CCT 曲线

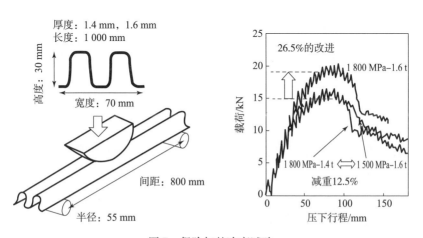

图7 保险杠的冷弯试验

2.4 工艺性能良好的热冲压成形钢

围绕提高热冲压成形零件的强韧性和扩大材料的工艺窗口，以更好地保证热冲压成形工件性能的一致性和稳定性，相关研究机构进行了相关材料的开发。中国汽车工程研究院股份有限公司和莱芜钢铁集团有限公司曾研发了成分为 C：0.22%~0.25%，Mn：0.8%~1.2%，Mo：0.10%~0.12%，B≥0.005% 的热冲压成形用钢[10,11]，该钢的连续转变冷却曲线见图 8。可以看出，该钢的临界冷却速度明显下降，这有利于工艺的实施。该钢具有良好的抗氧化性，将该钢与 22MnB5 材料抗氧化性能进行对比试验，采用相同的热成形工艺（880~930 ℃保温 3~5 min + 模具成形冷却），加热过程中炉内无保护气氛，采用机械手运送热坯料，成形冷却，然后清除加热、成形、冷却、淬火全过程中所有的氧化皮，在 AL204 型精密电子天平上称量，其重量的测量精度为 0.1 mg。试验结果见表 3，可以看出氧化物的重量为 22MnB5 的 1/3。

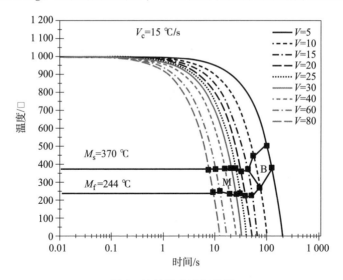

图 8　连续转变冷却曲线

表 3　氧化试验对比结果

钢种	热冲压工艺	零件尺寸/mm×mm×mm	零件设计重量/kg	氧化皮重量/g
新型 B 钢	930 ℃保温 3 min，保压 15 s	1 100×200×100	4.5~5.0	38
22MnB5	快冷至 150 ℃出模			129

该钢还具有良好的强韧性匹配，按正常的热冲压成形工艺，冲压成形 1.8 mm 厚的吉利汽车前保险杠，从样件上取样，所得力学性能对比见表 4。

表4 力学性能对比

钢种	标距/mm	屈服强度/MPa	抗拉强度/MPa	总延伸率/%	硬度/HV
新型B钢	30	1 040~1 130	1 470~1 580	10.0~12.0	460~495
22MnB5	30	1 100~1 180	1 520~1 620	6.0~7.0	485~536

考虑到进一步改善淬透性又不增加材料的成本，一些研究机构曾制造了22CrMnB的热冲压成形钢，可以使钢获得更好的淬透性，除碳含量之外，钢的其他成分类似于弹簧钢55CrMnB。考虑到B的冶金工艺性能的稳定性有待进一步提升，也有一些研究提出开发不含B的Cr-Mn系列的热冲压成形钢。

2.5 Nb-V复合高抗氢脆敏感性热成形钢

目前热成形零件韧性和碰撞吸能不足，为进一步提高材料的强韧性，采用铌钒复合微合金化，微量的铌可细化晶粒，微量的钒既可细化晶粒，又可析出强化，同时析出的碳化钒离子又是很好的氢陷阱，从而提高超高强钢延迟断裂的抗力。这一合金设计思想，已经由马鸣图等在弹簧钢55SiMnMoVNb中证实，同时微量的钒固溶后还可以提升材料的淬透性[12]。最近中国汽车工程研究院股份有限公司和上海交通大学等单位合作，已经开始铌钒复合微合金化热冲压成形用钢的研究。

目前热冲压成形用的铝硅涂层板基本为阿赛洛米塔尔公司所供应，该公司拥有22MnB5铝硅涂层技术的专利，2012年该公司在我国销售13万t以上，目前该公司与湖南涟钢共同建设热冲压成形钢板的生产线，已投入生产。

韩国浦项开发了Mn-Cr-W-Ti-B系钢，涂层用纳米锌与铝硅复合材料，在韩国本国已有销售和使用，在韩国以外推广相对较少。中国汽车工程研究院股份有限公司等曾对这类钢板进行过热冲压试验，其工艺和表面状态有待改进。

上海宝钢已可批量供应22MnB5裸板，正在研发镀锌和铝硅镀层板，其裸板销售量约2万t。武钢、鞍钢、马钢和本钢也开发了22MnB5裸板，并在中泰豪斯特公司进行了热冲压试验，效果良好。不久，马钢也会有涂层板供应。

蒂森公司已于2015年9月在重庆建成铝硅镀层的热冲压成形板生产线。不久的将来，热冲压成形板材供应也将形成多渠道的竞争局面。

2.6 超高强韧性中锰钢

北京钢铁研究总院用中锰钢和奥氏体逆转变试冲了热成形件，在钢材热成形后的强韧性方面取得了良好结果。文献［13］也进行了中锰钢的研究，其钢的合金成分见表5，工艺过程见图9，不同材料、不同工艺的力学性能见

图10。可以看出，采用合适的处理工艺后，中锰钢具有很高的强度和延性匹配。

表5 中锰钢的合金成分（质量分数） %

元素	C	Mn	Al	Mo	Nb	N
含量	0.17	6.57	1.1	0.22	0.05	0.03

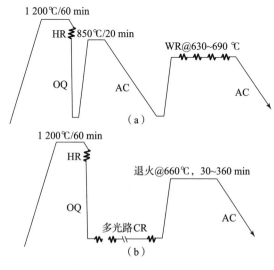

图9 中锰钢的不同工艺过程

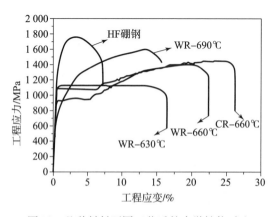

图10 几种材料不同工艺后的力学性能对比

3 总结

因汽车轻量化和提升安全性的需要,导致热冲压成形技术在中国快速地发展和应用。为适应这一形势,一系列比 22MnB5 更具特色的热冲压成形用钢先后被开发,包括工艺性能良好、淬透性较高、加热时抗氧化性能良好的热冲压成形钢,铌钒复合的细晶粒、强韧性匹配好的热冲压成形钢,超高强度热冲压成形钢等。基于它们良好的力学性能和出色的工艺性能,这些新钢种的应用,将进一步推动热冲压成形工艺技术的发展。

参考文献

[1] 马鸣图,陈一龙,慧荣,等. 特殊钢在新型汽车上的应用 [M]. 北京:冶金工业出版社,2012.

[2] Fiat. Action towards CO_2 emissions reduction [J]. Strategy seminar on Europe car-body engineering, 2011, Bad Nauheim Public.

[3] Bruno Lüdke, Markus Pfestorf. Functional Design of a "Lightweight Body in White"-How to determine Body in White Materials according to structural Requirements [C]//Edited byTMS, 2006, 24 – 40.

[4] Patent GB1490535A, 1977. Manufacturing a hardened steel article, Norrbottents Jaernverk AB.

[5] Berglund G. The history of hardening of boron steel in northern sweden [C]// 1st InternationalConference on Hot Sheet Metal Forming of High-Performance Steel, Kassel, Germany, 2008, 175 – 177.

[6] Aspacher, et al. Forming hardening concepts [C]//1st International Conference on Hot Sheet MetalForming of High-Performance Steel, Kassel, Germany, 2008, 77 – 81.

[7] Lu Hongzhou, Zhang Shiqi, Bian Jian, et al. Solution for Hydrogen-Induced Delayed Fracture in Hot Stamping [C]//2014 International Conference on Hot Stamping of UHSS, 89 – 93.

[8] Jian Bian, Wang Li, Hardy Mohrbacher, et al. Development of Niobium Alloyed Press Hardening Steel with Improved Properties for Crash Performance [C]//2014 International Conference on Hot Stamping of UHSS, 60 – 73.

[9] Kazuo Hikida, Toshinobu Noshibata, Hirohiss Kikuchi, et al. Properties of New TS1800 MPa Grade Hot Stamping Steel and Application for Bumper Beam, Proceedings of Hot sheet metal forming of high-performance steel

[C]//4th International Conference, 127 – 136.

[10] Song Leifeng, Ma Mingtu, Guo Yihui, et al. Research Status and Progress of Hot Stamping [J]. Engineering Sciences, 2012, 10 (6): 51 – 61.

[11] 宋磊峰, 马鸣图, 张宜生, 等. 热冲压成形新型 B 钢的开发与工艺研究 [J]. 中国工程科学, 2014, 16 (1): 71 – 75.

[12] 马鸣图. V 对弹簧钢 35SiMnB 淬透性的影响 [J]. 特殊钢, 2001, 10: 11 – 14.

[13] Hodgson P, Cai M H, Rolfe B. Hot forming of medium Mn steels with TRIP effect [C]//Proceedings of the 2nd International Conference, edited by Yisheng Zhang, Mingtu Ma. World Scientific, 27 – 34.

汽车用高强韧球墨铸铁的发展

曾大新　何汉军　张元好

湖北汽车工业学院，材料科学与工程学院，湖北十堰　442002

【摘　要】 高强韧球墨铸铁是近年来汽车用铸铁材料研究的热点，其研究与应用有很大进展。本文综述了包括固溶强化铁素体、珠光体＋铁素体、珠光体、奥铁体及铁素体＋奥铁体双相基体组织的高强韧球墨铸铁研究及汽车应用进展，介绍了它们的化学成分、生产工艺与性能特点，指出了生产应用中存在的问题，展望了其研究与发展前景。

【关键词】 球墨铸铁；高强度；高韧性；汽车

1　引言

球墨铸铁具有良好的力学性能和铸造性能，是重要的汽车工程材料，自其问世以来发展迅速，生产技术进步显著，在汽车上到了广泛的应用。汽车工业的发展，对汽车轻量化与安全提出了更高要求，传统材料强韧化是汽车材料研究的重要内容之一。球墨铸铁作为汽车上重要的结构材料，提高其强韧性不仅可实现轻量化、增加产品的可靠性，还能扩大球墨铸铁在汽车上的应用范围。因此，汽车用高强韧球墨铸铁的开发与应用一直受到人们的关注，近年来国内外进行了大量的研究工作，取得了一些成果。本文总结了汽车用高强韧球墨铸铁的研究与应用进展，分析了生产应用中存在的问题，并提出了将来的研究方向。

2　固溶强化铁素体球墨铸铁

2.1　固溶强化铁素体球墨铸铁的化学成分

球墨铸铁的基体组织一般由铁素体和珠光体组成，珠光体比铁素体具有更高的强度，通常利用珠光体来强化基体，提高球墨铸铁的强度[1~3]。固溶强化铁素体球墨铸铁是利用固溶强化替代通常的珠光体强化，在铸态下获得具有高韧性的铁素体基体。

Si 是铸铁中的常规元素，Si 促进铁素体的形成，同时在一定的范围内对铁素体有显著的强化作用，而且塑性下降不显著。运用 Si 固溶强化生产高强度铁素体球墨铸铁早有报道[4]，但以前人们认为 Si 增加了铸铁的脆性。10 多年前，欧洲铸造工作者关注 Si 在球墨铸铁中强化铁素体的作用，系统研究了 Si 固溶强化铁素体球铁的力学性能和工艺性能[5~9]，并将其应用于生产，称之为"第二代球墨铸铁"[6]，2012 年欧洲球墨铸铁标准 EN 1563 修改时增添了 3 个牌号的固溶强化铁素体球墨铸铁[10]。

EN 1563：2012 标准推荐的 Si 固溶强化铁素体球墨铸铁化学成分如表 1 所示[10]，3 个牌号的化学成分主要差别是 Si 含量，强度级别高的牌号 Si 含量高，Si 含量最高为 4.3%；Mn 和 P 的要求相同，上限分别是 0.5%、0.05%；C 含量没有给出具体值，但指出了 C 含量应随 Si 量变化。该标准还指出，在有其他合金元素存在时 Si 含量可低一些，Mn 含量低能提高伸长率、改善加工性能。

表 1　EN 1563：2012 中推荐的固溶强化铁素体球铁化学成分[10]　　%

牌号	Si	P	Mn
EN-GJS-450-18	≈3.20	≤0.05	≤0.5
EN-GJS-500-14	≈3.80	≤0.05	≤0.5
EN-GJS-600-10	≈4.30	≤0.05	≤0.5

Si 固溶强化铁素体球墨铸铁的基体组织可以有少量珠光体，EN 1563：2012 标准规定珠光体量不大于 5%，自由渗碳体不大于 1%。石墨形态由于高的 Si 含量，可能会出现碎块状石墨，研究表明可以通过加 Bi 孕育而克服[8,9]。

最近，一些研究者进一步研究了化学成分对固溶强化铁素体球墨铸铁的组织与性能的影响。W. Stets 等人[9]研究 Cr、Mn、V 等元素碳化物与珠光体形成元素对 Si 固溶强化铁素体球墨铸铁力学性能的影响，发现这些元素的影响不明显，与传统球墨铸铁生产比较，这些元素含量范围可以放宽，有利于降低生产成本。M. Riebisch 等人[11]研究了 Cr、Mn、Mo 和 Nb 等元素对 EN-GJS-500-14 组织与性能的影响，结果表明 Cr 元素增加珠光体量，0.3% Cr 时珠光体量达 10%，使伸长率降低；0.25% Mo 不明显增加珠光体量，但降低伸长率；0.2% Nb、0.5% Mn 对组织与力学性能影响不大。P. Weiβ 等人[12]研究了 Co 和 Ni 对 Si 固溶强化铁素体球墨铸铁组织的影响，发现 Co 含量到 4%、Ni 含量到 3% 对石墨与基体组织影响很小，因此认为 Co 和 Ni 是适合进一步强化铁素体的元素，由于 Si 固溶强化铁素体球墨铸铁中 Si 超过 4.3% 后强度下降，最高强度只有 600 MPa，加入 Co 和 Ni 可望获得更高强度。A. Alhussein 等人[13]研究了 Si、Cu 和 Ni 含量对 GJS-500-14、GJS-600-10 两个牌号球墨铸铁力学性能的影响，指出增加 Si 含量使强度增加、伸长率与抗冲击性能降低，

Si 含量增加超过 0.25% 时冲击吸收功达不到相应牌号要求；Cu（≤0.4%）对强度影响很小，但会降低抗冲击性能；Ni（≤0.39%）可提高抗冲击性能，对强度影响不大。

2.2 固溶强化铁素体球墨铸铁的力学性能

研究表明，Si 固溶强化铁素体球墨铸铁的静态力学性能优异，表 2 是自 EN 1563：2012 中摘录的硅固溶强化球墨铸铁力学性能与抗拉强度级别相同的传统铁素体 + 珠光体球墨铸铁力学性能对比。可见，Si 固溶强化铁素体球墨铸铁比相同抗拉强度的传统铁素体 + 珠光体球墨铸铁断后伸长率、屈服强度高，硬度变化范围小；600 MPa 级 Si 固溶强化铁素体球墨铸铁的旋转弯曲疲劳极限、冲击吸收功和断裂韧度明显高于同强度的铁素体 + 珠光体球墨铸铁。

表 2 传统铁素体 - 珠光体球墨铸铁与硅固溶强化球墨铸铁力学性能[10]

材料性能参数	传统铁素体 - 珠光体球墨铸铁			硅固溶强化球墨铸铁		
	GJS-450-10	GJS-500-7	GJS-600-3	GJS-450-18	GJS-500-14	GJS-600-10
抗拉强度 R_m/MPa	450	500	600	450	500	600
屈服强度 $R_{p0.2}$/MPa	310	320	370	350	400	470
断后伸长率 A/%	10	7	3	18	14	10
硬度（壁厚≤60 mm）/HBW	160~210	170~230	190~270	170~200	185~215	200~230
无缺口旋转弯曲疲劳极限/MPa	210	224	248	210	225	275
V 形缺口旋转弯曲疲劳极限/MPa	128	134	149	130	140	165
无缺口冲击功/J	80	70	40	100	80	70
断裂韧度 KIC/(MPa·m$^{1/2}$)	72	63	38	75	72	65

图 1 是 EN 1563：2012 中给出的几种球墨铸铁 V 形缺口冲击吸收功随温度变化的比较[10]，可见 Si 降低铁素体球铁冲击吸收功，但 Si 含量较高的固溶强化铁素体球铁 GJS-500-14 与 Si 含量较低的珠光体 - 铁素体球铁 GJS-500-7 比较，冲击吸收功差别不大。

近期，一些人对 Si 固溶强化铁素体球墨铸铁的性能做了进一步的研究[14~16]。梅谷拓郎等人[15]对比研究 500 MPa 级与 600 MPa 级的 Si 固溶强化铁素体球墨铸铁与传统铁素体 + 珠光体球墨铸铁力学性能，结果显示，Si 固溶强化铁素体球墨铸铁的屈服强度、伸长率和旋转弯曲疲劳极限都高于传统铁素体 + 珠光体球墨铸铁；500 MPa 级的 Si 固溶强化铁素体球墨铸铁脆性转变温度高于同强度的传统铁素体 + 珠光体球墨铸铁，前者为 69 ℃，后者为

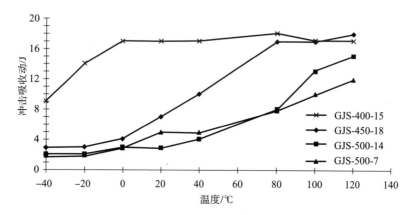

图 1　几种球墨铸铁在不同温度下的冲击吸收功的比较[10]

-11 ℃（图 2（a））；比较 V 形缺口、U 形缺口与无缺口冲击吸收功，发现 Si 固溶强化铁素体球墨铸铁在较高温度下的冲击吸收功更高，较低温度下则相反 [图 2（b）~图 2（d）]。

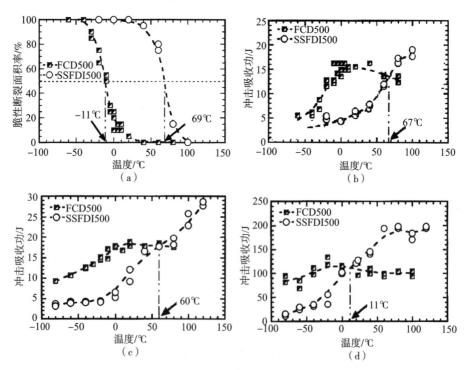

图 2　500 MPa 级 Si 固溶强化铁素体球墨铸铁（SSFDI500）与传统铁素体＋珠光体球墨铸铁（FCD500）在不同温度下的脆性断裂面积率与冲击吸收功比较[15]

(a) V 形缺口脆断面积率随温度变化曲线；(b) V 形缺口冲击吸收功随温度变化曲线；
(c) U 形缺口冲击吸收功随温度变化曲线；(d) 无缺口冲击吸收功温度变化曲线

T. Ikeda 等人[16]认为球墨铸铁的韧性与应变速率和温度有很大关系，不适合用夏氏冲击试验评价，因此用 V 形缺口试验进行动态三点弯曲试验，发现 Si 固溶强化铁素体球墨铸铁的弯曲强度对温度和应变速率不敏感，22 ℃与 -20 ℃时的弯曲强度相同；-20 ℃以下，应变速率在 $(1.5 \times 2.0) \times 10^{-4}\ s^{-1}$ 范围内，GJS-500-14 与传统铁素体+珠光体球墨铸铁的最低弯曲强度几乎相同，从而认为 Si 固溶强化铁素体球墨铸铁有广泛的应用潜力。杨万虎等人[17]研究指出，QT500-14、QT500-7 牌号的球墨铸铁在不同温度下冲击吸收功水平相当；QT500-14、QT450-10 及 QT400-18 牌号的球墨铸铁在高温下的冲击吸收功水平相当，但低温和常温下冲击吸收功差别较大。

综合已有研究结果可以认为，Si 固溶铁素体球墨铸铁比抗拉强度相同的铁素体+珠光体球墨铸铁有更高的屈服强度、伸长率和疲劳极限；铸件硬度差小，切削性能好；碳化物与珠光体形成元素对性能影响小，其含量可以放宽，以降低生产成本。对于抗冲击性能，不同研究者得出的结果不完全一致，还有待于进一步的研究。目前，Si 固溶铁素体球墨铸铁在欧洲受到铸造业的重视，近年来国内也有不少关注[17~20]，但应用还很少，对其抗冲击性能仍然存在疑虑。Si 固溶铁素体球墨铸铁的静态力学性能好，较高温度下的抗冲击性能优势明显，随着产品设计与铸造工作者对这种材料的不断认识，将会得到广泛的应用。

3　高强韧珠光体+铁素体基体球墨铸铁

珠光体+铁素体混合基体的球墨铸铁具有较好的强度与伸长率配合，以珠光体+铁素体混合基体为基础，引入固溶强化手段，并通过细化晶粒及珠光体与铁素体比例调控，获得比传统珠光体+铁素体混合基体的球墨铸铁更高的强韧性，是近些年铸态高强韧球墨铸铁发展的重要成果。

高强韧珠光体+铁素体基体球墨铸铁的主要合金化元素是 Si、Cu、Ni。Si 促进球墨铸铁中铁素体形成，Cu、Ni 促进珠光体形成并细化珠光体，通过控制它们的含量可调控基体组织中珠光体和铁素体比例；Si、Cu、Ni 都促进一次结晶石墨化，没有晶间偏析，都有固溶强化作用。因此，Si、Cu、Ni 是铸态高强度高伸长率球墨铸铁生产中最合适的合金元素。近年来，许多研究者[21~25]选用这些元素合金化开发高强度高伸长率球墨铸铁，柯志敏[21]等人用 2.6% Si、0.5% Cu，以覆砂铁模浇铸，制备出抗拉强度达 600 MPa，断后伸长率达 10% 的球墨铸铁 QT600-10；陈忠士[22]等人用 2.5% Si、0.25% ~ 0.5% Cu，采用壳型铸造生产出 QT600-10 凸轮轴；小池真弘[25]等人用 2.6% 左右的 Si、3% 左右的 Ni 合金化，制备出抗拉强度达 800 MPa、断后伸长率达

10%的球墨铸铁,用这种球墨铸铁代替传统珠光体+铁素体混合基体球墨铸铁制造卡车底盘件,减重42%。

笔者研究了Si、Cu、Ni元素合金化的铸态球墨铸铁的力学性能,其化学成分范围为:C 3.22% ~ 3.61%,Si 2.04% ~ 2.92%,Cu 0.28% ~ 1.12%,Ni 0.51% ~ -1.12%,Mn≤0.2%。在砂型铸造Y形试块上测的强度和伸长率如图3所示,可见其性能指标远高于国家标准,从趋势线上看到,抗拉强度达到700 MPa时,伸长率可达10%。对Si-Cu合金化与Si-Cu-Ni合金化的结果分别进行分析,加入Ni能获得更高的强度,对伸长率影响小。

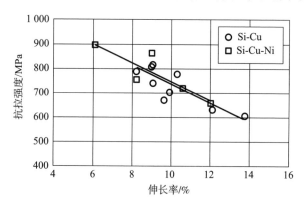

图3 Si-Cu与Si-Cu-Ni合金化铸态球墨铸铁的力学性能

GF公司研发的SiboDur球墨铸铁是近些年来铸态高强韧性球墨铸铁研究成果的代表,形成了SiboDur450-17、SiboDur550-12、SiboDur700-10、SiboDur800-5系列[26,27],其中SiboDur550-12、SiboDur700-10为珠光体+铁素体混合基体,综合力学性能远远高于传统球墨铸铁(图4)。据文献介绍[27~30],这类球墨铸铁能替代锻钢制造汽车发动机曲轴,能广泛应用于汽车底盘零件,在汽车轻量化中有比较有明显的优势。

SiboDur球墨铸铁的工业应用报道比较多,而工艺技术方面的文献资料很少,据称这种球铁以Si和B作为合金化元素[26,27],按现有的铸铁理论和技术,仅仅以Si和B作为合金化元素,在铸态下难以使强度达到700 ~ 800 MPa的同时具有5% ~ 10%的伸长率。GF公司申请的1件与该球墨铸铁有关的专利中[31],列出的化学成分含有0.5% ~ 0.8% Cu,0.0002% ~ 0.002% B,Cu可能也是SiboDur系列球墨铸铁中一个重要元素、至于B在该球墨铸铁中发挥什么作用还不清楚,在可查阅的文献资料中,有报道[32~34]微量B使含Cu铸态球墨铸铁中铁素体增加、硬度降低,笔者的试验也证明了这一点,但没有发现B有提高强度和伸长率的作用。

珠光体+铁素体混合基体球墨铸铁中铁素体含量是影响力学性能的重要

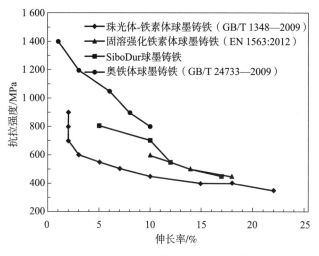

图 4　几类球墨铸铁的力学性能比较

因素，由于铸态基体组织中铁素体含量对化学成分、冷却速度和孕育处理都很敏感，为了保证组织与性能的稳定，需要有比较严格的工艺控制条件。

通过热处理也可获得珠光体 + 铁素体混合组织的基体。将球墨铸铁加热至共析三相区，部分奥氏体化后正火或等温热处理（冷却曲线通过珠光体转变区），得到由细片状珠光体和破碎状铁素体组成的基体组织，这种组织的球墨铸铁有很高的强韧性。意大利 Zarnardi 铸造厂[35]用等温热处理生产这种基体组织的球墨铸铁，有两个等级，抗拉强度分别为 800 MPa、880 MPa，伸长率分别为 6%、5%。近期国内赖毅翔等人[36,37]研究用部分奥氏体化正火处理获得珠光体与破碎铁素体的基体组织，用于发动机曲轴，其抗拉强度达到 820 MPa，伸长率在 7% 以上，冲击韧度为 51 ~ 55 J/cm^2。

4　高强韧珠光体球墨铸铁

珠光体基体的球墨铸铁强度高，但传统珠光体球墨铸铁的韧性低，国标规定的伸长率只有 2%。近些年来人们通过化学成分优化，并通过净化铁液、强化孕育，保证石墨球化良好、球径细小、晶间夹杂物偏析少，开发了一些高强韧珠光体球墨铸铁[38~41]，抗拉强度与伸长率达到 QT800-5 以上甚至更高，满足了汽车轻量化或与钢件竞争的需要。例如，曾维和等人[38]研究用 Cu、Mn、Sn 复合强化工艺，球墨铸铁达最高抗拉强度 930 MPa，伸长率达 4.6%；史传岳等人[39]采用加 Cu 和加 Sn 复合强化工艺，曲轴铸态性能稳定达到 QT850-5；杨思一等人[40]采用正火工艺生产曲轴，球铁曲轴抗拉强度达到 927 MPa，冲击韧度达到 40 J/cm^2；何春华[41]通过优化 C、Si、Mn、Cu 等元素含量，铁液熔炼加入 SiC，强化孕育处理，生产的铸态球墨铸铁性能达到 QT800-6。

5 奥铁体球墨铸铁

奥铁体球墨铸铁在以前称为奥氏体 + 贝氏体球墨铸铁，一般采用等温淬火获得，以工艺方法命名称为等温淬火球墨铸铁（简称 ADI），其综合力学性能明显优于其他基体的球墨铸铁（图4）。近年来为了满足轻量化需要，奥铁体球墨铸铁在汽车上的应用越来越多[42,43]。

由于通过等温淬火来得到奥铁体组织的工艺较复杂、生产周期长、能耗高、成本高，人们一直在探索从铸态冷却后直接获得奥铁体组织[44~47]。但是，铸态奥铁体球墨铸铁的性能不如等温淬火的球墨铸铁，早前试制的这种球墨铸铁伸长率只有3%左右[44,45]。

最近，铸态奥铁体球墨铸铁的研究有新进展，S. Mendez 等人[48,49]研究用 3.0% ~ 5.0% Ni、0 ~ 0.2% Mo、0.1% ~ 1.0% Cu 合金化；采用共析温度以上开型取铸件，空冷至奥铁体转变温度后将铸件埋入保温材料的冷却方式，制备出的铸态奥铁体球墨铸铁强度与伸长率达到等温淬火球墨铸铁标准，试制的汽车转向节铸件抗拉强度达 822 MPa、伸长率达 9.2%。他们还针对所研究的合金成分与冷却方案建立了工艺模型，根据该模型可以对一定壁厚的铸件选择成分及确定开型温度和等温转变温度等，为工业化生产提供了依据。S. N. Lekakh[50]研究铸件冷却方案与方法，用试验模拟与 CFD 数值模拟技术优化工艺参数，用化学成分为 3.65% C、0.55% Mn、2.36% Si、0.55% Cu 的球墨铸铁进行工艺验证，其力学性能达到了抗拉强度 1 000 ~ 1 050 MPa、伸长率达4%。S. Mendez 等人[51]最近研究铸态奥铁体球墨铸铁的疲劳强度与冲击韧性，结果显示这些性能指标也达到等温淬火球墨铸铁标准。

铸态奥铁体组织的形成取决于铸件的化学成分与铸件凝固后的冷却过程，加入 Ni、Mo、Cu 等合金化元素改变 CCT 曲线有利于奥铁体组织的获得，但高量的合金元素会显著增加生产成本，通过铸件凝固后冷却过程优化与精确控制，配合少量合金化，是减少生产成本、提高工艺稳定性的途径。随着工艺与过程控制水平的提高，铸态奥铁体球墨铸铁会有良好的发展前景。

6 铁素体 + 奥铁体双相等温淬火球墨铸铁

铁素体 + 奥铁体双相等温淬火球墨铸铁，简称双相 ADI，是指采用部分奥氏体化工艺得到含有先共析铁素体和奥铁体组织的等温淬火球墨铸铁。双相 ADI 的塑性高于完全奥氏体化的 ADI，强度与珠光体基球墨铸铁相当，通过调整加热温度可以调整组织中奥氏体和铁素体的比例，获得不同的力学性能，A. Basso 等人[52]总结了一些研究者得到的双相 ADI 力学性能试验结果，性能范围如图 5 所示。双相 ADI 另一个重要特点是由于基体中铁素体的存在，切削加工性能良好，对尺寸精度要求高的零件可采用先热处理后机加工的工艺路线。由于双相 ADI 的这些优点，近些年来引起了国内外的广泛关注[52~56]，ASTM A897M—2006 和 SAE J2477—2004 标准已列入了一个双相 ADI 牌号 750-500-11，其冲击吸收功为 110 J，为所有牌号中最高，可用于汽车悬架、曲轴等强韧性要求高的部件[53,54]。

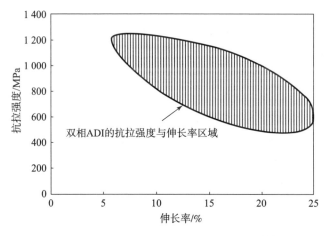

图 5　双相 ADI 的抗拉强度与伸长率区域[52]

7　总结

高强韧球墨铸铁的研究与应用取得了一些成果，为扩大球墨铸铁在汽车上的应用，满足汽车轻量化及安全需要提供了支持。研究成果的生产应用也还存在一些问题，就铸态高强韧球墨铸铁而言，稳定性与一致性不够高；就热处理高强韧球墨铸铁而言，生产成本增加，同样也存在一致性问题。目前，高强韧球墨铸铁的发展还需要深入研究化学元素对球墨铸铁组织、性能的影响，为高强韧球墨铸铁化学成分设计与控制、提高组织与性能的稳定性和一致性提供依据；还要研究开发石墨球化率高、球径小而稳定一致的工艺技术，以充分发挥金属基体性能，在提高球墨铸铁强韧性的同时，保证性能的稳定与一致。

参考文献

[1] Gonzaga R A, Landa P M, Perez A, et al. Mechanical properties dependency of the pearlite content of ductile irons [J]. Journal of Achievements in Materials and Manufacturing Engineering, 2009, 33 (2): 150 – 158.

[2] Gonzaga R A. Influence of ferrite and pearlite content on mechanical properties of ductile cast irons [J]. Materials Science & Engineering A, 2013, 567 (2): 1 – 8.

[3] Hafiz M. Mechanical properties of SG-iron with different matrix structure [J]. Journal of Materials Science, 2001, 36 (5): 1293 – 1300.

[4] Kovacs B V, Nowicki R M, Stickels C A. Method of making high strength ferritic ductile iron parts. US, 4475956 [P], 1984.

[5] Stets W, Loblich H, Gassner G, et al. Solution strengthened ferritic ductile cast iron properties, production and application [J]. International journal of Metalcasting 2014, 8 (2): 35 – 40.

[6] Richard L. Solution strengthened ferritic ductile iron ISO 1083/JS/500-10 provides superior consistent properties in hydraulic rotators [J]. China Foundry, 2009, 6 (4): 243 – 251.

[7] Richard L. 固溶强化铁素体球墨铸铁 [J]. 铸造, 2010, 59 (06): 622 – 627.

[8] 张伯明, 王继祥. 高 Si 球墨铸铁的新发展 [J]. 现代铸铁, 2013, 33 (05): 49 – 58.

[9] Stets W, Löblich H, Schumacher P, et al. Solution strengthened ferritic spheroidal graphite cast iron according DIN EN 1563: 2012-03-Production, properties and application [EB/OL]. [2016 – 08 – 30]. http: // www.casttec2012.de/uploads/vortragspraesentationen/Wolfram%20Stets.pdf

[10] CEN/TC 190 "Foundry Technology". EN 1563-2012, Spheroidal graphite cast irons [S]. 2012.

[11] Riebisch M, Sönke H G, Pustal B, et al. Influence of Carbide-Promoting Elements on the Pearlite Content and the Tensile Properties of High Silicon SSDI Ductile Iron [J]. International Journal of Metalcasting, 2017, 12 (4): 1 – 7.

[12] Weiβ P, Brachmann J, Bührig-Polaczek A, et al. Influence of nickel and cobalt on microstructure of silicon solution strengthened ductile iron [J]. Materials Science and Technology, 2015, 31 (12): 1479 – 1485.

[13] Alhussein A, Risbet M, Bastien A, et al. Influence of silicon and addition elements on the mechanical behavior of ferritic ductile cast iron [J]. Materials Science and Engineering A. 2014, 605: 222 - 228.

[14] Torre U D L, Loizaga A, Lacaze J, et al. As cast high silicon ductile irons with optimised mechanical properties and remarkable fatigue properties [J]. Materials Science & Technology, 2014, 30 (12): 1425 - 1431.

[15] 梅谷拓郎, 池田朋弘, 須浦直之, 等. 高Siフェライト基地球状黒鉛鋳鉄の引張強さ, 疲労強度, 衝撃強さ [J]. 鋳造工学, 2014, 86 (1): 36 - 42.

[16] Ikeda T, Umetani T, Kai N, et al. Strain rate and temperature insensitiveness of notch-bend strength for high Si ductile cast rron [J]. ISIJ International, 2016, 56 (5), 868 - 874.

[17] 杨万虎, 周文军, 张守全, 等. QT500-14、QT600-10高硅球墨铸铁研究 [J]. 铸造, 2014, 63 (08): 831 - 835.

[18] 张建振, 吴晓涛, 刘兆英, 等. 浅析硅固溶强化球墨铸铁及其应用前景 [J]. 汽车工艺与材料, 2014 (3): 58 - 63.

[19] 李传栻. 硅在铸铁中的固溶强化作用 [J]. 金属加工: 热加工, 2015 (1): 73 - 77.

[20] 戴学忠, 邓军伟. 硅固溶强化铁素体球墨铸铁在汽车铸件上的应用 [J]. 铸造, 2017, 66 (11): 1168 - 1171 + 1177

[21] 柯志敏, 关敏. 铸态QT600-10球墨铸铁的研制 [J]. 现代铸铁, 2007, (6): 21 - 23.

[22] 于建平. 铸态高强度高伸长率FCD600-8-15球墨铸铁的生产 [J], 铸造技术, 2011, 32 (4): 449 - 452.

[23] 陈忠士, 邹泽昌, 程艳, 等. 铸态QT600-10合成球墨铸铁凸轮轴组织及力学性能 [J]. 铸造, 2015, 64 (11): 1138 - 1141.

[24] 柳建国; 曾大新. 铸态QT700-10技术初探 [J]. 铸造, 2014, 53 (5): 507 - 509.

[25] 小池真弘, 高内康弘, 中島範之, 等. 鋳放し球状黒鉛鋳鉄の強度と延性に及ぼすNi量の影響 [J]. 鋳造工学, 2011, 83 (1): 26 - 32.

[26] An Extra Dose of Chemistry for Iron that's Hard and Ductile [J]. Foundry Management & Technology, 2008, 136 (9): 42.

[27] Kniewailner L, Prukner S, Fischer G. Castings conquer the realm of forgings [J]. Casting Plant and Technology International, 2008, 24 (2): 2 - 7.

[28] Menk W, Kniewailner L, Prukner S. Cast crankshafts as an alternative to

forged crankshafts [J]. MTZ worldwide, 2007, 68 (5): 23 - 24.

[29] Menk W, Tunzini S, Rieck T, et al. Development of ductile iron material, simulation and production technology to locally strengthen castings [J]. Key Engineering Materials, 2011, 457: 343 - 348.

[30] Nichols J W. lightweighting with iron [J]. Automotive Engineering International, 2013, 121 (8): 24 - 27.

[31] Menk W, Rietzscher R, Hecker A, et al. Spheroidal cast iron alloy parts and method for producing thereof: US, 8771589 [P]. 2014.

[32] Hideo Y, Nakae H. Influence of boron on ferrite formation in copper-added spheroidal graphite cast iron [J]. China Foundry, 2014, 11 (4): 375 - 381.

[33] Zou Y, Ogawa M, Nakae H. Interaction of Boron with Copper and Its Influence on Matrix of Spheroidal Graphite Cast Iron [J]. ISIJ International, 2012, 52 (3): 505 - 509.

[34] Guerra L F V, Bedolla-Jacuinde A, Mejía I, et al. Effects of boron addition and austempering time on microstructure, hardness and tensile properties of ductile irons [J]. Materials Science & Engineering A, 2015, 648 (11): 193 - 201.

[35] Zanardi F, Bonollo F, Angella G, et al. Erratum to: A Contribution to New Material Standards for Ductile Irons and Austempered Ductile Irons [J]. International Journal of Metalcasting, 2017, 11 (3): 1 - 1.

[36] 赖毅翔, 周秉文, 刘恒乐, 等. 正火处理对破碎铁素体球墨铸铁组织和性能的影响 [J]. 铸造, 2013, 62 (07): 607 - 611.

[37] 赖毅翔. 高强韧破碎铁素体球墨铸铁曲轴的研究与制备 [D]. 大连: 大连理工大学, 2014.

[38] 曾维和, 田迎新, 李德江, 等. 汽车发动机曲轴用高性能球墨铸铁显微组织与力学性能研究 [J]. 铸造, 2016, 65 (01): 71 - 75.

[39] 史传岳, 董琪, 钟晓斌, 等. 铸态 QT850-5 球铁曲轴的试验研究 [J]. 现代铸铁, 2014, 34 (01): 23 - 27.

[40] 杨思一, 丛建臣, 孙海涛, 等. 高强度高韧性球墨铸铁曲轴铸造技术 [J]. 现代铸铁, 2011, 31 (06): 39 - 43.

[41] 何春华. 高强韧铸态球墨铸铁技术研究及应用 [J]. 铸造, 2017, 66 (11): 1210 - 1212.

[42] 曾艺成, 李克锐, 张忠仇, 等. 等温淬火球墨铸铁研发工作的进展与发展趋势 [J]. 铸造, 2017, 66 (09): 940 - 947.

[43] 王东旭，王成刚. 商用车等温淬火球墨铸铁支架铸件的开发 [J]. 铸造，2017, 66（09）：987-990.

[44] Ning Z, Ren S, Sun J, et al. Study on as-cast austenite-bainite ductile cast iron [C]//Proceedings of the 8th International Symposium on Science and Processing of Cast iron, Bejing: Tsinghua University Press, 2006: 134-138.

[45] 赵润章，张金山. 铸态奥贝球铁组织与性能的研究 [J]. 现代铸铁，2008, 01: 64-66.

[46] Kiani-Rashid A R, Babakhani A, Ziaei S M R. A novel process on production of thin wall austempered ductile iron heat-treted in the mold [J]. International Foundry research, 2011, 63 (1): 24-27.

[47] Meena A, Mansori M E. Material characterization of austempered ductile iron (ADI) produced by a sustainable continuous casting-heat treatment process [J]. Metallurgical and Materials Transactions A, 2012, 43 (12): 4755-4765.

[48] Mendez S, Torre U D L, Larranaga P, et al. New as-cast ductile iron raises bar for properties [J]. Modern Casting, 2015, 105 (10): 43-46.

[49] Méndez S, Torre U D L, Suárez R, et al. Processing thickness window for as-cast ausferritic castings [C] // AFS Proceedings 2015, American Foundry Society, 2015, Paper 15-010: 1-7.

[50] Lekakh S N. High Strength Ductile Iron Produced by Engineered Cooling: Process Concept [J]. International Journal of Metalcasting, 2015, 9 (2): 21-30.

[51] Méndez S, Torre U D L, González-Martínez R, et al. Advanced Properties of Ausferritic Ductile Iron Obtained in As-Cast Conditions [J]. International Journal of Metalcasting, 2016, 11 (1): 1-7.

[52] Basso A, Caldera M, Chapetti M, et al. Mechanical Characterization of Dual Phase Austempered Ductile Iron [J]. ISIJ International, 2010, 50 (2): 302-306.

[53] Aranzabal J, Serramogilia G, Rousiere D. Development of a new mixed (ferritic-ausferritic) ductile iron for automotive suspension parts [J]. International of Cast Metals Research, 2002, 16 (1): 185-190.

[54] 姜利坤，张新恩，田长文，等. 热处理工艺对双相等温淬火球墨铸铁组织的影响 [J]. 铸造，2013, 62 (6): 534-536.

[55] Kilicli V, Erdogan M. The Nature of the Tensile Fracture in Austempered Ductile Iron with Dual Matrix Microstructure [J]. Journal of Materials

Engineering & Performance, 2010, 19 (1): 142 - 149.

[56] Basso A, Sikora J. Review on Production Processes and Mechanical Properties of Dual Phase Austempered Ductile Iron [J]. International Journal of Metalcasting, 2012, 6 (1): 7 - 14.

[57] Fernandino D O, Massone J M, Boeri R E. Characterization of the austemperability of partially austenitized ductile iron [J]. Journal of Materials Processing Tech, 2013, 213 (10): 1801 - 1809.

[58] Ovali I, Kilicli V, Erdogan M. Effect of Microstructure on Fatigue Strength of Intercritically Austenitized and Austempered Ductile Irons with Dual Matrix Structures [J]. ISIJ International, 2013, 53 (2): 375 - 381.

[59] Basso A, Caldera M, Massone J. Development of High Silicon Dual Phase Austempered Ductile Iron [J]. ISIJ International, 2015, 55 (5): 1106 - 1113.

[60] 曾维和, 田迎新, 李德江, 等. 热处理工艺对双相等温淬火球墨铸铁组织与力学性能的影响 [J]. 金属热处理, 2016, 41 (12): 86 - 91.

超纯铁素体不锈钢在汽车排气系统的研究及认证

张 浩 周巧妹 叶盛薇

神龙汽车有限公司技术中心,湖北武汉 430056

【摘 要】 超纯铁素体不锈钢目前已经大量应用于汽车排气系统。随着汽车轻量化、国六排放的普及以及中国汽油品质质量的持续提升,超纯铁素体不锈钢的冶炼技术和应用不断进步优化。本文介绍了排气系统常用材料及发展方向、材料级和零件级的认证。

【关键词】 铁素体不锈钢;应用;认证

1 引言

汽车工业是我国重要的支柱产业,在整个加工制造业中占有重要的地位。随着汽车工业在我国的快速发展,汽车轻量化及排放要求越来越严格,汽车排气系统用材料越来越受到汽车厂商的重视。超纯铁素体不锈钢通过大大降低 C、N 元素的含量而使韧性提高,具有良好的耐腐蚀性、耐热性和成型性等特点,并且不含或少含贵金属镍,相比传统的奥氏体不锈钢,价格更便宜,目前已大量应用于汽车的排气系统。

如同其他钢种的认证一样,排气系统用超纯铁素体不锈钢均需通过整车企业和零部件供应商的材料认证、加工认证及汽车路试认证等相关认证流程,只有满足了耐蚀性、成型性,加工及路试试验才能批量使用[1]。任何一种新材料的试用推广,往往需要一年甚至更长时间才能完成各项认证试验,以确定材料是否可以被采用[1]。

2 排气系统的结构及性能要求

汽车排气系统的组成如图 1 所示,分为热端和冷端两部分。热端主要包括排气歧管、前管、催化转化器、柔性管,温度区间一般在 1 050~700 ℃。冷端主要包括中间管、中消声器及后消声器、尾管等,温度区间一般在 700~

200 ℃。

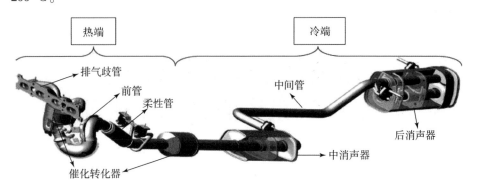

图 1　汽车排气系统的组成

不同部位对材料的性能要求不同。排气歧管、前管、催化转化器紧邻发动机，属于排气系统的中高温端，集合了从发动机各燃烧室排出的高温废气，因此要求材料具有高的抗高温氧化性、高温强度和高的热疲劳性。中间管、消声器处于低温端，要求材料具有耐冷凝液腐蚀性和高温盐蚀（融雪盐）[2]。另外，材料还应具有良好的成型性和焊接性能。表 1 列出了排气系统各部位所用材料的性能要求。

表 1　排气系统各部位所用材料性能要求

部位		性能要求
排气歧管		高温强度，耐热疲劳性，抗氧化性，加工成型性
前管		高温强度，耐热疲劳性，抗氧化性，加工成型性
柔性管		高温强度，耐热疲劳性，抗氧化性，加工成型性
催化转换器	壳体	高温强度，加工成型性，高温耐盐腐蚀性
	催化净化器	抗氧化性，抗热冲击性
中间管		耐盐腐蚀性
消声器		内表面耐冷凝液腐蚀性，外表面耐盐腐蚀性
尾管		内表面耐冷凝液腐蚀性，外表面耐盐腐蚀性

3　超纯铁素体不锈钢材料的性能特点及生产制造

超纯铁素体不锈钢由于 C、N 含量低，具有良好的耐氯化物腐蚀性、应力腐蚀和晶间腐蚀性能，在冷成型时回弹小。相比较奥氏体不锈钢，由于不含 Ni 或者少含 Ni，具有成本的优势，并且具有热传导率高、热膨胀系数小的特点,见表2;在反复加热和冷却的条件下,耐高温氧化性能好,具有良好的抗点蚀性。经过 Nb、Ti 稳定化处理的超纯铁素体不锈钢,还具有良好的抗蠕变性。

表2 铁素体与奥氏体不锈钢对比

钢种	热传导率/[W·(m·℃$^{-1}$)$^{-1}$]	热膨胀系数/(×10^{-6}·℃$^{-1}$)
304 奥氏体	14~16	16~18
430 铁素体	26~28	10~12

超纯铁素体不锈钢的生产工艺较复杂,技术水平要求高,制造难度大,主要体现在以下几个方面,见表3。

表3 超纯铁素体不锈钢的生产制造

工序	难点	工艺措施
冶炼	超低的 C、N 含量甚至超纯控制	使用铁水原料炼钢,从原料上保证钢质纯净,尽可能降低初始 C、N 含量;采用电弧炉 + K-OBM 脱碳 + VOD 精炼工艺
连铸	高温强度低、柱状晶发达;连铸裂纹敏感性大,易开裂	减少连铸坯的柱状晶,增加等轴晶,可以有效减少工件表面起皱现象和开裂问题。在连铸过程中,加强电磁搅拌,降低中间包过热度,施加脉冲电流,从而细化凝固组织
热轧	高温拉伸强度低,带钢在轧制过程中易黏结	选择较低的轧制温度,适当提高铁素体不锈钢硬度,选择合适的精轧辊材质,提高轧辊的表面精度并及时检查轧辊表面质量,均可以减轻黏结现象
冷轧	组织结构有遗传性且难以控制;生产工艺参数控制范围窄	采用先进的装备,优化工艺,如优化退火温度曲线、优化电解和酸洗工艺等

4 超纯铁素体不锈钢的应用及发展方向

超纯铁素体不锈钢应用较早,早期开发的爱丽舍等车型排气系统均已使用超纯铁素体不锈钢。目前排气系统材料已大量应用超纯铁素体不锈钢,常用的材料牌号主要有441、436L、439、409L。

4.1 应用

4.1.1 409L

409L 为低 Cr 系钢种，Cr 含量在 11% 左右，具有成本低、成型性较好、抗高温氧化能力良好等特点，是排气系统中用量最大的钢种之一。我司使用的 409L 型铁素体不锈钢是 Ti + Nb 双稳定化的钢种，具有更佳的表面质量、成型性、焊接性，更高的高温强度以及更好的抗高温氧化性能，被广泛应用于排气系统前管、中间管、锥接管、挂钩等零件上，如图 2 所示。

图 2　铁素体不锈钢在排气系统的应用

4.1.2 439

439 为中 Cr 系钢种，Cr 含量在 17% 左右，具有成本低、耐蚀性及抗氧化性良好等特点，也是排气系统中应用量最大的钢种之一。我司使用的 439 型铁素体不锈钢，是 Ti + Nb 双稳定化的钢种，除具有良好的成型性能外，还具有良好的耐冷凝液腐蚀性能，使用寿命大幅提升，被广泛应用在排气系统的消声器等零件上，如图 2 所示。

4.1.3 436L

436L 为中 Cr 系钢种，Cr 含量在 17% 左右，特别是添加 1% 左右的 Mo，使其耐蚀性能大幅提高，尤其是抗点蚀能力，但成本较 439 高。由于消声器受到内部冷凝液和外部融雪盐的腐蚀，需要耐蚀性优异的钢种。436L 一般被用在后级消声器零件上，但其成本较高。

4.1.4 441

441 钢 Cr 含量在 18% 左右，并含有较高的 Nb，其耐蚀性、热疲劳、抗高温氧化性、成型性等性能良好，主要应用在排气系统热端的零件上面，是属于热端的专用钢种，工作温度可达到 870 ℃。如排气系统热端的壳体、进/出气管等零件，均采用了 441 材料。

4.2 发展方向

随着汽车工业的快速发展，汽车轻量化及排放的标准越来越严格，对成本的控制也越来越重视，汽车排气系统用材料一直在向轻量化、成本更优、对环境污染更小的方向努力。

2016年11月，我国已经开始推广国五汽油，国五汽油中硫含量相比国四降低80%，从不大于50 ppm下降为不大于10 ppm，这给排气系统的材料优化提供了有利条件。利用这次油品升级的机会，对排气系统用超纯铁素体不锈钢的厚度和牌号进行了优化设计，材料厚度平均减薄20%左右，排气管路用材料大部分已经使用409L替代439，消声器用材料大部分已经使用439替代436L，并通过了声学及耐久试验，这促使排气系统的重量进一步降低并优化了成本。表4是某车型排气系统材料优化方案。

表4　某车型排气系统材料优化方案

零件	变更前（牌号/厚度 mm）	优化后（牌号/厚度 mm）
前管	409/1.2	409/1.0
前消壳体	409/1.2	409/1.0
中间管	409/1.2	409/1.0
后消壳体	439/0.6 + 409/0.6	409/0.5 + 409/0.5
后消外端盖	439/1.2	409/1.0
后消内端盖	439/0.8	409/0.8

成本优化方面，与钢厂开展合作，研发应用成本更经济的超纯铁素体不锈钢，如开展425替代439的研究、432L替代436L的研究、镀铝409L替代439的研究等。除了可在新项目上实施新材料替代降低成本外，亦可在不增加成本的情况下实施轻量化的目标，如使用1.0 mm厚的新材料425代替1.2 mm厚的409L，这也是一种实现轻量化的途径。

5　超纯铁素体不锈钢的认证

正如汽车车身钢板一样，汽车排气系统中超纯铁素体不锈钢材料的应用，也需要满足认证要求，包括材料级别的认证和系统级别的认证。材料级别的认证一般包括常规材料试验、腐蚀试验、高温试验，系统级别的认证一般包括材料的制造工艺、零部件的试验、整车试验等，以确保材料的可靠性。由于汽车的大量产出和召回制度，排气系统的材料缺陷可能造成很大的经济损失，因而必须重视材料的试验。新材料的试验周期一般都较长[1]。

5.1　材料级认证

5.1.1　常规材料试验

排气系统材料级的常规试验，包括化学成分、力学性能、硬度、r值、n

值和金相组织等的测试，这几项试验都需要和平行样对比，并规定了试样的测试方法、取样方式、数量和批次。

5.1.2 腐蚀试验

带排气冷凝液的循环腐蚀试验，是通过模拟汽车排气系统内冷凝液的成分而进行的循环腐蚀测试，通过测量材料的腐蚀失重和最大点蚀深度，判断其抗冷凝液腐蚀能力。每个循环包含3个试验阶段：

（1）室温阶段：要求的温度，要求的相对湿度，要求的持续时间。该阶段内对试样进行3次盐雾喷洒，每次喷洒间隔技术要求的时间；在最后一次盐雾喷洒结束后，对试样进行一次技术要求的持续时间的冷凝液喷洒。

（2）高湿阶段：要求的温度，要求的相对湿度，要求的持续时间。

（3）干燥阶段：要求的温度，要求的相对湿度，要求的持续时间。

以上3个试验阶段为1个循环，试验时间共70个循环。需规定试样的尺寸、表面质量状态，完成指定的腐蚀周期后对试样进行除锈处理，并计算点蚀深度和失重（每10个循环每个钢种测试至少3个试样的点蚀深度，第70个循环每个钢种至少取4个试样测量腐蚀失重）。所用腐蚀液的具体成分见表5。

表5 带冷凝液的循环腐蚀试验溶液成分

溶液种类	成　　分
盐溶液	氯化钠：0.9%，氯化钙：0.1%，碳酸氢钠：0.075%
冷凝液	活性炭：0.5%，氨水（29.7%）：0.25%，硫酸铵：0.125%，醋酸铵：0.04%，亚硫酸铵：0.025%，甲醛（37%）：0.025%，硝酸铵：0.012%，甲酸（88%）：0.01%，氯化铵：0.005%

带高温的循环腐蚀试验每个循环也包含3个试验阶段：

（1）室温阶段：要求的温度，要求的相对湿度，要求的持续时间。该阶段内对试样进行4次盐雾喷洒，前2次喷洒间隔技术要求的时间；在第2次喷洒结束0.5 h后，对试样进行一定时间一定温度的高温试验，结束0.5 h后，对试样进行2次间隔一定时间的盐雾喷洒。

（2）高湿阶段：要求的温度，要求的相对湿度，要求的持续时间。

（3）干燥阶段：要求的温度，要求的相对湿度，要求的持续时间。

试验共70个循环，需规定试样的数量、尺寸、表面质量状态信息。试验完成后，按要求对试样进行除锈处理，并计算腐蚀失重，盐溶液成分见表5。

晶间腐蚀试验，主要考察铁素体不锈钢母材和焊缝的抗晶间腐蚀能力。参照 ASTM A763（Practice Z）标准，对每钢种的未敏化状态、敏化状态（要求的热处理温度和持续时间）、焊接试样（不得有咬边、未熔合等焊接缺陷）

3种样品进行试验。规定试样的尺寸及表面质量状态。腐蚀完成后，对试样进行180°弯曲（焊接试样弯折外表面为焊缝），试样的弯折外表面不得出现任何宏观或微观（100~200倍率下观察）裂纹。

以上腐蚀试验，均需和平行样件进行对比试验。

5.1.3 高温试验

（1）抗高温氧化性能试验：参照标准 GB/T 13303—1991 进行，试验温度分别选取 500~900 ℃区间的 4 个温度，试验时间均为 200 h。试验采用增重法计算氧化速度并评估抗氧化性级别。

（2）高温疲劳试验：参照标准 GB/T 3075—2008 进行，采用应力控制的拉—拉加载模式，按照技术要求的循环频率及应力比，试样方向为纵向，尺寸如图3所示，试验温度为 600 ℃，每钢种在每一应力水平下至少测试 3 个试样。

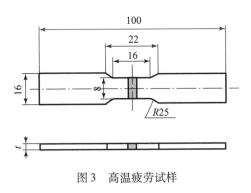

图 3　高温疲劳试样

5.2　系统级认证

5.2.1　制造工艺验证

制造工艺的验证，主要包括制管工艺、焊接工艺、扩管工艺、翻喇叭口、弯管、缩口、挡板冲压、后消声包壳体冲压试验，试验的方法依据实际工艺及零件要求，与零件供应商协商制定，明确相关的试验参数。

5.2.2　零件性能验证

包括焊缝的耐久和热冲击试验，考察焊缝能否满足设计要求和设计能否满足热冲击性能要求。

6　结论

轻量化、环境友好、成本控制一直是整车企业关注的重点，为推动新型超纯铁素体不锈钢的研发及应用，整车企业应与供应商保持密切的合作沟通。新材料的认证需要的周期较长，且各整车企业的认证要求不尽相同，如能统一适合国内汽车排气系统材料的认证评价标准，可简化新材料的认证过程，推动新材料的应用以尽快满足整车厂轻量化、经济节约的需求。

参考文献

［1］毕洪运，武勇，李鑫. 汽车排气系统用铁素体不锈钢的应用及腐蚀失效评价［J］. 宝钢技术，2010，2：7.

［2］薛春霞，朱云龙. 我国汽车用超纯铁素体不锈钢的应用和发展［J］. 山西冶金，2011，132：7.

铸造镁合金发电机支架断裂原因分析

曹 鑫 王本满 王道勇

神龙汽车有限公司，湖北武汉 430056

【摘 要】 开发某发动机的镁合金发电机支架，装载该支架进行 500 h 耐久试验过程中，发电机支架及紧固螺栓发生断裂。通过对发电机支架及螺栓进行断口分析、材质分析，并结合发电机支架进行台架试验时综合工况进行综合分析，确定了发电机支架及螺栓断裂的模式及原因。结果表明，镁合金支架紧固螺栓在使用过程中发生应力松弛，导致螺栓及支架发生疲劳断裂。螺栓发生应力松弛可能与钢和镁材料的热膨胀系数的差异有关。

【关键词】 镁合金；应力松弛；疲劳断裂

1 引言

随着汽车排放法规越来越严格，汽车轻量化越来越受到各汽车主机厂的重视。这就要求主机厂除在设计方面进行轻量化改进外，采用镁合金等新材料替代钢或铝使汽车轻量化也是实现这一目标的重要途径。我国在镁合金资源、成本及节能环保方面具有得天独厚的优势，因此开展镁合金材料在汽车上的应用研究，积累经验，推动镁合金材料在汽车上的广泛应用意义重大。

发电机支架作为发动机附件系统的组成部分，在发动机机舱高温、高振动的环境中工作，具有支撑、承载等重要功能，这就需要其具备良好的强度、耐蚀、耐热冲击和振动耐久等性能。目前该零件普遍采用铸造铝合金制造，在该零件上采用镁合金替代铝合金并无成熟的经验，借鉴铸造铝合金零件的功能性要求，要求该镁合金零件在规定的耐久周次内，不允许出现断裂失效。

本文总结了镁合金零件在应用过程中断裂失效的经验教训，对其失效的原因进行具体分析，并给出改进建议，对今后镁合金零件开发具有一定的借鉴意义。

2 理化分析

2.1 外观分析

断裂的发电机支架分为两部分，一部分为镁合金发电机支架与发电机连接部位，如图1（a）所示。另外一部分为发电机支架与缸体连接的紧固螺栓，断裂发生后，拆解发电机支架，对连接各部位残余力矩进行检查，发现发电机支架与缸体连接的4根紧固螺栓中，有2根残余力矩为0，有1根断裂，有1根残余力矩只剩下16 N·m，如图1（b）所示。断裂的螺栓的头部与镁合金支架上有较深的压痕，镁合金支架的光孔一侧有被螺纹挤伤的痕迹，如图1（c）和图1（d）所示。

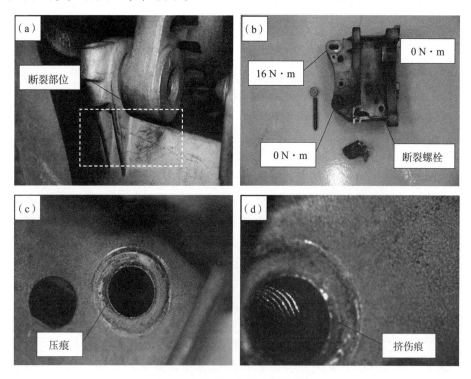

图1 失效的发电机支架及螺栓

2.2 断口分析

取断裂螺栓对其断面进行脱脂清洗并进行观察分析，其宏观断口形貌如图2（a）所示。可将断面分为A、B两区，A区断面平坦，断面宏观下一次台阶明显,对裂纹源区和扩展区进行放大观察,裂纹源区未见任何缺陷;扩展区的微观形貌为清晰的疲劳辉纹特征,如图2(b)和图2(c)所示;B区为瞬断区,B区的微观形貌特征为韧窝,见图2(d)。

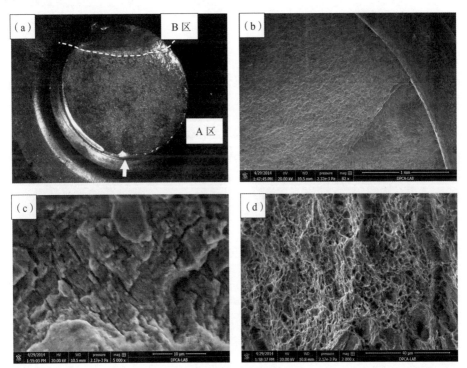

图2 螺栓的断口形貌

断裂螺栓的分析结果表明,螺栓为低应力下的高周弯曲疲劳断裂,起紧固作用的螺栓受到剪切方向的弯曲应力,这是不正常的。

镁合金支架的宏观断口呈放射状,放射线收敛于一侧尖角处,并由此处向两侧扩展,裂纹源区已被污染物覆盖,断面氧化严重,如图3(a)和图3(b)所示。两侧扩展区的宏观形貌如图3(c)和图3(d)所示,局部区域可见疲劳贝纹线特征。在扫描电镜下对扩展区的微观形貌进行观察,大部分区域被氧化物覆盖,只有局部区域可见轻微的疲劳辉纹特征,如图3(e)和图3(f)所示。

断裂镁合金支架断口分析结果表明,镁合金支架的断裂也为低应力下的高周疲劳断裂,裂纹起源区没有任何的铸造缺陷。

2.3 材质分析

失效的螺栓材料牌号是SWRCH35K,失效的镁合金支架的材料牌号是

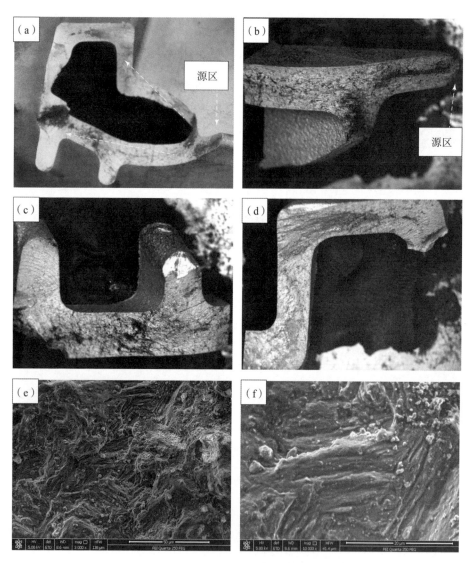

图3 镁合金支架的断口形貌

AZ91D[1]，分别从失效螺栓和支架上取样进行化学成分分析，结果见表1、表2，可见螺栓和镁合金支架的化学成分均符合技术要求。

表1 螺栓的化学成分（质量分数） %

元素	C	Si	Mn	P	S
要求值	0.32～0.38	0.10～0.35	0.60～0.90	≤0.03	≤0.035
实测值	0.37	0.17	0.75	0.011	0.009

表2　镁合金支架的化学成分（质量分数）　　　　　　%

元素	Al	Zn	Mn	Si	Fe	Cu	Ni	Be
要求值	8.5~9.5	0.45~0.9	0.17~0.4	≤0.08	≤0.004	≤0.0025	≤0.001	0.0005~0.003
实测值	8.6	0.7	0.22	0.03	0.002	0.002	0.001	0.0005

2.4 金相分析

断裂的螺栓强度等级为8.8级，其金相组织如图4（a）所示，为正常的索氏体组织，螺纹部位未见脱碳及有害折叠。断裂的支架金相组织如图4（b）所示，为α相+少量的共晶组织。金相分析结果表明，断裂的螺栓及支架金相组织均符合技术要求。

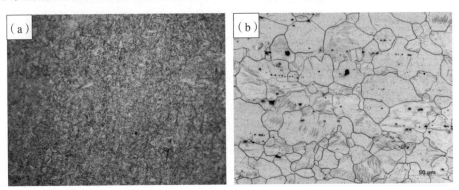

图4　断裂螺栓及镁合金支架的金相组织

2.5 硬度分析

分别取断裂的螺栓及镁合金支架对其硬度进行分析，结果如表3所示。分析结果表明，断裂的螺栓及镁合金发电机支架的硬度均符合技术要求。

表3　失效螺栓及支架的硬度

样品名称	要求值	实测值
失效螺栓	250~320 HV	294 HV，293 HV，289 HV
失效支架	≥70 HB	74 HB，74 HB，73 HB

3　分析与讨论

镁合金支架及螺栓的成分、硬度及金相分析结果均符合技术要求。对发电机支架和断裂螺栓的分析结果表明，支架和螺栓均为低应力的高周疲劳断裂。

从支架表面严重的压痕和支架光孔部位一侧的挤压痕可以判断，局部螺栓发生松弛后，剩余的连接螺栓承受弯曲应力导致螺栓发生疲劳断裂。

发电机支架在发动机附件中的装配位置如图 5（a）所示，发电机[图 5（b）中 1]通过 4 个螺栓紧固在发电机支架[图 5（b）中 3]上面，然后发电机支架通过螺栓紧固在发动机缸体上面。从其装配结构可知，发电机支架的失效部位主要受振动应力，其受振动应力的大小会受到支架稳定性的影响。当紧固支架的螺栓局部发生松弛时，会加剧发电机支架的振动幅度，进而导致支架连接部位受到异常的振动应力，致使发电机支架发生疲劳断裂。

图 5　镁合金发电机支架的装配图

综合分析情况可知，螺栓发生松弛在先，局部螺栓发生应力松弛后，剩余的连接螺栓承受异常弯曲应力发生疲劳断裂，同时发电支架局部受异常的振动应力导致其疲劳断裂。导致镁合金发电机支架失效的主要原因为连接螺栓的应力松弛。找到螺栓发生松弛的原因是解决问题的关键。

4　螺栓松弛的原因分析

从分析结论可知，紧固发电机支架螺栓发生应力松弛是导致此次失效的主要原因。螺栓装配过程中发生应力松弛的原因非常复杂，可能与螺栓本身的材质、尺寸等有关，也可能与装配、工作环境有关，但对失效螺栓分析可以排除材质、尺寸、装配等问题的影响。从失效的支架上可以看到，支架上 4 个拧紧螺栓部位均有很深的压痕，即支架已经发生严重的压溃，这是张紧力过大的表现。显然在拧紧曲线正常的情况下，这种对连接件的压溃不可能是在拧紧时发生，那么随着使用过程中轴向力的衰减，拧紧后更不应该发生拧紧件的压溃，但镁合金支架和螺栓结合面有很深的压痕，并且之后螺栓力矩衰减为 0，这一异常情况该如何解释？

有研究表明，镁合金的热膨胀系数大约是钢的 2 倍，如果用钢质的螺栓连接镁合金，在温度升高时会产生较高的附加压力，这种额外压力通常会超过镁合金的极限抗压强度，从而导致低强度的镁合金被夹紧产生塑性变形，进而导致轴向夹紧力大幅下降[2]。

上述研究和本次镁合金支架连接部位失效情况非常一致。为验证钢和镁膨胀系数的差异对连接张力的影响，模拟发动机舱的工作环境（极限温度约 150 ℃），设计一组试验对这种因热膨胀系数差异导致镁合金支架拧紧后的应力松弛情况进行验证。

试验采用相同尺寸和等级的螺栓连接镁合金支架进行热膨胀和应力松弛验证试验，以 70 N·m 拧紧工艺进行拧紧，用超声波测量其拧紧后的张力，然后经过 120 ℃、100 h 循环后，再次测量其张力。结果表明，钢制螺栓连接镁合金零件，其张力衰减量随循环次数的增加而增加，500 h 后，最大衰减量可达到 82%。具体结果见表 4。

表 4　钢制螺栓拧紧张力衰减情况

测试条件	实测张力值/kN
拧紧后	19
1 h、20 ℃后	17
100 h、120 ℃后	8
200 h、120 ℃后	7
300 h、120 ℃后	6.5
400 h、120 ℃后	6
500 h、120 ℃后	3.5

试验结果表明，仅在温度的作用下，不考虑振动等因素，因为热膨胀系数的差异，镁合金支架的连接张力会发生大幅度衰减，并且连接面也会出现与失效件类似的压痕，这有力地证明了前面的分析结论，即因钢螺栓和镁合金膨胀系数的差异，导致螺栓发生应力松弛。尽管膨胀系数的差异可能只是导致此次试验失败的一个潜在因素，但依然可以为日后开发镁合金零件提供良好的经验反馈，即开发镁合金零件时，不能只考虑零件替代，必须考虑不同材料的连接特性，针对镁合金需要采用更长的螺纹啮合长度、更大的螺栓支撑面、更适合的防松措施，或者采用膨胀系数更为接近的铝制螺栓替代钢制螺栓。

4 结论

（1）镁合金支架及其紧固螺栓的材料性能均符合技术要求。

（2）镁合金支架的紧固螺栓在使用过程中发生应力松弛，是导致螺栓及支架受异常力发生疲劳断裂的主要原因。

（3）钢制螺栓和镁合金支架热膨胀系数存在较大差异，当发动机机舱内温度升高时会产生较大的附加压力，这种额外的压力超过镁合金的极限抗压强度，从而导致低强度的镁合金被夹紧产生塑性变形，同时使得轴向夹紧力大幅下降，导致螺栓发生应力松弛。

参考文献

［1］ ASTM B94-94（2000）. Standard Specification for Magnesium-Alloy Die Castings.

［2］ 卢海波，李满良，袁海波，等. 铝合金螺栓的特点及在国外汽车行业的应用［J］. 中国汽车工程学会汽车材料分会学术年会，2014：315–318.

9 第三代先进高强钢 QP980 电阻点焊工艺性能研究

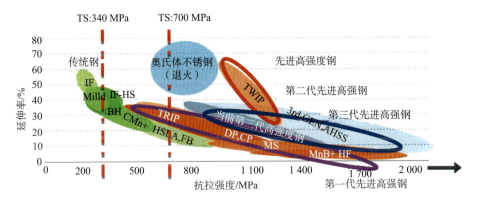

图 1 先进高强钢的发展

IF—无间隙原子钢；IF-HS—高强 IF 钢；Mild—软钢；BH—烘烤硬化钢；CMn—碳锰钢；HSLA—高强低合金钢；FB—铁素体-贝氏体钢；TRIP—相变诱导发塑性钢；DP—双相钢；CP—复相钢；MS—马氏体钢；Mn-B+HF—锰硼钢+热成型；MART—马氏体钢；TWIP—孪晶诱发塑性钢

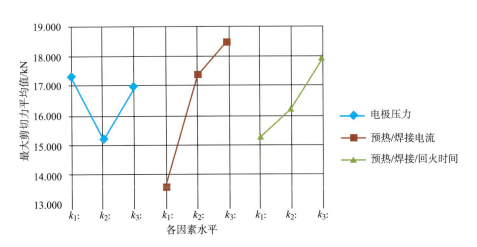

图 2 各因素对最大剪切力的影响

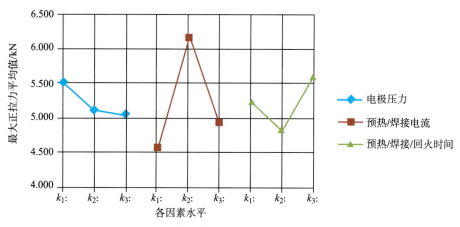

图 3　各因素对最大正拉力的影响

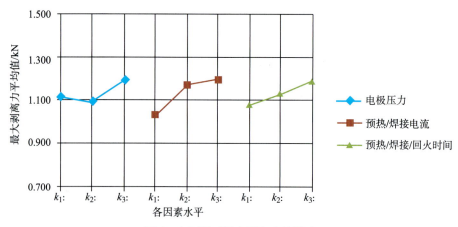

图 4　各因素对最大剥离力的影响

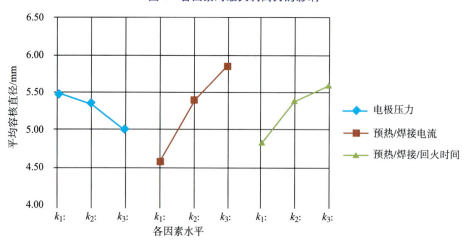

图 5　各因素对平均熔核直径的影响

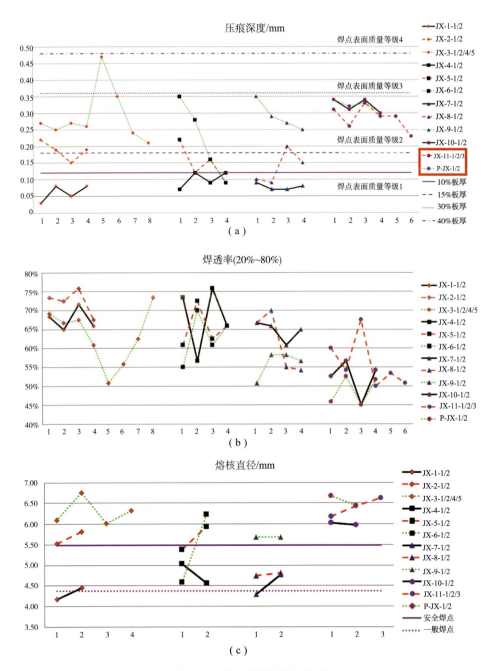

图 11 点焊接头断面几何尺寸

(a) 压痕深度; (b) 焊透率; (c) 熔核直径

12 轨道压簧早期断裂原因分析

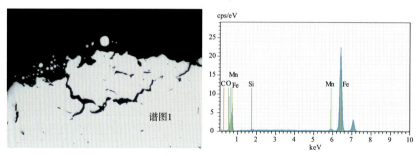

图 3 裂纹内部物质能谱分析结果

15 冷变形对 5A06 铝合金组织转变的影响

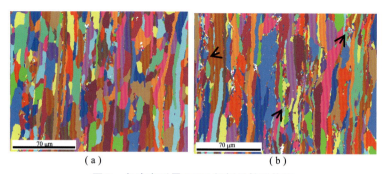

图 2 各冷变形量 5A06 铝板晶粒重构图
(a) 25%; (b) 55%

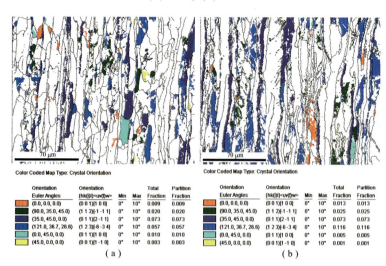

图 4 不同冷变形量 5A06 铝板织构组分图
(a) 25%; (b) 55%

16 两种钢厂 CR780DP 钢表面耐腐蚀性能对比分析研究

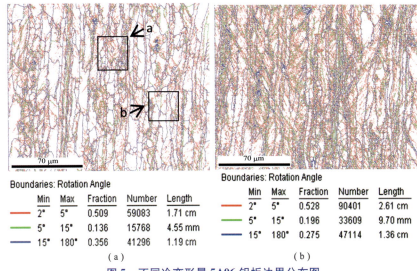

图 5 不同冷变形量 5A06 铝板边界分布图
（a）25%；（b）55%

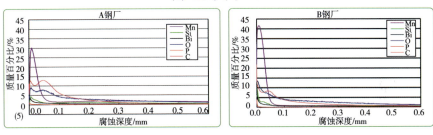

图 1 CR780DP 钢表面 GDS 分析

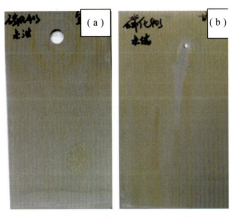

图 3 CR780DP 磷化后耐腐蚀性能试验

20 汽车钢淬透性检验稳定性分析

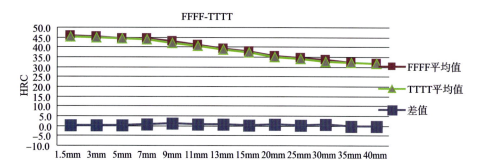

图 3 检验结果比对折线图（一）

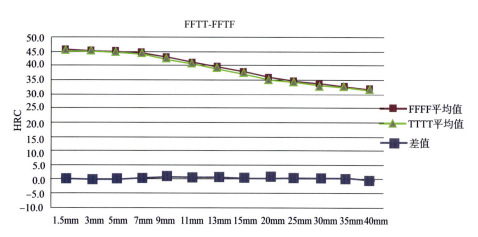

图 4 检验结果比对折线图（二）

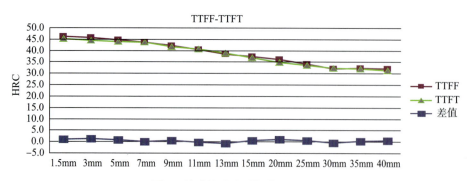

图 5 检验结果比对折线图（三）

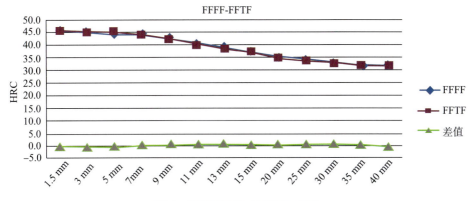

图6 检验结果比对折线图(四)

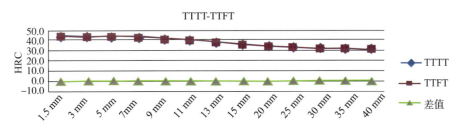

图7 检验结果比对折线图(六)

22 汽车金属材料表面涂镀层六价铬含量快速定量方法

六价铬比色卡		
	溶液定量值/(mg·L^{-1})	金属表面定量值/(mg·m^{-2})
	0~0.1	0~0.25
	0.1~0.5	0.25~1.25
	0.5~1.0	1.25~2.5
	1.0~5.0	2.5~12.5
	5.0~10	12.5~25
	10~50	25~125
	50~100	125~250
	>100	>250

图1 比色卡示例

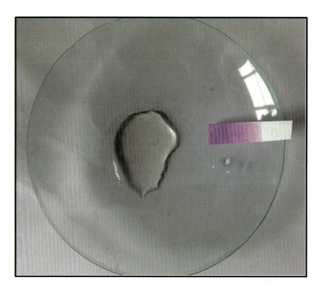

图 2 试纸显色情况示例

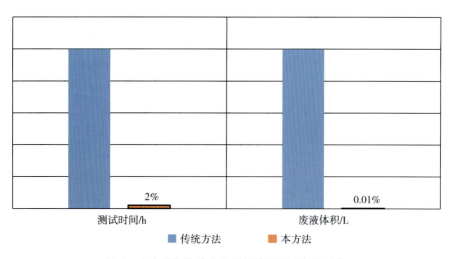

图 4 本方法与传统方法进行镀层测试条件对比

24 汽车铝合金铸造零部件的晶粒细化研究

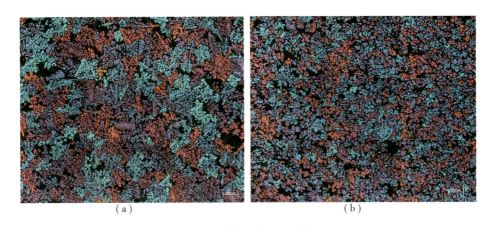

图2 晶粒细化效果对比
（a）Al5TiB细化；（b）Al4.5NbB细化

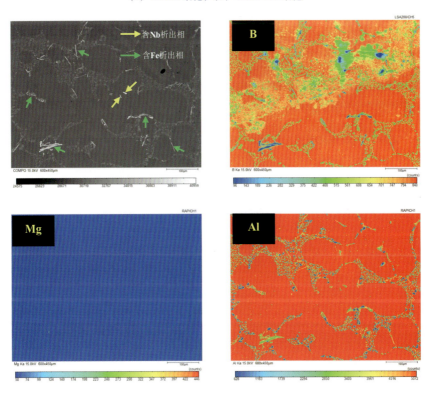

图3 采用AlNbB细化剂的相元素面分布分析（Al、B、Mg、Si、Ti、Fe和Nb）

·9·

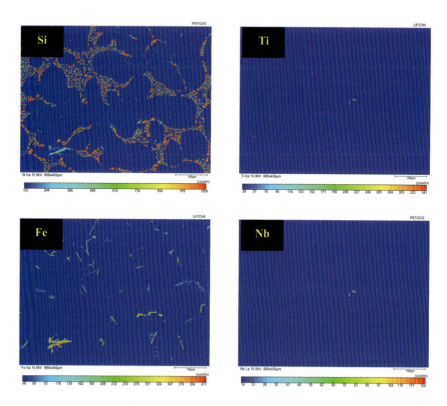

图3 采用 AlNbB 细化剂的相元素面分布分析（Al、B、Mg、Si、Ti、Fe 和 Nb）（续）

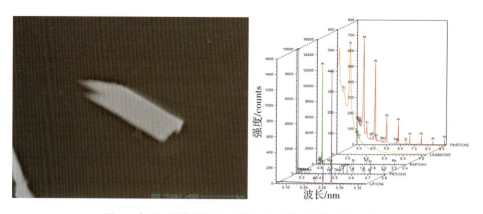

图4 含 Nb 析出相在电子探针点扫描下波谱成分分析

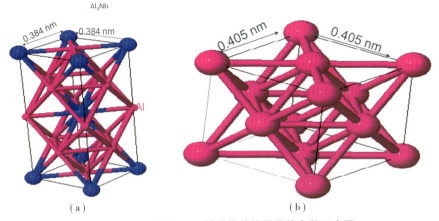

图 5 Al3Nb 相和 α-Al 的晶格结构及晶格参数示意图

（a）Al₃Nb；（b）α-Al

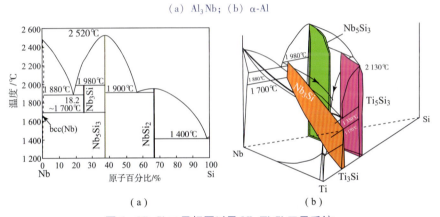

图 6 Nb-Si 二元相图以及 Nb-Ti-Si 三元系统

25 某轿车稳定杆连杆失效分析

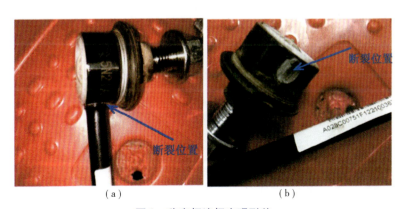

图 2 稳定杆连杆宏观形貌

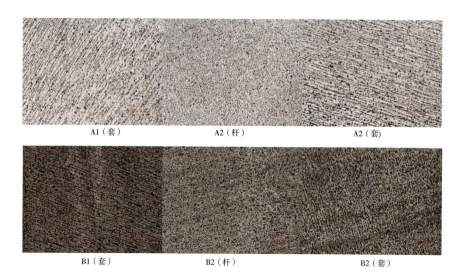

图10 各区域金相组织

26 汽油机挺柱磨损失效分析

图11 A2焊接区域金相组织

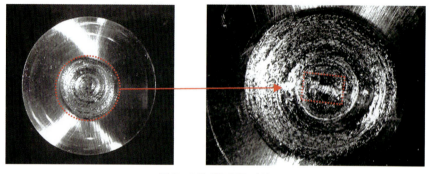

图5 2#挺柱磨损形貌

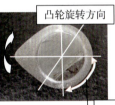

图 6　凸轮轴磨损

图 7　凸轮轴轴径偏磨

27　轻量化金属材料在重型商用车上的应用趋势

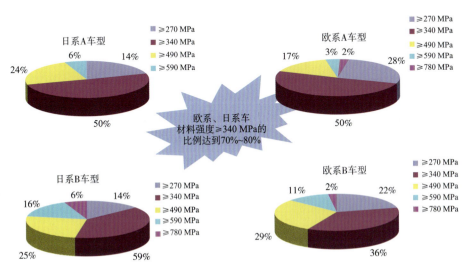

图 1　乘用车车身材料分布图

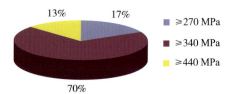

图 2　VOLVO 重型载货车车身用材

29　热冲压成型门环技术研究

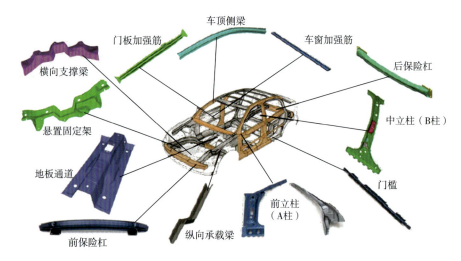

图 1　热冲压成型材料主要应用的部位

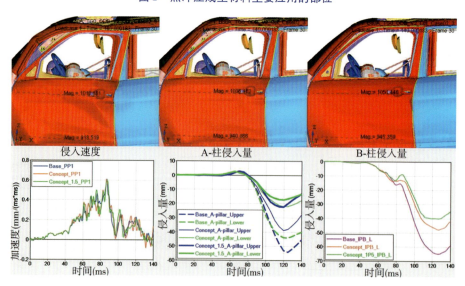

图 6　偏置碰结果分析

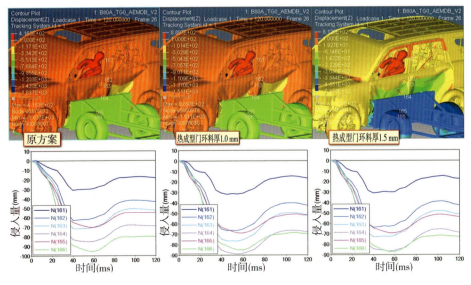

图 7 侧碰结果分析

32 浅谈汽车轻量化技术和应用

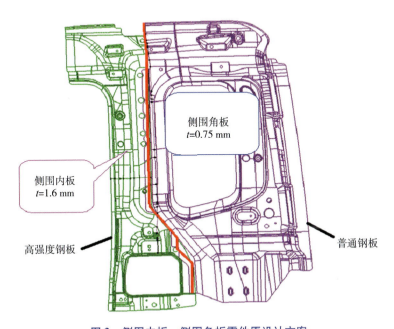

图 3 侧围内板、侧围角板零件原设计方案

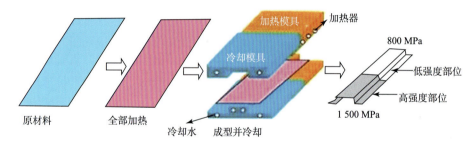

图 13　模具局部加热方式（控制冷却速度）

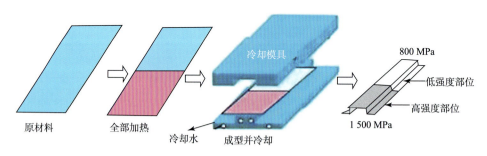

图 14　料片局部加热方式

35　一种热冲压成型铝硅镀层钢板涂装性能研究及热处理工艺评价

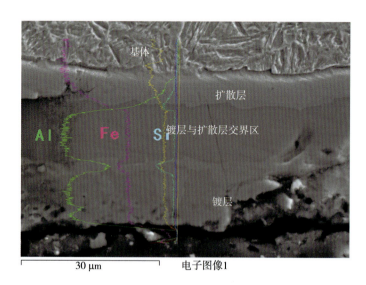

图 5　镀层线扫描位置

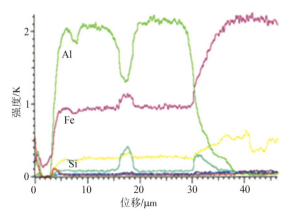

图 6　镀层线扫描元素分布图

37　用好喷丸强化提高车用齿轮弯曲疲劳强度

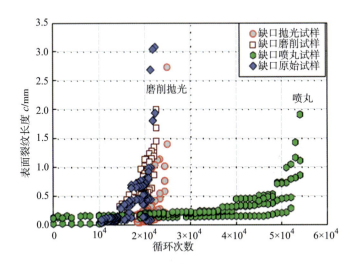

图 2　喷丸后疲劳裂纹逐渐合并

38　高强钢 DP980 电阻点焊焊接性能研究

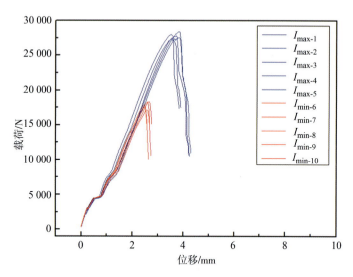

图 8　最大和最小电流下焊点的抗剪拉伸曲线

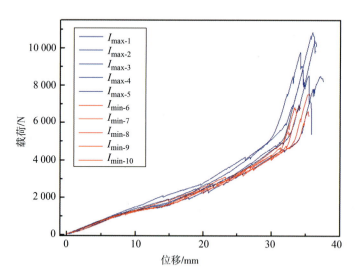

图 9　最大和最小电流下焊点的十字拉伸曲线 C

41　预变形对 TWIP880 拉伸性能的影响

图 4　TWIP880 的金相组织

42　超高强度热冲压成型钢的发展

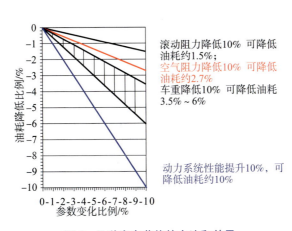

图 1　几种汽车节能的方法和效果

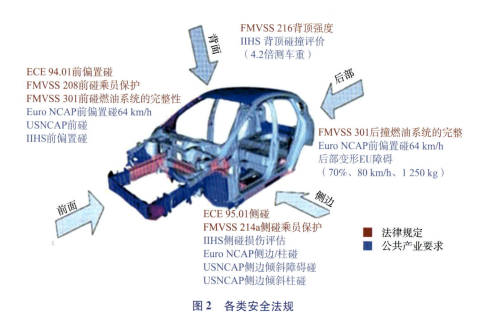

图 2　各类安全法规

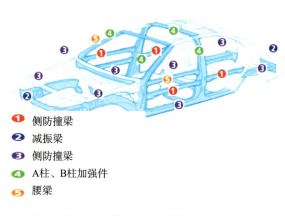

❶ 侧防撞梁
❷ 减振梁
❸ 侧防撞梁
❹ A柱、B柱加强件
❺ 腰梁

图 3　22MnB5 制热冲压成型件在汽车上的应用